50 Jahre sowjetische und russische
Deutschlandpolitik sowie ihre Auswirkungen
auf das gegenseitige Verhältnis

STUDIEN ZUR DEUTSCHLANDFRAGE

Herausgegeben vom Göttinger Arbeitskreis

BAND 14

50 Jahre sowjetische und russische Deutschlandpolitik sowie ihre Auswirkungen auf das gegenseitige Verhältnis

Mit Beiträgen von

Wjatscheslaw Daschitschew, Wolfgang Eggers, Alfred Eisfeld,
Wilfried Fiedler, Alexej Filitow, Viktor Kuwaldin, Hagen Graf Lambsdorff,
Boris Meissner, Fred Oldenburg, Joachim Peckert, Wolfgang Pfeiler,
Karl-Heinz Ruffmann †, Wladimir Schenajew, Wolfgang Seiffert,
Horst Teltschik, Heinz Timmermann, Anatolij Tschernjajew,
Günter Wagenlehner und Gerhard Wettig

herausgegeben von

Boris Meissner und Alfred Eisfeld

Duncker & Humblot · Berlin

Gedruckt mit Unterstützung der Robert Bosch Stiftung.

Die in dieser Reihe veröffentlichten Beiträge geben
ausschließlich die Ansicht der Verfasser wieder.

Die Deutsche Bibliothek – CIP-Einheitsaufnahme

**50 Jahre sowjetische und russische Deutschlandpolitik sowie
ihre Auswirkungen auf das gegenseitige Verhältnis** / mit Beitr. von
Wjatscheslaw Daschitschew … Hrsg. von Boris Meissner und Alfred
Eisfeld. – Berlin : Duncker und Humblot, 1999
 (Studien zur Deutschlandfrage ; Bd. 14) (Veröffentlichung / Göttinger
 Arbeitskreis ; Nr. 467)
 ISBN 3-428-09844-7

Der Göttinger Arbeitskreis: Veröffentlichung Nr. 467

Alle Rechte vorbehalten
© 1999 Duncker & Humblot GmbH, Berlin
Fotoprint: Color-Druck Dorfi GmbH, Berlin
Printed in Germany
ISSN 0720-6887
ISBN 3-428-09844-7

INHALT

VORWORT

Die Wiedervereinigung Deutschlands und der Zerfall des äußeren und inneren Sowjetimperiums haben sich parallel vollzogen. Die Wende in der sowjetischen Osteuropa– und Deutschlandpolitik, die eine bestimmte Stabilisierung der Sowjetunion ermöglicht hätte, kam zu spät. Das Festhalten an der Teilung Deutschlands hat wesentlich zum Ende der Sowjetunion beigetragen.

Die Entwicklung der sowjetischen Deutschlandpolitik seit dem Zweiten Weltkrieg ist dabei auf der Grundlage einer sowjetischen Außenpolitik zu sehen, die seit Stalin eine Verschmelzung von imperialer Machtpolitik und weltrevolutionärem Expansionsstreben bildete.

Die Verankerung des sowjetischen Einflusses durch die Teilung Deutschlands sollte in Verbindung mit dem Satellitensystem in Osteuropa auf der einen Seite die Sicherheit der Sowjetunion verstärken und den wirtschaftlichen Aufbau fördern. Auf der anderen Seite sollte sie als Basis für die Ausbreitung des sowjetischen Einflusses auf Westeuropa dienen.

Durch diese offensive außenpolitische Strategie, die zum Ost–West–Konflikt, dem Engagement der Vereinigten Staaten in Europa und der Einbeziehung der Bundesrepublik Deutschland in das westliche Bündnissystem führte, ist das deutsch–sowjetische Verhältnis seit der Stalin–Ära entscheidend beeinflußt worden.

Bis zur Reformpolitik Gorbatschows trat keine entscheidende Änderung in dieser Grundkonstellation ein. Trotzdem ist die sowjetische Deutschlandpolitik fortlaufend bestimmten Veränderungen unterworfen worden. Sie ergaben sich aus einem allgemeinen Wandel in der sowjetischen Außenpolitik, die mit Veränderungen im Kräfteverhältnis zwischen Ost und West verbunden war. Nach dem Tode Stalins 1953 hat zum Beispiel durchaus die Möglichkeit zu einer Revision der sowjetischen Deutschlandpolitik bestanden, die nicht genutzt wurde.

In der Entwicklung der sowjetischen Deutschlandpolitik lassen sich so einzelne Phasen unterscheiden, die aufgrund des sowjetkommunistischen Einparteiensystems vor allem mit der Person des jeweiligen Generalsekretärs der KPdSU verbunden waren. Auf sie ist auf einer wissenschaftlichen Jahrestagung des Göttinger Arbeitskreises e. V. im April 1995 näher eingegangen worden. Dabei wechselten sich deutsche und russische Referenten, die Sachkenner der einzelnen Entwicklungsphasen waren, ab.

Die überarbeiteten Referate, bei denen neben Sonderveröffentlichungen auch jetzt zugängliche Archivdokumente herangezogen werden konnten, sind im vorliegenden Sammelband zusammengefaßt worden. Bei der Behandlung der Deutschlandpolitik Chruschtschows ergab sich, daß ein wichtiger Teil seiner Memoiren, der "die Begegnung mit Adenauer" in Moskau im September 1955 behandelte, im Westen bisher nicht veröffentlicht worden ist. Dieser Teil ist im Göttinger Arbeitskreis erstmals ins Deutsche übersetzt und im Anhang dieses Bandes veröffentlicht worden.

Einen besonderen Schwerpunkt bildete die Wende in dem deutsch–sowjetischen Verhältnis unter Gorbatschow. Die Behandlung der Deutschlandpolitik Gorbatschows aus deutscher und russischer Sicht erwies sich besonders fruchtbar, da sich unter den Referenten Personen auf beiden Seiten befanden, die in beratender Funktion wesentlich zu einem erfolgreichen Verlauf der deutsch–sowjetischen Verhandlungen, insbesondere auf der bilateralen Ebene, und damit zur äußeren Seite der Wiedervereinigung beigetragen haben. Daher war in einer Besprechung der Tagung von einer "Sternstunde" die Rede.

Auf russischer Seite sind dabei die beiden engen Mitarbeiter Gorbatschows, A. Tschernjajew und Kuwaldin, sowie Daschitschew besonders hervorzuheben. Kuwaldin ist auch auf Probleme, die mit der Deutschlandpolitik Jelzins verbunden sind, eingegangen. In mehreren Referaten sind einzelne Bereiche der sowjetischen und später russischen Außenpolitik näher behandelt worden. Abschließend ist Professor Daschitschew auf die Perspektiven der deutsch–russischen Beziehungen, die für ihn die Grundlage für eine stärkere Einbeziehung des neuen Rußland in Europa bilden, eingegangen.

Göttingen, im Oktober 1998   Die Herausgeber

ZU DEN DEUTSCH–SOWJETISCHEN BEZIEHUNGEN IN DER ZWISCHENKRIEGSZEIT: STALINS KRIEGSVORBEREITUNGEN 1941

Von Karl–Heinz Ruffmann †

Wer — noch dazu in zeitlich eng begrenztem Rahmen — über die deutsch–sowjetischen Beziehungen in der Zwischenkriegszeit vielleicht etwas mehr als nur längst Bekanntes, in der Fachliteratur ausgiebig Behandeltes berichten will, wird nach einschlägigen Vorgängen Ausschau halten, die gegenwärtig in unserer Zunft — erneut oder erstmalig — kontrovers diskutiert werden. Unter diesem Aspekt, und wegen des nicht bloß zeitlich recht engen Zusammenhanges mit dem eigentlichen Zentralthema der Tagung, beschränkt und konzentriert sich mein Eingangsreferat auf Stalins Kriegsvorbereitungen 1941.

Gestützt auf neuere einschlägige Literatur, die, soweit verwendet oder gar zitiert, am Beitragsende aufgeführt wird, kreisen meine Darlegungen um die jüngst tatsächlich wieder heftig erörterte Frage, ob Stalin 1941 einen Angriffskrieg gegen Deutschland geplant hat. Gegen eine solche Annahme sprechen — oder vorsichtiger: sprachen bis vor kurzem, bei dem auf einer allerdings recht dürftigen Quellenbasis erreichten Forschungsstand — vor allem fünf politisch–militärische Gründe:

1. Wenn Stalin 1939 nicht bereit war, im Bündnis mit den Westmächten Hitler Paroli zu bieten, warum sollte er ausgerechnet in einer durch die deutschen Siege weitaus verschlechterten Ausgangsposition, nach dem Ausfall wichtiger Bundesgenossen, von sich aus den Konflikt suchen?

2. Es gibt keinen einzigen Beleg dafür, daß 1940/41 in der deutschen politischen und militärischen Führung jemand mit einem Angriff von sowjetischer Seite rechnete.

3. Die rote Armee befand sich, vor allem als Folge der Stalinschen Säuberungen, noch mitten in einer Phase der personellen und institutionellen Reorganisation, der Auf–, Um– und Neurüstung.

4. Die schließlich ab April 1941 starke Massierung sowjetischer Verbände an der Westgrenze beruhte auf dem — seit Ende der zwanziger Jahre

gültigen — sowjetischen Militärkonzept der "aktiven Verteidigung" und der "tiefen Operation" und nicht auf einer Angriffsabsicht gegenüber Deutschland.

5. Stalin scheint die massiven deutschen Truppenansammlungen entlang der sowjetischen Westgrenze dahingehend gedeutet zu haben, Hitler wolle ultimative Forderungen an ihn richten, d. h., ohne vorheriges Ultimatum werde es keinen Krieg geben. Zugleich hielt der äußerst mißtrauische Diktator die sich seit Anfang 1941 in Moskau häufenden Hinweise aus vielen ernstzunehmenden Quellen, daß Hitler zum baldigen Angriff auf die Sowjetunion fest entschlossen sei, wohl für westliche, insbesondere englische Provokationen, um in einen Konflikt mit Deutschland hineingetrieben zu werden.

Dessen ungeachtet wurde auch in jüngerer und jüngster Zeit wiederholt behauptet, daß Stalin 1941 präventiv angreifen wollte; so mit im wesentlichen unwissenschaftlicher ideologischer Begründung und daher hier nicht weiter berücksichtigt von Fritz Becker, Max Klüver, Ernst Topitsch und — auf russischer Seite — von einem Autor mit dem Decknamen Viktor Suvorov; wissenschaftlich fundiert mit entsprechenden Argumenten und Quellenbelegen von dem Freiburger Militärhistoriker Joachim Hoffmann in zwei Sammelbeiträgen aus dem Jahr 1991 sowie vor allem von dem Speyerer Zeitgeschichtler Werner Maser in seinem 1994 veröffentlichten Buch "Der Wortbruch", das einiges Aufsehen erregt hat.

Beide (Hoffmann wie Maser) präsentieren als Ergebnis, bei mehr oder minder synchron betriebenen Kriegsvorbereitungen auf deutscher wie auf sowjetischer Seite sei Hitler durch seinen Angriff vom 22. Juni 1941 Stalin lediglich zuvorgekommen. Beide beantworten nicht die Frage, ob Hitler sich von Stalin bedroht fühlte. Für Maser fiel sogar Hitlers Entschluß zum Überfall endgültig erst nach Molotows Berlin–Besuch. Im November 1940 war der Angriff nicht langfristig geplant, sondern (so Maser wörtlich) "weitaus eher ... aufwendig betriebene Improvisation". Angesichts des völligen Fehlens von Belegen für eine solche Interpretation im "Wortbruch" und anderswo gelten die nachfolgenden Darlegungen ausschließlich den zu Stalins Kriegsvorbereitungen und Angriffsabsichten beigebrachten Quellen und darauf fußenden Argumenten sowie deren kritischer Würdigung.

Was die Quellen anbelangt, sind es eigentlich nur zwei und dazu keineswegs sensationell neue:

1. Stalins Rede am 5. Mai 1941 im Kreml vor Absolventen sowjetischer Militärakademien;

2. Mitte Mai 1941 vom damaligen Volkskommissar für Verteidigung Timoschenko und dem damaligen Chef des Generalstabs Schukow abgeschlossene "Erwägungen zum strategischen Aufmarschplan der sowjeti-

schen Truppen für den Fall eines Krieges mit Deutschland und seinen Verbündeten".

Von Stalins 5. Mai–Rede gibt es bis heute keinen amtlichen Text, dafür bislang mindestens fünf nachträglich erstellte bzw. kolportierte Versionen unterschiedlichen Inhalts. Ohne hier darauf detaillierter einzugehen, ist mit Bonwetsch und Voß festzuhalten, daß alle vorliegenden Versionen keine unzweideutigen Aussagen Stalins über Unvermeidbarkeit und vermutlichen Zeitpunkt eines Krieges mit Deutschland enthalten oder die Absicht des Sowjetdiktators belegen, ggf. sogar die militärische Initiative gegen Deutschland zu ergreifen. Dessen ungeachtet werten Maser und Hoffmann die Rede als "Selbstentlarvung" Stalins für die Inszenierung eines "revolutionären Befreiungskrieges".

Sehr viel mehr Aufmerksamkeit und Gewicht verdienen Timoschenkos und Schukows "Erwägungen". In ihnen wird Stalin unverblümt ein Überraschungsschlag gegen die an der sowjetischen Westgrenze aufmarschierten deutschen Streitkräfte empfohlen. Deren Hauptkontingente sollten östlich der Weichsel bei Lublin eingekesselt und vernichtet, der entscheidende Vorstoß mit insgesamt 303 Divisionen, auf vier Fronten verteilt, in Richtung Krakau–Kattowitz geführt werden. Schließlich forderten die beiden Militärs geheime Mobilmachung, Heranführung von Großverbänden aus östlichen Teilen der Sowjetunion sowie Umsteuerung der Industrie auf Kriegsproduktion.

Tatsächlich erging am 13. Mai 1941 der Befehl, vier Armeen mit insgesamt 28 Divisionen aus dem Landesinneren an die Westgrenze zu verlegen, wo bis zu diesem Zeitpunkt schon 2,9 Mio. Soldaten, mehr als 1.500 Flugzeuge, 35.000 Geschütze und 1.800 Kampfpanzer zusammengezogen worden waren. Für Gebietsfremde wurde die Grenzregion gesperrt und den dortigen Kommandeuren die Weisung erteilt, umgehend Befehlsstände einzurichten.

Nicht zuletzt vor diesem Hintergrund werden, soweit ich es registrieren konnte, Timoschenkos und Schukows "Erwägungen" in der gegenwärtigen russischen Historiographie heftig diskutiert, die "Wortbruch"–Interpretation Masers, die Hitlers Überfall praktisch in einen bloßen Präventivkrieg zurückstuft, zwar eindeutig zurückgewiesen, im übrigen jedoch — wie auf deutscher Seite etwa von Bonwetsch — höchst skeptisch beurteilt, daß Stalin die "Erwägungen" wirklich "verinnerlicht", d. h. sich zu eigen gemacht hat. Handfeste Belege fehlen jedenfalls bis heute; russische Historiker rechnen nun mit der Veröffentlichung weiterer Dokumente zum Aufmarsch der Roten Armee, die noch in den Archiven unter Verschluß liegen.

Beim derzeitigen Quellen– und Forschungsstand leuchtet mir am ehesten der Ende 1994 in der Zeitschrift "Geschichte in Wissenschaft und Unterricht" vorgelegte Interpretationsversuch von Rainer F. Schmidt ein, wonach Stalin bis zum Sommer 1941 eine zweigleisige Strategie verfolgt habe mit — gewiß vorrangiger — Konfliktvermeidung gegenüber Deutschland, aber auch russischer Offenhaltung der Option auf einen eigenen Erstschlag. Bei Zugrundelegung einer solchen Doppelstrategie lösen sich angebliche Widersprüche zwischen Dokumenten mit Beschwichtigungs– und solchen mit Angriffsabsichten Stalins weitgehend auf. Der Sowjetdiktator kann etwa in genauer Erfüllung des Wirtschaftsabkommens vom 10. Januar 1941 hohe Rohstofflieferungen nach Deutschland gebilligt und gleichzeitig die Mobilisierung Hunderttausender Rot–Armisten angeordnet haben.

Darüber hinaus ist in den vorliegenden Quellen jetzt hinreichend belegt, daß innerhalb des Generalstabes der Roten Armee eine aggressive Haltung gegenüber Deutschland bestand, die Stalin kannte. Möglichenfalls teilte er diese Haltung auch, so daß ein sowjetischer Präventivschlag für 1941 zumindest nicht auszuschließen ist. Mehr als eine solche *Vermutung* ist jedoch angesichts der derzeitigen Quellenlage wissenschaftlich nicht haltbar, und genau darüber sind Hoffmann und Maser weit hinaus gegangen. Nicht Vermutung, sondern unbezweifelbare Tatsache ist indessen, daß Stalins Politik, welche Motive bis hin zu einer Doppelstrategie ihr auch zugrunde lagen, in die Katastrophe vom 22. Juni einmündete.

Daran anknüpfend und auch mit Blick auf die sowjetische Deutschlandpolitik seit 1945, die ja im Mittelpunkt dieser Tagung steht, werden drei Ausblicke als Schlußfolgerungen angeboten:

1. Drittes Reich und Zweiter Weltkrieg fanden zwar vor 50 Jahren ihr offizielles Ende, sind aber noch immer lebendiger Teil der Gegenwart. Dabei bestätigen viele Gedenktage und Gedenkbeiträge dieses Jahres: Die Überwindung der negativen Aspekte der Vergangenheit in den deutsch–russischen Beziehungen und die endgültige Befreiung des Bewußtseins der Menschen von gegenseitigen Feindbildern sind eine wesentliche Voraussetzung für die Annäherung zwischen den Völkern beider Staaten. Die hier aus kaum weiter erklärungsbedürftigen Gründen besonders geforderten Zeitgeschichtler könnten ihrer Verantwortung am besten gerecht werden, wenn alle Siegermächte des Zweiten Weltkrieges über Deutschland — auch Rußland — ihre Akten über diese Epoche so uneingeschränkt zugänglich machten, wie das bei bzw. über uns längst geschehen ist. Das müßte der russischen Seite um so leichter fallen, als neue Funde an einem nichts ändern werden: an Hitlers Alleinschuld für den Ausbruch dieses Krieges. Oder noch etwas genauer (mit den Worten von Voß): "Deutschland griff die Sowjetunion an, um das Land im Osten zu erobern und die Menschen zu versklaven. Diese historische Tatsache steht über der Suche nach Stalins Motiven, so daß jegliche Rückschlüsse und damit Rechtfertigungen für die deutschen Verbrechen unmöglich sind."

2. Nach dem deutschen Überfall hat Stalin den Pakt mit Hitler vom August 1939 bekanntlich als die einzige Möglichkeit gerechtfertigt, der Sowjetunion eine "Atempause" zur Vorbereitung auf die unausweichliche Auseinandersetzung mit dem faschistischen Aggressor zu verschaffen. Das ist eine ebenso fadenscheinige wie makabere Interpretation, wenn man bedenkt, daß genau seine "Große Säuberung" der dreißiger Jahre zur inneren Schwächung der Sowjetgesellschaft im allgemeinen wie ihres militärischen Führungspersonals im besonderen geführt hatte.

3. Von wichtigen Folgewirkungen seien hier nur zwei hervorgehoben. Mit dem deutschen Überfall von 1941 und der nicht minder schrecklichen Realität nationalsozialistischer Besatzungsherrschaft in Rußland hat die Kreml–Führung auch nach 1945 jahrzehntelang Rüstungsaufwand und Militarisierung der sowjetischen Gesellschaft in einer kaum vorstellbaren Weise ebenso gerechtfertigt wie fortdauernde Rechtlosigkeit der im August 1941 zwangsdeportierten deutschen Volksgruppe in der UdSSR. Erst Gorbatschows Politik des "Neuen Denkens" leitete eine Verhaltensänderung ein.

Verwendete und teilweise auch zitierte Literatur:

Becker, Fritz: Im Kampf um Europa. Stalins Schachzüge gegen Deutschland und den Westen, Stuttgart 1991.

Besymenski, Lew: Rede Stalins am 5. Mai 1941. Dokumentiert und interpretiert von Lew Besymenski, in: Osteuropa 42 (1992), S. 242–264.

Bonwetsch, Bernd: Nochmals zu Stalins Rede am 5. Mai 1941. Quellenkritisch–historiographische Bemerkungen, in: Osteuropa 42 (1992), S. 536–542.

Bonwetsch, Bernd: Vom Hitler–Stalin–Pakt zum "Unternehmen Barbarossa". Die deutsch–russischen Beziehungen 1939–1941 in der Kontroverse, in: Osteuropa 41 (1991), S. 562–579.

Bonwetsch, Bernd: Was wollte Stalin am 22. Juni 1941? Bemerkungen zum "Kurzen Lehrgang" von Viktor Suworow, in: Blätter für deutsche und internationale Politik 34 (1989), S. 687–695.

Danilow, Walerij: Hat der Generalstab der Roten Armee einen Präventivschlag gegen Deutschland vorbereitet?, in: Österreichische Militärische Zeitschrift 1993, I, S. 41–51.

Hilger, Gustav: Wir und der Kreml. Deutsch–sowjetische Beziehungen 1918–1941. Erinnerungen eines deutschen Diplomaten, Frankfurt/M. 1964.

Hoffmann, Joachim: Die Angriffsvorbereitungen der Sowjetunion 1941, in: Wegner, B. (Hrsg.): Zwei Wege nach Moskau. Vom Hitler–Stalin–Pakt zum "Unternehmen Barbarossa", München 1991, S. 367–388.

Hoffmann, Joachim: Die Sowjetunion bis zum Vorabend des deutschen Angriffs, in: Boog, H. u. a. (Hrsg.): Angriff auf die Sowjetunion, Frankfurt/M. 1991, S. 69–140.

Hoffmann, Joachim: Podgotovka Sovetskogo Sojuza k nastupatel'noj vojne. 1941 god [Die Vorbereitungen der Sowjetunion auf einen Angriffskrieg im Jahre 1941], in: Otečestvennaja istorija 1993, 4, S. 19–31.

Maser, Werner: Der Wortbruch. Stalin und der Zweite Weltkrieg, München 1994.

Pietrow–Ennker, Bianka: Stalinistische Außenpolitik 1939–1941: Ein Beitrag zur Vorgeschichte des deutschen Angriffs auf die Sowjetunion am 22. Juni 1941, in: Meyer, K.; Wippermann, W. (Hrsg.): Gegen das Vergessen. Der Vernichtungskrieg gegen die Sowjetunion 1941–1945, Frankfurt/M. 1992, S. 21–32.

Ruffmann, Karl–Heinz: Sowjetische Deutschlandpolitik 1939–1941. Zur Rolle Moskaus auf dem Weg in den Zweiten Weltkrieg, in: Nolte, H. (Hrsg.): Der Mensch gegen den Menschen. Überlegungen und Forschungen zum deutschen Überfall auf die Sowjetunion 1941, Hannover 1992, S. 174–158.

Schmidt, Rainer F.: Eine verfehlte Strategie für alle Fälle. Stalins Taktik und Kalkül im Vorfeld des Unternehmens "Barbarossa", in: Geschichte in Wissenschaft und Unterricht 45 (1994), S. 368–379.

Suworow, Viktor: Der Eisbrecher, Stuttgart 1989.

Topitsch, Ernst: Stalins Krieg. Die sowjetische Langzeitstrategie gegen den Westen als rationale Machtpolitik, München 1985.

Voß, Stefan: Stalins Kriegsvorbereitungen 1941. Halten die Quellen, was Historiker versprechen?, Hamburg 1995.

STALINS DEUTSCHLAND–POLITIK 1945–1953: KONTINUITÄT UND WANDEL

Von Gerhard Wettig

Der Zusammenbruch der UdSSR hat der historischen Forschung erstmals den Zugang zu einigen sowjetischen Archivbeständen eröffnet. Auch wenn die so gewonnenen Einblicke in Interna der sowjetischen Außenpolitik noch sehr partiell sind, ergeben sich doch schon wichtige neue Erkenntnisse. Mit dem folgenden Überblick macht der Autor den Versuch, die eigenem wie fremdem Bemühen entstammenden Teilergebnisse über das Thema der Stalinschen Deutschland–Politik 1945–1952 zusammenzufassen und sodann wie Steinchen eines nicht mehr erhaltenen Mosaiks zu einem größeren Bild zu ordnen. Auf der Grundlage vorliegender Einzelanalysen sollen mithin, aller Stückhaftigkeit des Bemühens ungeachtet, übergreifende Zusammenhänge hergestellt werden.

I. Grundlegende Widersprüche des Stalinschen Ansatzes

Die Deutschland–Politik Stalins war von Anfang an von inneren Widersprüchen gekennzeichnet. Zum einen betrafen diese die Akteure, mit denen es die sowjetische Seite in dem besetzten Land zu tun hatte: die westlichen Verbündeten der Kriegszeit und die der Okkupationspolitik ausgesetzte deutsche Bevölkerung. Zum anderen befanden sich die angestrebten Ziele in einem inneren Spannungsverhältnis: Die Vorstellung, es gelte, das deutsche Potential zu paralysieren, und der Wille, aus dem besiegten Land eine Bastion des Sozialismus zu machen, standen unverbunden nebeneinander.

Der erste Widerspruch des sowjetischen Vorgehens betrifft das Verhältnis zu den Westmächten, mit denen die UdSSR seit 1941 gemeinsam gegen das nationalsozialistische Deutschland gekämpft hatte und auf deren materielle Unterstützung die sowjetische Kriegsanstrengung weithin angewiesen gewesen war. Die naheliegende Konsequenz aus dieser positiven Erfahrung, ein kooperatives Verhältnis auch für die Zeit nach der deutschen Niederlage anzustreben, wurde jedoch durch ideologische Prämissen versperrt. Denn für

Stalin waren die Westmächte grundsätzlich Feinde in einem weltgeschichtlichen Konflikt, in dem die UdSSR die Gegenseite bildete. Zugleich aber sah sich der sowjetische Führer aus praktischen Erwägungen heraus weiterhin auf Zusammenarbeit mit den westlichen Staaten angewiesen. Die UdSSR war, auch wenn sie durch den Sieg von 1944/1945 einen enormen Machtzuwachs erfuhr, gegenüber den USA im Nachteil. In der Nachkriegszeit brauchte das Land eine Phase der inneren Konsolidierung und des wirtschaftlichen Aufbaus. Das legte eine Vermeidung von Konflikten mit der anderen Großmacht ebenso nahe wie ein Bemühen um materielle Hilfe. Überdies galt es, risikoträchtigen Auseinandersetzungen in dem Vier–Mächte–Besatzungsgebiet Deutschland aus dem Wege zu gehen und das dortige sowjetische Vorgehen in Übereinstimmung mit den westlichen Okkupationspartnern zu bringen. Stalin befand sich in einem inneren Zwiespalt: Er wollte sowohl den Westmächten Widerpart bieten als auch in wohlverstandenem Eigeninteresse mit ihnen zusammenarbeiten.

Der zweite innere Widerspruch des sowjetischen Vorgehens ergab sich aus der Spannung zwischen emotionaler Disposition und rationaler Politik. Nachdem das nationalsozialistische Deutschland die UdSSR überfallen und dort schlimm gehaust hatte, war es psychologisch sehr verständlich, daß auf sowjetischer Seite der Wunsch nach Rache und Bestrafung der Übeltäter in den Vordergrund trat und daß auch eine langfristige Niederhaltung der Deutschen als unerläßliche Voraussetzung für die eigene Sicherheit erschien. Daher ging es Moskau um eine scharfe Restriktion aller deutschen Handlungsmöglichkeiten und eine ins einzelne gehende Kontrolle über die deutsche Gesellschaft. Zugleich aber war Moskau bemüht, das deutsche Volk längerfristig für das kommunistische System und das sowjetische Lager zu gewinnen. Das aber erforderte eine positive Haltung gegenüber dem besiegten Land. Die beiden gegenläufigen Tendenzen setzten unterschiedliche internationale Konstellationen voraus. Eine antideutsche Ausrichtung war praktikabel, solange sich der Kreml auf eine entsprechende Gemeinsamkeit mit den Westmächten stützen konnte. Nur eine einheitliche alliierte Niederhaltungspolitik konnte Deutschland auf Dauer in die Rolle eines Objekts von Restriktionsmaßnahmen zwingen; nur das Einverständnis zwischen den Besatzungsmächten machte den Erwerb von Sympathien bei den Deutschen entbehrlich. Sobald das Verhältnis zum Westen Konflikte bestimmten, wurde statt dessen ein Zusammengehen mit den Deutschen notwendig. Dann mußte sie Stalin für sich zu gewinnen und gegen die Westmächte zu mobilisieren suchen, um so den Widerstreit in Deutschland für sich zu entscheiden.

Das sowjetische Verhalten war noch durch einen dritten inneren Widerspruch gekennzeichnet. Die Kriegsfurie, der die UdSSR während mehrerer Jahre ausgesetzt gewesen war, hatte ein doppeltes Bedürfnis geweckt: nach massiver materieller Aufbauhilfe und nach Garantien für künftige Sicherheit. Beides erhielt in Stalins Politik einen massiv antideutschen Akzent. Reparationsgüter sollten für die UdSSR durch eine Demontage der deutschen Industrie — als einer entscheidenden Basis der deutschen Kriegsanstrengungen — gewonnen werden. Dieses Vorgehen sollte sowohl der Wiederherstellung der sowjetischen Wirtschaft als auch einer langfristigen "industriellen Entwaffnung" des besiegten Feindes dienen. Wenn dadurch zugleich Not und Elend der deutschen Bevölkerung vermehrt wurden, so erschien dies nach dem deutscherseits verursachten Leid nur recht und billig. Es wäre dies folgerichtig gewesen, wenn die UdSSR nicht zugleich aufgrund ideologischer Postulate den Anspruch erhoben hätte, das besetzte Land zu "befreien" und dort eine neue Ordnung einzuführen, die von nun an die bisherige Unterdrückung des Menschen beende. Auch betrachtete Stalin die deutschen Gebiete, die unter seine Herrschaft kamen, als Positionen und Bastionen. Dem entsprechend hätte er auf deren Stärkung, nicht Schwächung hinwirken müssen.

Ein vierter innerer Widerspruch der sowjetischen Politik ergab sich aus dem innenpolitischen Charakter des kommunistischen Systems. Dieses bedurfte — angesichts der Konkurrenz zu der von den Westmächten repräsentierten anderen Ordnung — einer Akzeptanz auf seiten der Regierten, war aber zugleich aufgrund der ihm innewohnenden repressiven Logik[1] von vornherein ungeeignet, Zustimmung bei der breiten Bevölkerung hervorzurufen. Nur von der Schicht der Profiteure, die an den politischen, sozialen und wirtschaftlichen Privilegien der Macht beteiligt wurden[2], war eine positive Haltung zu erwarten. Dementsprechend ergab sich in der Nachkriegsperiode als objektive Tendenz, daß sich umworbene Intellektuelle und kommunistische Apparatschiki gewinnen ließen, nicht aber die der Unterdrückung unterworfene Masse der Bevölkerung. Die vor allem in den Anfangsjahren weit verbreiteten Exzesse der Besatzer[3] und die Brutalitäten ihrer kommunistischen Helfershelfer verstärkten die ablehnende Haltung gegenüber der UdSSR und ihrem System.

II. Periode der Vier–Mächte–Kooperation (1945–1947)

In den ersten Nachkriegsjahren legte Stalin das Schwergewicht auf das Zusammenwirken mit den kriegsverbündeten Westmächten. Als Rationale diente ihm der Appell an deren Solidarität gegenüber dem gemeinsamen

---

[1] Vgl. die grundsätzlichen Überlegungen bei Wettig, G.: Das gescheiterte Experiment des Sowjet–Sozialismus, in: Außenpolitik, Jg. 44 (1993), Nr. 4, S. 354–362.

[2] Vgl. Voslensky, M.: Nomenklatura. Die herrschende Klasse der Sowjetunion, München 1984.

[3] Vgl. hierzu näher die ausführlichen Darlegungen bei Naimark, N. M.: The Russians in Germany, Cambridge MA 1995.

deutschen Feind. Entnazifizierung und Entmilitarisierung — letztere mit einer starken Komponente der Entindustrialisierung — waren die entscheidenden gemeinsamen Aktionsbereiche, auf denen eine neuerliche Aggression seitens des besiegten Deutschlands verhindert werden sollte. Zugleich wurde als positive Ergänzung die Demokratisierung des besetzten Landes proklamiert. Beide Zielrichtungen wurden in zahlreichen Vereinbarungen zwischen den Besatzungsmächten formuliert, ohne daß jedoch weithin genauer festgelegt worden wäre, wie die Durchführung konkret aussehen sollte. Zum wichtigsten Bezugspunkt wurden die vage gehaltenen Bestimmungen der Potsdamer Drei–Mächte–Konferenz vom Sommer 1945.[4] Die Moskauer Interpretation unterschied sich, wie die Praxis in der Sowjetischen Besatzungszone und die amtliche Moskauer Ausdeutung der interalliierten Dokumente ab Mai 1946[5] erkennen lassen, grundlegend von den westlichen Auffassungen. Der entscheidende Punkt bei Entnazifizierung und Entmilitarisierung war demnach nicht etwa die Beseitigung nationalsozialistischer Tendenzen und militärischer Potentiale, sondern die Zerstörung der diesen Phänomenen angeblich zugrunde liegenden "gesellschaftlichen Bedingungen", d. h. des kapitalistischen Systems.[6] Analog dazu wurde dem Demokratisierungsziel ein kommunistisch–materialistischer Demokratiebegriff unterlegt, dem zufolge die zu verwirklichende Herrschaft des Volkes in einer Allmacht der "Werktätigen", d. h. der kommunistischen Partei, bestand.

Man würde Stalins politisches Konzept verkennen, wollte man meinen, daß der Gegensatz zu den gleich benannten politischen Leitvorstellungen des Westens stets klar artikuliert worden wäre. Der sowjetische Führer verband mit dem Gebrauch westlicherseits akzeptierter Formeln die Absicht, seine abweichenden Ziele zu verschleiern. Man muß schon die in der Sowjetzone

---

[4] Biewer, G. (Bearb.): Dokumente zur Deutschlandpolitik, 2. Reihe, Bd. 1, Teilbde. 1–3: Die Konferenz von Potsdam, hrsg. vom Bundesministerium des Innern, Kriftel 1992.

[5] Der sowjetische Standpunkt wurde in der Auseinandersetzung mit dem amerikanischen Vorschlag eines Vertrages über die langfristige Entmilitarisierung Deutschlands expliziert. Vgl. TASS–Kommentar vom 2.5.1946, in: Izvestija vom 4.5.1946; Presseerklärung des sowjetischen Außenministers Molotow vom 27.5.1946, in: Molotow, W.: Fragen der Außenpolitik, Moskau 1949, S. 49–55; TASS–Kommentar vom 16.6.1946, in: Izvestija vom 18.6.1946.

[6] Mit diesem Argument war in der Sowjetischen Besatzungszone schon 1945 die Enteignung und vielfach auch die Verfolgung von Industriellen wie Gutsbesitzern gerechtfertigt worden, die abseits der NSDAP gestanden oder sogar zu ihren politischen Gegnern gehört hatten. Umgekehrt ist vielfach bezeugt, daß Nazis wie Militärs oft in dem Augenblick von allem Makel befreit wurden, als sie sich der KPD bzw. SED zuwandten. Ab Sommer 1946 wurde die These propagiert, daß so, wie der zu beseitigende Militarismus notwendig aus dem Vorhandensein der entsprechenden gesellschaftlichen Basis abzuleiten sei, er auch umgekehrt unter allen Umständen als ausgelöscht zu gelten habe, wenn ein Gebiet von den "werktätigen Massen" die Macht übernommen bzw. ein Mensch in eine fortschrittliche Organisation eingegliedert worden sei (vgl. Oelßner, F.: Unser Kampf gegen den Militarismus, in: Neues Deutschland vom 18.7.1946). Mit anderen Worten: Einen Militarismus konnte es unter kommunistischen Verhältnissen von vornherein nicht geben, auch wenn dort prinzipiell unbegrenzt militärische Kräfte und Strukturen aufgebaut wurden. Analoges galt für den Faschismus.

Deutschlands angewandten Praktiken untersuchen und dann sowohl der Logik des konkludenten Handelns folgen als auch bestimmte Schlüsselaussagen heranziehen, um die so geschaffene Unklarheit zu überwinden. Gegenüber dem Westen verschleierten die Vertreter der UdSSR meist, daß sie die als nur "formal" kritisierte westliche Demokratie ablehnten und statt dessen eine Veränderung der "gesellschaftlichen Grundlagen" anstrebten. Daher verschwiegen sie dann auch, worin sie Nazismus und Militarismus begründet sahen, und was sie als "demokratische" Alternative dazu in Deutschland verfochten. Ihre Bereitschaft zur Explikation des Gemeinten bestimmte sich weithin danach, wie sie die Zustimmungsbereitschaft der jeweiligen Adressaten einschätzten.

Allerdings reichte ein solches Verschleiern nicht aus, um die — zwecks Vermeidung von Gegenwirkungen angestrebte — Akzeptanz oder wenigstens Hinnahme der Westmächte zu gewährleisten. Daher formulierte Stalin beim westwärtigen Vordringen seiner Macht 1944/1945 ein Konzept der systemischen Zwischenstufungen. Danach sollte es in den Gebieten, welche die Rote Armee eroberte, — trotz Antagonismus–Postulats der sowjetischen Ideologie — systemische Übergangsformen zwischen der UdSSR und dem Westen geben. Diese Darstellung sollte den Westmächten den Eindruck vermitteln, Moskau verzichte auf die Ausbreitung des Kommunismus und erwarte von den besetzten Ländern lediglich gewisse Rücksichten auf seine Sicherheits– und Ordnungsvorstellungen. Für diejenigen Gebiete im Osten Europas, die nicht der UdSSR einverleibt wurden, wurde eine "volksdemokratische" Struktur vorgesehen. Die so benannten Macht– und Gesellschaftsverhältnisse wurden zwar faktisch weithin am sowjetischen Modell ausgerichtet. Aber diese Realität wurde durch bestimmte Formalphänomene wie insbesondere ein Mehrparteiensystem (für dessen Glieder ein Konsens mit den zur Führung berufenen Kommunisten verbindlich wurde) und die Abhaltung von Wahlen (die auf vielfache Weise manipuliert wurden) bestmöglich verschleiert.

Noch weitergehende Rücksichten schienen dem sowjetischen Führer in Deutschland geboten, wo die UdSSR nur eine von vier Besatzungsmächten war, so daß im Alliierten Kontrollrat die vier Mächte gemeinsam die oberste Gewalt innehatten. Es ging Stalin nicht allein darum, den Eindruck einer unilateralen, gegen den Westen gerichteten Politik zu vermeiden. Ebenso wichtig war es für ihn, die Chance einer möglichst großen Einflußnahme auf die außerhalb seines Machtbereichs liegenden Westzonen zu haben. Daran war aber nur dann zu denken, wenn die westlichen Besatzungsmächte das zuließen. Daher genügte es Stalin in Deutschland nicht, eine "volksdemokratische" Ordnung zu proklamieren, denn in dieser gab es neben angeblichen allgemein–demokratischen Gemeinsamkeiten auch Systemunterschiede. Daher erklärte der Kreml in den ersten Nachkriegsjahren eine "antifaschistisch–demokratische" Ordnung für aktuell. Das sollte den Eindruck eines Verzichts

auf sozialistische Systemelemente und einer Bereitschaft zum Ost–West–
Konsens auf der Basis westlicher Demokratievorstellungen schaffen. Die aus
dem Moskauer Exil nach Deutschland zurückgebrachten KPD–Kader bekundeten daher auf sowjetische Weisung am 11. Juni 1945 der erstaunten Öffentlichkeit, sie wollten sich für eine parlamentarisch–demokratische Republik einsetzen. Es sei falsch, Deutschland das sowjetische System aufzuzwin-
gen.[7]

Allerdings zeigte sich sehr bald, daß der sowjetischen Besatzungsmacht
und ihren kommunistischen Helfershelfern eine andere Ordnung vor Augen
stand als die westliche Demokratie. Fabrikenteignung und Bodenreform waren dazu bestimmt, einer "bürgerlichen" Entwicklung den Boden zu entziehen; die nicht–kommunistischen Parteien wurden zur Wahrung der Übereinstimmung mit einer politischen Front verpflichtet, innerhalb der die KPD für
die Übernahme der führenden Rolle ausersehen war; ein kommunistischer
Herrschaftsapparat entstand und wurde systematisch mit den entscheidenden
Machtpositionen ausgestattet.[8] Bei allem sowjetischen Bemühen, in der eigenen Zone ein parlamentarisch–demokratisches Bild zu bieten, waren daher
wesentliche Elemente des sowjetischen Systems unverkennbar. Soweit die
Besatzungsmacht die Herrschaft nicht unmittelbar ausübte, sondern an deutsche Stellen unter ihrer Aufsicht delegierte, wurden zwar vielfach nicht die
Repräsentativfunktionen, wohl aber die "Kommandohöhen" den KPD–Ka-
dern zugewiesen.[9]

Stalin rechnete sich bei Kriegsende augenscheinlich große Chancen aus,
auf die Entwicklung Deutschlands außerhalb seiner Zone einzuwirken. Eine
Chance dafür schien sich insbesondere aufgrund der zentralen geopolitischen
Position zu bieten, welche die UdSSR 1945 in dem besiegten Land erlangte.
Die sowjetischen Truppen hatten gemäß Stalins von politischen Erwägungen
bestimmtem Willen[10] die Hauptstadt Berlin erobert; die sowjetischen Besatzungsbehörden prägten dort während mehrerer Monate allein die politischen
und wirtschaftlichen Strukturen. Von der damit gegebenen Möglichkeit, einseitig vollendete Tatsachen zu schaffen, machten sie reichlich Gebrauch. Zudem waren die westlichen Sektoren der als Sitz der gesamtdeutschen Verwaltung und Politik vorgesehenen Stadt, als die westlichen Mächte schließlich dort einzogen, von sowjetisch beherrschtem Gebiet umschlossene Exkla-

---

[7] Programm der KPD vom 11.6.1945, in: Weber, H. (Hrsg.): Dokumente zur Geschichte
der Deutschen Demokratischen Republik, München 1986, S. 32–36.
[8] Vgl. u. a. Naimark, N. M.: "To Know Everything and to Report Everything Worth Know-
ing." Building the East German Police State, 1945–1949, in: Cold War International History
Project, Working Paper No. 10, [Washington, D. C.] August 1994, S. 3–12.
[9] Vgl. Leonhard, W.: Die Revolution entläßt ihre Kinder, Köln, (West–)Berlin 1955, S.
357 f.
[10] Vgl. Fischer, A.: Sowjetische Deutschlandpolitik im Zweiten Weltkrieg 1935– 1941, Stuttgart 1975, S. 136.

ven. Die Westmächte waren daher bezüglich der Ausübung ihrer zentralen Kontrollfunktionen von einem Zusammenwirken mit der sowjetischen Seite abhängig. Stalin nutzte die Situation unter anderem dazu aus, um Anfang Juni 1945 — für die westliche Seite völlig überraschend — in Berlin deutsche Parteien bilden zu lassen. Damit verband er offenkundig die Erwartung, das gesamte Parteiensystem Deutschlands präjudizieren zu können. Dabei ging es nicht allein darum festzulegen, welche Parteien sich formierten. Noch wichtiger war, daß die in Berlin eingesetzten Vorsitzenden die entsprechenden politischen Kräfte aus allen Zonen sammeln und steuern sollten. Die "antifaschistisch–demokratische" Einheitsfront, innerhalb der den Kommunisten eine hegemoniale Position zugeschoben wurde, und Maßnahmen der gesellschaftlichen Transformation wie Bodenreform und Betriebsenteignung, die den Berliner Parteizentralen von der sowjetischen Besatzungsmacht oktroyiert wurden, sollten auch für Westdeutschland verbindlich werden.

Alle diese Absichten jedoch ließen sich nicht durchsetzen. Denn in den Westzonen entstanden autochthone Parteiführungen, die sich den Berliner Spitzen nicht unterordneten und ihrerseits überregionale Loyalitäten aufbauten. Die Autorität der unter Aufsicht der SMAD etablierten Zentralen blieb daher auf die Vier–Sektoren–Stadt und die Sowjetzone beschränkt. Dabei spielten nicht allein regionale Partikulartendenzen und schlechte innerdeutsche Kontakt- und Kommunikationsmöglichkeiten, sondern zunehmend auch Widerstände gegen die sowjetisch veranlaßte Politik eine Rolle. Dieses Motiv war so stark, daß sich bei grundlegenden politischen Richtungsentscheidungen — erstmalig im April 1946 bei dem sowjetischerseits betriebenen Zusammenschluß von KPD und SPD zur SED — sogar West–Berliner Parteiorganisationen widersetzten. Im Ergebnis wurde den sowjetischen Anweisungen nur so weit Folge geleistet, wie die Besatzungsgewalt Moskaus reichte. Das war weithin entscheidend dafür, daß politische Rechnungen Stalins in Deutschland nicht aufgingen.

Eine mindestens ebenso große Wichtigkeit wie das Verhältnis zu den Deutschen hatte für Moskau das Zusammenspiel mit den westlichen Besatzungsmächten. Die sowjetische Seite hatte es hier auf einseitige Ausbeutung westlichen guten Willens abgesehen. Die unklare Abgrenzung zwischen den Kompetenzen der einzelnen Zonenkommandeure und der Entscheidungsgewalt des Alliierten Kontrollrats erlaubte es, zum einen innerhalb des eigenen Besatzungsgebiets ohne Rücksicht auf das Ganze Entscheidungen und Maßnahmen zu treffen und zum anderen ein uneingeschränktes Mitspracherecht in den Angelegenheiten der anderen Zonen zu beanspruchen. Das akzeptierten die Westmächte freilich bald insoweit nicht mehr, als sie sich zentralen Forderungen der UdSSR bezüglich Westdeutschlands versagten. Daher kam es zu gemeinsamem Handeln typischerweise nur dann, wenn es um die Verwirklichung von Negativzielen wie insbesondere Entnazifizierung und Entmilitarisierung ging. Auch dabei stimmten weithin nur die Formeln, nicht aber die Inhalte überein. Insbesondere wurde die sowjetische Ansicht über die "gesellschaftlichen Grundlagen" des in Deutschland zu bekämpfenden Übels von den Westmächten nicht geteilt, deren eigenes System ja dadurch in Frage gestellt wurde. Allerdings hüteten sich beide Seiten noch lange Zeit, den verdeckten Widerstreit beim Namen zu nennen, und bemühten sich, ihn durch zweideutige Formulierungen zu kaschieren. Der Gegensatz trat nur dann offen zutage, wenn man sich über Positivziele zu verständigen suchte.

Da der politische Grundkonflikt kaum jemals offen benannt wurde, entzündete sich der Gegensatz zuerst an wirtschaftlichen Differenzen. Auf der Potsdamer Konferenz waren die beiden angelsächsischen Mächte und die UdSSR übereingekommen, Deutschland ökonomisch als Einheit zu behandeln. Gleichzeitig aber bestand ein scharfer Dissens darüber, ob die Besatzungsmächte im Interesse einer Mindestversorgung der Bevölkerung mit Lebensmitteln über die Ressourcen des Landes einheitlich verfügen sollten oder ob die sowjetische Seite im Interesse einer vorrangigen Befriedigung ihres Reparationsverlangens keine Verpflichtungen gegenüber dem Ganzen zu übernehmen brauchte. Nach britischer und amerikanischer Ansicht galt es, die Nahrungsvorräte aller Zonen für die Ernährung der vielfach vom Verhungern bedrohten Deutschen heranzuziehen und erforderlichenfalls auch deutsche Industriebetriebe für Ausfuhren zur Bezahlung von Lebensmittelimporten in Gang zu bringen, ehe an Reparationen gedacht werden konnte. Moskau war damit in keiner Weise einverstanden. Es forderte nicht nur absolute Priorität für seine Reparationsansprüche und verweigerte demgemäß jegliche Lieferung sowjetzonaler Nahrungsüberschüsse an notleidende westdeutsche Gebiete, sondern bestand auch auf einem so niedrigen Niveau der deutschen Industrieproduktion, daß von vornherein an keine Exportkapazitäten zu denken war. Die gegensätzlichen Standpunkte konnten weder in Potsdam noch danach einander angenähert werden. Den USA und Großbritannien blieb nichts anderes übrig, als die uneingeschränkte Verfügung der UdSSR über die Ressourcen ihrer Zone zur Kenntnis zu nehmen. Die theoretisch getroffene Übereinkunft über die deutsche Wirtschaftseinheit wurde damit zur Farce.

Das führte zu außerordentlichem Ärger in Washington und London. Dort sah man sich seit dem Winter 1945/1946 zunehmend genötigt, durch Lebensmittellieferungen auf Kosten der eigenen Steuerzahler ein Massensterben in Westdeutschland zu verhindern. Gleichzeitig aber ließ Moskau in seiner Zone Industrieanlagen für Reparationszwecke demontieren und belegte in großem Umfang auch ostdeutsche Nahrungsgüter mit Beschlag. Die angelsächsischen Besatzungsmächte waren über die ihnen gegenüber ausgeübte Nötigung empört, aus eigenen Mitteln indirekt Reparationen an die UdSSR zu zahlen. Der Kreml aber ließ sich nicht zu einem Entgegenkommen bewegen. Das galt auch dann noch, als sich 1946 in Moskau die Einsicht durchsetzte, daß demontierte Industrieanlagen unvorteilhaft waren und daher durch Reparationen aus einer — demzufolge zu vergrößernden — deutschen Produktion ersetzt werden mußten. Die demgemäß notwendig erscheinende Ausweitung der deutschen Industriekapazitäten durfte nach Moskauer Ansicht nicht zu einer Erhöhung des deutschen Industrieniveaus führen, das auch Ausfuhren zur Bezahlung von Lebensmittelimporten ermöglicht hätte. Statt dessen nahm die UdSSR die für sie wirtschaftlich interessanten deutschen Betriebe in einem unilateralen Akt unter ihre unmittelbare Regie und in ihr staatliches Eigentum. Dadurch wurden diese Produktionsstätten, obwohl auf deutschem Gebiet gelegen, zu direkten Bestandteilen der sowjetischen Wirtschaft — mit der Besonderheit, daß zwar die verwendeten Ressourcen aus der Sowjetzone kamen, die hergestellten Güter jedoch als Reparationen in die UdSSR gebracht wurden. Durch diese Regelung wurden unter anderem die strengen Gebote der "industriellen Entwaffnung" ungemildert aufrechterhalten.[11] Zugleich schuf sich Stalin so eine materielle Basis, von der aus er seinem Land eine Schlüsselposition in der deutschen Industrie verschaffen konnte. Das Verlangen der UdSSR, mittels einer zu errichtenden Vier–Mächte–Kontrolle an der Verfügung über das Ruhrgebiet beteiligt zu werden, läßt diesen Willen auch bezüglich des Kernstücks der westdeutschen Wirtschaft deutlich werden.

Im direkt außenpolitischen Bereich trat der Widerstreit zwischen der UdSSR und den Westmächten nur allmählich zutage. Seit Sommer 1946 begann man in London und Washington, die sowjetische Unnachgiebigkeit in den wirtschaftlichen Fragen im Lichte eines weitergehenden allgemein–politischen Argwohns zu sehen. Das Veto des Kremls gegen jede Erleichterung für die schwierige Ernährungssituation in Westdeutschland weckte zunehmend den Verdacht, es gehe Stalin darum, die dortige Not einem Höhepunkt zuzutreiben, um anschließend der deutschen Bevölkerung die kommunistische Option als allein mögliche Rettung zu präsentieren. Auch der auf der Potsdamer Konferenz zunächst von amerikanischer und britischer Seite akzeptierte, dann aber am französischen Veto gescheiterte sowjetische Plan zonenübergreifender deutscher Zentralverwaltungen wurde nunmehr suspekt. Man fürchtete, es gehe dem Kreml darum, mittels eines in Berlin aufzubauenden und dort notwendig sowjetischer Beeinflussung unterliegenden Apparats Einfluß auf Westdeutschland zu nehmen.

Vor diesem Hintergrund hielten es die angelsächsischen Mächte zunehmend für angemessen, auch in ihren Zonen nach eigenem Gutdünken zu handeln, sich also nicht länger um sowjetische Vetos und Wünsche zu scheren. Das erste Anzeichen für diese Tendenz war die Einstellung der Reparationslieferungen aus der amerikanischen Zone an die UdSSR am 3. Mai 1946. Ein weiterer wichtiger Schritt war die Aufforderung der USA an die

---

[11] Vgl. zum Gesamtproblem Fisch, J.: Die deutschen Reparationen und die Teilung Europas, in: Loth, W. (Hrsg.): Die deutsche Frage in der Nachkriegszeit, Berlin 1994, S. 67–101.

anderen Besatzungsmächte vom 11. Juli 1946, ihre Gebiete mit der amerikanischen Zone zu vereinigen. Dies führte zur Bildung der "Bizone" zusammen mit Großbritannien. Am 6. September 1946 stellte der amerikanische Außenminister Byrnes öffentlich den Willen seines Landes zu einer konstruktiven Wirtschaftspolitik und zu einem länger dauernden Engagement in Deutschland heraus. In Washington scheint man anfänglich gehofft zu haben, man könne Stalin durch eine feste Haltung beeindrucken und zu einem Kurswechsel seiner Politik bewegen. Auf der Moskauer Sitzung des Außenministerrats der vier Mächte im Frühjahr 1947 jedoch wurde diese Erwartung enttäuscht.[12]

III. Übergang zur offenen Konfrontationspolitik (1947–1950)

Die Truman–Administration in Washington hielt nunmehr rasches Handeln für notwendig: Westeuropa bedurfte der wirtschaftlichen Sanierung, wenn es sich gegenüber der kommunistischen Herausforderung konsolidieren sollte — und beides ließ sich nicht ohne eine Stabilisierung Westdeutschlands erreichen, für die eine sowjetische Zustimmung nicht zu erwarten war. Von diesen Überlegungen ging die amerikanische Regierung aus, als Außenminister Marshall am 5. Juni 1947 den seither nach ihm benannten Plan ankündigte. Für Stalin war dies eine Art politischer Kriegserklärung. Anders als Roosevelt in Jalta 1945 vorausgesagt hatte[13], begannen sich die USA nun dauerhaft in Europa zu engagieren und damit ein Gegengewicht zur UdSSR zu schaffen. Die Entschlossenheit der Führung in Washington, zusammen mit den beiden anderen Westmächten, aber ohne die Sowjetunion die notwendigen Maßnahmen einzuleiten, negierte den Anspruch des Kreml auf Mitsprache in den Westzonen.

Stalin erwog zunächst, den amerikanischen Plan durch ein scheinbares Eingehen auf das darin enthaltene Hilfsangebot zu sabotieren oder zumindest zu verzögern. Dann jedoch zog er seinen Außenminister aus den bereits angelaufenen Verhandlungen zurück und veranlaßte auch die von ihm abhängigen Oststaaten zu einer Absage. Der Grund für die Kehrtwende war die Sorge, daß angesichts des nunmehr offen zutage getretenen Ost–West–

---

[12] Der Umstand, daß die sowjetische Führung schon vor dem Marshall–Plan das Moment der Trennung und des Konflikts verschärfte, wurde auch auf dem deutschen Schauplatz spürbar, so an den administrativen Beschlüssen für die Sowjetzone und bei den Auseinandersetzungen um eine gesamtdeutsche Ministerpräsidentenkonferenz; hierzu: Laufer, J.: Auf dem Weg zur staatlichen Verselbständigung der SBZ. Neue Quellen zur Münchener Konferenz der Ministerpräsidenten 1947, in: Kocka, J. (Hrsg.): Historische DDR–Forschung. Aufsätze und Studien, Berlin 1993, S. 27–56.

[13] Foreign Relations of the United States, The Conferences at Malta and Yalta 1945, Washington 1955 (Department of State Publication 6199), S. 701 f.

Antagonismus jede Unklarheit über den einzuschlagenden Kurs gefährlich wäre. Die — vor allem anderen notwendig erscheinende — sowjetische Kontrolle über die "Volksdemokratien" wäre bedroht, wenn die antiwestliche Politik des Moskauer Lagers durch den Anschein einer Kooperation in Zweifel gezogen schiene, während die Verbündeten zugleich den Verlockungen der amerikanischen Hilfe ausgesetzt wären.[14] Auf der Gründungstagung des Kominform vom 22. bis 27. September 1947 wurden dementsprechend die kommunistischen Parteien auf einen harten Konfrontationskurs und auf unbedingte Unterordnung unter die UdSSR verpflichtet. Als Rechtfertigungsbasis diente die These von den beiden einander feindlich gegenüberstehenden Lagern des Sozialismus und des Imperialismus.[15] Am schärfsten wirkte sich der sowjetische Kurswechsel in Deutschland aus. In der Sowjetzone wurde der Übergang zu einer volksdemokratischen Ordnung eingeleitet. Die bisherigen Konzessionen an die parlamentarische Demokratie wurden aufgehoben. Bei den ostdeutschen Behörden, die ohnehin nur begrenzte Vollzugsmacht unter sowjetischer Aufsicht hatten, ließ man die bis dahin noch genommenen Rücksichten auf ein pluralistisches Image weithin fallen. Die staatliche Gewalt wurde auf die SED–Führungsspitze konzentriert, und man begann, ein zentralistisch strukturiertes Staatswesen aufzubauen. Der neue Konfrontationskurs gegenüber dem Westen schloß auch Vorbereitungen für die Schaffung ostdeutscher militärischer Kader ein, die dann ab Mitte 1948 formiert wurden.[16] Das Vorgehen war, wie es scheint, von Anfang an auf die doppelte Option Ausdehnung auf Gesamtdeutschland oder sowjetzonaler Separatstaat angelegt.[17]

In der Sicht Stalins war es eine schwere Niederlage, daß sich die Westmächte nicht länger durch sowjetische Einsprüche an einer Rekonstruktionspolitik in Westdeutschland und, damit indirekt verknüpft, auch in Westeuropa hindern ließen. Um dies wieder rückgängig zu machen, bemühte sich der

[14] Narinskij, M. M.: SSSR i plan Maršalla po materialam archiva prezidenta, in: Novaja i novejšaja istorija, 2/1993, S. 11–17. Ergänzend Roberts, G.: Moscow and the Marshall Plan, in: Europe–Asia Studies, No. 8 (1994), S. 1.371–1.386.

[15] Reale, E.: Avec Jacqes Duclos au banc des accusés, Paris 1958; Procacci, G. (Hrsg.): The Cominform. Minutes of the Three Conferences 1947/1948/1949, Mailand 1994, S. 3–460; Egorova, N.: Stalinskaja vnešnjaja politika i Kominform, 1947–1953, in: Fondazione Feltrinelli (Ed.): The Soviet Union and Europe in the Cold War (1943–1953), Cortona 1996; s. a. die seinerzeit veröffentlichten Dokumente der Kominform–Gründungstagung in: Bol'ševik, 19/1947, S. 9–14.

[16] Wettig, G.: Neue Erkenntnisse aus sowjetischen Geheimdokumenten über den militärischen Aufbau in der SBZ/DDR, in: Militärgeschichtliche Mitteilungen, Jg. 53 (1994), S. 199–219.

[17] Wettig, G.: All–German Unity and East German Unity and East German Separation in Soviet Policy 1947–1949, in: Jahrbuch für Historische Kommunismusforschung 1994, S. 122–139. Bonwetsch, B.; Bordjugov, G.; Naimark, N. M. (Hrsg.): SVAG. Upravlenie propagandy (informacii) i S. Tjul'panov 1945–1949. Sbornik dokumentov, Moskva 1994, S. 77–134; Naimark: To Know Everything, a. a. O. (wie Anm. 8), S. 12–26.

sowjetische Führer um eine Restauration der alten Verhältnisse in Deutschland. Dafür sollten die Deutschen als politische Verbündete gewonnen werden. Als Lockung diente die Parole der deutschen Einheit. Diese, so hieß es, müsse gegen die westliche Spalterpolitik durchgesetzt werden. Die UdSSR stellte sich dabei als die einzige Siegermacht dar, welche die Interessen der deutschen Nation zu ihren eigenen machte. Unausgesprochen wurde das von Moskau geforderte Recht auf Mitsprache in den Westzonen gleichgesetzt mit dem Zustand jener wirtschaftlichen und politischen Einheit, die in den vergangenen Jahren an mangelnder sowjetischer Konsensbereitschaft gescheitert war. Eine Restauration eben jenes Kontrollratsregimes, das die Paralyse der Vergangenheit verschuldet hatte, sollte demnach die seit 1945 eingetretene Spaltung Deutschlands beenden.

Zur Durchsetzung diese Programms ließ die sowjetische Führung durch SED und KPD im Herbst 1947 einen "Deutschen Volkskongreß für Einheit und gerechten Frieden" ins Leben rufen. Dieser hatte zunächst die Aufgabe, unter Berufung auf seine angebliche Legitimation durch das deutsche Volk Druck auf die westliche Seite in dem Ende 1947 nochmals tagenden Rat der vier Außenminister auszuüben. Im März 1948 entstanden von der SED beherrschte Strukturen zur Beratung und Verabschiedung einer Verfassung. Diese war zwar angeblich für Gesamtdeutschland bestimmt, diente aber faktisch der Schaffung eines ostdeutschen Separatstaates.[18] Die kommunistischen Machthaber beteiligten an dem Prozeß auch einige Gefolgsleute aus dem Westen und beanspruchten daraufhin ein gesamtdeutsches Mandat. Die DDR, die im Oktober 1949 ausgerufen wurde, war demnach der Staat des ganzen deutschen Volkes, der lediglich durch die Präsenz der westlichen Besatzungstruppen im Westen an einer Erstreckung seiner Gewalt auf das westdeutsche Territorium gehindert wurde.[19]

Im Laufe des Frühjahrs 1948 scheint man in Moskau und Ost–Berlin zu der Einsicht gelangt zu sein, daß mit einem gesamtdeutschen Erfolg der Volkskongreßbewegung kaum zu rechnen sei. Wirksame Pressionen auf die Westmächte ließen sich mit diesem Instrument nicht ausüben. Auch der Auszug des sowjetischen Vertreters aus dem — ohnehin nicht mehr für brauchbar gehaltenen — Alliierten Kontrollrat am 20. März 1948 machte auf die westlichen Regierungen wenig Eindruck. Daher erschien der Einsatz anderer Mittel notwendig. Ein geeigneter Ansatz bot sich in Berlin, dessen Westsektoren völlig von sowjetisch besetztem Gebiet umschlossen waren. Wie Stalin und seine außenpolitischen Mitarbeiter meinten, konnte man hier

---

[18] Wettig: All–German Unity, a. a. O. (wie Anm. 17), S. 133–136; Goroškova, G. N.: Dviženie nemeckogo narodnogo kongressa za edinstvo i mirnyj dogovor, Moskva 1959.

[19] Wettig: All–German Unity, a. a. O. (wie Anm. 17), S. 136–138. Zur Rolle, die der westdeutschen KPD in diesem Zusammenhang zugedacht war, s. Wettig, G.: Die KPD als Instrument der sowjetischen Deutschland–Politik, in: Deutschland Archiv, Jg. 27 (1994), Heft 8, S. 816–822.

einen wirksamen Hebel ansetzen, ohne ein Risiko einzugehen. Dabei schloß man die Möglichkeit aus, daß die westlichen Besatzungsmächte um ihrer fragilen Position in der deutschen Hauptstadt willen so unvernünftig sein könnten, es auf militärische Weiterungen ankommen zu lassen. Denn schließlich war die einzige mit Aussicht auf kriegerischen Erfolg gegen die UdSSR einsetzbare militärische Macht das überlegene Potential der USA, das nicht nur weit weg war, sondern — zumindest in seiner konventionellen Komponente — erst noch einer langdauernden Mobilisierung bedurfte. Daher schien es unproblematisch, daß auch Stalin nicht willens war, die andere Seite militärisch herauszufordern. Er schien nur gewinnen zu können: Entweder mußten die Westmächte dem Druck nachgeben und auf die Einbeziehung Westdeutschlands in ihren Block verzichten, oder sie mußten mit dem Hinausschmiß aus Berlin eine empfindliche Niederlage hinnehmen, die das Vertrauen der Deutschen in ihre Fähigkeit zur Schutzgewährung schwer erschüttern würde.

Schon im beginnenden Frühjahr 1948 machte die sowjetische Führung eine Probe aufs Exempel, indem sie für kurze Zeit eine "kleine Blockade" über die Berliner Westsektoren verhängte. Das Ergebnis entsprach den Erwartungen: Es zeichnete sich in den westlichen Hauptstädten keine entschlossene Reaktion ab. Stalin sah sich zur vollen Blockade bewogen, als die Westmächte am 20. Juni 1948 mit der Währungsreform in Westdeutschland einen entscheidenden Schritt zur Herauslösung der Westzonen aus dem gesamtdeutschen Zusammenhang machten. Daraufhin äußerte Moskau flammende Empörung über ein so unerhörtes Vorgehen. Im Rückblick freilich erscheint die Entrüstung wenig glaubhaft. Wie einschlägige Dokumente zeigen, war auch in Moskau schon sehr lange die Einführung einer separaten Währung für den eigenen Machtbereich in Deutschland vorbereitet worden. Gleichwohl sahen sich die sowjetischen Besatzungsbehörden genötigt, auf den westlichen Schritt mit einer Improvisation zu reagieren: Sie hatten die westliche Währungsreform zu diesem Zeitpunkt nicht erwartet, und im übrigen waren die eigenen Planungen wegen fehlender Druckkapazitäten in den Rückstand geraten.[20]

---

[20] Als Hauptquelle s. die auf Dokumenten des russischen Präsidentenarchivs beruhenden Ausführungen von Narinskij, M. M.: Sovetskij Sojuz i berlinskij krizis 1948–1949 gg., in: Fondazione Feltrinelli (Ed.) The Soviet Union and Europe in the Cold War (1943–1953), Cortona 1996. Daneben s. Gobarev, V.: Soviet Military Plans During the Berlin Crisis 1948–1949; Narinskij, M.: Soviet Policy and the Berlin Blockade 1948, Arbeitspapiere für die Konferenz "The Soviet Union, Germany, and the Cold War, 1945–1962: New Evidence from Eastern Archives", Essen, 28.–30.6.1994. Der sowjetische Wille, es nicht zum Krieg kommen zu lassen, geht auch aus der Tatsache einer auf Defensive abgehaltenen militärischen Planung hervor: Garelov, M. A. (Gareev, M. A.): Woher droht Gefahr?, in: Einheit, Nr. 6 (1989), S. 573–589. Der gleiche Schluß läßt sich auch aus seit langem im Westen bekannten politischen Fakten ziehen: Wettig, G.: Entmilitarisierung und Wiederbewaffnung in Deutschland 1943–1955, München 1967, S. 219.

Zunächst schien es so, als würde Stalins Rechnung mit der Berliner Blok-
kade aufgehen. In den westlichen Hauptstädten sah man während der ersten
Wochen kaum eine Chance, die Position in den Westsektoren zu halten. Das
galt auch dann noch für eine Weile, als der amerikanische Militärgouverneur
General Clay den Aufbau einer Luftbrücke konzipiert und in Washington
durchgesetzt hatte. Anfänglich glaubten nur wenige, daß dies mehr als eine
vorübergehende Aushilfe sein könne. Auf der Basis dieser Einschätzung fanden im Spätsommer 1948 westlich–sowjetische Verhandlungen über eine
Währungsregelung für Berlin statt. Die sowjetische Delegation setzte dabei
im wesentlichen den Standpunkt ihres Landes durch, daß die Westsektoren
nicht Teil des westdeutschen Währungsgebiets werden könnten und daher in
dieser Hinsicht Anschluß an die östliche Seite suchen müßten.

Wäre diese Übereinkunft durchgeführt worden, hätte dies die Möglichkeit
einer Anbindung West–Berlins an Westdeutschland verbaut und damit eine
Eingliederung der Teilstadt in die Sowjetzone vorbereitet. Stalin jedoch
glaubte sich in einer so starken Position, daß er selbst die in der Vereinbarung enthaltenen geringfügigen Abstriche von seinen Forderungen nicht akzeptierte.[21] Erst als die Luftbrücke den Test bestand, die Bevölkerung der
Westsektoren auch während des Winters 1948/49 ausreichend zu versorgen,
begann er seine Möglichkeiten realistisch einzuschätzen. Aber da hatte er
seine Chance bereits unwiderruflich vertan. Er konnte nur noch den politischen Rückzug einleiten. Mit Wirkung vom 12. Mai 1949 hob er die Zu-
fahrtssperren auf. Vordergründig betrachtet, hatte er lediglich die angestrebte Lageverbesserung nicht erreicht. Tatsächlich jedoch bedeutete das Scheitern der Berliner Blockade sehr viel mehr.

Die Deutschen außerhalb des sowjetischen Herrschaftsbereichs waren
seitdem durch ein klares antisowjetisches und antikommunistisches Bewußtsein geeint[22]; die im Frühjahr 1948 noch schwachen Tendenzen zur Herausbildung eines politisch–militärischen Westblocks hatten entscheidende Impulse erhalten und zum Abschluß des Nordatlantikpakts geführt; zwischen
Westdeutschen und West–Berliner einerseits und den westlichen Staaten
andererseits war es zu einer weitreichenden Solidarisierung gegenüber der
UdSSR gekommen. Die auf Wiederherstellung des sowjetischen Vetos bezüglich des westlich besetzten Teils Deutschlands ausgerichtete Moskauer
Politik war vorerst gescheitert. Der Kreml verfügte über kein Mittel, um die
Konstituierung der Bundesrepublik Deutschland und deren Einbeziehung in
den Kreis der westlichen Staaten aufzuhalten. Seit Anfang 1950 sahen sich

---

[21] Narinskij: Sovetskij Sojuz, a. a. O. (wie Anm. 20). Der Text der Übereinkunft ist wiedergegeben in: Heidelmeyer, W.; Hindrichs, G. (Bearb.): Dokumente zur Berlin–Frage 1944–1962,
2. Aufl., München 1962, S. 81 f.

[22] Dies wurde von sowjetischer Seite auf der Pariser Sitzung des Rates der vier Außenminister vom Mai/Juni 1949 unausgesprochen bestätigt. Vgl. Wettig: Entmilitarisierung, a. a. O.
(wie Anm. 20), S. 255–259.

die Leiter der sowjetischen Außenpolitik zudem mit der — zuerst vom West–Berliner Bürgermeister Reuter und von Kreisen westdeutscher Sozialdemokraten ausgehenden — zusätzlichen Herausforderung einer westdeutschen Wiedervereinigungskampagne unter westlichen Vorzeichen konfrontiert. Das geteilte Land sollte sich demnach auf der Grundlage freier Wahlen zusammenschließen. Das wäre mit einer Beseitigung der kommunistischen Herrschaft im östlichen Teil Deutschlands gleichbedeutend gewesen.

IV. Politik unter der Parole der deutschen Wiedervereinigung (1950–1951)

Der Ausbruch des Korea–Krieges Ende Juni 1950 veränderte die Ost–West–Situation grundlegend. Der nordkoreanische Überfall veranlaßte die Mitgliedsländer des Nordatlantikpakts dazu, dem bisher vernachlässigten militärischen Kräfteverhältnis auf dem europäischen Schauplatz größere Aufmerksamkeit zuzuwenden. Es zeichnete sich ein Trend zur Schaffung eines wirksamen westeuropäischen Verteidigungssystems ab. Dazu sollten auch die Westdeutschen einen militärischen Beitrag leisten. Dagegen erhob sich allerdings nicht nur in westeuropäischen Ländern wie insbesondere Frankreich, sondern auch in westdeutschen Oppositionskreisen heftiger Widerstand. Gleichwohl entstand in Moskau der Eindruck einer nahe bevorstehenden westdeutschen Wiederbewaffnung. Das war zusammen mit anderen von der NATO geplanten Aufrüstungsmaßnahmen für Stalin eine bedrohliche Aussicht. Dieses Gefühl scheint noch durch den Umstand verstärkt worden zu sein, daß er sich anscheinend in eine Falle gelockt glaubte. Danach wäre die im Januar 1950 von Außenminister Acheson abgegebene Erklärung amerikanischen Desinteresses an Korea eine bewußte Täuschung gewesen, welche die kommunistische Seite zu einem Angriff ermutigen sollte, der dann zur Rechtfertigung eines längst geplanten westlichen Rüstens dienen konnte.[23] Es stellte sich allerdings die Frage, inwieweit der sowjetische Führer tatsächlich so überrascht war, wie er tat. Denn er hatte dem nordkoreanischen Entschluß zunächst wegen der damit verbundenen Ungewißheiten nicht zustimmen wollen. Erst danach hatte er sich von der Risikolosigkeit wie Erfolgsgewißheit des Pjöngjanger Vorhabens überreden lassen.[24] Auf jeden Fall aber sah sich Stalin nunmehr in einer schwierigen Lage. Er fürchtete überdies, es mit westlichen Vorbereitungen zu einer militärischen Aggression ge-

---

[23] Vgl. Äußerung von Außenminister Vyšinskij, wiedergegeben bei Paige, G. D.: Comparative Case Analysis of Crisis Decisions — Korea and Cuba, in: Hermann, Ch. F. (Hrsg.): International Crisis, New York 1972, S. 48 f.

[24] Weathersby, K.: The Soviet Role in the Early Phase of the Korean War: New Documentary Evidence from Eastern Archives, in: Journal of American–East Asian Relations, No. 2:4, Winter 1993, S. 425–458.

gen die UdSSR zu tun zu haben.[25] Auf die so gesehene Herausforderung hin ließ er in seinem Land fieberhaft rüsten und spannte dabei dessen Ressourcen aufs äußerste an. Zugleich suchte er den Westmächten so viele Schwierigkeiten wie möglich in Westdeutschland zu machen. Zu diesem Zweck ordnete er an, die Bevölkerung mittels nationaler Parolen gegen die westliche Politik zu mobilisieren. Dabei kam ihm die in der Bundesrepublik vorherrschende Stimmung des "Ohne mich!" und des Widerwillens gegen eine Wiederbewaffnung entgegen.

Von Ost–Berlin aus wurden die Westdeutschen aufgefordert, den Machenschaften der drei Besatzungsmächte eine Absage zu erteilen.[26] Die östlichen Außenminister formulierten auf einer Tagung in Prag am 21. Oktober 1950 einen Protest gegen die westdeutsche "Remilitarisierung". Als politische Alternative, so hieß es, solle unverzüglich ein Friedensvertrag mit einem wiederzuvereinigenden Deutschland abgeschlossen werden "in Übereinstimmung mit dem Potsdamer Abkommen und mit der Maßgabe, daß die Besatzungstruppen aller Mächte binnen Jahresfrist nach Abschluß des Friedensvertrages aus Deutschland abgezogen werden". Als Weg zur Wiederherstellung der staatlichen Einheit wurde vorgeschlagen die "Bildung eines aus Vertretern Ost– und Westdeutschlands paritätisch zusammengesetzten Gesamtdeutschen Konstituierenden Rates, der die Bildung einer provisorischen demokratischen, friedliebenden, gesamtdeutschen souveränen Regierung vorbereiten und den Regierungen der UdSSR, der USA, Großbritanniens und Frankreichs die entsprechenden Vorschläge zwecks gemeinsamer Bestätigung zu unterbreiten" hätte, der bei der Bildung einer gesamtdeutschen Regierung herangezogen und bei der Ausarbeitung eines Friedensvertrages konsultiert werden sollte.[27] Die DDR–Regierung schickte auf Veranlassung aus Moskau[28] einen öffentlichen Brief ihres Ministerpräsidenten an Bundeskanzler Adenauer. Darin wurden die praktischen Einzelheiten näher erläutert. Insbesondere hieß es in vager Form, daß bei der Schaffung einer gesamtdeutschen Regierung zugleich auch die Bedingungen für die Abhaltung gesamtdeutscher Wahlen ins Auge gefaßt werden sollten.[29]

---

[25] Vgl. entsprechende Hinweise in Dokumenten der Italienischen Kommunistischen Partei, deren Führer Togliatti von Stalin angesichts der vermeintlich drohenden kriegerischen Auseinandersetzung vergeblich dazu aufgefordert wurde, sich nach Moskau zu begeben und dort die Leitung des Kominform zu übernehmen, in: Osteuropa, Jg. 20 (1970), S. 699–706, A 703–718.

[26] Dokumente zur Außenpolitik der Regierung der DDR, Bd. 1, (Ost–)Berlin 1957, S. 153–165.

[27] Dokumente zur Deutschlandpolitik der Sowjetunion, Bd. 1, (Ost–)Berlin 1957, S. 244–253.

[28] Vgl. Lemke, M.: Eine deutsche Chance? Die innerdeutsche Diskussion um den Grotewohlbrief vom November 1950, Arbeitspapier für die Konferenz "The Soviet Union, Germany and the Cold War, 1945–1962: New Evidence from Eastern Archives", Essen, 28.– 30.6.1994.

[29] Bundesministerium für gesamtdeutsche Fragen (Hrsg.): Die Bemühungen der Bundesrepublik um Wiederherstellung der Einheit Deutschlands durch gesamtdeutsche Wahlen. Doku-

Das war eine leicht modifizierte Fortsetzung der altbekannten Linie. Was in den frühen Nachkriegsjahren sowjetisches Insistieren auf der gesamtdeutschen Entscheidungskompetenz des Alliierten Kontrollrats bezüglich der Westzonen gewesen war und was nach der konfrontativen Wende von 1947 die Form eines nationalen Einheitsappells an das deutsche Volk erhalten hatte, fungierte nunmehr als Aufforderung an die Westdeutschen, zwischen einer "Remilitarisierung" im Dienste westlicher "Aggressionspolitik" und dem Angebot der Wiedervereinigung zu einem "einheitlichen friedliebenden und demokratischen" deutschen Staat zu wählen. Dabei ging es, ungeachtet der propagandistischen Aufforderung: "Deutsche an einen Tisch!", nicht um die Anbahnung von Gesprächen. Weder die Westmächte noch die Bundesregierung wurden in Moskau als Partner gesehen, mit denen man in einen Dialog zur Regelung der deutschen Frage eintreten könne. Vielmehr handelte es sich, in kommunistischen Begriffen ausgedrückt, um den Versuch zur Anbahnung eines "Bündnisses von unten", d. h. um den Appell an die gesellschaftliche Basis der anderen Seite, ihre Führung zu verlassen und sich der entgegengesetzten Seite anzuschließen.[30]

Das in den vorangegangenen Jahren 1947–1949 gescheiterte und nunmehr wieder aufgenommene sowjetische Bemühen um deutsche Unterstützung versprach allerdings nur dann Erfolg, wenn es einen neuen Grund gab, der den westdeutschen Adressaten eine Änderung der bisherigen ablehnenden Haltung nahelegte. Wie es scheint, glaubte man in Moskau zunächst, auf die Abneigung der westdeutschen Öffentlichkeit gegen eine "Remilitarisierung" setzen zu können. Es erwies sich jedoch im Laufe der folgenden Monate, daß dies nicht ausreichte, um den in der Bundesrepublik bestehenden Widerwillen gegen UdSSR und Kommunismus zu neutralisieren oder gar ins Gegenteil zu verwandeln. Wie groß auch der allgemeine Wunsch nach nationaler Einheit war und wie wenig Sympathien es auch weithin für die Wiederbewaffnung gab, so wollten die Westdeutschen doch in ihrer großen Mehrheit unter keinen Umständen in den Herrschaftsbereich der UdSSR und ihres Systems geraten. Generell waren sie der Ansicht: Wiedervereinigung ja, aber nur auf der Basis freier Wahlen. Sowohl das System als auch das Regime eines künftigen gesamtdeutschen Staates waren demnach auf den frei geäußerten Willen des deutschen Volkes zu gründen. Das erschien unerläßlich als Gewähr dafür, daß die — als Hauptgefahr angesehene — sowjetische

---

mente und Akten, Teil 1, 4. Aufl., Bonn 1958, S. 21 f.

[30] Für diesen Rückschluß bezüglich der sowjetischen Politik von 1950/51 gibt es bisher mangels umfassender Archivforschungen nur Indizien. Es scheint jedoch unter den einschlägig arbeitenden Historikern Konsens darüber zu bestehen, daß eine sowjetische Gesprächs- und Konsensbereitschaft, sofern sie überhaupt bestanden haben könnte, im Frühjahr 1952 ihren Höhepunkt erreicht haben müßte. An diesem Punkt jedoch läßt sich eine negative sowjetische Haltung nachweisen (s. die weiter unten folgenden Ausführungen). Vom Herbst 1950 bis zum Frühjahr 1952 ist die sowjetische Deutschland–Politik zudem von einer klaren Kontinuität der Vorgehensweise und der Leitbegriffe gekennzeichnet.

Fremdbestimmung ausgeschlossen wurde. In dieser Sicht ging es darum, eine in den westlichen Landesteilen weithin erreichte innere Selbstbestimmung zu wahren und auf die DDR als bislang unfreien Staat auszudehnen. Das stellte Stalin vor die Frage, ob er bereit war, zur Durchkreuzung der von ihm befürchteten westlichen Kriegsvorbereitungen die DDR freizugeben.

Die bisher ans Licht gekommenen sowjetischen Quellen lassen nicht erkennen, inwieweit die deutsche Situation in Moskau realistisch beurteilt worden ist. Man darf jedoch in dieser Hinsicht eher skeptisch sein. Denn die bisher greifbaren sowjetischen Einschätzungen damaliger deutscher Stimmungen waren, gemessen an der tatsächlichen Lage, viel zu optimistisch.[31] Der Glaube, man könne durch Organisations- und Kaderarbeit nahezu alles erreichen, war gängige Moskauer Prämisse bei der Planung von Kampagnen in Deutschland. Auch die lange Dauer der östlichen Propagandafeldzüge auf der Basis der rigiden Prager Vorschläge läßt vermuten, daß die sowjetischen Führungskreise anhaltend meinten, den Westdeutschen kaum etwas bieten zu müssen.

Als die Westmächte nach langem Hin und Her über den westdeutschen Verteidigungsbeitrag im ausgehenden Sommer 1951 zu einem grundlegenden Konsens fanden und ihren Willen zu rascher Regelung der konkreten Einzelheiten bekundeten, wurde das sowjetische Deutschland–Konzept wieder etwas modifiziert. Auf eilige Anweisung aus Moskau hin[32] unterbreitete DDR–Ministerpräsident Grotewohl am 15. September 1951 einen neuen Vorschlag. Vertreter aus beiden deutschen Staaten sollten zu einer gesamtdeutschen Beratung zusammenkommen und über die Abhaltung freier gesamtdeutscher Wahlen sprechen. Auf eine paritätische Zusammensetzung des Gremiums wurde nunmehr verzichtet.[33] Bei genauem Hinsehen erwiesen sich die Zugeständnisse jedoch als marginal. Weder die Namensänderung für das vorgeschlagene gesamtdeutsche Gremium noch die Nennung freier Wahlen als Beratungsthema oder die Zustimmung zu einer größeren Zahl westdeutscher Teilnehmer stellten ein Entgegenkommen in der Sache

---

[31] Dieser Eindruck wird durch spätere Vorgänge bestätigt: Auch nachdem die Nachfolger Stalins im Frühjahr 1953 über deutliche Anzeichen einer in der DDR herannahenden Krise informiert worden waren und dann mit der Proklamierung des "Neuen Kurses" die Notwendigkeit einer raschen Abhilfe erkannt hatten, kam für sie der Ausbruch der latenten Antihaltung am 17. Juni als schockierende Überraschung. Erst von da an setzte sich in Moskau eine realistischere Einschätzung der — damals noch in beiden Staaten sehr ähnlichen — deutschen Stimmung durch. Das ging bezeichnenderweise mit einem Verzicht auf die bisherigen Wiedervereinigungsappelle einher.

[32] Das geht aus Informationen hervor, die der westdeutsche Korrespondent Zolling (AP–Bericht, 18.9.1951) und das Ostbüro der SPD damals schickten. Die Richtigkeit dieser Unterrichtungen läßt sich am damaligen — große Unsicherheit, Verwirrung und Hintergrund–Unkenntnis verratenden — Verhalten der SED–Führung ablesen.

[33] Grotewohl, O.: Im Kampf um die einige Deutsche Demokratische Republik. Reden und Aufsätze, Bd. 2, (Ost-)Berlin 1959, S. 444–464.

dar. Es wurde nämlich klar zum Ausdruck gebracht, daß die Beratungsgegenstände nur im Einvernehmen zwischen beiden Seiten geregelt werden könnten. Damit hing es allein von der noch ausstehenden östlichen Zustimmung ab, ob es überhaupt zu gesamtdeutschen Wahlen kam, wann dies der Fall war, welche Modalitäten für den Wahlakt gelten sollten und ob das Wahlergebnis Einfluß auf die Gestaltung Deutschlands hatte. Mit anderen Worten: Alle entscheidenden Fragen waren offengelassen und damit jenem Veto überantwortet, das die UdSSR in der Nachkriegszeit in Westdeutschland stets beansprucht hatte. Dem stand gegenüber, daß der Kreml den angestrebten politischen Gewinn im wesentlichen schon dadurch erreichen mußte, daß die westdeutsche Seite auf den Verhandlungsvorschlag einging. Durch das bloße Zustandekommen der gesamtdeutschen Beratung wäre, wenn man die westdeutsche Seite dafür gewonnen hätte, der westliche Veto–Entzug von 1947 rückgängig gemacht worden. Bonn hätte demzufolge der östlichen Seite bereits alles Wichtige im voraus gegeben, so daß kaum noch Anlaß zu Konzessionen bei den folgenden Gesprächen bestanden hätte. Umgekehrt wäre die westdeutsche Seite mit einer Annahme des DDR–Angebots unausweichlich in einen schweren Konflikt mit den Westmächten geraten und hätte damit unter anderem von vornherein den westlichen Rückhalt verloren, auf den sie bei Verhandlungen angewiesen war. Das Ausscheren mußte um so schwerer wiegen, als Bonn den ihm angetragenen deutsch–deutschen "Dialog" nur aufgrund einer Völkerrechtsverletzung — nämlich unter Mißachtung des westlichen Besatzungsrechts bezüglich aller außenpolitischen Grundfragen Deutschlands — hätte beginnen können.

Stalin dürfte schwerlich erwartet haben, daß sich rational handelnde westdeutsche Politiker auf ein derartiges Hasardspiel einließen, zumal ihnen dafür nicht das mindeste Zugeständnis angeboten worden war. Ein so formuliertes "Wiedervereinigungsangebot" konnte nur den Zweck verfolgen, "westdeutsche Massen" für die östliche Politik zu mobilisieren, indem man ihnen vorspiegelte, die östliche Seite bejahe gesamtdeutsche freie Wahlen. Dieser Leitlinie folgte die östliche Kampagne während der folgenden Monate. Mit dem Entwurf eines wohlklingenden, aber faktisch mit entwertenden Ausweichklauseln versehenen gesamtdeutschen Wahlgesetzes, den die DDR–Volkskammer am 9. Januar 1952 verabschiedete[34], kulminierte dieses Vorgehen.

---

[34] Bundesministerium für gesamtdeutsche Fragen (Hrsg.): Die Bemühungen der Bundesrepublik, a. a. O. (wie Anm. 29), S. 63–70.

V. Der Höhepunkt der Bemühungen im Frühjahr 1952

Wenn die sowjetische Führung gedacht haben sollte, auf diese Weise einen politischen Durchbruch zu erzielen, dann war diese Erwartung verfehlt. Ungeachtet der in der westdeutschen Bevölkerung verbreiteten Abneigung gegen einen Verteidigungsbeitrag, machten die Verhandlungen der Regierungen darüber seit Spätherbst 1951 große Fortschritte. Im Januar 1952 wurde ein entscheidendes Stadium erreicht. Daher entschloß sich der mit deutschen Angelegenheiten befaßte stellvertretende sowjetische Außenminister Gromyko, Stalin die Ingangsetzung einer seit langem grundsätzlich gebilligten Aktion zu empfehlen. Die UdSSR sollte sich demnach in einer Note an die drei Westmächte unmittelbar für die Schaffung eines einheitlichen deutschen Staates aussprechen und dabei Grundsätze für den gleichzeitig geforderten Abschluß eines Friedensvertrags unterbreiten. Diesen Vorgaben zufolge hatten die Deutschen bei der staatlichen Vereinigung auf Koalitionen und Militärbündnisse zu verzichten und sich zur Beachtung bestimmter innenpolitischer Grundsätze zu verpflichten. Die zur Umschreibung der Auflagen im letztgenannten Bereich verwendeten Ausdrücke entsprachen voll der für "volksdemokratische" Verhältnisse verwendeten sowjetischen Terminologie, ließen aber zugleich eine Auslegung in westlichem Sinne zu. Des weiteren war von einem Abzug aller Besatzungstruppen aus Deutschland die Rede. Die so formulierte Note an die Westmächte sollte nach im voraus festgelegter Regie nicht als Ergebnis einer Moskauer Initiative, sondern als Gewährung einer deutschen Bitte erscheinen. Zu diesem Zweck mußte die DDR–Regierung auf Bestellung aus Moskau hin ein Ersuchen an die vier Mächte richten. Daraufhin war eine zustimmende Antwort der UdSSR vorgesehen, der dann nach gewisser Frist die längst bereitliegende Note an die westlichen Regierungen folgen sollte. Am 8. Februar 1952 erklärte Stalin sich in einem ZK–Beschluß mit diesem Aktionsplan einverstanden.[35]

Fünf Tage später wandte sich die DDR–Regierung mit dem vorgesehenen Ersuchen an die vier Mächte.[36] Am 20. Februar 1952 gab der Kreml die vorbereitete billigende Antwort.[37] Am 10. März 1952 schließlich übermittelte die sowjetische Regierung den drei Westmächten ihre Vorschläge. Dabei wurden dem früher formulierten Text zwei neue Punkte hinzugefügt: die Bereitschaft zur politischen Rehabilitation der früheren Berufssoldaten und Nationalsozialisten "zur Teilnahme am Aufbau eines friedliebenden, demokratischen Deutschland" und ein von einschränkenden Kautelen befreites Verlan-

---

[35] Hierzu im einzelnen Wettig, G.: Die Deutschland–Note vom 10. März 1952 nach sowjetischen Akten, in: Die Deutschlandfrage von der staatlichen Teilung Deutschlands bis zum Tode Stalins, Berlin 1994 (Studien zur Deutschlandfrage, Bd. 13), S. 92–100.

[36] Dokumente zur Außenpolitik der Regierung der DDR, a. a. O. (wie Anm. 26), S. 73–75.

[37] Dokumente zur Deutschlandpolitik der Sowjetunion, a. a. O. (wie Anm. 27), S. 288 f.

gen nach nationalen Land–, Luft– und Seestreitkräften für die Verteidigung Deutschlands.[38] Mit der zweiten Forderung brachte sich der Kreml in Gegensatz zu den — bisher umworbenen — Wiederbewaffnungsgegnern in der Bundesrepublik und in anderen Ländern. War Stalin zu der Ansicht gelangt, es sei aussichtsreicher, auf national–konservative westdeutsche Kreise zu setzen, für die das Militär ein unerläßliches Postulat war? Auf eine derartige Überlegung könnte der schon erwähnte Passus über die bedingungsweise Wiederaufnahme der bis dahin stets attackierten früheren Militärs und Nazis in das politische Leben Deutschlands hindeuten. Eine bald danach in der DDR einsetzende Kampagne, deren augenscheinlicher Zweck die Legitimierung der dort bereits aufgestellten militärischen Kader sowie deren Proklamation zu einer Nationalarmee waren[39], läßt zugleich ein innerostdeutsches Motiv vermuten.

Die Verwendung der Note vom 10. März 1952 zur öffentlichen Legitimierung des längst eingeleiteten militärischen Aufbaus in der DDR ist nicht der einzige Hinweis darauf, daß es wesentlich auch um Wirkungen innerhalb des sowjetischen Herrschaftsbereichs ging. Auch der Kurs des forcierten "Aufbaus des Sozialismus", der auf der 2. Parteikonferenz der SED Anfang Juli 1952 für Ostdeutschland verbindlich gemacht wurde, steht in einem engen zeitlichen und sachlichen Zusammenhang mit der Note. Das zeigte sich insbesondere bei den Moskauer Gesprächen zwischen Stalin und den SED–Führern Anfang April. Ein zentrales Thema waren weitreichende Maßnahmen zum Schutz der DDR gegen alle möglichen Einflußnahmen und Einwirkungen aus dem westlichen Teil Deutschlands, dessen Feindseligkeit und Subversionsabsicht vorausgesetzt wurden. Als Verteidigung gegen diese Herausforderung legte Stalin ein — offensichtlich nicht improvisiertes, sondern seit längerem geplantes — Vorgehen fest, das neben einer militärischen Aufrüstung der DDR unter anderem auch die Schaffung einer territorialen Verwaltungsstruktur nach sowjetischem Vorbild und Absperrmaßnahmen an der Grenze zur Bundesrepublik vorsah.[40] Ausweislich der Formulierungsgeschichte der Note und der internen sowjetischen Aussagen über ihren Zweck war zu keinem Zeitpunkt an eine Infragestellung des DDR–Regimes ge-

---

[38] Ebd., S. 289–293.

[39] Vgl. im einzelnen Wettig: Neue Erkenntnisse, a. a. O. (wie Anm. 16), S. 408–412. Die Ausrufung einer Nationalarmee der DDR stand augenscheinlich zweimal, im Sommer und im Herbst, unmittelbar bevor, wurde aber dann jeweils kurzfristig von Moskau abgesagt — wohl darum, weil eine zunächst als nahe vermutete westliche Entscheidung über die Aufstellung westdeutscher Truppen auf sich warten ließ.

[40] Badstübner, R.; Loth, W. (Hrsg.): Wilhelm Pieck. Aufzeichnungen zur Deutschlandpolitik 1945–1952, Berlin 1994, S. 382–399 (Notizen bezüglich der Gespräche mit Stalin am 1. und 7.4.1952); Stalin and the SED Leadership, 7. April 1952: "You Must Organize Your Own State" (Dokumente aus dem Moskauer Präsidentenarchiv mit Einleitungstext), in: Cold War International History Project Bulletin, ed. by Woodrow Wilson International Center for Scholars in Washington, No. 4, 1994, S. 34 f., 48 f.; A. Gromyko an A. Ja. Vyšinskij, 18.4.1952, in: Archiv vnešnej politiki Rossijskij Federacii (AVPRF, fond 07, opis' 27, papka 42, delo 162: listy 2–4.

dacht.[41] Auch galt das bisherige Postulat weiter, die deutsche Einheit könne
nur durch Gespräche mit dem ostdeutschen Regime und mit dessen vollem
Einverständnis zustande kommen.[42] Angesichts der seit 1947 geltenden Vorstellung Stalins von einem Verhältnis unerbittlicher Konfrontation zwischen
Ost und West war diese Kompromißlosigkeit folgerichtig. Jedes Zugeständnis bezüglich einer einvernehmlichen Deutschland–Regelung mußte aufgrund der geltenden Antagonismus–Prämisse als Schwächung der eigenen
Position gegenüber einem bedrohlichen Feind erscheinen.

Die Tatsache, daß Stalin im Herbst 1952 auf dem XXI. Parteitag der All-
russischen KP in Wiederholung früherer Gedanken auch von einem Krieg
zwischen den Westmächten sprach[43], ist nicht als ein Abgehen von der Prämisse der Ost–West–Konfrontation zu werten. Vielmehr handelt es sich um
den damit verknüpften Ausdruck der Hoffnung, der westliche "Imperialismus" könne nochmals so wie im Jahr 1939 durch Spannungen und Gegensätze im eigenen Lager dazu genötigt sein, von dem sowjetischen Systemgegner
abzulassen, und sich statt dessen durch Krieg wechselseitig schwächen. Der
Umstand, daß in Deutschland für den Kreml nicht diplomatisches Verhandeln, sondern politischer Kampf das Gebot der Stunde war[44], erklärt den —
sonst unverständlichen — Tatbestand einer freudigen sowjetischen Reaktion
auf die ablehnende westliche Antwort vom 25. März 1952[45]. Es kam dem
Kreml darauf an, den westdeutschen "Massen" vor Augen zu führen, daß die
westlichen Regierungen und die ihnen angeblich hörigen Politiker der Bundesrepublik an der nationalen Sache der deutschen Wiedervereinigung desin-
teressiert seien, weil sie finstere Machenschaften im Sinn hätten. Angesichts
dieser These wäre die Bekundung von Gesprächsbereitschaft auf westlicher
Seite propagandistisch mißlich gewesen.

Der hier gezogene Schluß, daß Stalin und seine außenpolitischen Mitarbeiter von vornherein nicht an diplomatische Gespräche über die deutsche
Frage dachten, wird durch einen weiteren Umstand erhärtet. Vertreter einer

---

[41] Wettig: Die Deutschland–Note, a. a. O. (wie Anm. 35), S. 100–107.

[42] Hierzu Otto Grotewohl vor der Volkskammer am 14.3.1952, in: Grotewohl, O.: Im
Kampf um die einige Deutsche Demokratische Republik, Bd. 3, (Ost–)Berlin 1959, S. 79 f., S.
88 f.; Radio Moskau (russisch), 25.3.1952, 9.25 Uhr; Außenminister Wyschinskij bei Entgegennahme der westlichen Antwortnote am 25.3.1952 lt. AP–Bericht aus Moskau, 27.3.1952; Rede
Walter Ulbrichts am 3.5.1952, in: Ulbricht, W.: Zur Geschichte der deutschen Arbeiterbewegung, Bd. 4, (Ost–)Berlin 1964, S. 336.

[43] Stalin, J.: Ėkonomičeskie problemy marksizma (hier Kapitel IV), in: Pravda vom
3.10.1952.

[44] Das vorrangige Interesse daran, die westliche Position in der Bundesrepublik durch Aktionen zum Sturz der Regierung Adenauer zu erschüttern, wird belegt durch die der westdeutschen KPD übermittelten Anweisungen. Vgl.: Wettig: Die KPD als Instrument, a. a. O. (wie
Anm. 19), S. 822–829.

[45] Graml, H.: Die Legende von der verpaßten Gelegenheit, in: Vierteljahreshefte für Zeitgeschichte, Jg. 29 (1981), Heft 2, S. 329.

dogmatisch–kommunistischen Linie in Moskau wie Molotow, der ein Jahr später mit Empörung auf gemutmaßten "Verrat" an der sozialistischen DDR reagierte und einen solchen für völlig unvorstellbar in der vorangegangenen Stalin–Zeit erklärte[46], ließen ebenso wenig wie die SED–Führer, die im Falle einer demokratischen Wiedervereinigung unausweichlich ihre Macht eingebüßt hätten, die leisesten Zeichen von Beunruhigung über die März–Note erkennen. Statt dessen identifizierten sich beide Seiten freudig mit dieser Politik. Einem jungen Mitarbeiter des SED–Apparats, der die Frage stellte, ob nicht vielleicht negative Auswirkungen für den ostdeutschen Staat zu befürchten seien, wurde amüsiert seine völlige Ahnungslosigkeit bedeutet.[47] Auch fällt auf, daß es die sowjetische Seite an jeder Bereitschaft fehlen ließ, mit irgendwelchen demokratischen Kräften in der Bundesrepublik zusammenzuarbeiten. Das galt nicht nur für die Parteien der von Adenauer geführten Regierungskoalition, deren Sturz das erste Etappenziel der im Anschluß an die Note vom 10. März 1952 eingeleiteten Kampagne war. Die Rolle der sozialdemokratischen Opposition wurde intern als ebenso ablehnenswert bewertet, und sogar Heinemanns Gesamtdeutsche Volkspartei, der eine richtige politische Linie attestiert wurde, erschien als abzuwehrende Konkurrenz — aus dem alleinigen Grund, daß sie nicht der Kontrolle der von KPdSU und SED gesteuerten KPD unterworfen war.[48] Statt dessen suchte man Verbündete in obskuren Kreisen von Militärs brauner Vergangenheit[49], die wohl nicht zuletzt darum attraktiv erschienen, weil sie nicht als Kraft mit selbständiger politischer Orientierung in Betracht kamen und wegen ihrer nationalsozialistischen Belastung auf eine "demokratische" Legitimation durch die Kommunisten angewiesen waren.

Aufgrund der im Außenministeriums– wie Präsidentenarchiv in Moskau zutage geförderten sowjetischen Dokumente stimmen die sie auswertenden Forscher darin überein, daß die sowjetische Führung im Frühjahr 1952 nicht an einen diplomatischen Ausgleich über Deutschland dachte.[50] Wenn gleich-

---

[46] Sto sorok besed s Molotovym. Iz dnevnika F. Čueva, Moskva 1991, S. 335.

[47] Schenk, F.: Der lange Schatten Stalins. Erinnerungen an die Deutschland–Note 1952 und das Scheitern der Berliner Außenministerkonferenz, in: Frankfurter Allgemeine Zeitung vom 10.3.1994.

[48] Wettig: Die Deutschland–Note, a. a. O. (wie Anm. 35), S. 103–105; Filitov, A. M.: Germanskij vopros: ot raskola k ob'edineniju, Moskva 1993, S. 139 f. (unter Hinweis auf Dokumente im Moskauer Archiv Centr chranenija sovremennoj documentacii).

[49] Ebd., S. 139.

[50] Das zeigte sich während des Panels, das über die Frage am 29.6.1994 auf der Essener Tagung "The Soviet Union, Germany and the Cold War, 1945–1962" abgehalten wurde: Neben dem Autor äußerten sich auch Vojtech Mastny (aufgrund ebenfalls der Einsichtnahme von Dokumenten des russischen Außenministerium), Aleksandr Čubarjan und Michail Narinskij (beide auf der Basis von Recherchen im russischen Präsidentenarchiv) in diesem Sinne. Die vom Cold War International History Project in Washington geplante Herausgabe eines hektographierten Working Papers mit den anläßlich des Panels vorgetragenen Beiträgen steht bislang noch aus.

wohl die Kontroverse über die damaligen sowjetischen Absichten fortdauert, so liegt der Grund dafür in politischen Rechtfertigungsbedürfnissen einiger Betrachter. Für diese verbindet sich das Urteil über Stalins Politik mit gegenwärtigen Auffassungen. Vertreter der christlich–demokratischen Richtung sind manchmal geneigt, die westwärts orientierte Außenpolitik Adenauers zu dogmatisieren und als ausschließlich und mit innerer Notwendigkeit zur deutschen Vereinigung von 1989/1990 führend anzusehen. Umgekehrt hoffen einige Linksdenkende, die Legitimität ihrer Tradition dadurch zu erweisen, daß sie den ersten Bundeskanzler ins Unrecht zu setzen suchen und ihm für 1952 eine "verpaßte Gelegenheit" zu nationaler Einheit auf demokratischer Grundlage nachweisen wollen. Beide Argumentationen sind gleichermaßen unhistorisch. Es wird jeweils zum einen die logische Notwendigkeit des geschichtlichen Prozesses und zum anderen die Kontinuität von Vergangenheit und Gegenwart behauptet, wie dies weder der immer wieder auftretenden Möglichkeit neuer Orientierungswahl noch dem fortschreitenden Wandel der aufeinanderfolgenden Situationen gerecht wird. Auch die oft mitschwingende Idee eines so oder so gearteten prinzipiellen Heilswegs für die Deutschen entspricht nicht den geschichtlichen Gegebenheiten.

Die fruchtlosen wechselseitigen Versuche der politischen Selbstrechtfertigung haben der März–Note von 1952 und ihrer Bewertung in der deutschen Diskussion eine ganz unverhältnismäßig große Wichtigkeit verschafft. Sie wird vielfach als Angelpunkt der gesamten Nachkriegsgeschichte und/oder des Kalten Krieges betrachtet. Dies ist eine Gewichtung, die für ausländische Beobachter und Forscher nicht nachvollziehbar ist. Zugleich wird so auf deutscher Seite die Abwägung des Für und Wider mit einem Eifer belastet, der kühler Überlegung wenig förderlich ist. Wenn die Bewertung eines historischen Vorgangs mit einer quasi–ewigen, noch immer aktuellen innenpolitischen Stellungnahme grundsätzlichen Charakters gleichgesetzt wird, erhält dessen Darstellung Glaubensqualität, die eine nüchterne Zurkenntnisnahme von Tatbeständen nicht mehr zuläßt.

Aus der Tatsache, daß Adenauer am Anfang der Bundesrepublik steht und deren Außenpolitik weithin grundgelegt hat, muß nicht auf die deutsche Vereinigung als das notwendige Endresultat dieser Politik geschlossen werden. Umgekehrt kann die Annahme, Stalin habe im Frühjahr 1952 tatsächlich eine Wiedervereinigung Deutschlands zu demokratischen Bedingungen für akzeptabel gehalten, noch nicht eo ipso die Verfehltheit von Adenauers Politik dartun. Denn auch bei einem solchen sowjetischen Angebot wäre noch immer nicht sicher gewesen, daß es im Gefolge einer solchen Vereinigung auch zu einer für das deutsche Volk bekömmlichen Entwicklung gekommen wäre. Das Schicksal des — im Vergleich zu einem wiedervereinigten Deutschland der frühen Nachkriegszeit ungleich besser dastehende — Bismarck–Reichs von 1871 bis 1945 zeigt, daß mit Erreichen der nationalen Einheit die Gefahren für das deutsche Volk nicht notwendigerweise überwunden sind, sondern sogar noch zunehmen können. Wie sich Deutschland mit auferlegter politisch–militärischer Neutralität am Brennpunkt des Ost–West–Konflikts zwischen den Fronten hätte behaupten können, ist eine offene Frage.

VI. Fazit

Die Widersprüche, welche die sowjetische Deutschland–Politik bei Kriegsausgang bestimmten, haben sich bis zum Ende der Stalin–Zeit fortgesetzt. Sie wurden zum entscheidenden Faktor dafür, daß der Kreml seine Ziele verfehlte, nachdem die versteckte Feindschaft gegenüber den Westmächten Mitte 1947 in eine offene Konfrontation eingemündet war. Insbesondere gelang es Stalin nicht, das angestrebte Zusammengehen mit den Deutschen gegen die Westmächte Wirklichkeit werden zu lassen. Denn der sowjetische Führer war nicht im mindesten willens, dem deutschen Volk auf irgendeine Weise Selbstbestimmung und Handlungsspielraum zu gewähren und so die Grundlage für eine Partnerschaft zu legen. Vielmehr sollten die deutschen Angelegenheiten völlig von Moskau und dessen Helfershelfern an der Spitze der SED kontrolliert werden.[51] Auf dieser Basis war kaum jemand im deutschen Volk, soweit dieses sich außerhalb des sowjetischen Herrschaftsbereichs befand und demzufolge eine Wahl treffen konnte, zum Mitmachen zu bewegen.[52] Das galt um so mehr, als der Kreml den deutschen Bedürfnissen sehr viel weniger Aufmerksamkeit zuzuwenden bereit war als die westlichen Regierungen. Ein wesentlicher Grund für die sowjetische Blindheit gegenüber dem Erfordernis, die Interessen gewünschter Partner zu berücksichtigen, lag in dem Charakter des stalinistischen Herrschaftssystems, das auf Kontrolle und Repression beruhte und durch Menschenverachtung geprägt war.

Ein innerer Widerspruch entstand auch bei der Frage, welcher Umfang des deutschen materiellen Potentials den sowjetischen Interessen entsprach. Zum einen sollte Deutschland so weit wie irgend möglich geschwächt werden. Zum anderen aber war es für die UdSSR vorteilhaft, ihr — den USA weit unterlegenes — Potential durch Kapazitäten des von ihr kontrollierten

---

[51] Vgl. die außerordentlich aufschlußreichen Ausführungen von Lemke, M.: Die DDR und die deutsche Frage, in: Loth (Hrsg.): Die deutsche Frage in der Nachkriegszeit, a. a. O. (wie Anm. 11), S. 136–171.

[52] Die Schwierigkeiten, welche die sowjetische Besatzungsmacht mit den Deutschen in den ersten drei Nachkriegsjahren hatten, werden im Blick auf die Ausgangssituation der Berliner Blockade dargestellt von Pennacchio, C.: Origins of the Berlin Blockade Crisis: New Evidence from the East German Party Archive, Arbeitspapier für die Internationale Tagung "The Soviet Union, Germany and the Cold War, 1945–1962: New Evidence from Eastern Archives", Essen, 28.–30.6.1994.

deutschen Gebiet zu stärken. Auch an diesem Punkt verschärfte sich das Dilemma durch das Herrschaftssystem: Die Politik des "Aufbaus des Sozialismus", die nach dem offenen Ausbruch der Ost–West–Konfrontation faktisch gänzlich zur Leitlinie wurde, hinderte an einer effizienten Nutzung der Produktivkräfte. Als dann in zunehmendem Maße Aufrüstungsbemühungen das ostdeutsche Gemeinwesen zu belasten begannen und zudem im Sommer 1952 die Sowjetisierung forciert wurde, entwickelte sich eine so weitgehende Diskrepanz zwischen wirtschaftlichen Fähigkeiten und sowjetischen Anforderungen, daß eine strukturelle Krise das Ergebnis war. Wie heute selbst von wissenschaftlichen Vertretern der früheren DDR anerkannt wird, lag hier einer der entscheidenden Gründe für den raschen Zusammenbruch, den Regime und System am 17. Juni 1953 erlitten.[53]

Ein weiteres entscheidendes Moment von Stalins Deutschland–Politik war deren dichotomische Orientierung. Die UdSSR galt als Hort einer neuen Ordnung, die sich notwendigerweise im Gegensatz zu den das Alte verkörpernden westlichen Staaten befand. Diese Prämisse verstellte dem sowjetischen Führer den Blick auf die partiellen Kon– und Divergenzen des Interesses, die das Verhältnis zwischen den Staaten bestimmen. Selbst das Kriegsbündnis überzeugte Stalin nicht davon, daß es für die UdSSR echte und dauerhafte Interessenübereinstimmungen mit den Westmächten geben könne. Statt dessen optierte er für die Logik zeitweise abzuschließender "Bündnisse" im Sinne des Marxismus–Leninismus. Demnach kam es darauf an, Konflikte innerhalb des "Imperialismus" zu schüren und dessen verschiedene Länder gegeneinander auszuspielen. Eine andere Vorgehensweise war, den Staaten des Gegenlagers nicht für real gehaltene Gemeinsamkeiten mit der eigenen Seite vorzutäuschen, um sich dadurch einseitige Vorteile zu verschaffen, mit deren Hilfe sich dann die eigenen Positionen gegenüber den Vorteilgebern stärken ließen. Stalin griff zu diesem Vorgehen, als er 1945 die führenden KPD–Kader zur Erklärung des Verzichts auf kommunistische Ambitionen in Deutschland und der Wahl eines "allgemein–demokratischen" Entwicklungsweges veranlaßte. Als Anwendung marxistisch–leninistischer Bündnisvorstellungen kann der Versuch gelten, die westdeutsche Öffentlichkeit als Machtfaktor gegen die westlichen Besatzungsmächte zu organisieren.

Die augenscheinlich tief im Bewußtsein des sowjetischen Führers verwurzelte Idee, daß die verschiedenen Gruppen des westlichen "Klassenfeindes" gar nicht anders könnten, als in unüberbrückbare Konflikte zueinander zu geraten, könnte eine wesentliche Basis für die immer wieder neu auflebende Hoffnung auf das Entstehen eines fundamentalen westdeutsch–westlichen Gegensatzes gewesen sein. Damit einher ging eine erstaunliche Blindheit für den tiefen Graben, der die Deutschen in ihrer übergroßen Mehrheit von der

---

[53] Vgl. Stöckigt, R.: Ein forcierter stalinistischer Kurs führte 1953 in die Krise, in: Berliner Zeitung vom 8.3.1990.

UdSSR und ihren deutschen Helfershelfern trennte. Zugleich führte das Schwarz–Weiß–Denken, das für die Stalin–Zeit kennzeichnend ist, zu einer Vernachlässigung der durch die Differenziertheit der politischen und gesellschaftlichen Konstellation in der Bundesrepublik gegebenen Möglichkeiten. Alle, die nicht bedingungslos die sowjetische Politik bejahten und zugleich eine kommunistische Kontrolle ihres Handelns akzeptierten, wurden dem feindlichen Lager zugeordnet. Nach dem in Moskau geltenden Denkschema war es offenbar unmöglich, Ansatzpunkte wahrzunehmen, die sich für ein partiell–gemeinsames Vorgehen mit einzelnen innenpolitischen Opponenten Adenauers boten.[54]

Für den deutschen Betrachter liegt eine tiefgreifende Inkonsistenz der Stalinschen Deutschland–Politik in dem Nebeneinander von Einheitsrhetorik und Spaltungspraxis. Die sowjetische Abschirmungspraxis begann schon unmittelbar bei Kriegsende, wie Churchills berühmtes Diktum von dem zwischen Lübeck und Triest niedergegangenen Eisernen Vorhang weithin bewußt machte. Die sowjetischen Repräsentanten führten jedoch ständig die Wirtschaftseinheit des besetzten Deutschlands im Munde. Währenddessen setzten sie praktische Regelungen durch, welche die Sowjetzone von Anfang an zu einem nach außen abgeschlossenen Gebiet machte. Die Wirkung dieses Vorgehens wurde durch eine Politik der einseitigen Schaffung vollendeter Tatsachen sehr verschärft. Auf der so bereiteten Grundlage gab es nur eine Möglichkeit zur Herstellung der — von sowjetischer Seite seit Frühjahr 1945 unablässig geforderten — Einheit: eine Angleichung der Westzonen an die im Osten Deutschlands geschaffenen Verhältnisse. Vor allem das seit 1946 geltend gemachte Verlangen des Kreml nach einer Vier–Mächte–Kontrolle für das — zum britischen Besatzungsgebiet gehörende — Ruhrgebiet, das wirtschaftliche Herzstück Deutschlands, machte diese Tendenz deutlich.

Mit der amerikanischen Entscheidung für den Marshall–Plan und dem daraufhin vom Kreml begonnenen Kalten Krieg wurde diese Hoffnung illusorisch. Stalin war jedoch Zeit seines Lebens nicht willens, dies zu akzeptieren. Da für ihn die Möglichkeit nicht in Betracht kam, die verlorene sowjetische Mitsprache in den westdeutschen Angelegenheiten dadurch wiederzugewinnen, daß er den Westmächten Reziprozität anbot und/oder den Deutschen in der Frage eines demokratischen Modus der Wiedervereinigung entgegenkam, blieb ihm nichts anderes übrig, als den angestrebten Erfolg mittels Konfrontationsmaßnahmen zu suchen. Die Berliner Blockade von 1948/1949 ist dafür kennzeichnend. Falls sich die Westmächte nicht von ihrer Ver-

---

[54] Dementsprechend wurden 1952 nicht allein die Sozialdemokraten, sondern auch die — in der aktuellen Sache mit den sowjetischen Vorstellungen übereinstimmenden — Politiker der GVP als bedingungslos ablehnenswert angesehen (Wettig: Die Deutschland–Note, a. a. O. (wie Anm. 54), S. 104 f.). Als die Nachfolger Stalins im folgenden Jahr die bis dahin betriebene Deutschland– Politik überprüften, gehörte diese Vorgehensweise zu den Punkten, die im Moskauer Außenministerium kritisiert und korrigiert wurden.

weigerung von Mitspracherechten bezüglich Westdeutschlands abbringen ließen, sollte mindestens das sowjetzonale Gebiet durch die Einbeziehung
West–Berlins arrondiert werden. Die Teilstadt wurde daher von auswärtiger
Zufuhr auf dem Land– und Wasserweg abgesperrt. Diese Maßnahme wurde
nach dem Erfolg der amerikanischen Luftbrücke aufgehoben gemäß Lenins
Vorschrift, daß man im Bedarfsfalle auch einmal einen Schritt rückwärts tun
müsse. Einen wichtigen Schritt zur Unterbindung des Verkehrs der Menschen zwischen beiden Teilen Deutschlands machte Stalin, als er im Frühjahr
1952 an der innerdeutschen Grenze Sperranlagen errichten und die Über-
gangsstellen auf wenige Punkte reduzieren ließ. Zugleich wurden die Berliner Westsektoren von der umliegenden DDR, nicht aber vom Sowjetsektor
physisch isoliert. Der Umstand, daß mit diesen Spaltungsmaßnahmen eine
östliche Kampagne für den Wiederzusammenschluß aller Deutschen einher-
ging, wurde im Kreml offenbar nicht als Problem angesehen. Ein halbes Jahr
später wollte man im Moskauer Außenministerium noch weiter gehen und
auch die Sektorengrenze innerhalb Berlins bis auf wenige strikt zu überwa-
chende Kontrollpunkte schließen.[55] Diese Anregung wurde jedoch höheren
Orts nicht aufgegriffen. Wie zu vermuten ist, erschien der obersten Führung
ein so weitreichender Eingriff in den — damals noch bewußt aufrechterhal-
tenden — Sonderstatus der früheren deutschen Hauptstadt allzu riskant.

Insgesamt stimmen die Feststellungen über die sowjetische Deutschland–
Politik der Jahre 1945 bis 1952/53 lückenlos mit dem Befund bei Ausbruch
der offenen Ost–West–Konfrontation im Sommer 1947 überein, daß Stalin
der Konsolidierung des eigenen Machtbereichs Priorität einräumte vor dem
Bemühen um die Ausdehnung seines Einflusses. Auch vor diesem Hintergrund läßt sich begreiflich machen, wieso die zahlreichen mit großer Intensität betriebenen Kampagnen zur Gewinnung der Westdeutschen für die sowjetische Sache, soweit erkennbar, niemals mit der Lockspeise ernsthafter
Zugeständnisse im Wiedervereinigungsfall verbunden worden sind. Stalin
handelte wie ein Feldherr auf dem Schlachtfeld, der zwar den Gegner von
dessen Etappe her zu beunruhigen, zu verwirren und möglichst auch aufzu-
rollen sucht, jedoch dafür die Stabilität der eigenen Front nicht zu gefährden
bereit ist. Dieser aus der militärischen Profession stammende Vergleich ist
absichtlich gewählt worden: Für den sowjetischen Führer war die politische
Ost–West–Auseinandersetzung — gemäß seinem bereits festgestellten
schwarz–weißen Wahrnehmungsmuster — ein Nullsummenspiel, bei dem
der Vorteil der einen Seite den Schaden der anderen bedeutete und umgekehrt.

---

[55] Gribanov, M.: Spravka ob ustavlenii ochrany na sektornoj granice v Berline, 4.12.1952,
in: AVPRF, fond 082, opis' 40, papka 266, delo 98: listy 15; A. Vyšinskij und V. Semënov an V.
I. Stalin, 20.12.1952, in: ebd., listy 18–22.

STALINS DEUTSCHLANDPLANUNG UND –POLITIK WÄHREND UND NACH DEM ZWEITEN WELTKRIEG

Von Alexej Filitow

Seit Ende des Zweiten Weltkrieges wurde jedes Jubiläumsjahr in der sowjetischen Historiographie dazu instrumentalisiert, von neuem die Weisheit der außenpolitischen Tätigkeit der sowjetischen Führung unter Stalin zu glorifizieren. Innenpolitische und auch militärische Entscheidungen konnte man, nach der Destalinisierungskampagne, die unter Chruschtschow eingeleitet wurde, zwar kritisieren, aber im Bereich der außenpolitischen Planung und Diplomatie der "Großen Drei" blieb Stalins Ruf weitgehend unverletzt, und auch die neuesten publizistischen Kommentare folgen oftmals noch diesem Grundton.[1]

Nicht mehr überzeugend sind die anscheinend diametral entgegengesetzten Einschätzungen, welche die sowjetische Planung für die Nachkriegsordnung (in erster Linie in bezug auf Deutschland) als ein Produkt persönlicher Denkweise und/oder ideologisch bedingten Phantasiewahns des sowjetischen Alleinherrschers und als einen auf einmal fixierten, statischen Komplex beschreiben.[2]

Als am meisten wirklichkeitsnah kann vielmehr eine Auffassung gewertet werden, die auf die Konflikte und Richtungskämpfe in den verschiedenen sowjetischen Gremien[3], auf die Schwankungen und Umbrüche in der "Generallinie" aufmerksam macht. Ein solcher Standpunkt ist keineswegs neu, sondern besitzt schon eine Tradition in der wissenschaftlichen Forschung.[4] Al-

---

[1] s. meine kritische Bewertung der neuesten russischen Interpretationen der Jalta–Beschlüsse, in: Nesawissimaja Gaseta vom 1.3.1995.

[2] In besonders schriller Form bei Raack, R. C.: Stalin Plans his Post–War Germany, in: Journal of Contemporary History, Vol. 28, 1993, No. 1, S 53–73.

[3] Soweit kann man sich Wilfried Loths These, daß "... die Gegensätze innerhalb der beteiligten Staatsführungen weitaus größer waren als die Differenzen zwischen den Alliierten", anschließen; s. Loth, W.: Epochenjahr 1945. Zäsuren und Optionen, in: Blätter für deutsche und internationale Politik, 1995, H. 1, S. 31–36, hier S. 32.

[4] Als einen Protagonisten darf man Boris Meissner nennen, dessen Buch "Rußland, die Westmächte und die deutsche Frage, 1943–1953", Hamburg 1954, eine wissenschaftliche Aufarbeitung des Themas eingeleitet hat.

lerdings muß eingeräumt werden, daß überzeugende Beweise unter den Bedingungen des Kalten Krieges, ohne Zugang zu den Primärquellen, kaum zu erbringen waren. Die Anhänger apologetischer Schemata — sei es pro- oder antisowjetischer Färbung — hatten damit ein leichtes Spiel, entsprechende Gedankengänge dem Leser zu suggerieren.

Auch die neuen Möglichkeiten zur Erschließung der Archivbestände des ehemaligen Ostblocks konnten nicht automatisch die Forschung und den wissenschaftlichen Diskurs auf ein neues höheres Niveau heben. Vielmehr bleiben die Einseitigkeiten weitgehend bestehen, und die leidenschaftliche Polemik hat sie eher akzentuiert als beseitigt.[5] Eine Synthese von quellenmäßig gesättigter Beschreibung und konzeptionell ausgewogener Interpretation steht noch bevor. Dieser Beitrag ist als ein bescheidener Schritt in diese Richtung gedacht.

Ein klärendes Wort zu seiner Struktur sei vorangestellt. Als Schwerpunkt der Darstellung wurden die Kriegsjahre gewählt. Nicht zuletzt deswegen, weil gerade das Problem der Nachkriegsplanung von den Vertretern einer "neuen Orthodoxie" in besonders extremer Form aufgerollt worden war[6], und auch aus persönlichen Gründen: in diesem Jubiläumsjahr konnte ich die neuen Arbeitsmöglichkeiten nutzen und Akten aus den Jahren 1943 bis 1945 im Archiv der Außenpolitik der Rußländischen Föderation einsehen, die für diese Periode eine Reihe neuer und interessanter Materialien bargen und die hier vorgestellt werden sollen. In bezug auf die Nachkriegsperiode erlaube ich mir, mich weitgehend auf die Tatsachen und Interpretationen, die in meinem im Jahre 1993 erschienenen Buch[7] enthalten sind, zu beschränken.

"Nach Hitler kommen wir" — so lautet der Titel eines Buches, das die "Programmatik der Moskauer KPD–Führung 1944/45 für Nachkriegsdeutschland" vorstellte.[8] Als eine Dokumentensammlung ist die Ausgabe von hohem Wert, aber der Inhalt bestätigt m. E. keineswegs die vom Titel suggerierte Idee einer geplanten "kommunistischen Machtergreifung" nach dem Ende des Krieges. Der Grundton der Aussagen in den wiedergegebenen Papieren kann vielmehr als eine Warnung gegen solche Gedankengänge und Hoffnungen verstanden werden. Natürlich sind verschiedene Interpretationen möglich, und es kann nicht geleugnet werden, daß es unter Antifa–Aktivisten, speziell "an der Basis", ziemlich kühne Vorschläge, z. B. der Schaffung eines "Freikorps" aus deutschen Kriegsgefangenen oder der Vorbereitung eines "deutschen NKWD", gab. Wichtig scheint aber, daß diese Initiati-

---

[5] Laufer, J.; Wettig, G., in: Deutschland–Archiv, Jg. 26, 1993, H. 10, S. 1.201–1.210; Scherstjanoj, E., in: ebd., Jg. 27, 1994, H. 2, S. 181–185.

[6] Raack: Stalin Plans His Post–War Germany, a. a. O. (wie Anm. 2)

[7] Filitow, A. M.: Germanskij vopros: ot raskola k obedineniju, Moskva 1993.

[8] Erler, P.; Laude, H.; Wilke, M. (Hrsg.): Nach Hitler kommen wir. Dokumente zur Programmatik der Moskauer KPD–Führung für Nachkriegsdeutschland, Berlin 1994.

ven von den Spitzenpolitikern der KPD und von den entsprechenden sowjetischen Behörden (soweit die letzteren überhaupt darüber informiert wurden, wofür ich keine Belege finden konnte) entweder abgelehnt oder schlicht ignoriert wurden.[9]

Keine Spur von der Idee eines "sozialistischen Gesamt– oder Teildeutschlands" konnte auch in den Akten von drei Hauptgremien, die mit den Erarbeitungen der politischen Grundlinien für die Nachkriegsordnung betraut waren, gefunden werden. Gemeint sind die "Kommission für die Fragen der Friedensverträge und Nachkriegsregelung" (unter Vorsitz von M. M. Litwinow, im folgenden "Litwinow–Kommission"), die "Kommission für die Wiedergutmachung der von Hitler–Deutschland und seinen Verbündeten verursachten Schäden" (unter Vorsitz von I. M. Majskij, also "Majskij–Kommission") und die "Kommission für Waffenstillstände" (unter Vorsitz von K. W. Woroschilow, "Woroschilow–Kommission"). Andererseits war festzustellen, daß die Entwürfe, die durch die beiden erstgenannten Gremien vorbereitet wurden, weit entfernt von der offiziellen sowjetischen Propaganda waren, die im berühmten Stalin–Spruch, "Die Hitler kommen und gehen, aber das deutsche Volk, der deutsche Staat wird bleiben", seinen plastischen Ausdruck gefunden hat.

Die Parolen dieser Planungsgruppen lauteten: weitgehende Zerstückelung, massive Demontage, massenhafte Ausnutzung der deutschen Zwangsarbeitskräfte innerhalb der Sowjetunion für einen möglichst langen Zeitraum nach dem Kriegsende usw. Allein die Tatsache, daß diese Programme keine günstigere Alternative für Deutschland als die berüchtigten Morgenthau–Planungen des "harten Friedens" verhießen, bezeugt das totale Fehlen jeder "Revolutionisierungs–" bzw. "Sowjetisierungs–"Absichten bei den Vertretern dieser Gruppen. Und selbst die deutschen Befürworter der "revolutionären Strategie" betrachteten gerade das sowjetische Versprechen eines "milden Friedens" als eine der entscheidenden Voraussetzungen für ihren Erfolg. Es ist bezeichnend, daß die alten "Kominternköpfe", die in der Litwinow–Kommission vertreten waren (Losowskij und Manuilskij), sich mit den radikalsten Vorschlägen zur Bestrafung und Schwächung Deutschlands zu Wort meldeten und — soweit ersichtlich — die beste Garantie für europäische Sicherheit nicht im Bündnis mit dem "siegreichen deutschen Proletariat", sondern in einer vorprogrammierten "preußisch–polnischen Rivalität" sahen. Deren für ewig und unvermeidbar gehaltenen Expansionstendenzen sollten die Gefahr für die UdSSR neutralisieren. Paradoxerweise war es der Berufsdiplomat B. E. Stein, der dieser Utopie im Geiste der Kabinettspolitik des 19. Jahrhunderts widersprach und den Kollegen andeutete, daß sie eigentlich

---

[9] Filitow, A.: Die sowjetische Deutschlandplanung zwischen Parteiräson, Staatsinteresse und taktischem Kalkül, in: Volkmann, H. E. (Hrsg.): Ende des Dritten Reiches — Ende des Zweiten Weltkrieges. Eine perspektivische Rückschau, München 1995.

ganz antimarxistisch argumentierten, denn nicht Bismarck allein, sondern auch Marx und Engels hätten um Deutschlands Einheit gekämpft — eine Bemerkung von Stein, die bei Litwinow eine gewisse Bestürzung hervorrief; er versuchte, ohne seine eigenen Zweifel zu verleugnen, die Notwendigkeit der Zerstückelung zu bekräftigen. Seine Argumente waren keineswegs überzeugend, aber es folgte, laut Sitzungsprotokoll, keine Fortsetzung der Diskussion.[10]

Von ganz anderer Natur war die Ideenwelt, welche die Arbeit der Woroschilow–Kommission prägte. In den Besprechungen und Arbeitspapieren war ebensowenig die Rede von einer "sozialistischen Revolution" in Deutschland wie die Formulierungen über die Demokratisierungsbestrebungen der Politik der Alliierten betont gemäßigter ausfielen. Zwar gehörte dieser Sachbereich nicht zum zentralen Themenkreis der Kommission, aber sie hat in dieser Hinsicht mehr geleistet als die von Litwinow. Als Beispiel kann man die Fassung des Artikels 4 in einem Entwurf der Kapitulationsurkunde (wirtschaftlicher Teil) anführen:

"Die während des Bestehens des faschistischen Regimes auf künstliche Weise geschaffenen industriellen Vereinigungen aller Art (Kartelle, Syndikate usw.) können nach Forderungen der Regierungen der UdSSR, Großbritanniens und der Vereinigten Staaten nach einem Verfahren und innerhalb von Fristen, die durch die drei Mächte bestimmt werden sollen, aufgelöst oder reorganisiert werden."[11]

Bekanntlich war der "Dekartellisierungs"–Artikel des Potsdamer Abkommens ein Anknüpfungspunkt für die Analytiker, die dahinter die sowjetische Absicht eines antikapitalistischen Umsturzes in Nachkriegsdeutschland vermuteten. Die Argumentation lautete wie folgt: Die Sowjets vermochten zwar nicht, eine eindeutig antikapitalistische Formel im alliierten Programm durchzusetzen, aber sie ließen sich auf eine "weichere" Variante ein, die vage genug war, um ihnen eine massive Enteignungsaktion zu ermöglichen, und die gewisse "sozialistische Tendenzen" aufwies.

In Wirklichkeit zeigt das o. g. sowjetische Internpapier, daß man ein sehr beschränktes, höchst differenziertes Eingreifen in die deutschen sozialökonomischen Verhältnisse gemeint hat. Warum die endgültige Fassung von einem "Dekartellisierungsartikel" in Potsdam überformuliert wurde und inwieweit diese neue Formel die Kampagne gegen das "Monopolkapital" implizierte, sind noch offene Fragen, deren Beantwortung jedenfalls nicht im Bereich der sowjetischen Kriegsplanung zu suchen sind.

---

[10] s. eine Niederschrift der Kommissions–Sitzung am 14.3.1944: Archiv der Außenpolitik der Rußländischen Föderation (AARF), 06/6/141/42, S. 113–119.

[11] AARF, 06/6/150/15, S. 417.

Was am stärksten die Ansichten der Mitglieder der Woroschilow–Kommission von denen der Litwinow–Majskij Gruppe unterschied, waren die grundverschiedenen Attitüden zu den Problemen der staatlichen Zukunft Deutschlands und den zukünftigen Beziehungen unter den Kriegsverbündeten. Litwinow und Majskij orientierten sich auf die Pläne der Zerstückelung und die Perspektive einer konfliktreichen, ja konfrontativen Nachkriegswelt. Dabei fürchtete der erste eine einheitliche "imperialistische Front", während der zweite mehr in den Kategorien einer "tripolaren" Welt mit der UdSSR, Großbritannien und den USA als Hauptakteuren dachte, die Möglichkeiten für die sowjetische Politik offen halten sollten, um etwas wie eine Koalition mit einer "imperialistischen Macht" gegen die andere zu bilden.[12]

Alle Besprechungen und Entwürfe der Woroschilow–Kommission gingen dagegen von den Prämissen des Fortbestehens sowohl eines einheitlichen deutschen Staates (und einer Zentralregierung oder zumindestens Zentralbehörde) als auch der alliierten Kooperation aus.

Jochen Laufer, der vermutlich als bisher einziger deutscher Historiker Zugang zu den Akten der Woroschilow–Kommission hatte, sieht es ganz anders. Nach seiner Auffassung, war es die Zoneneinteilung, die den Hauptinhalt der Kommissionstätigkeit bildete und die "Interessenabgrenzung zwischen den Westmächten und der UdSSR" und "eine möglichst dauerhafte Schwächung Deutschlands" bezweckte.[13] Meiner Ansicht nach ist dies eine voreilige Schlußfolgerung aus der von Laufer konstatierten negativen sowjetischen Einstellung zum britischen Vorschlag einer "gemischten" Besatzung[14]. Diese Einstellung konnte wohl durch ganz elementare innenpolitische Gründe wie z. B. die Gefahr einer "Verseuchung" der Roten Armee durch die unkontrollierbaren Kontakte mit westlichem Militär erklärt werden. Anscheinend spricht für Laufers These eher die Tatsache, daß die Mehrheit der Kommission ein eindeutiges Primat der Macht und Kompetenzen der Zonenbefehlshaber gegenüber einem zu bildenden interalliierten Kontrollmechanismus befürwortete und somit einen britisch–amerikanischen Standpunkt in dieser Frage verwarf. Lediglich der stellvertretende Kommissionsvorsitzende, Marschall Schaposchnikow, beurteilte in einem etwas mehr positiven Geiste diese westliche Idee.

---

[12] Vgl. die Erwiderung Litwinows auf Losowskis Vorschlag, die Teilnahme der USA an der zu bildenden Kiel–Kanal–und–Ostsee–Meerengen–Behörde zu sichern: es sei besser, es mit einem Feind (d. h. Großbritannien, A. F.) zu tun zu haben als mit zweien, so Kommissions–Chef Litwinow: AARF, 06/6/141/14, S. 60 (Niederschrift der Kommissions–Sitzung am 22.7.1944); und seine Erwiderung auf Majskijs Idee, mit dem englischen "konservativen Imperialismus" gegen den "expansiven USA–Imperialismus" zu paktieren: AARF, 06/6/141/45, S. 38 (Majskij an Molotow, 22.1.1944).

[13] Laufer, J.: Die UdSSR und die Zoneneinteilung Deutschlands (1943–1944), in: Zeitschrift für Geschichtswissenschaft, 1995, H. 4, S. 309–331, hier: S. 330, 331.

[14] Entwurf des Telegramms an den Sowjetbotschafter in London, F. T. Gussew, vom

Aber auch hier ist einer zu kategorischen Interpretation vorzubeugen. Die "Alleinherrschaft" der Befehlshaber in den jeweiligen Zonen war ursprünglich als ein Machtmittel der Anfangszeit der Besatzung gedacht und eine gewisse Erweiterung der Funktionen alliierter Gremien betrachtete man als einen natürlichen Prozeß. Zweitens, zeigen die Protokolle (und sogar mehr — die "Tagebücher") der Kommissionssitzungen eine Vielfalt der Meinungen, unter denen auch diejenigen, die eine strikte "Abgrenzung" empfahlen, vertreten waren, aber diese waren nicht repräsentativ genug. Eine Episode soll das kurz verdeutlichen:

Auf der Sitzung vom 30. April 1944 stand zur Besprechung die Frage der Einteilung von Berlin in Sektoren (zu diesem Zeitpunkt verwendete man diesen Begriff noch nicht; in bezug auf die Hauptstadt sprach man über die "Zonen"). Die Frage hatte schon damals eine ziemlich lange Geschichte. Es gab bisher zwei Meinungen: die erste, die vom ehemaligen Oberst der Zarenarmee, der anscheinend zum engeren Kreis der Kremlberater avancierte, Ignatev, vertreten wurde, lautete: unter sowjetische Kontrolle sollte lieber der südliche Teil der Stadt mit dem Flughafen Tempelhof gestellt werden; die zweite, vertreten von Majskij (er war sowohl Vorsitzender der eigenen Kommission als auch ordentliches Mitglied der Woroschilow–Kommission), plädierte für eine "nördliche" Variante, die laut Majskij die beste Perspektive für die Reparationsentnahmen eröffnete. Als Vorlage zur Sitzung vom 30. April blieb nur die zweite Variante, den Vorschlag von Ignatev hatte man schon früher abgelehnt. Der Vorsitzende bot nun seinerseits dem Vorschlag von Majskij Paroli:

"... Die vorgemerkten Zonen sind Zonen, um sie zu verwalten, nicht um (dort) zu schalten und zu walten. Es ist unzulässig, jede der drei Zonen als ein Eigentum der Macht, die sie besetzen wird, zu betrachten. Wenn man diesen Weg einschlägt, muß man auch damit einverstanden sein, den nordwestlichen Teil Deutschlands mit Ruhr– und Saarbecken, der für die Besatzung durch die britischen Truppen vorgemerkt ist, als Eigentum der britischen Regierung zu betrachten, womit man unter keinen Umständen einverstanden sein kann."[15]

Das Hauptkriterium, so Woroschilow, sollte ein Optimum an bequemen Verbindungswegen zwischen Berlin und den jeweiligen Zonen sein, und diese Erwägung bestimmte letztlich die Entscheidung: Westberlin wurde als Stationierungsraum für die Westmächte, Ostberlin für die UdSSR angewiesen.

Zuletzt sei noch folgendes bemerkt: wenn die Zoneneinteilung von sowjetischen Planern als die Teilung Deutschlands aufgefaßt worden wäre, könnte

---

12.2.1944: AARF, 06/6/836/62, S. 11.

[15] AARF, 06/6/150/15, S. 103–104.

man nur schwer verstehen, warum sie sich so sorgfältig und keineswegs "schleppend", wie Laufer[16] bemerkt, mit konkreten, manchmal recht winzigen Problemen der gemeinsamen Besatzungspolitik beschäftigten. Und wenn die Hauptabsicht eine "Schwächung Deutschlands" war, warum ist dann aus den Diskussionen eher eine Grundtendenz ablesbar, die differenzierte Eingriffe seitens der Besatzungsbehörde deren Globalisierung vorzog?

Übrigens, mag ein Urteil über die Intentionen und Entwürfe der sowjetischen Planer so oder anders fallen, würde es ziemlich belanglos für die Analyse ihrer Wirkung auf Nachkriegsdeutschland sein. Bleibt doch die Frage nach der Rezeption (oder Nichteinhaltung) dieser Planungen seitens der sowjetischen Führung. Eine Antwort auf diese Frage zu geben, ist unter der heutigen Quellensituation extrem schwierig und kann nur in der Form von indirekten Schlüssen auf der Basis von Indizien gewagt werden. Eine quellenmäßig fundierte Analyse steht noch aus.

Für sicher kann gelten, daß unter den drei Planungsgremien die Woroschilow–Kommission am stärksten Einfluß auf die interalliierte Diplomatie nahm, indem sie praktisch alle Direktiven und Arbeitspapiere zur Vorlage für die Europäische Beratende Kommission (EAC) erarbeitete. Die Kommissionen, die von Litwinow und Majskij geleitet wurden, hatten keinen Zugang zur diplomatischen Korrespondenz und der größere Teil ihrer Tätigkeit bestand in der Sammlung von Informationen wirtschaftlichen Charakters (Majskij–Kommission) oder der Auswertung westlicher Medien (Litwinow–Kommission).

Die neuesten Archivfunde bestätigen zwar die in westlichen Quellen enthaltene und bereits früher von mir für unglaubwürdig gehaltene Information über Stalins Befürwortung von Zerstückelungsplänen in Gesprächen mit Churchill im Oktober 1944, aber bezeugen ein Aufflammen des Interesses für solche Pläne im Zusammenhang mit Vorschlägen von Litwinow und seitens der Spitze des Außenministeriums im Umfeld des Jalta–Gipfels in den ersten Monaten 1945.[17] Es gibt aber kaum einen Grund dafür, diesen Schwankungen eine größere Rolle beizumessen. Ob es sich dabei um Stalins wohlwollende Anpassung an die westliche Linie (wie Wilfried Loth meint[18]) oder ein irreführendes Manöver handelte, um danach die beste Propaganda gegen den Westen zu machen (so meinte Charles Bohlen, und dieser Standpunkt scheint mir plausibler), ist sekundär. Auf jeden Fall war es Taktik, nicht Strategie. Mit relativer Sicherheit kann man schlußfolgern, daß die Zerstückelungs– und Schwächungspolitik gegenüber Deutschland von der so-

---

[16] Laufer: Die UdSSR und die Zoneneinteilung Deutschlands, a. a. O., S. 330.

[17] Kynin, G. P.: Antigitlerowkaja koalizija i wopros o poslewojennom ustrojstwe Germanii, in: Wtoraja mirowaja wojna. Aktualjnyje problemy, Moskva 1995, S. 175 ff.

[18] Loth, W.: Stalins ungeliebtes Kind. Warum Moskau die DDR nicht wollte, Berlin 1994, S. 17–19.

wjetischer Führung kaum als eine aussichtsreiche Alternative betrachtet wurde; somit waren die Gedankengänge der Litwinow–Majskij–Gruppe für die reale sowjetische Politik nicht ausschlaggebend.

Welche Rolle spielten die Vorarbeiten der Woroschilow–Kommission? Wieder ist die Frage nicht so einfach zu beantworten. Die intensive systematische Bearbeitung der auf Deutschland bezogenen Probleme brach im Juli 1944 ab, danach gingen von der Kommission nur einzelne, wenn auch nicht unwichtige Dokumente aus, die aber scheinbar keine besondere Beachtung von oben fanden. Der Entwurf der Satzung und der Struktur für die zu bildenden Besatzungsbehörden in den sowjetischen Zonen ging zwar nicht von der Kommission, sondern von zwei Beamten des Außenministeriums (Smirnow und Semjonow) aus, war aber ganz im Sinne der interalliierten Kooperation und der Beibehaltung von deutschen Zentralorganen konzipiert. Erst nach seiner "Überarbeitung" wurde er in stark veränderter Form angenommen und umgesetzt. Vor allem war der Status des Sicherheitsressorts in der SMA–Hierarchie angehoben, die Kompetenzen eines politischen Beraters beschnitten und der "gesamtdeutsche" interalliierte Akzent gedämpft worden.

Das alles geschah jedoch erst nach Kriegsende. Noch im November 1944 war die Gesamtstimmung anders. Interessanterweise hielt es damals sogar Litwinow für ratsam, seine Konzeption zu revidieren: In einem umfangreichen Schriftstück vom 15. November 1944 erwähnt er mit keinem Wort eine Zerstückelung, Deutschland (im Singular!) sieht er als einen integralen Teil eines "neutralen Gürtel(s)" in Europa (mit Dänemark, Norwegen, Österreich und Italien). Eigentlich ist diese Idee eine logische Fortsetzung der Gedankengänge, die gerade in der Woroschilow–Kommission Ausdruck gefunden hatten.[19]

So entsteht ein recht merkwürdiges Bild der inneren Kämpfe um eine Politik gegenüber Deutschland. Die Litwinow–Majskij–Konzeption (Zerstückelung/Schwächung) scheint zunächst zurückgewiesen worden zu sein, wie es Stalins Worte am 9. Mai bestätigen, während die gemäßigten Planungen der Woroschilow–Kommission nur in einer geschwächten und weitgehend im Sinne der "Teilungs–Idee" uminterpretierten Form vom Enscheidungsträger rezipiert wurden. Warum?

Mehrere Faktoren könnten hier ausschlaggebend gewesen sein:

1.   Die Kapitulation Deutschlands fand unter Umständen, die im Widerspruch zu den geplanten Abläufen und Erwartungen standen, statt. Aus noch nicht eindeutig geklärten Gründen wurden die Urkunden, die in der Europäischen Beratenden Kommission (EAC) vorbereitet worden

---

[19] Filitow, A.: V kommissijach Narkomindela, in: ebd., S. 54–71.

waren, beiseite geschoben, und mit der Unterzeichnung des Aktes über die Beendigung des Zweiten Weltkrieg in Europa entstand faktisch eine Situation des rechtlichen Vakuums, die zugleich nach dem Prinzip "der freien Hände" der jeweiligen Besatzungsmacht Freiraum schuf.

2. Das Fehlen einer aktionsfähigen deutschen Zentralregierung (oder zumindestens eines Verwaltungsapparates) verschärfte diese negative Situation. Aus sowjetischer Sicht war damit ein notwendiger Teil der zu schaffenden dreieckigen Balance– und Machtstruktur in Nachkriegsdeutschland entfallen: anstatt eines Dreiecks (Zonenbefehlshaber, interalliiertes Gremium, deutsche Behörde) entstand ein viel rigideres, bipolares Gebilde, das den Manövrierraum nicht unerheblich einengte.

3. Die innenpolitische Situation in Polen (und auch in der Tschechoslowakei) machte es für die sowjetische Seite zwingend, eine radikale Lösung in der Grenz– und Bevölkerungstransferfrage zu befürworten, was sie einer früher favorisierten Rolle eines Balancesteuerers in Mitteleuropa völlig beraubte.

4. Der Beginn der "Atomdiplomatie" verdunkelte die Perspektiven der interalliierten Kooperation stark. Die Ausübung der Kontrolle über zumindestens einen Teil Deutschlands, die laufende Produktion (vor allem die gesicherten Lieferungen aus dem Uranerzbergbaugebiet in Sachsen und Thüringen) und die Frage der Reparationen erhielten damit einen zusätzlichen Stellenwert. Im gewissen Sinne wurde die deutsche Frage zum Teilproblem eines großen Atomkomplexes, der die Periode des kalten Krieges am nachhaltigsten prägte.

War jedoch die Stärke dieser Faktoren so übermächtig, daß sie jede Möglichkeit einer friedlichen Lösung der deutschen Frage von vornherein ausschloß bzw. blockierte?

In der "orthodoxen" Historiographie wird die sowjetische Deutschlandpolitik der Nachkriegszeit als geschlossenes, konfliktgeladenes Dogma geschildert. Die prokommunistische Orthodoxie sieht sie eindeutig als Unterstützung der gesamtdeutschen Entwicklung unter antifaschistisch–demokratischen Vorzeichen, die antikommunistische Gegenorthodoxie als versuchten "Export der Revolution" entweder in ganz Deutschland oder dessen östlichen Teil, also auf die Spaltung gerichtet. Es sei nochmals bemerkt, daß dieses Bild schon seit Erscheinen eines Buches von Boris Meissner vor mehr als vierzig Jahren zutiefst erschüttert wurde.

Die neuesten Quellenfunde legen nahe, manche Gedankengänge und Schlüsse, die damals mehr als kühne Hypothesen hervorgebracht werden konnten, zu revidieren oder zumindest eine Alternativvariante vorzuschlagen. So scheint es nach dem Krieg (wie auch in den Planungskontroversen der Kriegszeit, die oben skizziert wurden) nicht zwei, sondern drei verschiedene Standpunkte gegeben zu haben. Der erste steuerte ein "sozialistisches" Gesamt– bzw. später ein Ostdeutschland an; der zweite befürwortete die Konzeption eines "harten Friedens"; und der dritte plädierte für eine "gemäßigte Variante" (d. h. einen bürgerlich–demokratischen deutschen Staat, der außenpolitisch die sowjetische "Staatsräson" und in erster Linie die sowjetische Lösung der Grenz– und Reparationsfragen akzeptierte). Richtig ist, daß innerhalb der SMA–Struktur die erste Linie vor allem von Oberst Tjulpanows Propaganda, bzw. seiner Informations–Abteilung verfolgt wurde. Dabei scheint nach Angaben des jungen russischen Kollegen Gennadij Bordjugow[20] deren Chef nicht ein "Exponent" Zdanows, sondern der "grauen Eminenz" des Stalin–Regimes, Mechlis, gewesen zu sein.

Es gibt auch bis jetzt keine Belege, um eine Beziehung von Semjonow, einem Repräsentanten der dritten Richtung, zu Berija herzustellen. Angenommen, daß keine einzige Figur in der Moskauer Zentrale oder in der SMA als hundertprozentiger Verteidiger der ehemaligen Litwinow–Majskij Linie genannt werden kann, spielte die Mentalität dieser Linie eine nicht unbedeutende Rolle in der Tätigkeit von mehreren Requisitions– und Reparationsakteuren, die ich in meinem Buch, in Berufung auf Bernd Bonwetsch, etwas salopp "Saburow–Majore" genannt habe.

Richtig ist zweifellos, daß diese letztgenannte Linie sehr bald an Bedeutung verlor, und eigentlich die Tjulpanow–Semjonow–Kontroverse (um es stark vereinfachend zu formulieren) die entscheidende im Spannungsfeld der sowjetischen Deutschlandpolitik geblieben ist. Soweit hat Boris Meissner sicher recht. Die andere Frage ist, ob diese Kontroverse mit Begriffen von Strategie bzw. Taktik umschrieben oder — lt. B. Meissner — als liberale, mäßigende Schritte, als temporäre, erzwungene Abstriche von einem grundsätzlich kompromißlosen "Bolschewisierungsprozeß" verstanden werden kann. Manchmal sind die Wechselbeziehungen zwischen Strategie und Taktik nicht so klar, manchmal scheinen sie sogar verkehrt zu sein. Wir haben gesehen, daß z. B. ein Planungsgremium, das angeblich die strategische Perspektive bestimmt haben sollte (Litwinow–Kommission), in Wahrheit für Stalin eher taktische Sandkastenspiele vorbereitete und — vielleicht ohne sich dessen bewußt zu sein — die Woroschilow–Kommission, deren Funktionen formell eher beschränkt waren, faktisch die strategischen Aufgaben zu entscheiden hatte. Weshalb sollte es nach dem Kriege anders sein?

Vieles spricht dafür, daß gewisse antiliberale, konfrontative und harte Maßnahmen, die von der SMA/SED getroffen wurden, eher taktischen als strategischen Charakters waren und oftmals eine überstürzte und schlecht durchdachte Reaktion auf wirkliche oder vermeintliche Umtriebe "antisowje-

---

[20] Über diese Konferenz s: Kaiser, W.: Die sowjetische Deutschlandpolitik im Kalten Krieg. Neue Ergebnisse der internationalen Forschung, in: Deutschland–Archiv, Jg. 27, 1994, H. 9, S. 983–985.

tischer" und "imperialistischer" Kräfte (im Sinne von "Flucht nach vorn") oder ein Pressionsmittel mit dem Zweck, die Gegenseite zur Kooperation zu zwingen (im Sinne von "bargaining chips"), darstellten.

Nur wenige Aspekte können hier angedeutet werden, um diesen Sachverhalt zu illustrieren.

Was waren z. B. die entscheidenen Gründe zur Forcierung der Fusion von KPD und SPD in der sowjetischen Zone? Man sollte hier die negativen Folgen der von K. Schumacher auf der Wennigsen–Konferenz vom 5./6. Oktober 1946 initiierten und von Grotewohl akzeptierten Spaltung der gesamtdeutschen SPD nicht außeracht lassen. Bis jetzt ist nicht ganz klar, ob die Positionen der beiden SPD–Chefs mit den entsprechenden Besatzungsbehörden abgestimmt worden sind. Wenn nicht (zumindestens gibt es Indizien, daß das Verhalten von Schuhmacher gewisses Unbehagen bei den britischen Kontrolloffizieren hervorrief),[21] könnte es nur Zweifel an der Aufrichtigkeit und dem nationalen Engagement der politischen Spitzen dieser Partei verstärken und keineswegs ihr Image in den Augen der Bevölkerung und Besatzer aufwerten. Wenn man vermuten würde, daß es ein gewisses, von London aus gesteuertes Komplott mit dem Zweck gab, im Westen eine offene, im Osten eine verdeckte Kampfansage an die KPD zu entfachen, könnte ein Gegenstoß in Form der Vereinigungskampagne in der SBZ ganz logisch erscheinen, umso mehr, als ein Verzicht der Ost–SPD, sich in den westlichen Zonen zu profilieren, sie in den Augen der SMA–Leute jeder nützlichen Funktion beraubt hatte. Die späteren Aussagen von Stalin und Molotow gegenüber der SED–Abordnung am 30. Januar 1947 über die mögliche Wiederzulassung der SPD in der Ostzone zeigen, daß die Fusion nur als ein revidierbarer Schachzug gemeint war. Was war nun Strategie und was Taktik?

Ein anderes Beispiel: die fortschreitende Gleichschaltung und Ausgrenzung der "bürgerlichen" Parteien in der SBZ. Waren die ideologisch–strategischen oder die praktischen Erwägungen dabei die entscheidenden? Ein Vergleich mit dem finnischen Fall kann hier mehr Klarheit verschaffen. Die linken Politiker haben auch in Finnland versucht, ihre "bürgerlichen" Blockpartner zu denunzieren und Moskau zur Attacke gegen "rechte Kräfte" zu bewegen. Aber Molotow lehnte solche Offerten kategorisch ab und hat recht ungeschminkte Worte über die linken "Berater" zu Papier gebracht. Nicht zuletzt deshalb, weil die finnischen "bürgerlichen", ja ausgesprochen rechten Politiker sich schweren Herzens und zögernd, aber auch eindeutig und unwiderruflich mit den Territorialverlusten und Reparationslasten abgefunden hatten. Ganz anders verhielten sich die deutschen CDU– und LDPD–Politiker. Sie verletzten die formelle Zusage, im Wahlkampf 1946 die "heißen The-

---

[21] Becker, B.: Die DDR und Großbritannien 1945/49–1973. Politische, wirtschaftliche und kulturelle Kontakte im Zeichen der Nichtanerkennungspolitik, Bochum 1991, S. 25–26.

men" wie Grenz- und Reparationsfragen zu vermeiden (eine recht beschei-
dene Forderung seitens der SMA) massenhaft und offen. Man kann mit
Grund von einem Vertrauensbruch, ja von einer Vertrauenskrise sprechen,
und in diesem Kontext könnte eine einseitige Orientierung auf die SED als
nicht primär ideologisch, sondern eher als staatsinteressen- und situations-
bezogene Antwort gesehen werden.

Sicher ist andererseits, daß die "Gegenstöße" und "Antworten" von sowjetischer Seite von solcher Natur waren, daß sie nur zu einer weiteren Eskalati-
on des Konfliktes, zur Stärkung antisowjetischer Aktivitäten im Westen, zu
Resignation und passivem Widerstand im Osten führen mußten. Die Pressi-
on konnte keine Zugeständnisse erzwingen, ganz im Gegenteil. Nirgendwo
wurde dies deutlicher als während der "Berliner Blockade" von 1948–1949
und während des Notenkampfes von 1952. Die "harten" Maßnahmen wie die
Grenzabriegelung oder die Parole vom "Abbau des Sozialismus" in der DDR
und sogar die anscheinend feineren Lecken-Manöver wie das mutmaßliche
Nenni-Interview (das in Wirklichkeit nie stattfand) bewirkten gerade das
Gegenteil der beabsichtigten Resultate. Und die Geschichte wiederholte sich
in der "zweiten" Berlin-Krise von 1958 bis 1962, die einen überzeugenden
Beweis der Konservierung stalinistischer Traditionen in der Sowjet-Diplo-
matie der nachstalinistischen Epoche lieferte.

Zusammenfassend darf man folgendes sagen: Unter drei konkurrierenden
Strategiemustern ("sozialistisches" Teil- oder Gesamtdeutschland, "harter
Frieden", bürgerlich-demokratischer deutscher Staat) wurde wohl durch den
sowjetischen Entscheidungsträger die letztgenannte Option bevorzugt. Die
anderen Varianten behielten jedoch als taktisches Mittel stets eine gewisse
Relevanz. Eine Rhetorik im Geiste des "harten Friedens" betrachtete man als
geeignet für die interalliierten Gespräche der Kriegszeit, sei es, um unnötige
Fraktionen in der Anti-Hitler-Koalition zu vermeiden oder die Partner mit
dem Blick auf den zukünftigen Kampf um die "deutsche Seele" irrezuführen.
Die Parolen und Aktionen eines "Sozialismus im halben Land" (als gesamtdeutsche Perspektive hatte man dieses Muster auch propagandistisch nicht
ernsthaft verfolgt) wurden mit dem Zweck eingesetzt, vorbeugend oder
nachwirkend den wirklichen oder vermeintlich unkooperativen Schritten des
Westens im Nachkriegsdeutschland zu widerstehen und kooperative Lösungen herbeizuführen.

Die Benutzung untauglicher Strategien als angeblich taugliche Taktiken
war schon theoretisch höchst fraglich, und führten praktisch zuerst zum Ver-
trauensschwund unter den Alliierten, und dann zu schweren Niederlagen für
die sowjetische Politik in Deutschland. Manche propagandistischen Kunst-
stücke von heutigen Kämpfern gegen die NATO-Osterweiterung in Rußland
zeigen leider, daß die erteilte Lektion nicht gründlich genug studiert worden
ist.

DIE SOWJETISCHE DEUTSCHLANDPOLITIK UNTER CHRUSCHTSCHOW

Von Boris Meissner

Nikita Sergejewitsch Chruschtschow war von 1953 bis 1964, d. h. elf Jahre, Erster Sekretär der KPdSU.

Mit seiner kraftvollen und impulsiven Persönlichkeit hat er in dieser Eigenschaft die sowjetische Innen– und Außenpolitik in diesem Zeitabschnitt entscheidend bestimmt.[1] Seine Auseinandersetzung mit Stalin auf dem XX. Parteikongreß der KPdSU,[2] die der Entstalinisierung und damit einer freieren Entwicklung der Sowjetunion über das anfängliche "Tauwetter" nach Stalins Tod hinaus den Weg bahnte, hatte weitgehende innen– und außenpolitische Folgen. Die Zerstörung des Stalin–Mythos wird ihm allein zuge-

---

[1] Zur Persönlichkeit Chruschtschows und seiner Innenpolitik vgl. von sowjetischen, russischen Autoren: Medwedjew, R.: Chruschtschow. Eine politische Biographie, Stuttgart, Herford 1984; Aksjutin, Ju. V. (Ed.): Nikita Sergeevič Chruščev, Materialy k biografii, Moskau 1989; deutsch: Nikita Chruschtschow. Skizzen zur Biographie, Berlin 1990; Kiršner, L. A.; Prochvatilova, S. A.: Svet i teni "velikova desjatiletija. N. S. Chruščev i ego vremja", Leningrad 1989; Adžubej, A.: Te desjat' let, Moskau 1989; Adshubei, A.: Gestürzte Hoffnung. Meine Erinnerungen an Chruschtschow, Berlin 1990; Burlazki, F.: Chruschtschow. Ein politisches Porträt, Düsseldorf 1990; Burlackij, F.: Voždi i sovetniki, Moskau 1990; Ponomarev, A. N.: N. S. Chruščev. Put' k liderstvu, Moskau 1990; Chruščev, S.: Pensioner sojuznogo značenija, Moskau 1991; ders.: Nikita Chruščev. Krizisy i rakety, 2 Bde, Moskau 1994; Volkogonov, D.: Sem' voždy, Kniga 1, Moskau 1995, S. 335–454; Grinevskij, O.: Tysjača i odin den' Nikity Sergeeviča, Moskau 1998. Von westlichen Autoren: Crankshaw, E.: Krushchev's Russia, Harmondsworth 1959; Boffa, A.: Inside the Khrushchev Era, Leicester 1960; Meissner, B.: Russland unter Chruschtschow, München 1960; Paloczi–Horvath, G.: Chruschtschow, Frankfurt/M. 1960; Pistrak, L.: Chruschtschow unter Stalin, Stuttgart 1962; Boettcher, E.: Lieber, H.–J.; Meissner, B. (Hrsg.), Bilanz der Ära Chruschtschow, Stuttgart u. a. 1966; Linden, C. A.: Khrushchev and the Soviet Leaderchip; Crankshaw, E.: Krushchev. A career, Baltimore 1966; Medvedev, R. A.; Medvedev, Sh. A.: Krushchev. The Years in Power, New York 1976; Breslauer, G. A.: Krushchev and Brezhnev as Leaders. Building Authority in Soviet Politics, London 1982; Tomson, W. J.: Krushchev. A political life, London 1995; Altrichter, H.: Nikita Sergejewitsch Chruschtschow. Vom Karrieristen zum Kritiker des Stalinismus, in: ders. (Hrsg.), Persönlichkeit und Geschichte. Gedenkschrift für Karl–Heinz Ruffmann, Erlangen 1997, S. 193–229; Trojanowskij, O.: Über Jahre und Entfernungen, Moskau 1998; Vgl. ferner Korjagin, V.: Vospominanija raznych let, in: Meždunarodnaja žizn', 1996, Nr. 7, S. 52 ff.; Elka v Kremle, in: ebd., 1996, Nr. 11–12, S. 147 ff.; Kolokov, B.: Neordinarnyj Chruščev, in: ebd., 1997, Nr. 8, S. 57 ff.

[2] Vgl. Chruščev, N.S.: O kul'te ličnosti i ego posledstvijach, in: Izvestija CK KPSS, 1989, Nr. 3, S. 128–170; Meissner, B.: Das Ende des Stalin–Mythos. Die Ergebnisse des 20. Parteikongresses der Kommunistischen Partei der Sowjetunion, Frankfurt/M. 1955.

schrieben, obgleich sie aufgrund eines Beschlusses des Parteipräsidiums, an dem Anastas Mikojan wesentlichen Anteil hatte, ihren Anfang nahm.[3]

Er wird daher trotz seiner widersprüchlichen Reformmaßnahmen als ein Vorläufer der Reformpolitik Gorbatschows angesehen und von den Anhängern der Perestrojka so beurteilt.[4]

Der XX. Parteitag war auch für den unmittelbaren Wandel in der ideologischen Begründung der sowjetischen Außenpolitik von Bedeutung. Chruschtschow erklärte in seinem offiziellen Rechenschaftsbericht, daß der "Sozialismus" im Zuge der Nachkriegsentwicklung ebenso wie seinerzeit der "Kapitalismus" zu einem Weltsystem aufgestiegen sei.

Das "sozialistische Weltsystem" bilde mit den neutralistischen Mächten, worunter er vor allem die Entwicklungsländer verstand, eine "ausgedehnte Friedenszone". Seine Stärke würde ein Gleichgewicht mit der kapitalistischen Welt gewährleisten und eine friedliche Koexistenz von längerer Dauer ermöglichen.[5]

Zwar hatte schon Malenkow, dem in der Übergangszeit nach Stalins Tod eine führende Rolle zufiel, von den Möglichkeiten der sowjetischen Außenpolitik aufgrund eines "langwährenden Nebeneinanderbestehens und des friedlichen Wettbewerbs der zwei verschiedenen Systeme, des kapitalistischen und sozialistischen," gesprochen.

Chruschtschow ging aber mit seinen Vorstellungen einer globalen sowjetischen Außenpolitik auf der Grundlage einer Strategie der "friedlichen Koexistenz" weiter.

Die friedliche Koexistenz wurde von ihm nicht nur auf das Verhältnis zwischen den beiden antagonistischen Systemen, sondern auch auf das Nebeneinanderbestehen von allen Staaten mit verschiedenen sozialen Systemen bezogen. Der Wettbewerbscharakter der "friedlichen Koexistenz" wurde von ihm besonders betont. In Verbindung mit der neuen Generallinie der sowjetischen Außenpolitik wurde von ihm die These von der "Vermeidbarkeit von Kriegen" unter Abkehr von den Auffassungen Lenins und Stalins aufgestellt.

---

[3] Vgl. Naumov, V. P.: K istorii sekretnogo doklada N. S. Chruščeva na XX s'ezde KPSS, in: Novaja i novejšaja istorija 1996, Nr. 4, S. 147–168; deutsch auszugsweise: "Wir müssen dem Parteitag die Wahrheit sagen." Die Entstehungsgeschichte von Chruščevs Geheimrede im Jahre 1956, in: Osteuropa, 47. Jg., A 367–A 371.

[4] Vgl. die vom Gorbačev–Fond veranstaltete internationale wissenschaftliche Konferenz anläßlich des 100. Geburtstages N. Chruščevs (1894–1971), Moskau 1994. Gorbačev betonte in seiner Einführung, daß die Rede Chruščevs auf dem XX. Parteitag "der erste Schlag gegen das totalitäre System war".

[5] Vgl. Meissner, B.: Die friedliche Koexistenz in sowjetischer Sicht, in: Europäische Rundschau, 1974, Nr. 2, S. 57 ff.; ders., Sowjetunion und "friedliche Koexistenz", in: Wirtschaftsrecht, Internationaler Handel und Friedliche Koexistenz, Berlin 1982, S. 95 ff.

Zu diesem Wandel trug eine entscheidende qualitative Veränderung des militärstrategischen Kräfteverhältnisses zugunsten der Sowjetunion durch den Besitz der Wasserstoffbombe und interkontinentaler Raketenwaffen wesentlich bei. Sie führte dazu, daß die sowjetische Außenpolitik unter Chruschtschow in stärkerem Maße eine Weltpolitik wurde, wobei er an der weltrevolutionären Zielsetzung festhielt.[6] Bei ihrer Gestaltung wirkte sich ein gegenüber Stalin wesentlich verändertes Weltbild aus, in dem den Vereinigten Staaten und den Entwicklungsländern der Dritten Welt Schlüsselstellungen zukamen. Die Möglichkeit, durch eine veränderte Deutschlandpolitik zu einer wirklichen Entspannung zwischen Ost und West beizutragen und die Sowjetunion stärker in Europa zu verankern, wurde von ihm nicht genutzt.[7]

---

[6] Vgl. Meissner, B.: Die Außenpolitik der Sowjetunion. Grundlagen und Strategien, in: Kaiser, K.; Schwarz, H.–P. (Hrsg.): Weltpolitik. Strukturen — Akteure — Perspektiven, 2. Aufl., Bonn 1997, S. 435 ff.; zur Außenpolitik der Sowjetunion unter Chruschtschow, insbesondere in Verbindung mit dem Kalten Krieg vgl. von sowjetischen–russischen Autoren: Schewtschenko, A. N.: Mein Bruch mit Moskau, Bergisch Gladbach 1985; Trofimenko, G. A.; Podlesnyj, P. T.: Sovetsko–amerikanskie otnošenija v sovremennom mire, Moskau 1987; Filitov, A. M.: Cholodnaja vojna, Moskau 1991; Nežinskij, L. N. (Red.): Sovetskaja vnešnjaja politika v gody "cholodnoj vojny" (1945–1985). Novoe pročtenie, Moskau 1985; Narinskij, M. (Red.): Cholodnaja vojna, novye podchody, novye dokumenty, Moskau 1995; Lel'čuk, V. S.; Pivovar, E. I. (Red.): SSSR i Cholodnaja Vojna, Moskau 1995; Grinovskij, O.: Tauwetter, Entspannung, Krisen und neue Eiszeit, Berlin 1996; Erinnerungen: Chruschtschow erinnert sich. Deutsche Übersetzung der amerikanischen Ausgabe, Reinbeck bei Hamburg 1971, Taschenbuch–Ausgabe 1992; russische Original–Ausgabe, in: Voprosy Istorii, 1990–1993; Gromyko, A. A.: Pamjatnoe, 2 Bde., Moskau 1988; einbändige deutsche Übersetzung: Gromyko, A.: Erinnerungen, Düsseldorf u. a. 1989; Sto sorok besed s Molotovym. Iz dnevnika F. Čueva, Moskau 1991; Karjagin, V. V.: Diplomatičeskaja žizn' za kulisami i na scene, Moskau 1994; Kornienko, G. M.: Cholodnaja Vojna, Moskau 1994; Dobrynin, A.: In Confidence. Moscows Ambassador to Americas Six Cold War Presidents, New York 1995. Vgl. von westlichen Autoren: Beschloss, M. R.: Powergame. Kennedy und Chruschtschow. Die Krisenjahre 1960–1963, Düsseldorf u. a. 1991; ders.: Mayday. Eisenhower, Khrushchev, and the U–2 Affair, New York 1986; Czempiel, E. O.; Schweitzer, C. Chr.: Weltpolitik der USA nach 1945, Bonn 1989; Fursenko, A.; Naftali, T.: One Hell of a Gamble. Khrushchev, Castro and Kennedy 1958–1964, New York 1997; Hacke, Chr.: Von Kennedy bis Reagan. Grundzüge der amerikanischen Außenpolitik 1960–1984, Stuttgart 1984; Hoffmann, E. P.; Fleron, F. (Ed.): The Conduct of Soviet Foreign Policy, 2nd. Edition, New York 1980; Levering, R. B.: The Cold War, Arlington Heights, Ill., 1994; Loth, W.: Die Teilung der Welt 1941–1955, München 1980; Jochum, M.: Eisenhower und Chruschtschow, Paderborn u. a. 1996; Subok, W.; Pleschakow, K.: Der Kreml im Kalten Krieg. Von 1945 bis zur Kubakrise, Hildesheim 1990; Gaddes, J.–L.: Russia, the Soviet Union and the United States, 2nd Edition, New York 1990; ders.: We now know. Rethinking Cold War History, Oxford 1997; Ginsburgs, G.; Rubinstein, A. J.: Soviet Foreign Policy toward Western Europe, New York 1978; Sörensen, Th.: Kennedy, München 1966; Ulam, A. B.: Expansion and Coexistence. The History of Soviet Foreign Policy, New York 1968; ders.: The Rivals. America and Russia since World War II, 2nd Edition, London 1973; Wolfe, T. V.: Soviet Power and Europe 1945–1970, Baltimore 1970; Erinnerungen: Acheson, D.: Present at the Creation, New York 1970; Jarring, G.: Utan glasnost och perestrojka. Memorer 1964–1973; russisch: Do glasnosti i perestrojki. Memuary 1964–1973; Eisenhower, D. D.: Die Jahre im Weissen Haus 1953–1956, Düsseldorf 1964; ders.: Wagnis für den Frieden 1956–1961, Düsseldorf 1964.

[7] Zur sowjetischen Deutschlandpolitik und den deutsch–sowjetischen Beziehungen unter Chruschtschow: von sowjetischen–russischen Autoren: Belezki, V. N.: Die Politik der Sowjetunion in den deutschen Angelegenheiten in der Nachkriegszeit 1945–1976, Berlin 1977; Filitov, A.: Germanskij vopros ot raskola k ob'edineniju. Novoe pročtenie, Moskau 1993; Galkin, A.

Eine veränderte Deutschlandpolitik setzte eine Verringerung und nicht eine Vergrößerung der bestehenden Teilung Deutschlands voraus. Sie konnte nur durch einen Verzicht auf den im Sommer 1952 begonnenen Aufbau des Sozialismus und durch die Schaffung von Voraussetzungen für freie demokratische Wahlen erreicht werden.

Zu einer Abkehr von der bisherigen Deutschlandpolitik war unter den Nachfolgern Stalins am ehesten Berija bereit,[8] während Malenkow in dieser Frage schwankte.

Berija, der das in der DDR bestehende System realistisch als einen Besatzungssozialismus[9] ansah, wollte auf den Aufbau des Sozialismus ganz verzichten. Molotow war dagegen, unterstützt durch Chruschtschow, nur bereit, diesen Aufbau nicht zu forcieren.

A.; Mel'nikov, D. E.: SSSR, zapadnye deržavy i germanskij vopros (1945–1965 gg.), Moskau 1966; Nikolaev, P. A.: Politika Sovetskogo Sojuza v germanskom voprose 1945–1964, Moskau 1966; Voslenskij, M. S.: Vnešnaja politika i partii FRG, Moskau 1961; ders.: "Vostočnaja" politika FRG (1949–1966), Moskau 1967; Erinnerungen: Falin, V.: Politische Erinnerungen, München 1993. Von westlichen Autoren: Adomeit, H.: Imperial Overstretch. Germany in Soviet Policy from Stalin to Gorbachev, Baden–Baden 1998; Baring, A.: Außenpolitik in Adenauers Kanzlerdemokratie, München–Wien 1969; Blasius, R. A. (Hrsg.): Von Adenauer zu Erhard, München 1994; Deuerlein, E.: Deutschland wie Chruschtschow es will; Bonn 1961; Erfurt, W.: Die sowjetische Deutschland–Politik, Eßlingen 1959; Feld, W.: Reunification and West German–Soviet Relations, The Hague 1963; Görtemaker, M.: Die unheilige Allianz. Die Geschichte der Entspannungspolitik 1943–1979, München 1979; Gotto, K.: Adenauers Deutschland– und Ostpolitik 1954–1963, in: Adenauer–Studien. Bd. III, Mainz 1974, S. 3–91; Grewe, W.: Deutsche Außenpolitik der Nachkriegszeit, Stuttgart 1960; Hanrieder, W. F.: Deutschland, Europa, Amerika. Die Außenpolitik der Bundesrepublik Deutschland 1949–1989, Paderborn 1991; Hartl, H.; Marx, W.: Fünfzig Jahre sowjetische Deutschlandpolitik, Boppard/R. 1967; Jacobsen, H.–A.; Leptin, G.; Scheuner, U.; Schulz, E.: Drei Jahrzehnte Außenpolitik der DDR, München 1979; Kosthorst, D.: Brentano und die deutsche Einheit, Düsseldorf 1993; Meissner, B.: Die Sowjetunion und die deutsche Frage 1949–1955. Die Deutschlandpolitik nach Stalins Tod, in: Geyer, D. (Hg.): Sowjetunion. Außenpolitik 1917–1955, Köln, Wien 1972, S. 448–501 (Osteuropa–Handbuch); ders.: Die Sowjetunion und Deutschland von Jalta bis zur Wiedervereinigung, Köln 1995; ders.: Moskau–Bonn 1955–1973, Dokumentation, 2 Bde. Köln 1975; Schwarz, H.–P.: Berlinkrise und Mauerbau, Bonn 1985; Stützle, W.: Kennedy und Adenauer in der Berlin–Krise 1961–1962, Bonn–Bad Godesberg 1973; Wasmund, W.: Kontinuität im Wandel. Bestimmungsfaktoren sowjetischer Deutschlandpolitik in der Nach–Stalin–Zeit, Köln 1974; Weber, W.; Jahn, W.: Synopse zur Deutschlandpolitik 1941 bis 1973, Göttingen 1973; Wettig, G.: Die sowjetische Deutschlandpolitik in der Ära Adenauer, Bonn 1997; Erinnerungen: Adenauer, K.: Erinnerungen, 3 Bde., Stuttgart 1966–1968; Grewe, W.: Rückblenden 1951–1976, Frankfurt/M. 1979; Kroll, H.: Lebenserinnerungen eines Botschafters, Köln 1967; Lahr, R.: Zeuge von Fall und Aufstieg, Hamburg 1981.

[8] Vgl. Wettig, G.: Zum Stand der Forschung über Berijas Deutschlandpolitik im Frühjahr 1955, in: Göttinger Arbeitskreis (Hrsg.): Die Deutschlandfrage von der staatlichen Teilung Deutschlands bis zum Tode Stalins, Berlin 1994, S. 183 ff.; Baras, V.: Berias Fall and Ulbrichts survival, in: Soviet Studies, Vol. 27, 1975, Nr. 3, S. 381–393; Richter, J.: Reexamining Soviet Policy Toward Germany During the Beria Interregnum, in: Europa–Asia–Studies, 1993, Nr. 4, S. 671–691; zur Person Berijas vgl. Knight, A.: Beria. Stalin's first lieutenant, Princeton 1993.

[9] Berija sagte bei der Diskussion in der kollektiven Führung: "Die DDR? Was ist sie wert, die DDR? Sie ist ja noch nicht einmal ein richtiger Staat. Sie wird nur durch sowjetische Trup-

Gegenüber seinem Vertrauten, dem General Pawel Sudoplatow, dem Chef des Büros für Sonderaufgaben des MWD, sagte Berija: "... der beste Weg, unsere Position in der Welt zu stärken, wäre es, ein neutrales, vereinigtes, von einer Koalitionsregierung gelenktes Deutschland zu schaffen."[10] Offenbar sah er die DDR als eine autonome Provinz in einem neutralen, vereinigten Deutschland für die Sowjetunion als durchaus annehmbar an.

Die Argumentation Berijas besagte, daß es für die Sowjetunion völlig ausreichte, wenn die DDR Bestandteil eines friedlichen Deutschlands sei. Nach Gerhard Wettig, der sich mit der Deutschlandpolitik Berijas eingehend befaßt hat, dürfte jedenfalls als gesichert gelten, "daß Berija nach Stalins Tod besonderes Interesse an Deutschland bekundete und dabei augenscheinlich neue Wege in seine Überlegungen bezog."[11]

Einer der Hauptanklagepunkte im Prozeß gegen Berija im Dezember 1953, der mit seiner Verurteilung zum Tode endete, war, daß er "gegen den Willen vieler Politbüromitglieder das Ziel verfolgt habe, die DDR an die Bundesrepublik abzutreten." Zu diesem Zweck habe er "in dieser Richtung eine Reihe geheimer Aktionen durchgeführt."[12]

Die Formulierung, daß Berija die auf eine Wiedervereinigung Deutschlands gerichtete Politik gegen den Willen vieler Politbüromitglieder verfolgt habe, besagte, daß ein Teil der Politbüromitglieder, insbesondere Malenkow, sie nicht ablehnte.

Auf die enge Verbindung von Berija und Malenkow in dieser Frage, verbunden mit einer von Chruschtschow abweichenden Osteuropapolitik, die bereits unter Stalin bestanden hatte, wurde von Chruschtschow in seiner Rede vom 8. März 1963 hingewiesen.[13] Er sagte: "Bereits in den ersten Tagen nach dem Tod Stalins begann Berija Schritte zu unternehmen, die die Arbeit der Partei desorganisierten und auf die Untergrabung der freundschaftlichen

---

pen am Leben erhalten, selbst wenn wir sie mit Deutsche Demokratische Republik betiteln." Vgl. Gromyko: Erinnerungen, a. a. O. (wie Anm. 6), S. 411.

[10] Sudoplatov, P.: Razvedka i Kreml', Moskau 1996, S. 414; nach Sudoplatov hat eine Verschwörung Berijas gegen die kollektive Führung nach Stalins Tod nicht vorgelegen. Diese ist ihm nach seiner Verhaftung auf dem ZK–Plenum im Juli 1953 vorgeworfen worden. Vgl. Delo Berija, in: Izvestija CK KPSS, 1991, Nr. 1, S. 139 ff., Nr. 2, S. 141 ff.; deutsch: Der Fall Berija. Protokoll einer Abrechnung. Das Plenum des ZK der KPdSU Juli 1953, Berlin 1993; zum Machtkampf nach dem Tode Stalins vgl. Meissner, B.; Brunner, G. (Hrsg.): Gruppeninteressen und Entscheidungsprozeß in der Sowjetunion, Köln 1975, S. 27 ff.; Žukov, Ju. N.: Bor'ba za vlast' v partijno–gosudarstvennych verchach SSSR vesnoj 1953 goda, in: Voprosy istorii, 1996, Nr. 5–6, S. 39 ff.; vgl. hierzu auch: "Novyj kurs" L. P. Berii, in: Istoričeskij Archiv, 1996, Nr. 4, S. 132 ff.

[11] Vgl. Wettig: Zum Stand der Forschung, a. a. O. (wie Anm. 8), S. 195.

[12] Vgl. den Augenzeugenbericht des in den Westen geflohenen Professors Alexej Jakuschek über den ersten Verhandlungstag im Prozeß Berija, in: Der Spiegel 1969, Nr. 50, S. 127 ff.; vgl. hierzu auch: Zen'kovič, N.: Voždi na muške, Moskau 1996, S. 146 ff.

[13] Pravda vom 1.3.1993.

Beziehungen der Sowjetunion zu den Bruderländern des sozialistischen Lagers gerichtet waren. Gemeinsam mit Malenkow schlugen sie beispielsweise provokatorisch vor, die Deutsche Demokratische Republik als sozialistischen Staat zu liquidieren, und empfahlen der Sozialistischen Einheitspartei Deutschlands, auf die Losung des Kampfes für den Aufbau des Sozialismus zu verzichten. Das Zentralkomitee der Partei hat damals empört die verräterischen Vorschläge abgelehnt und den Provokateuren eine vernichtende Abfuhr erteilt."

Die Hauptgegner einer Revision der bisherigen Deutschlandpolitik waren, aus unterschiedlichen Motiven, Molotow und Chruschtschow.

Molotow hielt an der in der Deutschlandnote Stalins vom 10. März 1952, die unter ihm im Außenministerium erarbeitet worden war,[14] fest. Sie sah die Neutralität eines unter bestimmten Bedingungen wiedervereinigten Deutschlands vor. Er strebte diese Lösung offenbar in Verbindung mit einer gleichzeitigen Regelung für Österreich an. Er lehnte daher Chruschtschows Bereitschaft zu einer selbständigen österreichischen Friedensregelung, die im Mai 1955 zum "Staatsvertrag" führte, ab. Chruschtschow wiederum wollte mit der DDR ein Land, in dem eine sozialistische Ordnung nach sowjetischem Vorbild errichtet worden war, auf keinen Fall preisgeben. Er hoffte offenbar, daß sich das sozialistische Modell der DDR mit der Zeit auf die Bundesrepublik Deutschland übertragen ließe.

In der sowjetischen Außenpolitik unter Chruschtschow lassen sich in Verbindung mit innenpolitischen Machtverschiebungen zwei Entwicklungsphasen feststellen.

Dabei ist die erste Phase, in der sich der Einfluß Malenkows als Ministerpräsident bis zu seiner Ausschaltung und Molotows als Außenminister bemerkbar machte, von einer zweiten Phase nach der Beseitigung der "AntiPartei-Gruppe" 1957[15] zu unterscheiden. Von da an war es Chruschtschow, der allein die sowjetische Außenpolitik bestimmte.

In der ersten Phase gab es, in Verbindung mit der Verminderung der Spannung zwischen Ost und West, gewisse Ansätze zu einer Verbesserung des deutsch-sowjetischen Verhältnisses.

In der zweiten Phase trat dagegen sehr bald eine wesentliche Verschärfung ein.

---

[14] Vgl. Wettig, G.: Die Deutschlandnote vom 10. März 1952 nach sowjetischen Akten, in: Göttinger Arbeitskreis (Hrsg.): Die Deutschlandfrage, a. a. O. (wie Anm. 8), S. 83 ff.; mit der Note war vor allem Gromyko befaßt.

[15] Zur Auseinandersetzung Chruschtschows mit der Antipartei-Gruppe auf dem ZK-Plenum im Juni 1957 s. Meissner: Russland unter Chruschtschow, a. a. O. (wie Anm. 6), S. 30 ff.

In die erste Phase fallen die Außenministerkonferenzen der vier Mächte in Berlin im Februar 1954[16], die Gipfelkonferenz in Genf im Juli 1955[17], die Aufnahme der diplomatischen Beziehungen zwischen der Sowjetunion und der Bundesrepublik Deutschland im September 1955 und die Außenministerkonferenz in Genf im Oktober–November 1955[18].

Die sowjetische Haltung zur deutschen Frage auf der Berliner Außenministerkonferenz wurde noch allein durch Molotow bestimmt.

An der Genfer Gipfelkonferenz im Juli 1955, in deren Mittelpunkt die deutsche Frage stand, nahm Chruschtschow mit Bulganin, der Malenkow als Ministerpräsidenten abgelöst hatte, sowie Molotow und Marschall Schukow teil.

Wichtig war, daß auf der Gipfelkonferenz auf die enge Beziehung zwischen der deutschen Frage und der europäischen Sicherheit, die bereits auf der Berliner Außenministerkonferenz angesprochen worden war, näher eingegangen wurde. Sie ist im sowjetischen Entwurf eines gesamteuropäischen Sicherheitspaktes und einer Reihe von westlichen Vorschlägen zum Ausdruck gekommen. Der Entwurf des Sicherheitspaktes ist von Molotow mit der modifizierten Fassung der Grundsätze eines Friedensvertrages mit Deutschland aufgrund der Stalin–Note vom 10. März 1952 in Berlin vorgelegt worden. Der Entwurf ging von der gleichberechtigten Beteiligung der beiden deutschen Teilstaaten, deren Neutralisierung angestrebt wurde, aus.

Auf dem Wege von Berlin nach Genf war eine wesentliche Änderung der Sicherheitslage eingetreten. Die Bundesrepublik Deutschland war nach dem Scheitern des Abkommens über eine Europäische Verteidigungsgemeinschaft (EVG), welche die Sowjetunion bekämpft hatte, der NATO beigetreten. Auf sowjetische Initiative war daraufhin der Warschauer Pakt, unter Einschluß der DDR, abgeschlossen worden.

Der Zweitentwurf des gesamteuropäischen Sicherheitspaktes, der von Bulganin in Genf vorgelegt wurde, trug dieser Veränderung Rechnung. Die Schaffung eines gesamteuropäischen Sicherheitssystems sollte nunmehr in zwei Phasen verwirklicht werden. In einer Übergangsperiode von zwei bis drei Jahren sollten die multilateralen Bündnissysteme der NATO und des Warschauer Paktes durch den gesamteuropäischen Sicherheitspakt über-

---

[16] Vgl. Katzer, N.: Eine Übung im Kalten Krieg. Die Berliner Außenministerkonferenz von 1954, Köln 1994; Meissner: Die Sowjetunion und die deutsche Frage, a. a. O. (wie Anm. 7), S. 489 f.; weiteres Schrifttum: ebd., Anmerkung 89.

[17] Vgl. Lindemann, M.: Die Deutsche Frage auf den Genfer Viermächtekonferenzen (Bonner Dissertation 1994); Meissner: Die Sowjetunion und die deutsche Frage, a. a. O. (wie Anm. 7), S. 495 ff.; weiteres Schrifttum: ebd., Anmerkung 119; Jochum: Eisenhower und Chruschtschow, a. a. O. (wie Anm. 6), S. 81 ff.

[18] Vgl. Lindemann: Die Deutsche Frage, a. a. O. (wie Anm. 17), S. 308 ff.; Meissner: Die Sowjetunion und die deutsche Frage, a. a. O. (wie Anm. 7), S. 496 ff.

wölbt werden. Danach sollte der gesamteuropäische Sicherheitspakt nach
Auflösung der beiden Militärblöcke allein weiter bestehen. Die Möglichkeit
einer Wiederherstellung der staatlichen Einheit Deutschlands aufgrund freier gesamtdeutscher Wahlen wurde in Verbindung mit dieser Phaseneintei-
lung des europäischen Sicherheitssystems nicht vorgesehen.

Von britischer Seite ist u. a. der Abschluß eines Sicherheitspaktes zwischen den vier Siegermächten und einem aufgrund vom freien gesamtdeutschen Wahlen wiedervereinigten Deutschland vorgeschlagen worden. Die sowjetische Seite lehnte ihn entschieden ab. Bulganin erklärte dem britischen
Außenminister Eden, daß weder die Armee noch das Volk in der Sowjetunion es verstehen würden, wenn die neue Regierung der Wiedervereinigung
Deutschlands zustimmen würde.[19]

Als Adenauer bei den späteren Verhandlungen mit Bulganin und Chruschtschow die Frage der Wiedervereinigung bei einer Plenarsitzung aufwarf,
erklärte der sowjetische Ministerpräsident ihm: "Kanzler, wir können nicht."

Es war für die Sowjets schwierig, die Forderung nach einer Parität der
beiden Teile Deutschlands, insbesondere bei einer deutschen Beteiligung an
einem gesamteuropäischen Sicherheitspakt, zu erheben, solange man auf der
staatsrechtlichen Ebene argumentierte. Infolgedessen ist von Chruschtschow
nach der Genfer Gipfelkonferenz das ganze Problem auf die völkerrechtliche
Ebene gehoben worden, indem er den Standpunkt vertrat, es handele sich
bei den beiden Teilen Deutschlands um zwei voneinander getrennte souverä-
ne Staaten, die sich in den Potsdamer Grenzen auf dem Boden des unterge-
gangenen Deutschen Reiches herausgebildet hätten. Diese Auffassung klang
bereits in der Argumentation Bulganins in Genf an und lag auch der von ihm
vorgelegten modifizierten Fassung des gesamteuropäischen Sicherheitspaktes zugrunde.

In der Direktive der vier Regierungschefs an die Außenminister vom 23.
Juli 1955 wurde ein Junktim zwischen der Europäischen Sicherheit und der
deutschen Frage hergestellt, das später von den Westmächten auch auf die
Abrüstung ausgedehnt wurde. In dieser Direktive findet sich die letzte Er-
wähnung der Möglichkeit einer Wiedervereinigung Deutschlands aufgrund
freier gesamtdeutscher Wahlen, der die Sowjetregierung zugestimmt hat.
Nach Chruschtschow und Bulganin konnte die "Vereinigung Deutschlands"
aber nur von den Deutschen selbst geregelt werden und setzte eine Annäherung zwischen den beiden "souveränen Staaten" voraus, die nicht nur als
gleichwertig, sondern auch als gleichgewichtig hingestellt wurden.

---

[19] Vgl. Eden, A.: Memoiren 1945–1957, Köln 1960, S. 358.

Mit der Zwei–Staaten–Theorie, die Chruschtschow nach der Genfer Gipfelkonferenz in Ost–Berlin besonders hervorhob, wurde die Spaltung Deutschlands wesentlich vertieft.

Der französische Ministerpräsident Guy Mollet berichtete nach einem Besuch in der Sowjetunion 1956: Chruschtschow habe ihm unumwunden erklärt, 18 Mio. Deutsche in der Hand seien ihm lieber als ein wiedervereinigtes Deutschland, selbst wenn es neutralisiert sei.[20]

Zu der Unterredung mit Chruschtschow und anderen sowjetischen Politikern teilte er mit:

"Zur Frage der Wiedervereinigung Deutschlands erklärten uns die sowjetischen Staatsmänner, sie zögen es vor, 18 Millionen Deutsche auf ihrer Seite zu haben als 70 Millionen gegen sich oder bestenfalls neutralisiert. Sie fügten hinzu, sie könnten nicht verstehen, warum Frankreich sich positiv zu dieser Wiedervereinigung einstelle. Als ich (Mollet) ihm erklärte, daß die Partei, der anzugehören ich die Ehre habe, sich schon vor Kriegsende gegen eine Spaltung Deutschlands ausgesprochen habe, erklärten sie, diese Haltung nicht verstehen zu können; viel eher verstünden sie die Haltung derjenigen Franzosen, die stets eine Spaltung Deutschlands gefordert hätten."

Chruschtschow hat in seinen Erinnerungen, die im Westen erschienen sind, seine Eindrücke von der Genfer Gipfelkonferenz ausführlich geschildert. Es war daher eigenartig, daß er in dieser als "vollständig" bezeichneten Ausgabe auf die Verhandlungen zwischen der Sowjetunion und der Bundesrepublik Deutschland, die erstmals in Moskau im September 1955 stattfanden, nicht eingegangen ist. Dabei kam ihnen für die weitere Entwicklung der sowjetisch–deutschen Beziehungen eine besondere Bedeutung zu. Außenminister Gromyko hat sie in seinen Memoiren als "ein großes Ereignis der Nachkriegsgeschichte" bezeichnet.

Adenauer, den Chruschtschow als "Feind" titulierte, wurde von ihm in dieser Ausgabe nur ein einziges Mal in einem anderen Zusammenhang erwähnt. Dagegen hat Adenauer in seinen Memoiren den wechselvollen Verlauf der Verhandlungen mit Chruschtschow und Bulganin, die durch Berichte von deutschen Delegationsmitgliedern ergänzt wurden[21], ausführlich geschildert.

---

[20] Nach der Wiedergabe des Dolmetscherprotokolls bei Adenauer: Erinnerungen 1955–1959, a. a. O. (wie Anm. 7), Stuttgart 1967, S. 181.

[21] Vgl. die Schilderung des Verfassers, der als Leiter des 1954 errichteten Referats "Sowjetunion" in der Länderabteilung des Auswärtigen Amtes zum weiteren Kreis der Delegation gehörte: Meissner: Die Sowjetunion und Deutschland, a. a. O. (wie Anm. 7), S. 110 ff.; ders.: Moskau–Bonn, a. a. O., Bd. 1 (wie Anm. 7), S. 15 ff.; ebd., Dokumente, S. 71 ff. Von russischer Seite liegt eine Schilderung von F. I. Novik aufgrund von Archivstudien vor, die dem tatsächlichen Ablauf der Verhandlungen nicht ganz gerecht wird, vgl. Novik, F. I.: Ustanovlenie diplo-

Inzwischen ist das vollständige russische Original der Erinnerungen Chruschtschows in der historischen Zeitschrift "Voprosy istorii" veröffentlicht worden. In ihm findet sich ein Teil, in dem Chruschtschow auf Adenauer in Verbindung mit den Moskauer Verhandlungen näher eingeht.[22]

Diese Angaben werden durch die Erinnerungen von Sergej Chruschtschow an seinen Vater und die von ihm betriebene Politik ergänzt. Er gehörte zu denjenigen, die den Anstoß zu den Chruschtschow–Memoiren gegeben haben und der ihre Veröffentlichung im Westen ermöglicht hat.[23]

Aus dem jetzt vorliegenden Teil geht die Behauptung Chruschtschows hervor, daß die Bundesregierung bereit gewesen sei, der Sowjetunion bei einem Entgegenkommen in der Frage der Wiedervereinigung einen hohen Kredit für den wirtschaftlichen Aufbau zu gewähren.

Chruschtschow erklärte hierzu, daß Adenauer die Position der Sowjetunion im Verhältnis zur DDR völlig falsch eingeschätzt hätte. Die Sowjetunion wollte die DDR, ihren Bundesgenossen, weiter festigen und nicht liquidieren.

Der Sohn Chruschtschows behauptete ebenfalls, daß, nach Aussagen seines Vaters, Adenauer einen Milliardenkredit für die Wiedervereinigung Deutschlands angeboten hätte. Dieser hätte jedoch das Anerbieten empört von sich gewiesen. Er hielt allein den Gedanken, die Abkehr eines Volkes vom "sozialistischen Weg" zu erkaufen, für "beleidigend". Daher habe er auch eine weitere Diskussion darüber abgelehnt.[24]

Aus den Memoiren Adenauers und anderen deutschen Erinnerungen geht ein solcher Versuch nicht hervor.

Er ist auch kaum anzunehmen, da Adenauer das Thema der Wiedervereinigung in Moskau zwar erörtern wollte, doch nicht die Absicht hatte, darüber allein mit der Sowjetunion zu verhandeln.[25]

---

matičeskich otnošenij meždu SSSR i FRG, in: Otečestvennaja istorija 1995, Nr. 6, S. 106 ff.; vgl. hierzu auch die sowjetischen Protokollauszüge, in: Sowjetunion heute, September 1990, Nr. 9.

[22] Memuary Nikity Sergeeviča Chruščeva, in: Voprosy istorii 1990, Nr. 2–12; 1991, Nr. 1–12; 1992, Nr. 1, 2, 6–7, 8–9; 1993, Nr. 9, 10; das "Treffen mit Adenauer" findet sich in: Voprosy istorii, 1993, Nr. 9, S. 73–78; deutsche Übersetzung im Anhang dieses Buches. Chruschtschow mußte sich wegen der Memoiren vor dem Parteikontrollkomitee verantworten, vgl. Istočnik, 1994, Nr. 4, S. 64–75; deutsch: Chruschtschows letzter Kampf, in: Osteuropa–Archiv, Juli 1996, S. A 325 ff.

[23] Vgl. Chruščev, S. N.: Pensioner sojuznogo značenija, a. a. O. (wie Anm. 1), S. 236 ff.

[24] Vgl. Chruščev, S. N.: Krizisy i rakety, a. a. O. (wie Anm. 1), Tom 1, S. 90.

[25] Vgl. hierzu den Bericht Adenauers über die Moskauer Verhandlungen auf der Sitzung des Bundesvorstandes der Christlich–Demokratischen Union am 30. September 1955 in Bonn, in: Adenauer, K.: Reden 1917–1967. Eine Auswahl. Hrsg. von H.–P. Schwarz, Stuttgart 1975, S. 302 ff. Adenauer sagte (S. 304 f.): "Die Kritiker haben uns zum Vorwurf gemacht, wir hätten die Frage der Wiederherstellung der deutschen Einheit zu wenig in den Vordergrund gestellt.

Die Verhandlungen, die auf Einladung der sowjetischen Regierung erfolgten, hatten die Aufnahme von gegenseitigen diplomatischen Beziehungen zwischen der Sowjetunion und der Bundesrepublik Deutschland zum Ziel. Sie wurden von beiden Seiten aus unterschiedlichen Motiven angestrebt. Die Sowjetunion wollte damit die unmittelbare Verbindung mit der nunmehr souveränen und mit den drei Westmächten in einem engen Bündnis verbundenen Bundesrepublik herstellen. Sie sollte ihr vor allem ermöglichen, die weitere Entwicklung Westdeutschlands zu beeinflussen und ihre militärische Aufrüstung in Schranken zu halten. Außerdem sollte durch die Entwicklung wirtschaftlicher und technischer Beziehungen ermöglicht werden, an der Wirtschaftskraft Westdeutschlands zu partizipieren.

Die Bundesrepublik Deutschland benötigte wiederum die diplomatischen Beziehungen, um mit der unmittelbaren Verbindung zu der vierten, für ganz Deutschland zuständigen Siegermacht den Ausgangspunkt für einen Prozeß zu schaffen, an dessen Ende die Wiederherstellung der staatlichen Einheit Deutschlands stehen sollte.

Mit den diplomatischen Beziehungen sollte außerdem die Rückkehr der deutschen Kriegsgefangenen und der in der Sowjetunion zurückgehaltenen deutschen Staatsangehörigen erreicht werden.

Die Aufnahme der Beziehungen setzte für die Bundesrepublik Vorbehalte voraus, die sich einerseits auf die Gebietsveränderungen im Osten Deutschlands und in Ostmitteleuropa sowie die Nichtanerkennung der DDR als Staat und des SED–Regimes bezogen.

Die Förderung wirtschaftlicher Beziehungen wurde zwar angestrebt, aber nicht als so wichtig angesehen, wie von der sowjetischen Seite angenommen wurde.

Im Ergebnis zäher und teilweise dramatischer Verhandlungen kam die Aufnahme der diplomatischen Beziehungen zustande, wobei die deutsche Seite das von ihr angestrebte Ergebnis im wesentlichen erreichen konnte.

Die Rückkehr der deutschen Kriegsgefangenen wurde nach der Einigung sofort ermöglicht, die der in der Sowjetunion zurückgehaltenen Deutschen zugesagt, die einseitigen Vorbehalte wurden entgegengenommen und traten damit völkerrechtlich, trotz des sowjetischen Widerspruchs, in Kraft.[26]

Meine Freunde! Ich glaube, daß diese Kritik völlig falsch ist und an den Dingen vollständig vorbei geht. Wir müssen darauf bestehen, daß die Wiederherstellung der deutschen Einheit nicht eine Sache Russlands allein ist, sondern eine Verpflichtung der vier Mächte, und daß wir es unter keinen Umständen etwa zulassen könnten, die Frage der Wiederherstellung der deutschen Einheit auf das Geleise "Verhandlungen mit Sowjetrussland" abzuschieben. Darum haben wir bewußt und gewollt und überlegt das nicht zugelassen."

[26] Wortlaut des Vorbehaltschreibens von Bundeskanzler Adenauer an den Ministerpräsidenten Bulganin vom 13. September 1955, in: Meissner: Moskau–Bonn, Bd. 1, a. a. O. (wie

Wichtig war, daß in einem gleichlautenden Schreiben zwischen Adenauer und Bulganin nachdrücklich betont wurde, daß die Aufnahme diplomatischer Beziehungen "zur Lösung der ungeklärten Fragen, die ganz Deutschland betreffen, beitragen" und damit auch "zur Lösung des nationalen Hauptproblems des gesamten deutschen Volkes — der Wiederherstellung der Einheit eines deutschen demokratischen Staates — verhelfen wird".[27] Damit ist die Wiederherstellung der staatlichen Einheit Deutschlands als ein legitimes Ziel der Außenpolitik der Bundesrepublik von der Sowjetunion anerkannt worden, die sich somit selbst verpflichtete, daran mitzuwirken.

Adenauer sagte dazu in seinem Bericht an den CDU-Vorstand:[28] "Wir betrachten es als einen Vorteil, daß es uns gelungen ist, von den Russen die Erklärung zu bekommen, daß auch Sowjetrussland verpflichtet sei, die deutsche Einheit wiederherzustellen."

Chruschtschow betrachtete es sicher als seinen Vorteil, daß Adenauer durch die Aufnahme der diplomatischen Beziehungen die Zweiteilung Deutschlands zwar nicht anerkannt, aber hingenommen hatte. Die dadurch herbeigeführte Vertiefung der Teilung führte dazu, daß Adenauer Schwierigkeiten hatte, die Zustimmung der Spitzen seiner Delegation, insbesondere von Außenminister von Brentano, für seine mündlich mit Bulganin und Chruschtschow während des Abendessens im St.-Georgs-Saal getroffene Vereinbarung zu gewinnen.

Adenauer betont, daß er an der ehrenwörtlichen Zusage von Bulganin und Chruschtschow über die Rückkehr der deutschen Kriegsgefangenen und deutschen Zivilinternierten nie gezweifelt habe.

Chruschtschow berichtet in dem jetzt bekannten Teil seiner Erinnerungen, daß sich Adenauer gerühmt habe, mit der Entscheidung zur Aufnahme diplomatischer Beziehungen mit der Sowjetunion dem Druck des amerikanischen Botschafters in Moskau, Charles Bohlen[29], widerstanden zu haben. Es ist bekannt, daß Bohlen darüber verärgert war, daß der Leiter der Politischen Abteilung des Auswärtigen Amtes, Blankenhorn, beim Kontakt mit ihm zunächst mitgeteilt hatte, daß keine Einigung mit den Sowjets zustande käme. Ein Druck auf Adenauer ist jedoch von ihm nicht ausgeübt worden. Chruschtschow war aber davon überzeugt. Dies stimmte ihn offenbar freundlicher gegenüber Adenauer und rechtfertigte für ihn das Entgegenkommen gegenüber den deutschen Wünschen.

Anm. 6), S. 38. Um völkerrechtliche Kraft zu erlangen, bedürfen einseitige Vorbehalte der Annahme, aber nicht der Zustimmung der anderen Seite. Das ist durch die schriftliche Bestätigung ihres Empfangs durch den Kanzleichef Bulganins am 14. September 1955 erfolgt.

[27] Wortlaut: Meissner, Moskau–Bonn, Bd. 1, a. a. O. (wie Anm. 7), S. 122 f.

[28] Adenauer: Reden, a. a. O. (wie Anm. 25), S. 305.

[29] Vgl. Bohlen, Ch. E.: Witness to History 1929–1969, New York 1973.

Der erhoffte Fortschritt in der "deutschen Frage" sollte nach diesen ersten Verhandlungen zwischen der Sowjetunion und der Bundesrepublik Deutschland nicht eintreten.

Auf der Genfer Außenministerkonferenz im Oktober/November 1955 schlug Molotow, ausgehend von der Zwei–Staaten–Theorie, die Errichtung eines "Gesamtdeutschen Rates" auf paritätischer Grundlage vor. Er sollte der schrittweisen Annäherung der beiden Staaten mit unterschiedlichen Gesellschaftssystemen dienen. Daß der Annäherungsprozeß zu einer Anpassung der inneren Struktur der Bundesrepublik an diejenige der DDR führen sollte, wurde aus seinen Ausführungen sehr deutlich. Im Verlauf der Diskussion erklärte Molotow, daß die Sowjetunion freie Wahlen im Prinzip nicht ablehne, sondern daß "zur Zeit die Bedingungen für die sofortige Abhaltung gesamtdeutscher Wahlen nicht bestehen" und daß "das Problem noch nicht ausgereift und politisch verfrüht" sei.

Trotz einer bestimmten Annäherung der Standpunkte der Sowjetunion und der Westmächte in der Frage der europäischen Sicherheit ließ sich eine Einigung nicht erreichen, da eine gemeinsame Basis in der Frage der Wiederherstellung der staatlichen Einheit Deutschlands nicht vorhanden war.

Ein erneutes Interesse der Sowjetführung an einem engeren Verhältnis zur Bundesrepublik wurde durch die Unruhen in Polen[30] und den Volksaufstand in Ungarn[31], der durch die Sowjetarmee blutig niedergeschlagen wurde, geweckt.

Chruschtschow kam es in seiner Außenpolitik vor allem darauf an, den Besitzstand des "sozialistischen Lagers" zu wahren und diesen mit Hilfe einer offensiven Koexistenzpolitik zu vergrößern. In diesem Sinne rechtfertigte er die bewaffnete Intervention zur Niederwerfung des ungarischen Volksaufstandes mit der Unterstützung der revolutionären Kräfte in der Welt und den sich daraus ergebenden internationalistischen Verpflichtungen. Er schreibt:[32]

"Durch die Hilfe, die wir dem ungarischen Volk bei der Niederschlagung der konterrevolutionären Revolte zuteil werden ließen, hinderten wir den Feind daran, die Einheit des gesamten sozialistischen Lagers, die während

---

[30] Vgl. Osadczuk, B.: Weisser Adler, Kreuz und rote Fahne, Zürich 1989, S. 9 ff.; Siegler, H. (Hrsg.): Die Ereignisse in Polen und in Ungarn, Bonn u. a. 1956.

[31] Vgl. Der Volksaufstand in Ungarn. Bericht des Sonderausschusses der Vereinten Nationen, Bonn 1957; Meray, T.: 13 Tage, die den Kreml erschütterten, München 1960; vgl. ferner: Die Sowjetunion und die Ungarische Revolution. Ungarische und sowjetische Dokumente zum politischen Entscheidungsprozeß im Herbst 1956, in: Osteuropa–Archiv, Oktober–November 1997, S. A 407–A 425; Islamov, T. M.: Vengerskoe Vosstanie 1956 g. v otečestvennoj istoriografii, in: Voprosy istorii 1997, Nr. 11, S. 42 ff.

[32] Chruschtschow erinnert sich, a. a. O. (wie Anm. 7), S. 430.

der ungarischen Ereignisse einer harten Probe ausgesetzt war, zu durchbrechen."

Die Isolierung der Sowjetunion, die durch das militärische Vorgehen ausgelöst wurde, verstärkte die Bereitschaft im Kreml, die Beziehungen zur
Bundesrepublik auszubauen und sie unter Ausklammerung des politischen
Hauptproblems auf eine vertragliche Grundlage zu stellen. Die entsprechende Initiative erfolgte in einer Botschaft Bulganins an Adenauer vom 5. Februar 1957.[33] Im Brief wurde der Wunsch der Sowjetregierung zum Ausdruck gebracht, "eine entscheidende Wende von gegenseitigem Mißtrauen
und selbst einer gewissen Feindschaft zum Vertrauen und zur Freundschaft"
herbeizuführen. Zwecks Ausbau der gegenseitigen Beziehungen wurde von
Bulganin der Abschluß eines Handelsvertrages, einer Kulturkonvention, eines Abkommens über wissenschaftlich–technische Zusammenarbeit und einer Konsularkonvention vorgeschlagen. Er gab dabei seiner Überzeugung
Ausdruck, daß ein Ausbau insbesondere der Handelsbeziehungen zu einer
Besserung der politischen Atmosphäre beitragen würde. Er knüpfte daran
die Feststellung, daß die Stärkung des Vertrauens und die Herstellung
freundschaftlicher Zusammenarbeit zwischen beiden Ländern "ohne Zweifel
auch bei der Lösung der nationalen Hauptaufgabe des deutschen Volkes —
der Vereinigung Deutschlands — helfen würden." Bulganin verwies die Bundesregierung in dieser Frage im übrigen an die Adresse der DDR, wo zur
gleichen Zeit ein von sowjetischer Seite gutgeheißener Konföderationsplan
entwickelt worden war.

Anspielungen auf die Größe Deutschlands und die Tradition deutsch–russischer Zusammenarbeit wurden im Brief geschickt mit der Warnung an die
Deutschen verbunden, für fremde Mächte "die Kastanien aus dem Feuer zu
holen" — eine Formel, die bereits Stalin in seiner bekannten Rede vom 10.
März 1939, welche der Kollaboration mit Hitler den Weg bahnte, gebraucht
hatte.

Adenauer erkannte, daß in der Botschaft ein neuer Ton angeschlagen
wurde. Da Außenminister von Brentano auf seiner alten Linie beharrte, ist
der Entwurf des Antwortschreibens vom 28. Februar 1957 von Adenauer
persönlich angefertigt worden. In der endgültigen Fassung wurde der
Wunsch nach einem Ausbau der zweiseitigen Beziehungen unterstrichen,
aber zugleich mit der Forderung nach der Rückkehr der in der Sowjetunion
zurückgehaltenen deutschen Staatsangehörigen verbunden. Sie lag dem ersten deutschen Botschafter, Dr. Wilhelm Haas, sehr am Herzen. Aufgrund
des Briefwechsels kamen die Verhandlungen in Moskau, in deren Mittelpunkt die gegenseitigen Wirtschaftsbeziehungen standen, zustande.[34]

---

[33] Wortlaut: Meissner: Moskau–Bonn, Bd. 1, a. a. O. (wie Anm. 7), S. 233 ff.

[34] Der Verfasser war als Erster Botschaftssekretär an der Botschaft der Bundesrepublik

Infolge des Junktims mit der Repatriierungsfrage und den damit verbundenen Schwierigkeiten zogen sie sich über eine längere Zeit hin. Sie konnten erst am 25. April 1958 mit der Unterzeichnung eines langfristigen Abkommens über allgemeine Fragen des Handels und der Schiffahrt sowie eines Konsularvertrages abgeschlossen werden. Eine Repatriierungsvereinbarung war dem Abkommen vorausgegangen. Sie erfolgte durch den Austausch gleichlautender mündlicher Erklärungen, die von deutscher Seite veröffentlicht werden konnten.

Bei allen Vertragsabschlüssen wurde sichergestellt, daß West–Berlin in den Geltungsbereich der Verträge einbezogen wurde.

Der Besuch des damaligen Ersten Stellvertretenden Ministerpräsidenten und späteren nominellen Staatsoberhauptes der UdSSR, Anastas Mikojan, im April 1958 in Bonn aus Anlaß der Unterzeichnung der in Moskau ausgehandelten Verträge ließ einen weiteren Ausbau der bilateralen Beziehungen nicht nur auf wirtschaftlichem und kulturellem, sondern auch politischem Gebiet erwarten.

Wenn die vorhandenen Möglichkeiten zu einer Verbesserung der deutsch–sowjetischen Beziehungen nicht genutzt werden konnten, so lag es an der verstärkten Aggressivität der Deutschlandpolitik Chruschtschows, die im Berlin–Ultimatum, im Friedensvertragsentwurf und dem Bau der Berliner Mauer zum Ausdruck kam.[35]

Mit Recht stellt Aleksandrow–Agentow, der außenpolitische Berater des Nachfolger Chruschtschows, in seinen Memoiren fest, daß in dieser Periode alle Initiativen in Schlüsselfragen im guten und schlechten von Chruschtschow ausgegangen sind.[36] Dies gilt auch für das Berlin–Ultimatum und die Errichtung der Berliner Mauer, die sich auf das deutsch–sowjetische Verhältnis negativ auswirkten, ebenso wie für die von ihm entfachte Kuba- bzw. Karibik–Krise.

Nachdem sich Chruschtschow gegenüber der "Antipartei–Gruppe" durchgesetzt hatte und zusätzlich als Nachfolger Bulganins Ministerpräsident der UdSSR geworden war, befaßte er sich intensiv mit der deutschen Frage und strebte zunächst mit den USA und den anderen Westmächten eine Vereinbarung an, in der der Status quo festgeschrieben werden sollte. Diesem Zweck mußte auch der von ihm erhoffte Machtgewinn durch Stationierung

---

Deutschland in Moskau an den Verhandlungen in beratender Funktion beteiligt, vgl. seine Schilderung über: Die zweiten deutsch–sowjetischen Verhandlungen in Moskau 1957/58, in: Festschrift für Hans–Peter Schwarz (Manuskript); ders.: Moskau–Bonn, Bd. 1, a. a. O. (wie Anm. 7), S. 25 ff.; Dokumente, S. 233 ff.

[35] Vgl. Meissner: Die Sowjetunion und Deutschland, a. a. O. (wie Anm. 7), S. 126 ff.; ders.: Moskau–Bonn, Bd. 1, a. a. O. (wie Anm. 7), S. 35 ff.; Dokumente, S. 455 ff.

[36] Vgl. Aleksandrov–Agentov, A. L.: Ot Kollontai to Gorbačeva, Moskau 1992, S. 100 f.

sowjetischer Raketenwaffen auf Kuba dienen. In diesem Sinne hat Fjodor Burlazkij in seiner politischen Biographie Chruschtschows die Berlin–Krise als Ouvertüre zur Karibik–Krise bezeichnet.

Mit dem Entwurf eines Friedensvertrages mit Deutschland vom 10. Januar 1959,[37] der von einer Drei–Staaten–These, einschließlich der "Freien Stadt Berlin", ausging, wurde die in Genf 1955 akzeptierte Verknüpfung zwischen der Deutschlandfrage und europäischen Sicherheit gelöst. Offenbar hielt Chruschtschow die Sicherheit des Sowjetimperiums auf der Grundlage einer vertraglichen Fixierung der Teilung Deutschlands für hinreichend gewährleistet. Er war nur bereit, unter Umständen eine Konföderation der beiden deutschen Staaten aufgrund der von Walter Ulbricht am 30. Januar 1957 genannten Bedingungen zuzulassen, die eine wesentliche Beschränkung der äußeren und inneren Sicherheit der Bundesrepublik bedeutet hätten.

Zu einer Erörterung der einzelnen Bestimmungen des sowjetischen Friedensvertragsentwurfs sollte es nicht kommen, da der sowjetische Außenminister Gromyko auf der Genfer Außenministerkonferenz im Sommer 1959[38] — der letzten Viermächtekonferenz, die sich mit der Deutschlandfrage befaßte — nicht bereit war, gleichzeitig auch den "westlichen Friedensplan", der auf dem Junktim von Wiedervereinigung, europäischer Sicherheit und Abrüstung beruhte, zu diskutieren. Die anschließenden Gespräche über eine Berlin–Regelung führten ebenfalls zu keiner Annäherung der gegenseitigen Standpunkte. Es zeigte sich jedoch sehr bald, daß die Offensivstrategie Chruschtschows in erster Linie das Ziel verfolgte, eine Abgrenzung der beiderseitigen Interessensphären mit den Vereinigten Staaten herbeizuführen. Von einer Position der Stärke aus, die in dem Vorsprung auf dem Gebiete der Raketenrüstung und der Weltraumfahrt begründet war, wurde von Chruschtschow 1959 in Camp David der Versuch unternommen, mit dem amerikanischen Präsidenten Eisenhower zu einem weltweiten Arrangement zu gelangen. Diese Bemühungen wurden von ihm nach dem Amtsantritt Präsident Kennedys wieder aufgenommen, nachdem der U–2–Zwischenfall und das Scheitern der Pariser Gipfelkonferenz im Mai 1960[39] zu einer zeitweiligen Verschärfung der Beziehungen zwischen den beiden Weltmächten geführt hatte.

---

[37] Wortlaut: Meissner: Moskau–Bonn, Bd. 1, a. a. O. (wie Anm. 7), S. 422 ff.; vgl. Scheuner, U.: Der sowjetische Friedensvertragsentwurf vom Januar 1959, in: Recht in Ost und West, 3. Jg., 1959, S. 93 ff.

[38] Zur Genfer Außenministerkonferenz vgl. Meissner, B.: Dokumente zur Pariser Gipfelkonferenz, Bd. 2, Köln 1960 (Sonderdruck aus: Internationales Recht und Diplomatie, 5. Jg., 1960, S. 129–616). Vgl. hierzu Grewe: a. a. O. (wie Anm. 7), S. 282 ff.

[39] Zur Pariser Gipfelkonferenz 1960 vgl. Jochum: a. a. O. (wie Anm. 6), S. 158 ff.; Meissner: Dokumente zur Pariser Gipfelkonferenz, Bd. 3.

Parallel zu dieser Entwicklung fanden die von Adenauer gebilligten Bemühungen des seit April 1958 in Moskau tätigen deutschen Botschafters Hans Kroll statt, bilaterale deutsch–sowjetische Verhandlungen über politische Fragen herbeizuführen. Der Besuch Chruschtschows, der seit März 1958 die Ämter eines Partei– und Regierungschefs in einer Hand vereinte, in Bonn schien dazu die beste Gelegenheit zu bieten.

In einem Interview in der "Neuen Rheinzeitung" am 12. November 1960 erklärte Adenauer auf die Frage, ob er auch eine Reise nach Moskau plane: "Jetzt wäre es an Herrn Chruschtschow, mal nach Bonn zu kommen ... Ich glaube, daß sich mit Herrn Chruschtschow reden läßt. Er ist ein anderer Mann wie Stalin und verfolgt andere Ziele für das russische Volk."

Trotz dieser grundsätzlichen Bereitschaft konnte sich Adenauer nicht entschließen, eine offizielle Einladung an Chruschtschow auszusprechen, da sich beim Verlauf der Verhandlungen über die Verlängerung des am 31. Dezember 1960 auslaufenden deutsch–sowjetischen Wirtschaftsabkommens Schwierigkeiten bei der Einbeziehung West–Berlins eingestellt hatten. Erst nach Einschaltung Adenauers gelang es eine Klausel zu finden, die dies ermöglichte.

Mit dem Vorschlag vom 19. März 1958[40], der DDR den Status Österreichs zu geben, hatte Adenauer den Versuch gemacht, mit der Sowjetunion zu einem modus vivendi zu gelangen. Dem gleichen Zweck dienten die zwei Versionen des "Globke–Planes" 1958/59 und 1960.[41]

Die Möglichkeit eines neutralen deutschen Gesamtstaates wurde von ihm weiterhin ausgeschlossen, da die Neutralität aus seiner Sicht die verstärkte Gefahr einer schrittweisen Einbeziehung Deutschlands in den sowjetischen Hegemonialbereich bedeutete.

Durch die Errichtung der Berliner Mauer am 13. August 1961, die auf Befehl Chruschtschows erfolgte[42], trat eine solche Verschärfung der Lage ein, daß die Frage direkter Verhandlungen zwischen der Sowjetunion und der Bundesrepublik Deutschland zunächst in den Hintergrund treten mußte. Botschafter Kroll ist bei seiner Abberufung jedoch von Adenauer ermutigt worden, seine Sondierungsgespräche mit Chruschtschow fortzusetzen.

---

[40] Vgl. den Bericht über eine Unterredung mit Botschafter Smirnow an 19. März 1958 durch Bundeskanzler Adenauer in: Meissner: Moskau–Bonn, Bd. 1, a. a. O. (wie Anm. 7), S. 357 ff.

[41] Wortlaut: Adenauer–Studien, Bd. 3, a. a. O. (wie Anm. 7), S. 202 ff.

[42] Chruschtschow erklärte gegenüber Botschafter Kroll, daß er den Befehl zur Errichtung der Berliner Mauer gegeben hat. Er möchte sich nicht hinter dem Rücken von Ulbricht verstecken, vgl. Kroll: Lebenserinnerungen, a. a. O. (wie Anm. 7), S. 512.

In dem Angebot Adenauers eines zehnjährigen Burgfriedens vom 6. Juni 1962[43] klang das bereits im Vorschlag einer Österreich–Lösung enthaltene Grundmotiv an, daß der Freiheit im anderen Teil Deutschlands der Vorrang vor der Einheit zukomme.

Chruschtschow ging auf das Angebot Adenauers nicht ein, da er zu dieser Zeit zu sehr mit dem Plan beschäftigt war, Mittelstreckenraketen–Basen auf Kuba zu errichten, um damit die militär–strategische Lage entscheidend zu Gunsten der Sowjetunion zu verändern.[44] Die durch das Kuba–Unternehmen bewirkte Krise führte jedoch zu einem Umdenken Chruschtschows, das sich auch in einer flexibleren Haltung in der Deutschland– und Berlin–Frage und seinem Wunsch, die Bundesrepublik zu besuchen, äußern sollte.

Adenauer hatte vor seinem bevorstehenden Abgang als Bundeskanzler Hemmungen, diese Einladung auszusprechen. Er überließ dies lieber Professor Ludwig Erhard als seinem Nachfolger. In jedem Fall war aufgrund der unter Adenauer durchgeführten Sondierungen der Boden so weit vorbereitet worden, daß die offizielle Einladung an Chruschtschow zu einem Besuch in der Bundesrepublik im Sommer 1964 erfolgen konnte. Daß dieser nicht mit leeren Händen nach Bonn zu kommen gedachte, zeigten seine Äußerungen gegenüber Gomulka im Januar 1964.[45] Chruschtschow erklärte dem erschreckten polnischen Kommunistenführer, daß er die Absicht habe, gegenüber der Bundesrepublik Deutschland "eine völlig andere neue Politik" zu betreiben. Er deutete dabei die Absicht an, mit der Bundesrepublik ein politisches Abkommen zu schließen und äußerte sich gleichzeitig negativ über Ulbricht, der nach seiner Auffassung in jedem Fall von der politischen Bühne verschwinden müßte. Gomulka befürchtete aufgrund dieses Gespräches die Möglichkeit, daß Chruschtschow in der Lage wäre, irgendeiner Form von Wiedervereinigung ohne gleichzeitige Anerkennung der Oder–Neiße–Linie als Westgrenze Polens zuzustimmen.

Der Bündnisvertrag der Sowjetunion mit der DDR vom 12. Juni 1964 schloß die Möglichkeit einer Wiederherstellung der staatlichen Einheit Deutschlands nicht aus.[46] Von der Forderung nach einer freien Stadt West–Berlin, die im Vertrag als eine "selbständige politische Einheit" bezeichnet worden ist, wurde abgesehen. Diese Entwicklung ließ ein Entgegenkommen

---

[43] Wortlaut der Aufzeichnung über das Gespräch zwischen Bundeskanzler Adenauer und dem Botschafter Smirnow vom 6. Juni 1962 (Auszüge): Meissner: Moskau–Bonn, Bd. 2, a. a. O. (wie Anm. 7), S. 902 ff.

[44] Vgl. The Cuban Missile Crisis, bei: Gaddis: a. a. O. (wie Anm. 6), S. 260 ff.; Pnetilin, B. G.: Karibskij krizis 1962 goda, in: Nežinskij: a. a. O. (wie Anm. 6), S. 283 ff.

[45] The Reminiscences of Wladimir Gomulka, in: Noviny Kurier, Tel Aviv, April–Juli 1973, hier wiedergegeben nach Radio Liberty Research 358/73.

[46] Vgl. Meissner: Die Sowjetunion und Deutschland, a. a. O. (wie Anm. 7), S. 67 f.

der sowjetischen Seite in der Frage einer Berlin–Klausel bei den Vertrags-verhandlungen erwarten.

Nach Vorliegen der Einladung Erhards entsandte Chruschtschow seinen Schwiegersohn, den Chefredakteur der "Iswestija" A. I. Adschubej, zur Vor-bereitung des geplanten Besuches in die Bundesrepublik.[47]

Zu diesem ist es nicht mehr gekommen, da Chruschtschow im Oktober 1964 als Partei– und Regierungschef abgesetzt wurde.[48] In der Anklagerede Susslows auf dem Oktober–Plenum wurde ihm, neben der Kritik an seiner China– und Rumänienpolitik, die "persönliche Diplomatie", die er mit der Beauftragung Adschubejs betrieben habe, besonders zum Vorwurf gemacht.

Chruschtschow geht in seinen Memoiren auf die Entwicklung, die zu sei-nem Sturz führte, nicht ein. Adschubej ist wiederum in seinen Erinnerungen an Chruschtschow bei der Schilderung seiner Reise in die Bundesrepublik auffallend zurückhaltend gewesen. Er erwähnt lediglich , daß Susslow ihn als "inoffiziellen Außenminister" Chruschtschows bezeichnet habe. Er gibt aller-dings zu, daß er geäußert hätte, daß keinerlei Mauern, nicht einmal die gro-ße Chinesische, den Menschen den Weg zur Freiheit versperren könnten.

Chruschtschow war kein Theoretiker der marxistisch–leninistischen Ideo-logie. Er war jedoch im Sinne ihrer weltrevolutionären Zielsetzung ein "Gläubiger". Sein bleibendes Verdienst ist darin zu sehen, daß er mit der Entstalinisierung einen Reformprozeß in Gang gesetzt hatte, der nach meh-reren Rückschlägen zur Perestrojka und damit auch zu einem neuen außen-politischen Denken geführt hat. Dazu war er aufgrund seiner ideologischen Vorurteile nicht imstande.

Arbatow wirft ihm vor, daß die schädliche Konsequenz seiner späteren Politik die gewesen sei, daß ihn die Schwierigkeiten in der internationalen kommunistischen Bewegung dazu brachten, die Entstalinisierung zu verlang-samen, den Prozeß der Reformen zu verzögern, statt ihn zu beschleunigen.[49]

Daher vollzog sich seine Deutschlandpolitik trotz eigenwilliger Aktionen letzten Endes in den gleichen Bahnen wie die seines Widersachers Molotow, der ihn in seinen "140 Gesprächen" einen "Rechten" und als ein "Mißver-ständnis der Partei" bezeichnet hat.

---

[47] Vgl. Adschubej, A.: Wir sahen Westdeutschland, München 1964.

[48] Zum Sturz Chruschtschows vgl. Meissner; Brunner: a. a. O. (wie Anm. 6), S. 40; Burla-zkij: a. a. O. (wie Anm. 1), S. 271 ff.; Medvedev, R.: N. S. Chruščev. God 1964 i — neožidannoe smeščenie, in: Kupcov, V. I. (Red.): Stranicy istorii KPSS, Moskau 1988, S. 641 ff.; Barsukov, N.: Kak byl smeščen N. S. Chruščev, in: Žuravlev, V. V. (Red.): Trudnye voprosy istorii, Mos-kau 1991, S. 222 ff.; Kak snimali N. S. Chruščeva, Istoričeskij archiv, 1993, Nr. 1, S. 3 ff.

[49] Vgl. Arbatov, G. A.: Zatjanuvšeesja vyzdorovlenie (1953–1985 gg.). Svidetel'stvo sovre-mennika, Moskau 1991, S. 102 ff.

Burlatzkij, der ihm als politischer Berater nahe gestanden hat, meint: "Nikita Chruschtschow wurde sein eigener Charakter zum Verhängnis, und nicht nur seine Umgebung. Voreiligkeit, Unüberlegtheit und Emotionalität waren seine unbezwingbaren Eigenschaften."

Insofern ist der Vorwurf der Subjektivität und des Voluntarismus, der ihm bei seinem Sturz gemacht wurde, durchaus berechtigt.

Andererseits sollte seine pragmatische Seite nicht übersehen werden. Sie ließ ihn die Folgen eines Atomkrieges richtig einschätzen.

Die Kuba–Krise war daher nicht nur der Höhepunkt, sondern auch der Beginn des Endes des Kalten Krieges.

DIE DEUTSCHLANDPOLITIK BRESHNEWS — KONTINUITÄT UND WANDEL

Von Wolfgang Pfeiler

I. Zur Periodisierung

Als Breshnew im Oktober 1964 Chruschtschow stürzte und das Amt des Generalsekretärs der KPdSU übernahm, bedeutete dies keine einschneidende Zäsur in der Deutschlandpolitik. Eine Annäherung an die Bundesrepublik Deutschland war auch unter Chruschtschow schon anvisiert worden. Ein Besuch in Deutschland war damals schon vorgesehen und durch die Deutschlandreise einer kleinen sowjetischen Delegation mit vorbereitet worden, die von Nikita Chruschtschows Schwiegersohn Adshubej geleitet wurde. Dieser Delegation gehörte auch ein Mann an, der später unter Breshnew eine wesentliche Funktion in der Deutschlandpolitik übernehmen sollte.

Sein Name war Walerij Lednew, und er gehörte mit zu den Autoren, die nach dieser Reise ein Buch über die Bundesrepublik veröffentlichten.[1] Charakteristisch für dieses Buch war es, daß die Bundesrepublik Deutschland nicht mehr ausschließlich polemisch dargestellt wurde. In der politischen Kultur der Sowjetunion signalisierte man so öffentlich die Absicht zu einer Verbesserung der Beziehungen. In ähnlicher Weise geschah dies auch wieder im Jahr nach dem Abschluß des Moskauer Vertrages, als L. Tolkunow in der "Iswestija" mehrere große Artikel mit freundlicher Tendenz veröffentlichte.[2]

Der Wechsel von Chruschtschow zu Breshnew war daher mit keiner grundsätzlichen Änderung der Deutschlandpolitik verbunden. Man kann allenfalls sagen, daß dadurch die sowjetische Deutschlandpolitik temporär ein wenig zurückgestuft wurde, weil für den neuen Generalsekretär zunächst die Notwendigkeit der innersowjetischen Konsolidierung, aber auch sicherheitspolitische Überlegungen im Vordergrund standen.

Auch der Tod Leonid Breshnews bedeutete keine Zäsur in der sowjetischen Deutschlandpolitik. Dies schon deswegen nicht, weil ja dieser seit 1975

---

[1] Adžubej, A.; Lednev, V. u. a.: My videli zapadnuju Germaniju, Moskva 1964.

[2] Tolkunov, L., in: Izvestija vom 14.8.1971, 19.8.1971, 21.8.1971; vgl. a. Lathe, H., in: Bonner Rundschau vom 17.9.1971.

schwer erkrankt war und von manchen in der UdSSR hinter vorgehaltener Hand schon in der zweiten Hälfte der siebziger Jahre als lebender Leichnam (živoj trup) bezeichnet wurde. Wesentlicher war jedoch, daß genau derjenige Mann Breshnew im Amt nachfolgte, der der sowjetischen Deutschlandpolitik unter Breshnew — stets mit dessen Einverständnis — die entscheidenden Konturen und Inhalte gegeben hatte: Jurij Andropow. Dieser war 1967 Chef des KGB geworden und arbeitete auf eine rasche Verbesserung der bundesdeutsch–sowjetischen Beziehungen hin.

II. Rahmenbedingungen sowjetischer Deutschlandpolitik unter Breshnew

1. Internationale Rahmenbedingungen

Im Vordergrund stand hier die Verbesserung, die "Entspannung" (razrjadka naprjažěnnosti) der Beziehungen zu den USA. In Moskau sah man dafür günstige Bedingungen, die man hauptsächlich aus vier Faktoren ableitete:

– Die USA verstrickten sich immer mehr in den Vietnam–Konflikt.

– Frankreich war aus der militärischen Integration der NATO ausgetreten.

– Das Kräfteverhältnis (sootnošenie sil) schien sich zum Vorteil der Sowjetunion zu verändern.

– Die Entwicklung der Waffentechnologie — vor allem im nuklearen Bereich — erforderte eine Verständigung der beiden Weltmächte.

Das NATO–"Signal von Reykjavik" und der "Harmel–Bericht" deuteten die westliche Bereitschaft zu einer Entspannung an. Ausschlaggebend wurden dann jedoch die Verhandlungen (ab 1969) über die strategischen Atomwaffen und der Abschluß des SALT–I–Vertrages (Mai 1972).

Aber auch für die UdSSR gab es zunehmend die Notwendigkeit zu einem Arrangement mit dem Westen:

– Sie brauchte ökonomische und technologische Kooperation mit dem Westen.

– Die Entwicklung in der ČSSR und der Einmarsch der Warschauer–Pakt–Truppen (1968) erforderten politische Entlastung.

– Die Verschärfung der Beziehungen mit der VR China und damit verbundene militärische Auseinandersetzungen (Kämpfe am Ussuri) ließen eine Ost–West–Entspannung immer dringlicher erscheinen.

– Auch aus sowjetischer Sicht erforderte die Perspektive der nuklear–strategischen Rüstungen dringend eine Verständigung mit den westlichen Nuklearmächten.

2. Innerdeutsche Rahmenbedingungen (Bundesrepublik)

Die Hoffnungen, die man in Ost–Berlin auf die Regierung der "Großen Koalition" gesetzt hatte, hatten sich nicht verwirklicht. Weder gab es eine Bereitschaft, die Zweistaatlichkeit anzuerkennen, noch ging die Bundesregierung auf die sowjetischen Vorschläge für einen Friedensvertrag ein.

So entstand in Moskau die Vorstellung, daß eine Ablösung dieser Regierung ein wesentliches sowjetisches Interesse sei. Im deutschen Wahlkampf des Jahres 1969 gehörten daher die Moskauer Sympathien eindeutig den sozialliberalen Parteien und ihren Führern.

Der Wahlsieg dieser beiden Parteien und die von ihnen gebildete Koalitionsregierung ermöglichte schließlich den Abschluß des Moskauer Vertrages (August 1970) und seiner Folgeverhandlungen und –verträge.

3. Innerdeutsche Rahmenbedingungen (DDR)

In der DDR hatte es in den sechziger Jahren eine gewisse innere Konsolidierung gegeben. Das war zum Teil das Ergebnis des Mauerbaus, der die unkontrollierte Abwanderung gerade der qualifizierteren Arbeitskräfte unterband. Es war aber auch in gewissem Umfang dem "Neuen Ökonomischen System der Planung und Leitung" (NÖSPL) zu verdanken, das wirtschaftliche und Effizienzkriterien — hauptsächlich zu Lasten der Parteifunktionäre — in den Vordergrund stellte. Aber auch der innerdeutsche Handel hatte daran seinen Anteil. So schien es nicht wenigen sozialistischen Optimisten Ende der sechziger Jahre für einige Zeit so, als werde die DDR wirtschaftlich zur Bundesrepublik aufschließen können.

Dies führte dann bei der Ulbrichtführung zu einer Steigerung des Selbstbewußtseins gegenüber der UdSSR, das vielen sowjetischen Funktionären als unerträgliche Belehrungsmanie erschien. Charakteristisch hierfür war beispielsweise, daß Ulbricht jetzt von seinem NÖSPL als "*dem* ökonomischen System des Sozialismus" sprach. Zugleich verstärkte sich aber auch innerhalb der SED–Führungskader das Unbehagen mit Ulbrichts Politik. Unter dem

21. Januar 1971 erreichte Breshnew ein Brief des SED–Politbüros, in dem
um Unterstützung bei der Absetzung Ulbrichts nachgesucht wurde.[3]

Dies fand in Moskau zunehmend Verständnis, weil sich Ulbricht in den
beiden Jahren zuvor nicht nur durch seinen indirekten Führungsanspruch in
wirtschaftlicher Hinsicht, sondern auch durch seinen hinhaltenden Widerstand gegenüber der sowjetischen Deutschlandpolitik unbeliebt gemacht hatte.

Nichtsdestoweniger führte Ulbricht dann doch — entgegen den ursprüng-
lichen Wünschen des SED–Politbüros — die SED–Delegation an, die zum
XXIV. Parteitag der KPdSU anreiste. Protokollmäßig kam er dort als zweiter der kommunistischen Führer (nach dem vietnamesischen) zu Wort. Er
erinnerte daran, daß er noch am IV. Kominternkongreß 1922 teilgenommen
hatte, einem Kongreß, bei dem Lenin gesagt hatte, daß Kommunisten lernen, lernen und nochmals lernen müßten. Insbesondere müßten die russischen Kommunisten "auf ihre Weise" lernen, und damit hatte Lenin damals
gemeint, daß sie von den Deutschen lernen müßten. Zugleich enthielt sich
Ulbricht — anders als alle anderen ausländischen Parteitagsredner — jeder
Kritik an der chinesischen Politik und ihren Verlautbarungen, daß die
UdSSR mit ihrer Deutschlandpolitik die sozialistische DDR dem westdeutschen Kapitalismus zum Fraße vorgeworfen habe. Er unterstrich, daß in der
DDR jetzt die "Formierung der sozialistischen deutschen Nation" vor sich ge-
he.[4]

Wenn sich auch Breshnew normalerweise für die deutsch–deutschen Beziehungen nicht interessierte[5], so nahmen doch die Irritationen durch Ulbrichts Haltung zu. Ende April 1971 flog Politbüro–Mitglied Werner Lam-
berz nach Moskau, wo Ulbrichts Absetzung beschlossen wurde, die dann am
3. Mai auf der 16. Tagung des ZK der SED verkündet wurde.[6] (Es war der-
selbe Tag, an dem der ehemalige Leiter der 3. Europäischen Abteilung des
Moskauer Außenamtes, Falin, ohne irgendwelche Weisungen als neuer Botschafter in Bonn eintraf.)[7]

---

[3] Hierzu und zum folgenden s. Bassistow, J. W.: Die DDR — ein Blick aus Wünsdorf. Persönliche Eindrücke eines russischen Offiziers, in: Aus Politik und Zeitgeschichte. Beilage zur
Wochenzeitung "Das Parlament", Nr. B 40, 1994, S. 50 f.

[4] Vystuplenie tovarišča Val'tera Ulbrichta, in: Pravda vom 1.4.1971, S. 6 f.

[5] Keworkow, W.: Der geheime Kanal. Moskau, der KGB und die Bonner Ostpolitik, Berlin
1995, S. 149.

[6] Bassistow a. a. O. (wie Anm. 3).

[7] Deutschland Archiv, Nr. 12, 1994, S. 1.313.

III. Der geheime Kanal

In der Außen– und vor allem Deutschlandpolitik war Jurij Andropow als KGB–Vorsitzender eine Art "Graue Eminenz".[8] Zu seinen Überlegungen gehörte es, daß die Sowjetunion sich aus ihrer Isolierung lösen müsse.[9] Wenn sie in Europa Stabilität und Entspannung wollte, so mußten die Versuche aufhören, Keile in die westliche Koalition hineinzutreiben und das mußte vor allem den Deutschen glaubhaft gemacht werden: "Wir müssen unser Haus in Europa bauen, und das geht nicht ohne Deutschland", formulierte er im Februar 1968 gegenüber W. Keworkow.[10]

Während Außenminister Gromyko zu dieser Zeit noch davon ausging, daß sich der Schlüssel zur Bundesrepublik in Washington befinde, sah Andropow die Notwendigkeit einer direkten Annäherung an Bonn, möglichst innerhalb eines halben Jahres und möglichst über einen direkten Kanal.[11] Diese Kontroverse wurde jedoch 1970 auf Breshnews Wunsch hin vollständig ausgeräumt.[12]

Als dann Willy Brandt nach seinem Wahlsieg einen Brief an die sowjetische Regierung richtete, um seinerseits zu direkten Gesprächen zu kommen, wurde dieser Brief von Breshnew unmittelbar an Andropow weitergeleitet.[13] Bei diesem wurden damit offene Türen eingerannt, so daß es innerhalb kürzester Frist zur Etablierung des geheimen Kanals (bereits ab dem 24. Dezember 1969) kommen konnte.[14]

Der Kanal hat dann volle zehn Jahre funktioniert, bis Andropow die Funktion des Generalsekretärs übernahm. Anders als der sowjetisch–amerikanische "back–channel", der die SALT–Verhandlungen weiterbrachte, blieb er geheim, wiewohl auf der östlichen Seite einige Widerstände vorhanden waren (z. B. Schelest, Suslow, die DDR–Führung).[15] Am sowjetischen Kanalende befanden sich die Andropow–Vertrauten Wjatscheslaw Keworkow und Walerij Lednew, am deutschen Kanalende der Brandt–Vertraute Egon Bahr. Um den Kanal dauerhaft zu stabilisieren und abzusichern, hatte An-

---

[8] Keworkow: a. a. O. (wie Anm.5), S. 88.

[9] Ebd. S. 28.

[10] Ebd. S. 29; vgl. a. S. 24 f. und S. 59; sowie Der Spiegel, Nr. 7, 1995, S. 21.

[11] Keworkow: a. a. O. (wie Anm. 5), S. 29, 59 f. und 65.

[12] Ebd. S. 71.

[13] Ebd. S. 48; der Text des Brandt–Briefes: ebd., S. 50 ff.

[14] Der Spiegel, Nr. 7, 1995, S. 18 und 21; sowie ebd., Nr. 4, 1995, S. 22.

[15] Vgl. Keworkow: a. a. O. (wie Anm. 5), S. 82, 108 und 122.

dropow ausdrücklich die Daueranweisung gegeben, über diesen Kanal stets nur die Wahrheit (oder gar nicht) zu kommunizieren.[16]

IV. Die Politik

Die sowjetische Deutschland–Politik, wie sie unter Breshnew vor allem durch Andropow seit 1968 konzipiert und teils auch operativ praktiziert wurde, läßt sich als eine Einheit verstehen, deren grundsätzliche Inhalte auf dem XXIV. Parteitag der KPdSU im April 1971 ausformuliert worden sind. Der Moskauer Vertrag war gewissermaßen der Grundstein dieser Politik, die dann zu einer Vielzahl weiterer Ost–West–Verhandlungen und weiterer Verträge und schließlich zur Konferenz in Helsinki hinführte.

Der qualitative Unterschied zur vorhergehenden sowjetischen Politik wird deutlich, wenn man dem sogenannten Budapester Appell von 1969 den Bukarester Appell von 1966 gegenüberstellt. Im Vergleich zu 1966 beharrte Moskau im Budapester Appell nicht mehr auf der Auflösung der Bündnissysteme und dem Abzug der überseeischen NATO–Truppen aus Europa. Bei der vorgeschlagenen Konferenz über Sicherheit und Zusammenarbeit in Europa sollten die USA jetzt, 1969, nicht mehr ausgeschlossen, sondern ausdrücklich einbezogen werden. Und was Deutschland anging, so war die Anerkennung der DDR und der Grenzen jetzt nicht mehr Verhandlungsvoraussetzung, sondern Verhandlungsgegenstand. Im Vergleich zum Bukarester Appell spiegelt der Budapester Appell so die sowjetische Erwartung wider, durch die Einbeziehung Amerikas in den Ost–West–Dialog auch zu einer einvernehmlichen Lösung der Probleme zu kommen, die sich aus dem Faktum der deutschen Teilung ergeben hatten.

Der zentrale Inhalt des Moskauer Vertrages war dann aus sowjetischer Sicht die Anerkennung der politischen und territorialen "Realitäten" durch die Bundesregierung.[17] Anerkennung des politischen und territorialen Status quo in Europa wurde aber auch als zentraler politischer Inhalt der Folgeverträge und –abkommen und insbesondere der KSZE–Schlußakte gesehen. Die Sowjetunion glaubte damit eines ihrer wichtigsten politischen Ziele überhaupt erreicht zu haben: Eine weitgehende völkerrechtliche Absicherung all dessen, was sie bis dahin vornehmlich mit militärischer Macht behauptet hatte. Man wird hier durchaus Henry Kissinger zustimmen können,

---

[16] Ebd. S. 46.

[17] Vgl. Miljukova, V. I: Otnošenija SSSR–FRG i problemy Evropejskoj bezopasnosti 1969–1982, Moskva 1983, S. 9 f., 111, 145 und 279.

wenn er sagt, daß die KSZE damals für Moskau ein Substitut für einen Friedensvertrag mit Deutschland war.[18]

Eine gewisse Beeinträchtigung der sowjetischen Interessen ergab sich jedoch aus dem Text der Schlußakte von Helsinki: Der Passus, daß Grenzver-
änderungen auch in Zukunft möglich bleiben sollten, wenn sie auf friedlichem Wege einvernehmlich vollzogen würden, wahrte zwar das sowjetische
Sicherheitsinteresse, legitimierte zugleich aber auch alle deutschen Bestrebungen auf einen solchen Wandel. Es überraschte deshalb nicht, daß Moskau sehr hart auf die Regierungserklärung von Kanzler Schmidt "Zur Lage
der Nation" (Januar 1976) reagierte, nur weil dieser Formulierungen wie "das
ganze deutsche Volk" oder "der andere Teil Deutschlands" gebraucht hatte.

Die politischen Auseinandersetzungen wurden auch auf der semantischen
Ebene geführt. So hatte Breshnew den Gebrauch des Wortes "Germanija"
ausdrücklich untersagt. Dieser Begriff gehöre der Vergangenheit an. Er
durfte allenfalls in Spekulationen über ein zukünftiges sozialistisches Gesamtdeutschland verwendet werden,[19] was allerdings nur selten geschah. Das
Wort Deutschland wurde deshalb nur im Genitiv, in der 1955 gemeinsam
vereinbarten Übersetzung von "Bundesrepublik Deutschland", verwendet,
"Federativnaja Respublika Germanii", wiewohl im Russischen ansonsten der
Nominativ gefordert ist.

Bei der Konzipierung und Implementierung ihrer Deutschlandpolitik hat
die Sowjetunion offensichtlich große Sorgfalt darauf verwendet, die anderen
ihr zur Verfügung stehenden Optionen nicht zu verschütten. Insbesondere
hat sie stets die Rechte gewahrt, die ihr aus der Viermächteverantwortung
zukamen. Das wird deutlich, wenn man den Bündnisvertrag UdSSR–DDR
von 1964 mit dem Bündnisvertrag von 1975 vergleicht. Zwar enthält letzterer
keine Hinweise mehr auf die Wiederherstellung der staatlichen Einheit
Deutschlands oder auf den Abschluß eines Friedensvertrages, doch enthält
Artikel 10 des Vertrages vom Oktober 1975 eine Nichtberührungsklausel, einen Vorbehalt für die Viermächteverantwortung, eine Klausel, die es in keinem der Verträge gibt, die mit anderen sozialistischen Staaten damals abgeschlossen wurden.[20]

Hier zeigte sich, "daß sich die Vertragsparteien damit die Möglichkeit aufrechterhalten haben, eine Politik der Wiederherstellung der Einheit

---

[18] Kissinger, H. A.: Diplomacy, New York 1994, S. 758.

[19] Vgl. Eliseev, M. G.: Bonn i GDR, Minsk 1975, S. 218–226.

[20] Vgl. den Vertragstext von 1975 in: Ministerstvo inostrannych del SSSR; Ministerstvo
inostrannych del GDR (Sost.): SSSR — GDR. 30 let otnošenij 1949–1979. Dokumenty i materialy, Moskva 1981, S. 461; der Vertragstext von 1964: ebd., S. 120 ff.

Deutschlands auf einer friedensvertraglichen Grundlage wieder aufzunehmen, sobald es ihnen aus politischen Gründen opportun erscheinen sollte."[21]

Auch in der Breshnew–Zeit hat die UdSSR so neben der im Vordergrund
stehenden Konsolidierungsoption für die DDR durchaus auch an den übrigen ihr zur Verfügung stehenden Optionen weiter festgehalten. Das galt für
die Gemeinsamkeitsoption mit den USA und auch noch für die Option eines
"Modells DDR".[22] Besonders sorgfältig aber wurden die sich aus der Viermächteverantwortung ergebenden sowjetischen Ansprüche gewahrt, was ein
Jahrzehnt nach Breshnews Tod bei den "Zwei–Plus–Vier–Verhandlungen"
deutlich wurde.[23]

V. Fazit

Breshnews Deutschlandpolitik — in hohem Maße von Andropow konzipiert und implementiert — läßt sich von 1968 bis 1980 als eine Einheit verstehen, deren Ziel die völkerrechtliche und vertragliche Konsolidierung des
politischen und territorialen Status quo in Europa unter Einbeziehung der
USA war. Das schloß die Konsolidierung der DDR (vergeblich, wie wir heute wissen) mit ein.

Daß auch die Vier–Mächte–Option in der Breshnew–Zeit (und darüber
hinaus) weiter gewahrt wurde, erwies sich dann im Jahr 1990 bei den "Zwei–
Plus–Vier–Verhandlungen" als höchst vorteilhaft.

---

[21] Meissner, B.: Die Bündnisverträge zwischen der DDR und der Sowjetunion, in: Aus Politik und Zeitgeschichte, Beilage zur Wochenzeitung "Das Parlament", Nr. B 43, 1979, S. 24; in
ähnlichem Sinn s. a. Mahnke, H. H.: Der neue Freundschafts– und Beistandspakt zwischen Sowjetunion und DDR, in: Deutschland Archiv, Nr. 11, 1975, S. 1.160 ff.

[22] Grundsätzlich hierzu: Pfeiler, W.: Deutschlandpolitische Optionen der Sowjetunion,
Melle 1988 (Konrad–Adenauer–Stiftung. Forschungsbericht, Nr. 63).

[23] Zu diesen Verhandlungen s. Pfeiler, W.: Die Viermächte–Option als Instrument sowjetischer Deutschlandpolitik, Sankt Augustin 1991 (Interne Studie des Forschungsinstituts der
Konrad–Adenauer–Stiftung).

DIE DEUTSCHLANDPOLITIK BRESHNEWS IM EUROPAKONZEPT DER SOWJETUNION

Von Joachim Peckert

Als Chruschtschow 1964 gestürzt wurde und ein Nachfolger gefunden werden mußte, hatte die Führungsriege der Sowjetunion schwere Zeiten hinter sich. Die meisten von ihnen waren schon zu Stalins Zeiten in hohe Ämter gekommen und hatten dort den Terror des Diktators überlebt. Die Angst saß ihnen tief in den Knochen, als Stalins Henker Berija die Nachfolge antrat. Sie beeilten sich, ihn umzubringen, doch aufatmen konnten sie erst, nachdem es ihnen gelungen war, auch Malenkow loszuwerden. Dieser kam als erster in den Genuß der von Chruschtschow eingeführten Neuerung, seine Rivalen nicht hinrichten zu lassen, sondern irgendwo im weiten Rußland auszudörren.

Der war beileibe kein angenehmer Chef gewesen. Einfallsreich, aber unstet hielt er alle in Atem, versetzte sie von da nach dort, um Cliquenbildungen zu erschweren , handelte sich in der Außenpolitik mit der Kubakrise und dem Berlin–Ultimatum schwere Niederlagen ein, mit der Neulandaktion in Kasachstan die größte Blamage im eigenen Land, die ihm den schönen Spitznamen "Kukurusnik" einbrachte.

Sein schauspielerisches Repertoire war beachtlich. Alle Welt konnte am Fernsehen miterleben, wie er, vor der UNO–Vollversammlung sprechend, einen Schuh auszog, um mit ihm auf dem Rednerpult herumzutrommeln. Boris Meissner und ich waren dabei, als er Adenauer brüllend und schnaubend abkanzelte und Minuten später wieder unschuldig lächelte, als wäre nichts gewesen.

Es konnte also kaum verwundern, wenn die sowjetischen Kurfürsten sich nach einem ruhigeren Nachfolger umsahen. Eine überragende Figur bot sich nicht an, doch schien Leonid Breshnew, ein Apparatschik mit 37 Parteidienstjahren der rechte Mann zu sein, das schlingernde Staatsschiff in ruhigeres Fahrwasser zu steuern.

Wenn ihm nach seinem Tod "Stagnation" vorgeworfen wurde, so war es genau das, was man bei seinem Amtsantritt von ihm erwartete.

Er war Metallarbeiter, Ingenieur, im Kriege Politruk, brachte es bis zum General. Nach dem Krieg hatte er, mit guter Witterung ausgestattet, vorsichtig immer auf das richtige Pferd gesetzt, die Stalin–Ära, Berija–Malenkow–Ära und die Chruschtschow–Ära überstanden und die Karriereleiter der Partei bis nach ganz oben durchklommen. Eine vierjährige Amtszeit als nominelles Staatsoberhaupt trennte ihn vom höchsten Amt, doch mit dem Sturz Chruschtschows war es dann geschafft.

Ein innenpolitisches Multitalent, war er mit Fragen der Außenpolitik nie in nähere Berührung gekommen. Er hatte zwar in den vier Jahren als Vorsitzender des Präsidiums des Obersten Sowjets 15 Auslandsreisen, meist in Länder der Dritten Welt gemacht, doch kannte er die weltpolitischen Antagonisten China, die USA, Westeuropa und Japan nicht.

Bei seinem wohl ersten Besuch bei einem Monarchen, dem König Zahir Shah von Afghanistan, begleitet von seiner lebensfrohen Tochter Galina, wurde ich, damals Geschäftsträger in Kabul, ihm vorgestellt. Sein keineswegs ungezwungenes Auftreten mochte von der überstandenen Angst herrühren, die er wohl empfunden hatte, als er auf der Fahrt zu Reiterspielen im Gemenge von turbantragenden Paschtunen, Eselreitern und Kameltreibern mehr als eine Stunde steckengeblieben war und vom König und dem versammelten diplomatischen Korps mit wachsender Unruhe erwartet wurde.

Als Breshnew am 16. Oktober 1964 die Nachfolge Chruschtschows antrat, war er für den Westen ein weitgehend unbeschriebenes Blatt. Es gab Zeitungen, die noch nicht einmal seinen Namen richtig schreiben konnten. Andererseits war der Westen für Leonid Breshnew eine terra inkognita. Gedanklich wohl eher ein schlichter Mann, begnügte er sich mit der geistigen Kost, die der Marxismus–Leninismus–Stalinismus anbot. Daran scheint sich auch in den späteren Jahren nichts geändert zu haben.

Willy Brandt hatte im August 1970 nach der Unterzeichnung des Moskauer Vertrags Gelegenheit, sich davon zu überzeugen. Wir hatten zuerst ein Gespräch in kleinem Kreis, das wenig über das politische Tagesgeschäft hinausführte. Danach nahm Breshnew seinen Gast zu einer längeren Privatunterhaltung beiseite, bei der auch nichts herauskam. Willy Brandt sagte danach, er sei erstaunt darüber, daß Breshnew ganz ernsthaft davon überzeugt sei, die Welt sei geteilt in den zukunftsfähigen Kommunismus und den absterbenden Kapitalismus. Er habe jeden Gedanken zu einer nuancierteren Betrachtung der Welt in der gläubigen Gewißheit abgewiesen, am längeren Hebel der Weltgeschichte zu sitzen.

Dies berechtigt zu der Frage, ob, und wenn ja, ab wann von einer Breshnewschen Deutschlandpolitik gesprochen werden kann. Ich werde darauf zurückkommen.

Wenn in den USA ein neuer Präsident sein Amt antritt, bringt er seine Leute mit, denen er verpflichtet ist. Man gibt ihm und seiner neuen Administration einhundert Tage Zeit, sich in ihre Aufgaben einzuarbeiten.

In der Sowjetunion ist das anders. Hier wird nur der erste Mann ausgewechselt, der das Kabinett seines Vorgängers und die nachgeordneten Spitzen der Administration übernimmt und erst nach und nach mit seinen Vertrauensleuten ergänzt.

So blieb mit dem Übergang der Macht an Breshnew in der Deutschlandpolitik erst einmal alles beim Alten. Sie war und blieb in der Hand des erfahrenen Außenministers Andrej Gromyko, der freilich nicht dem Politbüro angehörte und dessen Entscheidungen hinzunehmen hatte. Doch war, wie wir das des öfteren hören und sehen konnten, sein Verhältnis zu Breshnew von beiderseitigem Vertrauen und Respekt getragen, soweit man solche edlen Regungen im Umkreis des Politbüros vermuten darf. Dasselbe galt für das Verhältnis Falins zu Breshnew.

Gromyko konnte sich auf die hervorragend besetzte Dritte Europäische Abteilung des Außenministeriums stützen. Hier sorgte Semjonow mit seinen Mitarbeitern für Kontinuität, unter denen Blatow, Falin, Bondarenko, Kwizinski und Terechow zu nennen sind. Ich hatte mit ihnen zu tun beim Besuch Adenauers in Moskau im Jahr 1955, bei den Vertragsverhandlungen in Moskau 1970 und während meiner drei Jahre an unserer Botschaft. Vier der Genannten haben ihre Laufbahn als Botschafter in Bonn abgeschlossen.

Mutatis mutandis gibt es diese personelle Kontinuität auch in der sowjetischen China-, Fernost- und Amerikapolitik.

In den ersten Jahren der Breshnew–Ära gab es in der Deutschlandpolitik wenig Handlungsbedarf. Moskaus Ambitionen der unmittelbaren Nachkriegszeit, das ungeteilte Deutschland dem eigenen Machtbereich einzuverleiben, waren von der Entwicklung überholt. Man hatte sich — übrigens nicht nur in Moskau — an die deutsche Teilung gewöhnt. Der Krisenherd Berlin blieb erhalten und konnte nach Bedarf aktiviert werden, wozu Mitte der sechziger Jahre kein Anlaß bestand.

Innerhalb der russischen Führung und zwischen Führung und Volk gab es, was Deutschland betraf, eine sonst selten anzutreffende Übereinstimmung.

Deutschland sollte nie wieder zu einer Gefahr für die Sowjetunion werden, deutsche Truppen sollten nie wieder vor den Toren Moskaus stehen dürfen. Die Wiedervereinigungspolitik der Westdeutschen war Ausdruck und Beweis für den Revanchismus, der Europa bedrohte.

Die Vorstellung, es könnte den Deutschen gelingen, die USA für ihre revanchistischen Pläne zu gewinnen, war ein Alptraum. Man mag sich in Moskau einer Losung aus den frühen Jahren des Sowjetstaates erinnert haben.

Sie lautete: "Mit revolutionärem Schwung, amerikanischer Sachlichkeit und deutscher Pünktlichkeit voran zum Sieg des Kommunismus!" Jetzt waren Amerikaner und Deutsche in der NATO miteinander verbündet und den Russen blieb von der damaligen Losung nur ihr revolutionärer Schwung.

Ob Moskau dieses bedrohliche Szenario wirklich ernst genommen hat, wissen wir nicht. Gleichwohl wurde es als willkommenes Instrument der Propaganda eingesetzt, um die Satellitenstaaten zur Gemeinsamkeit der Abwehr gegen diese alle betreffende Gefahr anzuhalten. Der auf ihnen lastende Druck der sowjetischen Hegemonie sollte von ihnen als das kleinere Übel im Vergleich zu einem Wiederaufleben des deutschen Revanchismus hingenommen werden. Die Russen selbst, die das Kriegserlebnis noch in frischer Erinnerung hatten, waren angesichts dieser Gefahr ohne Murren bereit, die wirtschaftlichen Lasten der Aufrüstung zu tragen, um den Frieden zu sichern.

In der Abgeschiedenheit hinter dem Eisernen Vorhang tat das Gespenst des deutschen Revanchismus lange Jahre seinen Dienst. Diese rein negative Deutschlandpolitik war im Kreml nicht unumstritten. Man wollte die Bundesrepublik nicht rundweg verteufeln, um sie so den Amerikanern in die Arme zu treiben. Doch wollte man mit Rücksicht auf die Satelliten nicht über das mit Adenauer am 13. September 1955 Vereinbarte hinausgehen. Moskau wies alle Versuche der jeweiligen Bundesregierungen zu engeren politischen Kontakten zurück, die man auf wirtschaftlichem Gebiet vorsichtig suchte und auf dem Gebiet des Kulturaustausches nach langem Zögern sorgfältig dosiert erlaubte. Es sei vermerkt, daß auch die Bundesregierung unter Erhard lange zögerte, die deutsche Bevölkerung einer kommunistischen Kulturberieselung auszusetzen.

Ich trug damals die Verantwortung für die Kulturpolitik gegenüber dem Ostblock und hatte viel Mühe, mich gegen ängstliche Bewahrer des christlichen Abendlandes durchzusetzen. Außenminister Schröder folgte schließlich meinem Argument, daß wir von russischen Ballerinen und Trapezkünstlern weniger zu befürchten hätten, als die Russen von der Darstellung unseres Wiederaufbaus und Lebensstandards in einer von einem Millionenpublikum besuchten Architekturausstellung und von der Johannespassion Bachs in der Leningrader Osternacht des Jahres 1967. Es war dies das erste große Konzert religiöser Musik seit der Oktoberrevolution.

Als Vorreiter einer neuen, mit der NATO eng abgestimmten Kulturpolitik gegenüber dem Ostblock spielten wir damals keine schlechte Rolle.

Diese Geplänkel lockerten die trübe Stimmung, die durch das Röhrenembargo Erhards zusätzlich gelitten hatte, zwar etwas auf, doch dem Blockdenken inmitten des Kalten Krieges konnte man weder mit wirtschaftlichen noch mit kulturellen Kontakten beikommen. Blockpolitik und Paktdisziplin hatten absoluten Vorrang. Deutschland als Buhmann war für den Zusammenhalt der Staaten des Warschauer Pakts noch immer unentbehrlich.

Erst der Prager Frühling und seine Folgen brachten hier einen Umschwung. Im Rasseln der sowjetischen Panzer auf dem Wenzelsplatz in Prag zerstob die Illusion des Schutzes durch die Sowjetunion vor den bösen Deutschen, enthüllte das wahre Gesicht der östlichen Vormacht, freilich ohne daß das der Deutschen damit sympathischer wurde.

Moskau machte klar, daß es ein Abbröckeln des europäischen Vorfeldes mit allen Mitteln verhindern werde. Obwohl daran seit der Reaktion Chruschtschows auf den Ungarnaufstand von 1956 kein Zweifel sein konnte, wurde diese Blockpolitik jetzt "Breshnew–Doktrin" genannt.

Was vordergründig eine militärische Aktion der Sowjetmacht zur Wahrung der Reichseinheit war, entpuppte sich in der Folge als der Beginn ihres 1989 — also 23 Jahre später — sich mit atemberaubender Geschwindigkeit vollziehenden Untergangs. Daß dies kein monokausaler Vorgang war, daß es manchen komplementären und überlagernden Ereignisses bedurfte, ehe die Wellen der Geschichte über der Sowjetunion zusammenschlugen, versteht sich von selbst. Doch die Breshnew–Doktrin, angewandt gegen die Tschechen, markierte den Anfang der nachfolgenden Abläufe.

Die sowjetische Deutschlandpolitik, die man ab jetzt getrost als die Politik Breshnews bezeichnen darf, nimmt dabei einen zentralen Platz ein. In der Folge des Prager Frühlings kann Moskau sich eine Deutschlandpolitik leisten, die, ohne auf die Satelliten Rücksicht zu nehmen, engere Beziehungen zur Bundesrepublik erlaubt. Das Gespenst von der deutschen Gefahr wird nicht mehr gebraucht, um die Satelliten an der Stange zu halten. Breshnew macht sich das Motto des römischen Kaisers Caligula zu eigen. "Oderint, dum metuant" — mögen sie mich hassen, wenn sie mich nur fürchten — galt fortan unausgesprochen im Verhältnis Moskaus zu seinen Bundesgenossen.

Wer den Weg des Sozialismus eingeschlagen hatte, konnte nicht mehr zurück. Wer es versuchte, setzte sich der Rache aller aus. Die Geschichte führte nach vorwärts, sie rollte nicht zurück, der Weg zum Kommunismus war unumkehrbar.

Auf diese Weise politisch und ideologisch gesichert, hält Moskau die Zeit für gekommen, das europäische Vorfeld zu bereinigen. Der erste Adressat ist die Bundesrepublik. Ich habe als Beteiligter an dem Entstehen des Moskauer Vertrags darüber im Oktober 1991 vor diesem Kreis gesprochen. Ich will mich nicht wiederholen. Das Manuskript liegt beim Göttinger Arbeitskreis zum Druck bereit und wird, ich nehme an posthum, Ihnen einmal zur Einsicht vorliegen.

Wolfgang Pfeiler hat in seiner kleinen Schrift "Deutschlandoptionen der Sowjetunion " ein Fazit gezogen, dem ich zustimme.

"Der zentrale Inhalt des Moskauer Vertrages aus sowjetischer Sicht war die Anerkennung der politischen und territorialen Realitäten durch die Bundesregierung. ... Eine weitgehende völkerrechtliche Absicherung all dessen, was sie bis dahin vornehmlich mit militärischer Macht behauptet hatte."[1]

Für den eiligen Leser mag das genügen.

Für die Bundesrepublik Deutschland gilt aber fortan, daß sie den mühsam gewordenen Kontakt mit der NATO mit dem Nachweis, die Entspannung unter Verzicht auf nationale Egoismen zu wollen, gestärkt hat. Sie hat den Verdacht, mit der Hallstein-Doktrin Bremser am Entspannungszug zu sein und durch ihre Eskapaden die Hauptverantwortung für den Mißerfolg der Entspannungspolitik zu tragen, entkräftet. Sie nahm jetzt einen Platz im Bündnis ein, der es ihr erlaubte, ihre Interessen mit einer realistischen Politik wirksam zu vertreten.

Wir waren uns mit den Russen darüber einig, daß der Moskauer Vertrag der erste einer Kette von Folgeverträgen sein sollte, die mit ähnlicher Substanz mit Polen und der Tschechoslowakei und von den vier Siegermächten über Berlin geschlossen werden sollten.

Um uns gegen übergroße Intransigenz der Sowjets in den Berlinverhandlungen abzusichern, für die wir formal nicht zuständig, aber an denen wir politisch sehr interessiert waren, schlug Außenminister Walter Scheel kurz vor der Unterzeichnung den Passus vor, die Ostverträge als ein "einheitliches Ganzes" zu betrachten. Überraschend willigte Gromyko ein, weil er wahrscheinlich die kleine Falle nicht sah, die wir ihm da gestellt hatten. Die Ratifizierung des Moskauer Vertrags war damit an den Abschluß der Vier-Mächte-Verhandlungen über Berlin gebunden und die Einbeziehung Berlins indirekt erreicht.

Breshnews pompöser Auftritt bei der Unterzeichnung des Moskauer Vertrags kann als ein Schlußpunkt hinter einer Episode gesehen werden, in der sich die Sowjetunion von lästigen Irritationen an der Europäischen Front freigemacht hat. Nicht etwa, um sich der neuen Sicherheit des Friedens in Europa zu erfreuen, sondern um als mit einem primitiven Sendungsbewußtsein ausgestattete Vollstreckerin geschichtsnotwendiger und wissenschaftlich erforschbarer Abläufe nunmehr dem Sozialismus weltweit zum Durchbruch zu verhelfen.

---

[1] Pfeiler, W.: Deutschlandpolitische Optionen der Sowjetunion, Melle 1987 (Konrad-Adenauer-Stiftung. Forschungsbericht, Nr. 63), S. 54 f.

Die Deutschlandpolitik wurde im Moskauer Außenministerium zu den Akten gelegt. Nur die Akte "Berlin" blieb auch nach dem Abschluß der Vier-Mächte-Vereinbarung in Reichweite, um hervorgeholt zu werden, wenn jemand auf den Gedanken kommen sollte, im europäischen Interessenbereich Moskaus zu zündeln.

Das bilaterale Verhältnis Bonn–Moskau wurde nur auf kleiner Flamme gepflegt. Der Besuch Brandts bei Breshnew im kaukasischen Badeort am Schwarzen Meer dient nur noch der Kontaktpflege und hat keine weitreichenden Folgen. Deutschland steht nicht mehr auf der Tagesordnung.

Breshnew stand jetzt im Zenit seiner Macht. Er wußte sie zu gebrauchen. Sein Glaube an den letztendlichen Triumph des Sozialismus ließ ihn zum Kampf um die Vorherrschaft gegen die USA antreten, die er, durch ihre asiatischen Sorgen geschwächt, für reif hielt, den Platz der ersten Weltmacht für die Sowjetunion zu räumen.

Die Arroganz der Macht, die in dieser angeblich wissenschaftlichen Prognose sichtbar wird, führte in den folgenden Jahren zu einer alles bisherige übertreffenden Aufrüstung, begleitet von einer Expansionspolitik weit über die klassischen Grenzen des russisch-sowjetischen Einflußbereichs hinaus. Rußland war eine kontinentale Großmacht, die Sowjetunion eine Weltmacht, deren neuerbaute Flotte die Amerikaner herausforderte. Entlang den Versorgungslinien des Westens, vornehmlich entlang den Ölrouten, erwarben die Sowjets Stützpunkte, leisteten Militärhilfe und schlossen ein weltumspannendes Paktsystem, das, um zu funktionieren, viel Geld kostete. Mit Marine- und Militärstützpunkten in aller Welt, mit Rudeln von Unterseebooten auf allen Meeren, neuen SS–20–Mittelstreckenraketen und den Backfire-Bombern sah sich der Westen einer wachsenden Bedrohung gegenüber, die aufzufangen viel Geld kostete und daher die NATO zu spalten drohte.

Der Überfall auf das blockfreie Afghanistan führte dem Westen die Größe der Gefahr vor Augen. Der Spruch Talleyrands kommt mir in den Sinn: "Ein Verbrechen? Noch schlimmer, ein Fehler!"

Welcher Staat konnte sich noch vor den Russen sicher fühlen, wenn nunmehr, wie in Afghanistan geschehen, die Breshnew–Doktrin blockübergreifend zur Rechtfertigung sowjetischer Expansionsgelüste bemüht wurde?

Afghanistan hat vordergründig mit meinem Thema der Deutschlandpolitik Breshnews nichts zu tun. Doch ganz ist dem nicht so.

Der Widerstand in Westeuropa und Amerika gegen die der sowjetischen Bedrohung angemessene Nachrüstung wurde schwächer, der Rüstungswettlauf erreichte neue Dimensionen. Der Sowjetunion wurde bedeutet, entweder ihr Rüstungstempo zu verlangsamen, die gegen Europa gerichteten Atomraketen abzubauen oder die Stationierung amerikanischer Raketensysteme in Europa, vornehmlich auf dem Boden der Bundesrepublik Deutschland zu gewärtigen. Dies war die Essenz des lange umstrittenen NATO–Doppelbeschlusses.

Die darauf einsetzende Einschüchterungskampagne der sowjetischen Propaganda schien die deutsch–sowjetischen Beziehungen wieder um ein Jahrzehnt zurückzuversetzen. Nur mit dem Unterschied, daß diesmal niemand, der guten Willens und bei Verstand war, die Schuld an dieser Entwicklung dem deutschen Revanchismus zuschreiben konnte. Trotzdem lehnte ein beachtlicher Teil der deutschen Öffentlichkeit und auch der regierenden Sozialdemokratie den NATO–Doppelbeschluß ab, ohne freilich den Bundeskanzler Schmidt und sein Koalitionskabinett von der innerhalb der NATO vereinbarten Politik der Nachrüstung und Raketenstationierung abbringen zu können.

Leonid Breshnew hat das Ende dieser von ihm heraufbeschworenen Auseinandersetzung nicht mehr erlebt. Der Versuch, seine Person in geschichtlicher Perspektive zu sehen, mag verfrüht sein. Man wird aber nicht daran vorbeigehen können, daß Breshnew in Verschätzung der realen Machtverhältnisse und der Wirtschaftskraft der Sowjetunion sein Land in ein Wettrüsten mit dem Westen trieb, das die Kräfte der Planwirtschaft hoffnungslos überforderte. Leonid Breshnew wird als der große Bankrotteur in das letzte Kapitel der Geschichte der Sowjetunion eingehen. Der Zerfall des Imperiums war von seinen beiden altersschwachen Nachfolgern Andropow und Tschernenko nicht mehr aufzuhalten. Die Konsequenzen aus dieser weltgeschichtlich einmaligen Pleite zu ziehen, blieb Michael Gorbatschow vorbehalten.

DIE WIRTSCHAFTSPOLITIK DER SOWJETUNION GEGENÜBER DEUTSCHLAND NACH DEM ZWEITEN WELTKRIEG

Von Wolfgang Eggers

Bei Betrachtung meines Themas, die sowjetische bzw. russische Wirtschaftspolitik gegenüber Deutschland nach dem Zweiten Weltkrieg, drängen sich vier Hauptkapitel auf:

– einmal die Zeit unmittelbar nach Beendigung des Krieges,

– ferner die Wirtschaftspolitik Moskaus sowohl gegenüber der DDR

– als auch gegenüber der Bundesrepublik Deutschland

– und schließlich die Wirtschaftsbeziehungen der Sowjetunion bzw. dann Rußlands zum wiedervereinigten Deutschland.

Zunächst kurz zum Zeitabschnitt unmittelbar nach dem letzten Krieg:

Die Sowjetunion als große Siegermacht mit ihren beträchtlichen Kriegsschäden– und Verlusten hatte — man muß leider sagen: verständlicherweise — das Bestreben, möglichst viele und hohe Ersatzleistungen aus dem besiegten Deutschland herauszuholen. Als Objekt boten sich zunächst die Millionen deutscher Kriegsgefangener und auch Zivilgefangener an, die während und nach dem Krieg in sowjetischen Gewahrsam gefallen waren. Sie stellten willkommene Arbeitskräfte dar, die bei den Aufräumungs– und Wiederaufbauarbeiten in der riesigen Sowjetunion eingesetzt wurden. Ihr Schicksal war zumeist hart, die Arbeitsbedingungen schwer, die Verpflegung ungenügend, und die jahrelange Trennung von Heimat und Angehörigen lastete schwer auf ihnen. Immerhin muß anerkannt werden, daß die deutschen Kriegsgefangenen in Rußland auch viel menschliche Zuwendung zumeist von der einfachen Bevölkerung erfahren haben, der es zudem oft nicht viel besser erging als unseren gefangenen Landsleuten. Dennoch sind über eine Million deutsche Kriegsgefangene den harten Strapazen erlegen und nicht zurückgekehrt. Ihre genaue Zahl ist unbekannt. Von den Zurückgekehrten waren viele krank, erschöpft und zunächst nicht einsatzfähig in der Heimat. Sowjetische Quellen haben später zugegeben, daß die deutschen Kriegsgefangenen durch ihren Fleiß und ihre Tüchtigkeit einen bedeutenden Beitrag zum sowjetischen Wiederaufbau vor allem im Wohnungsbau, im Verkehrswesen und im Bergbau bzw. Energiesektor geleistet haben.

Zugleich war Moskau bestrebt, durch Demontagen in Deutschland möglichst viele materielle Beiträge für den Wiederaufbau im eigenen Land zu gewinnen. Diese Demontagen konzentrierten sich ausschließlich auf die Sowjetische Besatzungszone Deutschlands, abgekürzt SBZ. Der Zugriff auf die westlichen Besatzungszonen Deutschlands blieb den Sowjets auf Grund des inzwischen auflebenden Ost–West–Gegensatzes versperrt. Die sowjetischen Demontagen in der SBZ erfolgten in den Anfangsjahren 1945/46 weitgehend planlos und ungeregelt. Ihr Nutzeffekt war deshalb nach eigenen sowjetischen Aussagen relativ gering. Vieles verrottete ungenutzt in der Weite Rußlands. Erst ab 1946, verstärkt seit 1947, gingen die Sowjets dann planmäßiger und zielgerichteter bei ihren Materialentnahmen in der SBZ vor.

So besuchte ich 1957 bei einer Studienreise nach Moskau das sowjetische Institut für Kommerzielle Information. Ich war damals in der Bundesstelle für Außenhandelsinformation (BfAI) in Köln tätig. In Moskau legte man mir einen Informationsdienst vor, genannt BIKI, d. h. Bulletin des Instituts für Kommerzielle Information, der in Format und Aufmachung genau unseren "Nachrichten für Außenhandel" (NfA) entsprach. Die sowjetischen Kollegen bekannten freimütig, daß die von ihnen benutzten Druckmaschinen und das Know–how aus der ehemaligen deutschen Reichsstelle für Außenhandel in Berlin stammten.

Diese mehr gezielte und geistig unterbaute Materialentnahme fand ihre Entsprechung in der umfangreichen Wegführung deutscher Kunstgegenstände durch sowjetische Spezialkommandos. Das Problem dieser deutschen Beutekunst in der Sowjetunion belastet ja gerade zur Zeit wieder die deutsch–russischen Beziehungen in nachteiliger Weise. Hoffen wir auf eine baldige, wenigstens teilweise Lösung.

Gut geplant und sehr zielbewußt muß auch eine andere sowjetische Aktion bezeichnet werden, die darauf gerichtet war, deutsche Fachleute nach Rußland zu verbringen. Die Aktion setzte etwa 1946 ein und beschränkte sich wiederum naturgemäß auf die SBZ. Deutsche Fachleute, vor allem aus technischen Bereichen, darunter auch Atomwissenschaftler, wurden zumeist mit ihren Familien, oft bei Nacht und Nebel, zur Arbeitsleistung auf mehrere Jahre in der Sowjetunion verpflichtet. Diese deutschen Fachleute wurden in Rußland in der Regel korrekt behandelt. Die Ungewißheit über ihre Zukunft und die jahrelange Trennung von der Heimat belasteten die meisten jedoch schwer. Die genaue Zahl der deutschen Fachleute in der damaligen Sowjetunion ist unbekannt. Man schätzt ihre Zahl immerhin auf mehrere Zehntausend.

Doch zurück zu den sowjetischen Demontagen in der SBZ.

Sie hörten 1948 nahezu gänzlich auf, als sich mehr und mehr herausstellte, daß für Moskau keine Aussicht bestand, politisch, wirtschaftlich und militärisch zumindest teilweise Zugriff auf Gesamtdeutschland zu erlangen. Die Sowjets konzentrierten sich nunmehr ausschließlich auf ihre Besatzungszone und bereiteten die Schaffung eines von ihr abhängigen deutschen Teilstaates vor. Die für Moskau interessanten Produktionsanlagen in der SBZ wurden in Deutsch–Sowjetische Aktiengesellschaften umgewandelt, die dann nach Gründung der DDR zumeist die Form von Volkseigenen Betrieben (VEB) annahmen. Eine bedeutende Ausnahme bei dieser "Unternehmens–Umgestaltung" sollte erwähnt werden, und zwar blieb die Urangewinnungsanlage Wismut bei Aue/Sachsen bis zum Ende der DDR Sowjetisch–Deutsche AG. Ihre Bedeutung für die Sowjetunion war aus ersichtlichen Gründen zu groß.

Eine völlig neue Phase der sowjetischen Wirtschaftspolitik setzte dann mit der Gründung der DDR im Oktober 1949 ein. Bestand das politische Ziel Moskaus darin, sich in der DDR einen Satellitenstaat auf deutschem Boden aufzubauen, so strebte Moskau auf wirtschaftlichem Gebiet danach, sich in der DDR einen leistungsfähigen, zuverlässigen und treu ergebenen ökonomischen Partner zu schaffen. Den Sowjets ging es darum, die geistigen und technischen Kapazitäten der DDR für eigene ökonomische Zwecke in einem Höchstmaß für sich nutzbar zu machen. Um zu diesem Ziel zu gelangen, waren jedoch entscheidende Veränderungen in der DDR nötig. Die Wirtschaftsstruktur der DDR mußte auf das sowjetische Modell zugeschnitten werden. D. h. in der DDR mußten die Produktionsmittel verstaatlicht und die zentrale Kommando–Wirtschaft nach sowjetischem Vorbild eingeführt werden. Beide Prozesse, die ja tiefgehende Einschnitte in das Leben eines Großteils der ostdeutschen Bevölkerung bedeuteten, sind dann in den fünfziger Jahren in der DDR — teilweise brutal — durchgeführt worden. Die damit verbundenen tiefgreifenden ökonomischen und sozialen Veränderungen haben das Bild der DDR wie kaum ein anderer Prozeß für die nächsten 40 Jahre geprägt.

Dieser Strukturwandel hat zugleich dazu beigetragen, daß sich die Mentalität der DDR–Bevölkerung so wesentlich anders entwickelt hat als in der Bundesrepublik. Die genannten Strukturveränderungen bildeten zugleich die Voraussetzungen dafür, daß die DDR als Vollmitglied in den östlichen "Rat für Gegenseitige Wirtschaftshilfe" (abgekürzt "RGW", im Westen auch "Comecon" genannt) einbezogen werden konnte. Dieser RGW war von Moskau 1949 als sowjetische Gegenmaßnahme zum amerikanischen Marshallplan begründet worden. Der RGW bildete einen von Moskau beherrschten östlichen Wirtschaftsblock, in den alle sowjetischen Satelliten–Staaten, als letzter auch die DDR, hineingezwungen wurden. Der RGW stellte zugleich das Instrument dar, mit dem Moskau seinen politischen und militärischen Herrschaftsanspruch über den Ostblock nun auch wirtschaftlich abzusichern gedachte. Im RGW wurde der Außenhandel unter den Mitgliedern auf der Grundlage

primitiver Tauschverträge, d. h. im Barterverkehr, organisiert. Der Zahlungs-
ausgleich erfolgte in Rubel. Unter sowjetischer Aufsicht wurden alljährlich
Jahresabkommen für den Warenverkehr zwischen den einzelnen Ländern
abgeschlossen, in denen Güter und Preise genau festgelegt wurden. Zur
Festlegung der längerfristigen Perspektiven wurden alle fünf Jahre Rahmenabkommen ausgehandelt. Zu diesen Perspektiven gehörte zugleich eine rigorose Arbeitsteilung innerhalb der RGW–Länder. Es wurden stufenweise
Produktionsschwerpunkte in den einzelnen RGW–Ländern, somit auch in
der DDR, festgelegt. Diese Schwerpunkte entsprachen weitgehend sowjetischen Gesichtspunkten und Ansprüchen, wobei Moskau weitgehend außerhalb der Arbeitsteilung im RGW verblieb. Für die übrigen RGW–Mitglieder
aber bedeutete die Schwerpunktbildung eine zunehmende wirtschaftliche
Abhängigkeit vom übermächtigen sowjetischen Partner. Die ökonomische
Abhängigkeit von Moskau galt jedoch in ganz besonderem Maße für die
DDR. Einmal war ja die DDR ohnehin politisch eine Schöpfung der UdSSR
und befand sich deshalb noch weit mehr als die anderen RGW–Mitglieder in
sowjetischer Hand. Und zum anderen bot sich die DDR mit der höchsten industriellen Entwicklung im RGW — neben der Tschechoslowakei — noch
am ehesten als Partner für die Arbeitsteilung innerhalb des RGW an.

Die DDR erhielt nach und nach folgende industrielle Schwerpunkte im
RGW: Den Maschinen– und den Anlagenbau in zahlreichen Sektoren, ferner den Schiffsbau für kleinere und mittlere Tonnage, die Elektrotechnik,
später die Elektronik und schließlich die Chemie, einschließlich der Arznei-
mittelherstellung, sowie die Feinmechanik und Optik. Im Gegenzug zu den
genannten industriellen Schwerpunkten mußte die DDR einige Produktionsstätten stillegen. Zu erwähnen sind in diesem Zusammenhang vor allem der
Flugzeugbau, denken Sie an die Junkers–Werke in Dessau, sowie die Herstellung mittlerer und schwerer PKWs, darunter die bekannten Autotypen
der Vorkriegszeit wie Horch und Wanderer aus Sachsen.

Auf Grund der Arbeitsteilung wuchs die DDR schon in den sechziger Jahren zum ersten Außenhandelspartner der UdSSR heran. Denn gleichzeitig
versorgte Moskau die DDR intensiv mit den benötigten Rohstoff– und Ener-
gielieferungen. Die enge wirtschaftliche Partnerschaft zwischen beiden Ländern hatte zugleich zur Folge, daß kein Land wie die DDR einen so umfangreichen ständigen Stab von Fachleuten in der UdSSR unterhielt, und zwar
zur Mitarbeit beim Aufbau von Produktionsanlagen und zu deren anschlie-
ßender Wartung in der Sowjetunion. Und kein anderes Land wurde von
Moskau mit Beginn der siebziger Jahre mehr zur Beteiligung an der Erschließung von neuen Rohstoff– und Energiequellen in der UdSSR herangezogen als die DDR. Diese einseitige, von Moskau erzwungene ökonomische
Ausrichtung der DDR auf die Sowjetunion und die anderen RGW–Mitglieder hatte äußerst nachteilige Folgen für die ostdeutsche Wirtschaft. Denn
der RGW bildete einen von der Weltwirtschaft isolierten Wirtschaftsraum.

Viele technische Entwicklungen des Westens wurden im RGW–Bereich nur zögerlich und unvollständig nachvollzogen. Hierauf ist es vor allem zurückzuführen, daß die ostdeutsche Industrie, die sich noch vor dem Zweiten Weltkrieg durchaus auf Weltniveau befand, bei der Wiedervereinigung technisch veraltet und international nicht mehr konkurrenzfähig war. Wir haben heute noch mit den negativen Folgen der von Moskau erzwungenen einseitigen Strukturveränderung und technischen Rückständigkeit in der Industrie der neuen Bundesländer zu kämpfen. Ihre Überwindung kostet uns Milliardenbeträge.

Ich möchte mich nunmehr dem dritten Hauptkapitel meiner Darlegung zuwenden, nämlich der sowjetischen Wirtschaftspolitik gegenüber der Bundesrepublik Deutschland nach dem Zweiten Weltkrieg. Auch im Verhältnis dieser beiden Staaten zueinander hatte die Wirtschaftspolitik, enger betrachtet die Außenhandelspolitik, im wesentlichen die Funktion eines Begleiters oder auch Unterstützers der Außenpolitik. Es hat aber Augenblicke gegeben, in denen vor allem von Moskau die Wirtschaftskontakte benutzt wurden, um gewisse außenpolitische Intentionen gegenüber Bonn in Gang bzw. durchzusetzen. Ich habe jahrelang sowohl im Auswärtigen Amt in Bonn als auch in unserer Botschaft in Moskau an der Entwicklung und Pflege der Wirtschaftsbeziehungen zu Moskau mitwirken dürfen. Ich bin deshalb in der Lage, einige Beispiele zu nennen, in denen Moskau die Wirtschaftskontakte zu uns für politische Zwecke einzusetzen versucht hat. Doch dazu später.

In den Anfangsjahren der Bundesrepublik bis zur Aufnahme diplomatischer Beziehungen im Jahre 1955 wurden mangels tragender politischer Kanäle ohnehin fast nur Wirtschaftskontakte zu Moskau gepflegt. Osthändler der ersten Stunde waren die wichtigsten und angesehensten deutschen Vertreter in Moskau. Ich möchte nur Namen nennen wie Otto Wolf von Amerongen, ferner Ernst Wolf Mommsen von der Firma Thyssen sowie Bertold Beitz für die Firma Krupp. Die sowjetische Seite zeigte sich an diesen Handelskontakten zunehmend interessiert, da die Bundesrepublik Anfang der fünfziger Jahre im Eiltempo zu einem hochentwickelten Industrieland emporwuchs. Schon damals zeigte sich jedoch für die sowjetische Seite, wie problematisch Wirtschaftsbeziehungen zur Bundesrepublik sein konnten: Der Sowjetunion mit einem streng staatlich reglementierten zentralisierten Außenhandelsapparat standen auf deutscher Seite zumeist selbständige private Unternehmen gegenüber, die über ihr Gebaren in eigener Regie entschieden. Das sowjetische Anliegen war es deshalb, so bald wie möglich staatliche Rahmenbedingungen für ihren Wirtschaftsverkehr mit der Bundesrepublik herbeizuführen, ein Begehren, das stets die ökonomischen Beziehungen zwischen einem staatswirtschaftlichen und einem marktwirtschaftlichen Partner kennzeichnet.

Es ist deshalb kein Zufall, daß die Sowjets bei allen Gesprächen und Treffen auf hoher politischer Ebene immer wieder darauf drangen, in Kürze Verhandlungen mit der Bundesregierung über Wirtschaftsverträge aufzunehmen. So geschah es sowohl beim Adenauer–Besuch in Moskau im September 1955 als auch bei nahezu allen hochrangigen gegenseitigen Besuchen, sei es bei den Besuchen L. Breshnews in der Bundesrepublik, sei es bei den zahlreichen Bundeskanzler–Visiten in Moskau.

In den meisten Fällen, vornehmlich auf Grund sowjetischen Bemühens, waren die hochrangigen deutsch–sowjetischen Treffen von der Unterzeichnung von wirtschaftlichen Rahmenabkommen, von Erklärungen über die Förderung des gegenseitigen Handels oder später auch der wissenschaftlich–technischen Zusammenarbeit begleitet. Grundlage all dieser Dokumente bildete das im April 1958 in Bonn noch von A. Mikojan unterzeichnete deutsch–sowjetische Abkommen über allgemeine Fragen des Handels und der Seeschiffahrt, welches den rechtlichen und verfahrensmäßigen Rahmen der Wirtschaftsbeziehungen zwischen beiden Ländern für die gesamte Zeit danach schuf. Als ständiges Organ zur Förderung des deutsch–sowjetischen Handelsverkehrs wurde dann zusätzlich im April 1972 die deutsch–sowjetische Kommission für wirtschaftliche und technische Zusammenarbeit gegründet. Sie trat einmal im Jahr auf höherer Ebene zusammen, zwischendurch tagten Unterkommissionen in unregelmäßigen Abständen. Die deutsch–sowjetische Wirtschaftskommission ist inzwischen vom deutsch–sowjetischen Kooperationsrat abgelöst worden, der im Januar 1995 trotz des Tschetschenienkrieges seine vierte Sitzung in St. Petersburg abhielt.

Zu erwähnen sind ferner Organe auf beiden Seiten, die ebenfalls der Förderung des deutsch–sowjetischen Wirtschaftsverkehrs dienen sollten. Auf deutscher Seite war schon früh der "Ostausschuß der Deutschen Wirtschaft" entstanden und 1973 wurde unsere Botschaft in Moskau mit einer Handelsförderungsstelle ausgestattet, eine Frucht meiner jahrelangen Bemühungen, wie ich sagen darf. Diese Handelsförderungsstelle ist dann Ende 1993 vom Delegiertenbüro der Deutschen Wirtschaft in Moskau abgelöst worden, das vom Deutschen Industrie– und Handelstag (DIHT) unterhalten wird. Auf sowjetischer Seite steht dem die umfangreiche Handelsvertretung der UdSSR, jetzt Russischen Föderation, in Köln gegenüber, die gleich nach Aufnahme der diplomatischen Beziehungen parallel zur Botschaft in Bonn errichtet wurde.

Trotz aller Vertragsdokumente und fördernden Institutionen ist die von mir bereits erwähnte Grundproblematik im deutsch–sowjetischen Wirtschaftsverkehr zwar gemildert aber im Kern bestehen geblieben. D. h. der freien Marktwirtschaft auf deutscher Seite stand die zentrale Kommando–Wirtschaft auf sowjetischer Seite gegenüber. Diese Bedingungen haben sich auch in neuester Zeit nicht wesentlich geändert, trotz aller wirtschaftlicher Reformmaßnahmen in der Russischen Föderation.

Hinzu kommen andere, vornehmlich von Moskau initiierte Hemmnisse, welche den deutsch–sowjetischen Wirtschaftsverkehr behinderten. So hat sich die Berlin–Problematik immer wieder nachteilig auf die deutsch–sowjetischen Handelsbeziehungen ausgewirkt. Moskau benutzte bewußt den Wirtschaftsverkehr mit Bonn, um auch nach Unterzeichnung des Viermächteabkommens über Berlin 1971 seinen Standpunkt durchzusetzen, Westberlin als eine besondere, von der Bundesrepublik losgelöste politische Einheit zu betrachten. Auf der anderen Seite bediente sich Moskau der Wirtschaftsbeziehungen zu Bonn als Instrument, um politische Durststrecken zu überbrücken oder um politische Intentionen durchzusetzen.

Um nur zwei Beispiele zu nennen: Als Breshnew Ende 1968 bemüht war, den verheerenden Eindruck der Tschechoslowakei–Invasion im Westen zu mildern, streckte er gegenüber der Bundesrepublik zuerst die Fühler auf wirtschaftlichem Gebiet aus. Breshnew entsandte im April 1969 seinen Außenhandelsminister N. Patolitschew zur Hannover–Messe, zu der dieser jedes Jahr eingeladen war, aber zuvor nie darauf reagiert hatte. In Hannover wurde dann in Gesprächen zwischen Patolitschew und Wirtschaftsminister K. Schiller erstmals die Möglichkeit von deutsch–sowjetischen Erdgasröhrengeschäften besprochen. Ich hatte die Ehre, dabei zu sein. Die Verhandlungen über das erste Erdgas–Röhrengeschäft begannen dann im Juli 1969 in Moskau. Wie durch einen wundersamen Zufall war inzwischen der Breshnew-Sohn, Jurij Breshnew, Leiter der entscheidenden sowjetischen Außenhandelsgesellschaft Promsyrjoimport geworden, was für den Fortgang der Verhandlungen von großer Bedeutung war. Auf diese Weise war auf ökonomischem Gebiet mit das Terrain für die neue deutsche Ostpolitik unter Bundeskanzler Brandt geebnet worden, die Ende 1969 begann und im August 1970 zur Unterzeichnung des deutsch–sowjetischen Vertrages führte.

Als zweites Beispiel: Als Antwort auf die Ende 1983 durchgeführte sogenannte Nachrüstung verhängte Moskau ab Mai 1984 eine neue Eiszeit in den politischen Beziehungen zu Bonn. Die erste Bresche in diese Eiszeit konnte von uns anläßlich einer Sitzung der deutsch–sowjetischen Wirtschaftskommission im April 1986 in Moskau geschlagen werden. Anstelle des zuständigen Zweiten Staatssekretärs im Außenamt, Ruhfus, der angeblich erkrankt war, erschien der Erste Staatssekretär des Außenamtes und Rußlandexperte Meyer–Landrut in Moskau. Er vereinbarte im Gespräch mit dem Ersten Stellvertretenden Außenminister der UDSSR eine breite Palette von gegenseitigen Ministerbesuchen zur Normalisierung der politischen Beziehungen, darunter als erstes den Besuch von Außenminister H.–D. Genscher im Juli 1986. Damit war der Prozeß zur entscheidenden Verbesserung der politischen Beziehungen zwischen beiden Staaten eingeleitet worden, der dann schließlich zu Besuchen von Weizsäcker und Kohl in Moskau sowie von Gorbatschow und später von Jelzin in Bonn führte.

Abgesehen davon war die Bundesrepublik bereits in den siebziger Jahren zum führenden westlichen Handelspartner der Sowjetunion aufgestiegen. Kein anderes westliches Land unterhielt so viele Firmenvertretungen in Moskau und ging so viele gemeinsame Unternehmen, genannt Joint Ventures, ein wie Westdeutschland. Die Sowjetunion hatte damit ihr Ziel erreicht, sich in der Bundesrepublik einen zuverlässigen und leistungsfähigen Lieferanten von Maschinen und Investitionsgütern von hohem technischen Stand zu schaffen. Die sowjetischen Lieferungen von Erdgas, Erdöl und Rohstoffen, deren Absatz in Westdeutschland zumeist durch langfristige Verträge gesichert wurde, erbrachten die Erlöse, mit denen der größte Teil der sowjetischen Käufe bezahlt wurde. Daß diese ökonomische Basis auch politischen Anstürmen standhielt, zeigte sich, als — wie bereits erwähnt — 1984 eine neue Eiszeit zwischen beiden Ländern eintrat, die bis 1987 anhielt. Ja, gerade im politisch schwierigen Jahr 1984 erreichte der Warenaustausch zwischen Moskau und Bonn seinen bisherigen Höchststand, nämlich über 25 Mrd. DM, der seitdem nie mehr erzielt worden ist.

Ich komme damit zum letzten Abschnitt meiner Ausführungen, zur Wirtschaftspolitik der Sowjetunion bzw. der Russischen Föderation gegenüber Gesamtdeutschland nach der Wiedervereinigung, d. h. ab 1991. Auf Grund der führenden Stellung sowohl der DDR als auch der Bundesrepublik im sowjetischen Außenhandel könnte man folgern, daß das wiedervereinigte Deutschland ab 1991 eine überragende, ja geradezu gigantische Stellung innerhalb des sowjetischen bzw. russischen Wirtschaftsverkehrs gewann. Daß dies nicht so ist, hat mehrere Gründe: Der Hauptgrund liegt in der chaotischen Wirtschaftsentwicklung in Rußland seit Ingangsetzung der ökonomischen Reformen Anfang 1992. Seitdem ist keine klare Linie mehr in der Wirtschaftspolitik Moskaus erkennbar, was sich naturgemäß auch nachteilig und bremsend auf die Außenwirtschaftsbeziehungen zu uns auswirkt. Zudem haben die deutschen Unternehmen in der ehemaligen DDR durch Auflösung des RGW im Jahre 1991 ihre bevorzugte Stellung im Wirtschaftsverkehr mit der Sowjetunion bzw. Rußland verloren. Anfang 1991 war bereits der Zahlungsverkehr zwischen den RGW–Ländern vom bilateralen Verrechnungsverkehr auf Dollar–Basis überführt worden. Damit brachen abrupt die überaus intensiven Wirtschaftsbeziehungen zwischen der ehemaligen DDR und den sowjetischen bzw. russischen Partnern ab. Auch äußerst günstige Bedingungen der Kreditgarantierung durch die Hermes–Kredit–Versicherung konnten diesen Niedergang nicht mehr abwenden, allenfalls verzögern. Und schließlich waren auch die westdeutschen Wirtschafts–Partner Moskaus durch ihr ökonomisches Engagement in den neuen Bundesländern teilweise so in Anspruch genommen, daß sie ihre Bemühungen um den russischen Markt zeitweilig reduzieren mußten. Immerhin ist der russische Warenaustausch mit Gesamtdeutschland — trotz dieser Behinderungen — im Jahre 1993 schon wieder auf über 23 Mrd. DM gestiegen. Für 1994 lassen die ersten Ziffern ein noch höheres Ergebnis erhoffen. Damit liegt das Volumen des deutsch–russischen Warenaustausches schon wieder um ein Geringes unter dem bisherigen Höchststand von 1984. Für Moskau kommt es in seiner derzeitigen wirtschaftlichen Misere vor allem darauf an, weiterhin Energieträger und Rohstoffe bei uns absetzen zu können, um dringend benötigte Devisen zu verdienen.

Zum anderen liegt Rußland daran, westliche Kredite und finanzielle Zuwendungen zu erlangen. Die Bundesrepublik ist mit über 80 Mrd. DM Krediten und Zuwendungen derzeit ohnehin der größte Kreditgeber Moskaus. Unsere finanzielle Leistungsfähigkeit ist damit allerdings erschöpft. Worauf es jetzt in erster Linie ankommt, ist die Gewährung von Hilfestellung vor Ort, sei es in Form von wirtschaftlicher Beratung, oder sei es durch Bildung von Gemeinschaftsunternehmen oder aber durch Investitionstätigkeit in jeder anderen Form. Leider wird diese Hilfeleistung, die von vielen deutschen Firmen und Helfern geleistet wird, durch das allgemeine Chaos in Rußland, durch die fehlenden rechtlichen Rahmenbedingungen, durch die Kriminalität und durch die unberechenbaren, oft wechselnden wirtschaftlichen Konditionen sehr erschwert. Mit einem Wort: die Gegenwart der deutsch–russischen Wirtschaftsbeziehungen ist äußerst schwierig. Hoffen wir, daß die Zukunft bald wesentliche Verbesserungen bringt.

RUSSISCH–DEUTSCHE WIRTSCHAFTSBEZIEHUNGEN

Von Wladimir Schenajew

Die Geschichte der Wirtschaftsbeziehungen zwischen Deutschland und Rußland nahm in der zweiten Hälfte des 19. Jahrhunderts, in der Zeit der Industrialisierung, der Entstehung und Entwicklung des Kapitalismus in Rußland, ihren Anfang. Deutsche Firmen spielten bei der Entwicklung der Industrie Rußlands eine große Rolle. So haben die Elektrizität, der Telegraph und die Elektrotechnik ihre Entwicklung in einem erheblichen Maße der Beteiligung der Konzerne "Siemens AG" und AEG zu verdanken. Bei der Errichtung der Eisenbahnen und der Entwicklung des Verkehrswesens haben Borsig, Schwarzkopf, Henschel, MAN, um bloß einige davon zu nennen, Beachtliches geleistet. Die Entwicklung der Metallurgie und des Maschinenbaus wurde durch die Firmen Krupp, Wolff und Schiess gefördert. Im Bereich der chemischen Industrie wäre auf die Beteiligung der Konzerne BASF und Hoechst hinzuweisen. Besonders beachtenswert war dabei die Rolle des Bankkapitals Deutschlands und vor allen Dingen die der Großbanken. Was die Dimensionen des Bankkapitals betrifft, so gewannen die Banken Frankreichs in Rußland die Oberhand, jedoch in bezug auf die Technik der Bankoperationen lagen deutsche Banken an der Spitze. Im großen und ganzen hatte sich Deutschland vor dem ersten Weltkrieg zu einem der größten Partner Rußlands entwickelt.

In der Zeit zwischen dem Ersten und dem Zweiten Weltkrieg waren die Dimensionen der Wirtschaftsbeziehungen zwischen Deutschland und Rußland nicht so bedeutend, jedoch in qualitativer Hinsicht auf alle Fälle überaus wichtig. Vor allen Dingen wäre da auf die Übereinkunft in Rapallo im Jahre 1922 hinzuweisen, als die diplomatische Beziehungen zwischen unseren Ländern wieder aufgenommen wurden, die der wirtschaftlichen Entwicklung einen starken Auftrieb verliehen. Im Ergebnis konnte am 12. Oktober 1925 ein Handelsvertrag abgeschlossen werden, in dem das Meistbegünstigungsprinzip seinen Niederschlag fand. Dies verlieh einen Impuls sowohl der Errichtung der diplomatischen Beziehungen zu anderen Ländern als auch der Entwicklung der Wirtschaftsbeziehungen mit dem Westen. Das deutsche Kapital bewteiligte sich an der Industrialisierung des Sowjetstaates. Es dürfte wohl genügen, an dieser Stelle darauf hinzuweisen, daß auf unser Land in den zwanziger und Anfang der dreißiger Jahre 30 % der Maschinen und 20 % der elektrotechnischen Artikel entfielen, die in dieser Zeit aus Deutschland ausgeführt wurden. Eine besondere Bedeutung erlangte der Export von Kapital aus Deutschland in Form des Erwerbs von Konzessionen und der Errichtung von gemeinsamen Unternehmen. Von den insgesamt 2.211 Konzessionen in Rußland entfielen auf Deutschland 35 %, während sich der Anteil Großbritanniens und der USA auf jeweils 10 % bezifferte. Allerdings, was die Höhe der Investitionen betrifft, ließ Deutschland den USA und Großbritannien den Vortritt. In dieser Zeit gewahren wir erneut solche Konzerne wie Krupp, Otto Wolff, MAN, IG–Farben, BMW, Telefunken und andere. Von den 134 Abkommen über technische Hilfsleistungen entfielen 53 auf Deutschland und 55 auf die USA. Folglich hatten zwei Staaten in diesem Bereich der wirschaftlichen Zusammenarbeit eine Monopolstellung inne. Bankkonsortien wurden in der Regel von einer deutschen Bank geleitet. Es ist angebracht, auch einen solchen Aspekt wie die Rolle des deutschen Staates hervorzuheben, der Versicherungen bei Exportkrediten (80 %) bereitstellte. Kurz vor Kriegsausbruch rückte die UdSSR bei Deutschlands Exporten auf den zweiten und bei dessen Importen auf den dritten Platz auf. In jener Zeit wurde die absolute Kreditfähigkeit unseres Staates nicht in Zweifel gesetzt.

Nach dem Zweiten Weltkrieg waren in den Wirtschaftsbeziehungen unseres Staates mit Deutschland vier Etappen zu beobachten. Die erste Etappe währte von 1945 bis 1955. In dieser Zeit wurden die Beziehungen lediglich zu Ostdeutschland, der ehemaligen DDR, gepflegt, während unsere Beziehungen zu Westdeutschland auf die Nutzung der Arbeitskräfte der Kriegsgefangenen aus den Zeiten des Zweiten Weltkrieges auf unserem Territorium hinausliefen. Die zweite Etappe begann 1955 und dauerte bis ungefähr 1970. Kennzeichnend für diese Etappe war die Aufnahme der diplomatischen Beziehungen während des Adenauer–Besuches in Moskau. Genauso wie nach dem Ersten Weltkrieg verlieh dies der Entwicklung aller Arten von Wirtschaftsbeziehungen Auftrieb, jedoch in unbedeutenden Dimensionen. Die Feststellung dürfte wohl genügen, daß sich der Warenumsatz zwischen Westdeutschland und der Sowjetunion 1960 lediglich auf rund eine Mrd. DM belief. Und sogar zehn Jahre später, 1970, machte er nur zwei Mrd. DM aus.

Die dritte Etappe setzte 1970 ein und währte bis 1990. Für diese Zeit, ganz besonders nach dem Abschluß des Moskauer Vertrages von 1970, waren umfangreiche und vielseitige Wirtschaftsbeziehungen zwischen unseren Staaten kennzeichnend. Insgesamt waren für diese Periode die internationale Entspannung und die Erdölkrise im Westen charakteristisch, wodurch die Sowjetunion Hunderte Milliarden US–Dollar beziehen konnte, was uns befähigte, einen größeren Zugang zum Weltmarkt zu erlangen. Für diesen Zeitraum war die Perestroika kennzeichnend, die seit Mitte der achtziger Jahre in Angriff genommen wurde. In dieser Zeit überstieg das Tempo der

Entwicklung des Außenwirtschaftsumsatzes der Sowjetunion beträchtlich das der wirtschaftlichen Entwicklung im Inland. Gerade in dieser Zeit setzen sich neue Formen von Wirtschaftsbeziehungen durch. Dazu gehören unter anderem die Kompensationsgeschäfte, ganz besonders die, die im Rahmen des Abkommens "Gas–Röhren" abgewickelt wurden. Auf die Kompensationsgeschäfte entfielen ungefähr 20 % unseres Warenumsatzes. Es wurde die Kooperation im Bereich der Produktion entwickelt, es entstanden Gemeinschaftsunternehmen und die wissenschaftlich–technische Zusammenarbeit wurde in Gang gebracht. In bedeutenden Ausmaßen wurden unserem Land Kredite gewährt, bei denen der Anteil der Bundesrepublik Deutschland am höchsten war. Die Bundesrepublik im Westen und die DDR in Osteuropa waren damals unbestritten unsere größten Partner. Ohne Überteibung kann man diese Jahre als die Periode bezeichnen, in der unsere Wirtschaftsbeziehungen, durch internationale Vereinbarungen sowohl auf bilateraler Grundlage als auch auf multinationaler Ebene untermauert, ihre Blütezeit erlebten. Die Akte von Helsinki, im Jahre 1975 unterzeichnet, und die Jahre danach ließen große Hoffnungen darauf aufkommen, daß es gelingen würde, auf gesamteuropäischem politischem, wirtschaftlichem und humanitärem Gebiet große Fortschritte zu erzielen. In dieser Zeit wurde Europa der Vorrang bei den Außenwirtschaftsbeziehungen eingeräumt, und man baute auf die Errichtung des gesamteuropäischen Hauses.

Diese Etappe wurde durch zwei Staatsverträge zwischen der BRD und der DDR, und zwar "Über die Wirtschafts-, die Devisen– und die Sozialunion", der am 1. Juli 1990 in Kraft trat, und "Über den Aufbau der deutschen Einheit", der am 31. August 1990 beschlossen und am 3. Oktober 1990 in Kraft trat, gekrönt. Eine besondere Bedeutung erlangte der Vertrag über die gute Nachbarschaft, die Partnerschaft und die Zusammenarbeit zwischen der ehemaligen UdSSR und der BRD, der am 13. September 1990 in Moskau paraphiert und im Jahre 1991 ratifiziert wurde. Die Idee von einem Generalvertrag (manchmal bezeichnet man ihn auch als den "Großen Vertrag") kam während des Treffens des damaligen Präsidenten der UdSSR, Michail Gorbatschow, mit dem Bundeskanzler Helmut Kohl in Kaukasien im Juli 1990 auf, nachdem eben dort ein Weg zur Beschleunigung der Entscheidung über die Frage nach dem außenpolitischen Status Deutschlands im Rahmen des Treffens nach der Formel "Zwei–plus–Vier" gefunden worden war. Der Stellenwert dieses Vertrages läßt sich mit dem des Moskauer Vertrages von 1970 vergleichen, der ein neues Kapitel in den Beziehungen der beiden Länder manifestierte. Die Tatsache, daß der Vertrag von 1990 mit der Bundesrepublik Deutschland dem vereinigten Deutschland galt, zeugt davon, auf welcher Grundlage man unsere bilateralen Beziehungen zu gestalten gedachte, wenn diese auch eine neue Qualität erlangt hatten. Wichtig ist natürlich, an dieser Stelle darauf hinzuweisen, daß die Bundesrepublik versprochen hatte, die Verpflichtungen der ehemaligen DDR unserem Land gegenüber mit zu übernehmen. Folglich sollten die Beziehungen, die in den vorausgegangenen Jahren zwischen diesen beiden Ländern aufgebaut worden waren, nicht unterbrochen werden. Der Vertrag umfaßt alle Bereiche der bilateralen Zusammenarbeit und ist für die Dauer von 20 Jahren geschlossen.

Die gegenwärtige Etappe begann mit der Vereinigung Deutschlands, mit dem Zerfall des RGW im Jahre 1991 und der UdSSR im Jahre 1992. Zu ihren Wesensmerkmalen gehören folgende: Erstens wären da die Untergrabung der Stabilität und das Aufkommen der ständigen Instabilität in Rußland in dessen Beziehungen zum Westen, inklusive Deutschland, zu nennen. Zweitens büßt Deutschland das Interesse an Rußland ein und orientiert sich zunehmend auf Osteuropa und die GUS–Länder. Drittens orientiert sich die neue Führung Rußlands an den USA. So tauchen Berater aus den USA, beispielsweise Herr Sachs, auf, obwohl die soziale Marktwirtschaft und ihr Modell in Deutschland schon zu Beginn der dreißiger Jahre erarbeitet und seit jener Zeit zweimal (zunächst unter Ludwig Erhard nach dem Zweiten Weltkrieg und dann bei Deutschlands Vereinigung auf dem Territorium der ehemaligen DDR) in der Praxis angewandt wurde. Folglich ändern sich auch die Prioritäten. Und viertens: Was die bilateralen Wirtschaftsbeziehungen Rußlands zu Deutschland betrifft, so erinnern diese eher an ein Imitationsmodell, d. h. ein Modell, bei dem sich hinter dem Schein des Gedeihens in Wirklichkeit eine Verschlechterung unserer Wirtschaftsbeziehungen verbirgt, und die Schuld daran trifft vor allen Dingen Rußland.

Konkret sehen unsere Wirtschaftsbeziehungen gegenwärtig wie folgt aus:

Im Außenhandel ist von 1990 bis 1993 ein Rückgang des Warenumsatzes zu beobachten. 1994 ist erstmalig ein Ansteigen des Warenumsatzes auf 24 Mrd. DM und des mit der ehemaligen DDR auf 22,4 Mrd. DM zu verzeichnen. Im Jahre 1994 lag der Warenumsatz mit ganz Deutschland auf der Ebene von rund 40 Mrd. DM, was nur einen Bruchteil des Volumens des Warenumsatzes Deutschlands mit den Niederlanden ausmacht. Vor dem Zerfall der UdSSR entfielen auf Rußland mehr als 80 % der sowjetischen Exporte in die BRD und 62 % der Importe der UdSSR aus der BRD. Dieses Verhältnis änderte sich auch 1992 im Rahmen der GUS nicht. Besonders hervorzuheben ist, daß sich der Warenumsatz Rußlands vor allen Dingen mit den fünf neuen Bundesländern (der ehemaligen DDR) drastisch verringert hat. Rußlands Exporte gingen von 14,2 Milliarden DM 1990 auf 4,3 Mrd. DM 1992 zurück. Was die Importe betrifft, so gingen diese dementsprechend von 8,2 auf 2,7 Mrd. DM zurück. Im Jahre 1990 überstieg der Anteil Deutschlands am Warenumsatz Rußlands 15 % und war somit höher als der der USA, Großbritanniens und Frankreichs zusammengenommen. Im Jahre 1993 bezifferte sich dieser Anteil auf 14,3 % (11 % bei den Exporten und 19 % bei den Importen). Jedoch ist der Anteil Rußlands an Deutschlands

Außenhandel auf die Hälfte geschrumpft und macht zur Zeit etwas weniger als 2 % aus.

Doch ist dies der quantitative Aspekt unserer Wirtschafts– und Handelsbeziehungen, viel wichtiger jedoch ist ihr qualitativer Aspekt. Zum einen hat sich die Struktur unseres Warenumsatzes verschlechtert. Im Jahre 1994 entfielen bereits 98 % unserer Exporte auf Rohstoffe und Energieträger und weniger als 1 % auf Maschinen und Ausrüstungen (das Verhältnis ist bei anderen westlichen Ländern etwas besser, es beträgt entsprechend 90 % und 3,5 %). Bei Rußlands Importen entfielen 1994 auf Rohstofferzeugnisse und Konsumgüter 65 % (während es in den achtziger Jahren weniger als 40 % waren). Allein auf die Nahrungsgüter entfallen zur Zeit mehr als 30 % der Importe Rußlands aus Deutschland. An unserem Einzelhandelsumsatz erreichen die Nahrungsgüterimporte gegenwärtig 50 %. Zum anderen geht eine Verschlechterung der Struktur unseres Warenumsatzes mit den ausbleibenden Zahlungen Rußlands bei den alten Krediten einher, was die Einführung der Vorauszahlung bei den Verrechnungen von Importen Rußlands zur Folge hatte. Gegenwärtig entfallen auf die Verrechnungen, bei denen vorausgezahlt werden muß, mehr als 50 % der Importe Rußlands, und dies ist weitaus schwieriger als das zuvor eingeführte Akkreditiv. Ab Juli 1994 hat die Hermes–Kreditversicherungs–AG aufgehört, bei den Exportkrediten an Rußland Sicherheiten bereitzustellen. Die Importe von Konsumgütern wurden nunmehr durch russische Firmen von Bankkonten in westlichen Ländern bezahlt. Und dennoch bildet der Außenhandel auch gegenwärtig die wichtigste Form von Wirtschaftsbeziehungen, denn die Situation in den anderen Bereichen der Wirtschaftsbeziehungen ist noch schlimmer. Zugleich ist anzumerken, daß Deutschland der wichtigste und größte Partner Rußlands bleibt.

Kaum besser ist es um eine weitere Form der Wirtschaftbeziehungen, um Kapitalbeteiligungen, bestellt. Die Gemeinschaftsunternehmen (JV) waren und bleiben die wichtigste Form, in der Kapitalbeteiligungen nach Rußland gelangen. Erstmalig wurde ihre Errichtung in der UdSSR im Jahre 1987, in der Zeit und im Rahmen des Perestrojka–Prozesses, in Angriff genommen. Im Jahre 1988 gründeten 23 Gemeinschaftsunternehmen die "Assoziation der Gemeinschaftsunternehmen und der internationalen Vereinigungen". 1994 wurden die Gemeinschaftsunternehmen in Aktiengesellschaften umregistriert und hießen von nun an Unternehmen mit Auslandsinvestitionen (UAI). Ihre Gesamtzahl hat in Rußland 14.000 erreicht, darunter haben 1.500 UAI deutsches Kapital aufzuweisen. Es muß jedoch erwähnt werden, daß real höchstens 4.000 UAI funktionieren. Bis 1992 lagen deutsche Firmen auf Platz Eins in Rußland. Jedoch stellen sie sich seit 1992 auf die fünf neuen Bundesländer Deutschlands und die Länder Osteuropas (Ungarn, Polen, Tschechien, Slowakei) um. Das ist auch natürlich, denn das politische und wirtschaftliche Klima dort ist günstiger, und auch ist man sich dabei der Unterstützung durch die EU gewiß. Das bekräftigt ein weiteres Mal mehr die

Schlußfolgerung, daß das Interesse Deutschlands an Rußland nachgelassen hat, und seit 1993 rücken USA–Firmen auf Platz Eins auf. Gegenwärtig befinden sich deutsche Kapitalbeteiligungen in den ehemaligen Comecon–Staaten zu 90 % in vier osteuropäischen Staaten und nur zu rund 3 % in Rußland. Im Jahre 1992 wurden Deutschlands Kapitalbeteiligungen in Rußland auf neun Mio. DM, im Jahre 1993 auf 31 Mio. DM und 1994 auf rund 400 Mio. DM geschätzt. Insgesamt machen ausländische Kapitalbeteiligungen in Rußland gegenwärtig höchstens drei Mrd. Dollar aus.

Im Jahre 1994 wurde das Interesse deutscher (und nicht nur deutscher) Firmen an Kapitalbeteiligungen in GUS–Ländern, ganz besonders in Usbekistan und der Ukraine, bekundet. Zugleich trat ein anderes reges Interesse deutscher Firmen zutage, nämlich das für die Regionen in Rußland selbst. In Usbekistan beteiligen sich solche Konzerne wie Siemens, Thyssen, Mercedes–Benz, Salamander, Alkatel, Hoechst, um bloß einige davon zu nennen, an Produktionsprojekten mit Kapital. In der Regel sind es Großbanken gewesen, die ihnen den Weg dazu geebnet haben. Zu Beginn des Jahres 1995 wurden die deutschen Investitionen in Usbekistan auf eine Mrd. Dollar geschätzt, d. h. sie waren höher als in Rußland. Deutschlands Kapital stößt auch in solche Republiken wie Turkmenistan, Kasachstan und Kirgisien vor. Enge Kontakte zu Deutschland baut der Präsident der Ukraine, Leonid Kutschma, aus.

Nun zu Rußlands Regionen. Warum wird deutsches Kapital in die Regionen Rußlands gelenkt? Allem Anschein nach geschieht dies, weil es dort weniger Bürokratie und Kriminalität gibt, was das Auslandskapital natürlich lockt. Im November 1993 schloß die Treuhandanstalt mit der Administration der Gebiete Tjumen und Perm Rahmenabkommen ab. Das Wesen dieser Abkommen bestand darin, bessere Bedingungen für die Lieferungen von Ausrüstungen, vorwiegend solchen aus den neuen Bundesländern Deutschlands, zu schaffen. Die Finanzierung erfolgt angesichts von "Hermes"–Sicherheiten auf der Grundlage von Bartergeschäften vor allen Dingen in solche Bereiche wie Erdöl, Erdgas, Metall, Chemie– und Holzartikel. In Tjumen bekundete das deutsche Kapital sein Interesse an 30 Investitionsvorhaben, die für die Dauer von fünf Jahren ausgelegt sind. Das Investitionsvolumen beziffert sich allein bei acht Vorhaben auf 3,3 Mrd. DM. In Perm sind 20 Investitionsprojekte im Werte von mehr als einer Mrd. DM im Gespräch. Im Jahre 1994 schlossen deutsche Unternehmen im Gebiet Wolgograd ein Abkommen über ihre Beteiligung an Investittionsvorhaben ab. Es ist darauf hinzuweisen, daß solche Projekte 1993 nicht realisiert werden konnten, denn sie wurden von seiten des Obersten Sowjets angeregt und von seiten der Exekutive unterbunden. Interesse wird auch für die Gebiete Tscheljabinsk, Orenburg und Swerdlowsk, Baschkortostan, Tschuwaschien, aber auch für das Gebiet Smolensk und für Nishni Nowgorod an den Tag gelegt. Einen besonderen Platz nehmen die Stadt und das Gebiet Wladimir ein. An der Anbahnung von Kontakten zwischen deutschen Gremien und Firmen auf Landesebene und russischen Organen und Betrieben beteiligt sich hier das Europa–Institut der Akademie der Wissenschaften Rußlands, insbesondere Dr. W. Below, Leiter des Zentrums für Deutschland–Studien. Im Januar 1993 wurde mit dieser Region ein Abkommen abgeschlossen, wonach ihr Deutschland technische Hilfe bei der Umgestaltung der Industrie einschließlich des Militär–Industrie–Komplexes (Konversion) über Privatisierung, Wiedererstehung von Handwerk und Gewerbe und der kommunalen Wohnungswirtschaft leisten wird. Folglich ist eine Orientierung des deutschen Kapitals auf Osteuropa, die GUS–Länder und die Regionen Rußlands unter Umgehung des Zentrums bzw. der föderalen Organe zu beobachten. Zweifelsohne handelt es sich um eine positive Erscheinung in den gegenwärtigen Wirtschaftsbeziehungen Rußlands und Deutschlands, dessen Wesen darin besteht, daß die Regionen einen synergetischen Effekt bewirken können, d. h. ihre Erfahrungen werden sich auf andere Regionen ausdehnen lassen.

Bei der nächsten Form der Wirtschaftsbeziehungen geht es um Portefeuilleinvestitionen, die nie einen beachtenswerten Platz eingenommen haben und heutzutage eine Stagnation erleben. Gegenwärtig ist der Wertpapiermarkt für das Auslandskapital alles andere als verlockend. Mehr als die Hälfte entfällt auf Geschäfte wie "Staatliche kurzfristige Verbindlichkeiten" (GKO)[1]. Darüber hinaus machen Aktien von privatisierten Unternehmen rund 40 % aus, und nur 10 % oder sogar weniger entfallen auf Obligationen. Zur Zeit sind die Entwürfe für die Gesetze "Über den Wertpapiermarkt", "Über Trustoperationen" und ähnliches mehr vorbereitet worden. Aktien werden im großen und ganzen zu Spekulationszwecken erworben, es kommt aber darauf an, daß diese Mittel für die Entwicklung der Produktion und der Verwaltung, für die Steigerung der Effektivität der Produktion eingesetzt werden. Es ist nur natürlich, daß künftig auch Industrieobligationen als Finanzierungsquelle Entwicklung erfahren sollen.

Gegenwärtig nimmt in unseren Wirtschaftsbeziehungen das Verschuldungsproblem einen beachtlichen Platz ein. Die BRD ist unser größter Kreditgeber.

Zu Beginn des Jahres 1994 bezifferte sich Rußlands Verschuldung Deutschland gegenüber auf 23,2 Mrd. Dollar, d. h. sie machte 22,3 % der gesamten Außenverschuldung Rußlands aus. Unter den Mitgliedern des Pariser Klubs entfielen darunter auf Deutschlands staatliche Kredite an Rußland 15,9 Mrd. Dollar oder 25,6 %. Im Rahmen des Londoner Klubs belief sich dieser Anteil auf 6,3 Mrd. Dollar oder 22 % der gesamten Verschuldung Rußlands Banken gegenüber. Und schließlich betrug Rußlands Schuld deut-

---

[1] GKO, russische Abkürzung für "gosudarstvennyje kratkosročnyje objazatel'stva" (Anm. des Übersetzers).

schen Lieferanten gegenüber (Wiener Klub) eine Mrd. Dollar oder 14 %.
Ich möchte hervorheben, daß Deutschland Rußland sowohl im Pariser Klub
als auch, und das ganz besonders, im Londoner Klub, wo deutsche Banken
die führende Stellung innehaben, oft entgegenkommt oder ihm helfend unter
die Arme greift. Im September 1993 stundete der Bundestag die Tilgung unserer Schuld um zehn Jahre, so daß wir bis Ende dieses Jahrhunderts nur
Zinsen zu zahlen brauchen. Rußlands Außenverschuldung hat nicht nur
einen quantitativen, sondern auch einen qualitativen Aspekt aufzuweisen. Es
ist nämlich so, daß neue Kredite im großen und ganzen für die Tilgung der
alten Verschuldung und die Zinszahlungen, nicht aber für die Entwicklung
der inländischen Wirtschaft aufgewendet werden. Hier befindet sich Rußland
eher in der Lage eines Entwicklungslandes als in der eines entwickelten In-
dustriestaates. Eben aus diesem Grund macht sich eine Restrukturierung der
Schulden notwendig. Eine Abhilfe könnte da die Verwirklichung des österreichischen Modells "VADO" verschaffen. Dieses Modell wurde in Moskau
unter Mitwirkung des Europa–Instituts behandelt. Unter den zahlreichen
Anregungen und Vorschlägen wären solche zu erwähnen wie die Umwandlung der Schuld in Wertpapiere mit einer langen Laufzeit, die Umwandlung
der Schuld in Immobilien, ganz besonders bei der Privatisierung; es ließe
sich ferner der Verkauf von Schulden zwecks Investierung in die Volkswirtschaft nutzen. Beispielsweise kauft ein deutsches bzw. ein österreichisches
Unternehmen unsere Schulden zu dem Zweck auf, um diese Mittel in die
Produktion zu investieren. Unserer Ansicht nach verdient eine Restrukturierung der Außenverschuldung große Beachtung.

Nun zu den Perspektiven unserer Wirtschaftsbeziehungen. In den nächsten Jahren dürften sich die Wirtschaftsbeziehungen zwischen Rußland und
Deutschland wohl kaum verbessern, und zwar aus folgenden Gründen: Erstens bleibt in unserem Lande die politische Stabilität aus. Zweitens dauert
eine tiefe Wirtschafts– und Gesellschaftskrise, die ihren Dimensionen nach
die Weltwirtschaftskrise der Jahre 1929–1933 übertroffen hat, bereits das
fünfte Jahr fort. Für die nächste Zeit ist kein möglicher Ausweg aus dieser
Krise zu erkennen. Drittens haben sich die Prioritäten in der Wirtschaftspolitik sowohl Deutschlands als auch Rußlands geändert. In Deutschland wird
die Priorität, wie bereits ausgeführt wurde, in Osteuropa den vier erwähnten
Ländern sowie den Mitgliedsländern der GUS eingeräumt. Was Rußland betrifft, so gebührt die Priorität den Mitgliedsländern der GUS, d. h. den ehemaligen Republiken der UdSSR, und den Mitgliedsstaaten des ehemaligen
Rates für Gegenseitige Wirtschaftshilfe (Comecon). Bedauerlicherweise wird
die Priorität in der Wirtschaftspolitik der Regierung bis auf den heutigen
Tag den Ländern des Westens eingeräumt. Viertens ist ein Übergang vom
administrativen Kommandosystem zur sozialen Marktwirtschaft in Rußland
noch nicht vollzogen worden. Das erstere ist zerstört, die letztere aber noch
nicht errichtet worden. Fünftens hat die Rolle des Staates zumindest nachge-

lassen, wenn man sich einen stärkeren Ausdruck ersparen möchte, vor allen Dingen ist dies wegen der Korruption und des Einflusses von mafiösen Strukturen geschehen, was die normalen Außenwirtschaftsbeziehungen und den Zustrom von Auslandskapital in unsere Wirtschaft behindert. Daraus ergibt sich wie von selbst die Schlußfolgerung: Will man unsere Perspektiven verbessern, und zwar eine Stabilität in der innerpolitischen Situation herbeiführen und einen Ausweg aus der Wirtschafts- und Gesellschaftskrise ermöglichen, so kommt es darauf an, Prioritäten in der Außenwirtschaftsstrategie zu ändern, die Rolle der Regulierung durch den Staat im Inland, aber auch in den Außenwirtschaftsbeziehungen zu verstärken und die Bedingungen für die Gewinnung von Auslandskapital zu schaffen.

Was wird nun dazu von beiden Seiten an Konkretem geleistet? In Deutschland ist, insbesondere in den Jahren 1994–1995, eine Reihe von Aktivitäten zu beobachten, die auf die Errichtung von Institutionen abzielen, welche imstande wären, unsere Wirtschaftsbeziehungen zu fördern. Vor allem wäre da die Einsetzung eines Kurators der Bundesregierung für die Wirtschaftsbeziehungen zwischen unseren Ländern zu erwähnen. Als dieser Berater fungiert Herr Wolfgang Kartte. Es ist ein zwischenbehördlicher Koordinationsrat ins Leben gerufen worden, dem Staatssekretär Walter Kittel vorsteht (zunächst hat dieser Rat beim Bundeskanzler bestanden und ist im Anschluß daran in den Zuständigkeitsbereich des Wirtschaftsministeriums und des Auswärtigen Amtes übergeben worden). In Moskau ist ein Büro eröffnet worden, dem Frau Andrea von Knob vorsteht und das die deutsche Wirtschaft dort repräsentiert. Bedauerlicherweise muß an dieser Stelle erwähnt werden, daß diese Vertretung einstweilen bei der jetzigen Regierung Rußlands keine erforderliche Unterstützung findet. Vor kurzem ist der "Verband der deutschen Wirtschaft in Rußland zur Unterstützung von kleineren und mittleren Firmen" gestiftet worden. Und schließlich ist 1994 in Düsseldorf das Industrie- und Wirtschaftshaus für Rußland eröffnet worden (es ist beabsichtigt, ein ähnliches Haus auch in Moskau zu eröffnen). Im September 1994 ist die "Deutsche Kompensations- und Clearinggesellschaft" errichtet worden, die Herr Gerhard Albert leitet. Zu den Gründungsmitgliedern der Gesellschaft gehören größte Industriegesellschaften und -konzerne, Großbanken sowie der Verband der Unternehmer in Industrie und Handel. Die Kompensations- und Clearinggesellschaft bietet eine ganze Palette von diversen Dienstleistungen an, angefangen von Marketing, über die Finanzierung deutscher Exporte nach Rußland bis hin zum Transfer.

DER MILITÄRISCHE FAKTOR IN DER SOWJET–RUSSISCHEN DEUTSCHLANDPOLITIK

Von Günter Wagenlehner

Die Bolschewistische Partei war von Anfang an eine militante Partei; und der militärische Faktor dominierte die Politik des Sowjetstaates, seitdem er bestand. Aber in der sowjetrussischen Deutschlandpolitik kommt noch etwas hinzu: Der deutsche Angriff an jenem Sonntagmorgen des 22. Juni 1941 hat der sowjetischen Bevölkerung und Führung einen nachhaltigen, tiefen Schock versetzt. Für die Bevölkerung kam der deutsche Überfall völlig überraschend; für Stalin und die Militärs — wie wir heute wissen — nicht. Sie hatten ihn erwartet. Was aber auch sie nicht vorausgesehen hatten, waren nach den geheimen Aufzeichnungen Marschall Shukows:

– die Wucht des deutschen Angriffes, seine Konzentration auf bestimmte Vormarschlinien und daraus resultierend seine Schnelligkeit;

– die enorme qualitative Überlegenheit der Deutschen, ungeachtet ihrer zahlenmäßigen Unterlegenheit an Soldaten, Panzern, Flugzeugen;

– die Schwäche der Roten Armee, die von dem im Januar 1941 ernannten Generalstabschef Shukov nicht überwunden werden konnte.

Mein Hinweis soll deutlich machen, was seit der Niederwerfung Deutschlands im Mai 1945 als wichtigstes militärisches Prinzip der sowjet–russischen Deutschlandpolitik gilt:

Der 22. Juni 1941 darf sich niemals wiederholen. Darauf haben sich Politik und Militärs zu konzentrieren.

Mit den Worten des sowjetischen Botschafters in Bonn, Kwizinskij, am 14. April 1988 auf einem Kongreß der CDU/CSU: "Wir haben aus dem deutschen Überfall am 22. Juni 1941 unsere Lektion für mehrere kommende Generationen gelernt."

Das Streben nach absoluter Sicherheit war für Militärdoktrin und Militärstrategie entscheidend und es bestimmte auch die sowjetische Deutschlandpolitik. Es gab keine Entscheidung oder Maßnahme ohne Berücksichtigung des militärischen Faktors.

Für Stalin war diese Denkweise selbstverständlich. Aber auch für seine Nachfolger galt das Prinzip der "Politik der Stärke". In den Worten von Verteidigungsminister Gretschko im Oktober 1971:

"Die allseitige Stärkung der Bewaffneten Kräfte ist die Hauptgarantie unserer Sicherheit und eine wichtige Voraussetzung für eine erfolgreiche außenpolitische Tätigkeit des Sowjetstaates."

I. Stalin 1945–1953

Alle Verträge Stalins mit den Alliierten im Westen, einschließlich des Potsdamer Abkommens, waren darauf angelegt, Rest–Deutschland militärisch niederzuhalten, andererseits aber auch die Besatzungspolitik in der Sowjetzone nicht zu behindern.

Nachdem die Einbeziehung der Westzonen in ein kommunistisch beherrschtes Deutschland nicht gelungen war, benutzte Stalin 1948/49 Berlin als Hebel der Deutschland– und Weltpolitik durch die Blockade der Zufahrtswege nach West–Berlin. Als auch das nicht die gewünschten Erfolge brachte, begann die systematische Militarisierung der DDR: Insgeheim wurde ab 1948 eine Kasernierte Volkspolizei aufgestellt. Aus sowjetischer Kriegsgefangenschaft entließ man 1948/49 19 höhere Offiziere, darunter sieben Generäle der Wehrmacht, in führende Positionen der DDR–Armee.

Wenn Deutschland insgesamt nicht neutralisiert werden konnte, wie in der Stalin–Note vom 10. März 1952 erklärt wurde, dann sollte wenigstens das militärische Potential in der DDR für die militärische Macht der Sowjetunion genutzt werden. Vier Jahre vor der offiziellen Benennung als "Nationale Volksarmee" umfaßte die DDR–Armee unter dem Kommando des Wehrmachts–Generalleutnants Vinzenz Müller bereits 100.000 Mann.

II. Chruschtschow 1953–1964

Nikita Chruschtschow behielt nach dem Tode Stalins das Ziel seiner Politik bei, die Sowjetunion zur ebenbürtigen Supermacht neben den USA zu machen. Was das militärisch bedeutete, wurde in dem von Marschall Sokolovskij herausgegebenem Werk "Militärstrategie" 1962 festgeschrieben.

Zur Koordinierung aller militärischen Anstrengungen im eigenen Bündnissystem wurde am 14. Mai 1955 der Warschauer Vertrag "Über Freundschaft, Zusammenarbeit und gegenseitigen Beistand" von den Vertretern aus sieben Ländern unterzeichnet. Dieses Militärbündnis war der NATO mit einigen Unterschieden nachempfunden. Der Bezug zur Deutschlandpolitik war unübersehbar.

Zur Begründung für dieses sozialistische Militärbündnis mußte der Beitritt der Bundesrepublik Deutschland zur NATO herhalten. Hier ist nicht zu untersuchen, ob das bloße Propaganda war oder ernste Besorgnis.

Jedenfalls wurden die militärischen Verbände der DDR auch schon im Frieden voll dem Kommando der Warschauer Vertragsorganisation unterstellt, d. h. dem Kommando der sowjetischen Militärs. Bundesrepublik und Bundeswehr avancierten rasch zu den bedeutendsten "imperialistischen Feinden" des Warschauer Paktes, der im übrigen hauptsächlich mit eigenen Problemen zu tun hatte.

Im Rahmen der globalen Auseinandersetzung mit den USA benutzte Chruschtschow ab 1958 Berlin als militärischen Hebel seiner Raketendiplomatie. Erst mit dem Bau der Berliner Mauer endeten die sowjetischen Drohungen gegen West–Berlin. Die rhetorische Polemik übernah nun die DDR.

III. Breshnew 1964–1982

Bis Ende der sechziger Jahre basierte die sowjetische strategische Führung auf den Erfahrungen des Zweiten Weltkrieges mit dem Ziel, jeden potentiellen Aggressor auf seinem eigenen Territorium zu vernichten. Das galt theoretisch auch vor dem Kriege; denn so war es in der Felddienstordnung von 1939 festgelegt. Nur hatte dieser Leitsatz 1941 versagt. Um eine Wiederholung für alle Zeiten auszuschließen,

– hatten die militärische Rüstung und Entwicklung neuer Waffen sowie der Ausbau der Streitkräfte absolute Priorität; die Sowjetunion wollte mindestens so stark sein wie alle potentiellen Feindstaaten zusammengenommen;

– waren die besten Truppen in der "Gruppe der Sowjetischen Streitkräfte in Deutschland" (GSSD) konzentriert. Ihr erster OB war Marschall Shukov. Und auch später rangierte dieser Kommandoposten hinsichtlich Rang und Verantwortung ganz oben in der Militär–Nomenklatura.

Aber in dem Standardwerk "Militärstrategie" (1962/1963/1968) werden auch die Mängel, insbesondere die veraltete strategische Führung deutlich. Diese Mängel wurden unter dem Generalstabschef Marschall Kulikov bis 1975 beseitigt. Als sein berühmter Artikel über die "Moderne strategische Führung der Sowjetstreitkräfte" 1975 erschien, da war die Umgestaltung der strategischen Führung auf 14 Führungsebenen und die Umstrukturierung der Verbände in fünf Kriegsschauplätzen (TVD) vollzogen. Im Grunde ging es um die Anpassung des alten sowjetischen Kriegszieles — Vernichtung jedes Angreifers auf seinem eigenen Territorium — an die Bedingungen des Nuklearzeitalters.

Für unser Thema ist entscheidend, daß der Kriegsschauplatz EUROPA, TVD West, die dominierende Rolle für die Konzentration von Truppen und Waffen spielte. Den "Garde–Stoßarmeen" in der westlichen DDR kam damit für den Vorstoß in die Bundesrepublik maßgebliche Bedeutung zu. Die militärische Forderung an die Deutschlandpolitik der politischen Führung der Sowjetunion lautete: Die militärischen Positionen für diese "Verteidigung durch Angriff" nicht zu gefährden, um die Sicherheit der Sowjetunion zu gewährleisten.

Militärtheoretisch wurde die "Militärstrategie" als Standardwerk abgelöst durch die "Sowjetische Militär–Enzyklopädie" (SME), das neue Standardwerk in acht Bänden. Auf 5.500 Doppelseiten sind alle militärischen Probleme in Stichworten erfaßt, Grundlage für die Ausbildung auf allen Ebenen.

Die zielbewußte sowjetische Aufrüstung in der Breshnew–Ära unter Ausnutzung der amerikanischen Schwächen nach dem Rückzug aus Vietnam führte dazu, daß die Sowjetunion 1978 ihr Hauptziel, den militärischen Gleichstand mit der Supermacht USA, erreichte. Dies war ein Einschnitt für die Propaganda. Früher hatten die Politiker und Militärs im Sowjetblock und vor allem in der DDR mit ihrer angeblichen militärischen Überlegenheit geprahlt. Damit war jetzt in einer gemeinsamen Sprachregelung Schluß. Maßgeblich wurde, was Breshnew vor den Delegierten des XXVI. Parteikongresses der KPdSU im Februar 1981 erklärte:

"Ob es sich nun um die strategischen Kernwaffen oder um die Kernwaffen mittlerer Reichweite in Europa handelt, in beiden Fällen besteht zwischen den Seiten annähernde Gleichheit. Bei den einen Waffen hat der Westen, bei den anderen haben wir einen Vorsprung."

In den letzten Jahren der Breshnew–Ära hatten sich die sowjetischen Militärs eine Schlüsselrolle in der Sowjetführung erobert. Gegen sie konnte nicht reagiert werden. Sie behielten diesen großen Einfluß bis zum Tode des Verteidigungsministers Ustinow im Dezember 1984.

In diese Zeit der siebziger Jahre fällt der militär–technische Entscheid der Sowjetführung, die Mittelstreckenrakete SS–20 mit drei Sprengköpfen im WP–Bereich zu stationieren. Wie wir heute wissen, wurde diese Stationierung einer qualitativ neuen Waffe dem Politbüro der KPdSU von den Militärs als "Modernisierung" dargestellt. Damit ließen die sowjetischen Militärs die politische Führung bewußt im unklaren über die möglichen Konsequenzen bei einer angemessenen Reaktion der NATO.

Der Beschluß der NATO zur Stationierung von vergleichbaren Raketen im Falle der Stationierung der SS–20 wurde auf Initiative des damaligen Bundeskanzlers Helmut Schmidt im Dezember 1979 gefaßt. Als Antwort inszenierte der für Internationale Fragen im Politbüro der KPdSU zuständige Sekretär Ponomarew eine weltweite Kampagne gegen den NATO–Doppelbeschluß. Das Ziel war die Verhinderung der westlichen Stationierung. Einbezogen waren alle Gruppen der sogenannten "Friedensbewegung". Alle Bemühungen waren auf die Bundesrepublik Deutschland konzentriert. Die kommunistische Kampagne schlug fehl. Im November 1983 faßte der Deutsche Bundestag den Beschluß zur Stationierung, die kurz darauf begann. Die Kampagne mit ihren Demonstrationen und Verweigerungen verebbte. Und die Sowjetunion war zu Zugeständnissen bereit.

Zur Breshnew–Ära gehörte ab 1970 die gesteigerte "Erziehung zum Haß auf den Feind" in den Schulen und vor allem in den Streitkräften. Als Leitsätze galten unter Berufung auf Lenin und Breshnew: "Der Charakter des modernen Krieges erfordert, die Erziehung zum Haß auf den Feind erheblich zu steigern." Und: "Die Erfahrungen der Kriege zur Verteidigung des sozialistischen Vaterlandes zeigen, daß man den Feind nicht besiegen kann, wenn man nicht gelernt hat, ihn aus ganzer Seele zu hassen."[1]

Mit solchen Leitlinien wurde vor allem der amerikanische und deutsche "Feind" so abgrundtief schlecht dargestellt, daß die kommunistische Haßerziehung letztlich ihre Wirkung verfehlte. Einige Beispiele aus dem Lehrbuch:

– "Zur Anerziehung des Hasses auf den Feind gehört auch die Entlarvung der westdeutschen Revanchisten. ... Die aggressiven Absichten der reaktionären revanchistischen Kreise in der BRD gehen ihrer historischen Tradition nach bis in das 13. Jahrhundert zurück."

– "Die reaktionärsten Diener der Kirche aktivieren ihre Tätigkeit, um die Bundeswehr auf den Marsch gegen den 'gottlosen Osten' vorzubereiten."

– "Die westdeutschen Militaristen sind Erben der Wesenszüge der faschistischen deutschen Armee. Sie sind zu ungeheuerlichen Bestialitäten und Gewalttätigkeiten fähig ... Die Imperialisten lehren ihre Truppen nicht nur, zu rauben und Grausamkeiten zu begehen, sondern auch geschickt zu kämpfen ... Das alles wird getan, um dem Soldaten alle Menschenliebe zu nehmen, ihn zu einem Tier zu machen. Die zügellosesten Militärs imperialistischer Armeen trachten danach, den Menschen in Uniform roboterähnlich zu machen, zu einem gnadenlosen und gefühllosen Vollstrecker fremden Willens."

---

[1] Korobejnikov, M. P. (Hrsg.): Soldat und Krieg. Probleme der moralischen und psychologischen Vorbereitung in der Sowjetarmee, Berlin (Ost) 1972, S. 116.

IV. Gorbatschow 1985–1991

Der politischen Führung der Sowjetunion war schon vor 1985 klar, daß ihr Handlungsspielraum durch die militärische Dominanz eingeengt war. Gorbatschow fand daher im Politbüro Unterstützung, die politische Dominanz zurückzugewinnen. So war es seit Lenin in der sowjetischen Militärdoktrin vorgesehen. Das politische Element sollte maßgeblich sein, nicht das militärisch–technische.

In der Sowjetunion war hingegen in den letzten Jahren das militärisch–technische Element der Militärdoktrin zum bestimmenden Faktor geworden:

Erstens behinderte die Priorität der Rüstung und der Armee den Wirtschaftserfolg.

Zweitens verhinderte die militärische Dominanz jeden Fortschritt zu besseren Beziehungen zu den USA und zum Westen.

Drittens zeigte sich beim Abschuß des koreanischen Passagierflugzeuges am 1.9.1983, wie rasch die Sowjetunion durch die militärische Automatik an den Rand eines Krieges geraten konnte.

Mit seiner Forderung nach "Neuem Denken" in der Außenpolitik griff Gorbatschow diese Probleme auf. Schon mit Amtsantritt forderte er neue Beziehungen zu den USA. Im November 1985 begann eine Kette von Gipfelkonferenzen mit dem amerikanischen Präsidenten.

Zugleich begann Gorbatschow, die Militärs auf allen Gebieten zurückzudrängen. Vor den Delegierten des XXVII. Parteikongresses der KPdSU Anfang 1986 wandte er sich gegen die verhängnisvolle Abhängigkeit der Politik von militärischen Zwängen: "Die Situation in der Welt könnte soweit kommen, daß sie nicht mehr von der Vernunft und dem Willen der Politiker abhängt, sondern zur Gefangenen der Technik, der militärisch–technokratischen Logik geworden wäre ..."

Gorbatschow hat die von ihm angestrebten Früchte seiner Politik, das Modell eines auf allen Gebieten erfolgreichen Sozialismus, nicht erlebt. Als er sein Amt als Präsident der UdSSR im Dezember 1991 verlor, war die Sowjetunion zerfallen; alle internen Fragen waren ungelöst und die internationalen Probleme im Sinne des Westens entschieden.

Aber auch in dieser Hinsicht war der militärische Faktor entscheidend: Generell veränderte sich die sowjetische Militärdoktrin vom offensiven Prinzip der Zerschlagung jedes potentiellen Aggressors auf seinem Territorium zu defensiven Strukturen im Verein mit dem Prinzip, die Sicherheit der Sowjetunion durch vertragliche Zusammenarbeit mit den USA und der NATO zu gewährleisten.

Der von Gorbatschow 1989 eingeleitete Rückzug der Sowjettruppen aus Ost– und Südosteuropa führte zur Auflösung der Warschauer Vertragsorganisation und zur Unabhängigkeit aller ehemaligen sozialistischen Staaten. Den ersten Schritten stimmten die sowjetischen Militärs zu, den Konsequenzen konnten sie sich nicht mehr entziehen: Trotz energischen Widerspruchs konnten die Militärs weder die Auflösung der Sowjetunion noch der Sowjetstreitkräfte verhindern.

Der Entlassung der DDR aus dem Sowjetblock haben die sowjetischen Militärs zugestimmt und auch dem Beschluß der DDR–Regierung zur Vereinigung mit Westdeutschland. Ob die Zustimmung Gorbatschows im Juli 1990 in Moskau zur Einbeziehung der DDR nach dem Abzug der Sowjettruppen aus Ostdeutschland von den sowjetischen Militärs damals oder später gebilligt worden ist, läßt sich nicht eindeutig klären. Alle Aussagen in der Sowjetunion besagen das Gegenteil. Der damals zuständige ZK–Sekretär Falin bestreitet bis heute, daß er in seinen Vorlagen für Gorbatschow soweit gegangen wäre. Sogar der damalige DDR–Verteidigungsminister Eppelmann erklärte noch am 2. Mai 1990 vor den höheren Kommandeuren der NVA, es werde keine NATO–Truppen "auf dem Gebiet der heutigen DDR" geben, sondern auch nach der Vereinigung "eine zweite deutsche Armee, die in kein Militärbündnis integriert ist".

Die völlig überraschende Zustimmung Gorbatschows zur NATO–Zugehörigkeit ganz Deutschlands bleibt das "Wunder des Kaukasus", das eigentlich einen Tag vorher in Moskau stattfand. Erklärbar ist es wohl nur aus Gorbatschows Idee von der künftigen umfassenden deutsch–russischen Zusammenarbeit.

Am 9. und 12. Oktober 1990 wurden die Bedingungen des vollständigen Abzugs der Sowjettruppen aus Deutschland vereinbart, später noch um vier Monate bis Ende August 1994 vorgezogen. Am 31. August 1994 erstattete der letzte OB der Gruppe West der Russischen Streitkräfte, Generaloberst Burlakow, seinem Präsidenten Meldung, daß in drei Jahren und acht Monaten sechs Armeen mit 351.274 Soldaten, 7.900 Panzern, 4.414 Geschützen, 940 Kampfflugzeugen und 170.000 Zivilpersonen aus Deutschland abgezogen wurden.

Die feierliche Ausgestaltung dieses Tages konnte nicht darüber hinwegtäuschen, welche Zäsur hier erfolgt war. Der Garant für den Sieg über Deutschland wurde eliminiert. Die russischen Medien vergleichen den Abzug der Truppen aus Deutschland mit dem Fall der Berliner Mauer und der Wiedervereinigung. Der amtierende Verteidigungsminister der Russischen Föderation hielt das damalige Zugeständnis Gorbatschows, diesen Abzug in vier Jahren durchzuführen, für "einen großen politischen Fehler".

Ein Hauptakteur auf sowjetischer Seite, Valentin Falin, urteilt heute, in der zeitlichen Distanz, über Gorbatschows Politik: "Alles, was er begann, hat er nie zu Ende gedacht. So erzielte er Resultate, die er nie gewollt hatte."

V. Ausblick

Die Hinterlassenschaft Gorbatschows einer engen Zusammenarbeit mit Deutschland ist von Präsident Jelzin übernommen worden. Dies kommt in der Gemeinsamen Erklärung vom 21. November 1991 in Bonn sowie bei den Treffen in Moskau im Dezember 1992 und in Bonn im Mai 1994 zum Ausdruck, geprägt von einem persönlich guten Verhältnis zwischen Kohl und Jelzin. Der militärische Faktor scheint hier nicht bedeutsam zu sein. Aber er spielt bei vielen Fragen eine Rolle.

Vordergründig geht es bei den Streitfragen mit militärischer Relevanz

– um die neue russische Militärdoktrin in ihrer Auswirkung für Europa und

– um die Osterweiterung der NATO in ihrer Auswirkung für Rußland.

Letztlich geht es aber um den künftigen Platz der Großmacht Rußland in der Welt. Daniil Proektor spricht von der Frage, "ob der Westen und die NATO potentielle Feinde sind oder ob man mit dem Westen und der NATO partnerschaftlich zusammenarbeiten soll."[2]

Zur Antwort auf diese Frage tragen die russischen Militärs entscheidend bei. Ihre Rolle ist in letzter Zeit als Preis für die Loyalität gegenüber Präsident und Regierung gestiegen. Das zeigt das sichere Auftreten des Verteidigungsministers, aber auch die Selbstverständlichkeit, mit der Generaloberst Semjonow am 26. April 1995 als OB der Landstreitkräfte die Entscheidung der militärischen Führung bekanntgab, zum 1. Juni 1995 eine neue Armee, die 58. Armee, im Kaukasus aufzustellen. Der damit verbundene Bruch internationaler Verträge müsse hingenommen werden. Dieser Vorgang zeigt, daß die Lage in Rußland noch längst nicht den demokratischen Verhältnissen im Westen entspricht.

Proektor spricht vom totalen Unverständnis der russischen Militärs für die heutige Lage und insbesondere für das Fehlen eines Feindes. Ich fürchte, dieses Unverständnis herrscht in weiten Kreisen der russischen Elite. Und es wird ergänzt durch das Unverständnis im Westen für die russische Situation.

---

[2] Proektor, D.: Konturen der russischen Sicherheitspolitik in den neunziger Jahren, Köln 1995 (Berichte des Bundesinstituts für ostwissenschaftliche und internationale Studien 5/1995), S. 3.

Mehrheitlich räumt die militärische Führung in Rußland den Beziehungen zu den USA Priorität ein; Deutschland erscheint untergeordnet.

Aber es gibt auch eine Minderheit in der militärischen Elite mit Armeegeneral Gareev als Sprecher, die auf Deutschland setzt, in Erinnerung an die frühere Waffenbrüderschaft und spätere Kriegserfahrung. Sie plädiert für eine enge militärische Zusammenarbeit mit Deutschland. Dafür solle Deutschland die bisherige Priorität der NATO durch eine neue, Rußlands nämlich, ersetzen. Es stört sie wenig, daß auf deutscher Seite der Partner fehlt.

Die Entscheidung der Frage, ob die russische Sicherheitspolitik von Zusammenarbeit mit dem Westen oder von Feindschaft bestimmt werden wird, hängt — nach Meinung von Daniil Proektor — vom Erfolg der Reformen in Rußland ab. Bis dahin ist es noch ein weiter Weg. Ich fürchte, soviel Zeit bis zum erhofften Erfolg der demokratischen Reformen in Rußland wird weder Rußland noch dem Westen gewährt. Vielmehr sind die politischen und militärischen Entscheidungen in Rußland selbst Teil der Reformen und folglich mit entscheidend für den Erfolg der Reformen.

DIE DEUTSCHLANDPOLITIK GORBATSCHOWS UND DER NIEDERGANG DER SOWJETUNION

Von Fred Oldenburg

Vor dem Amtsantritt Gorbatschows bildete die Vorherrschaft über Osteuropa und die machtpolitische Einhegung Deutschlands ein Grundelement sowjetischer Geopolitik.[1] Auf deutschem Boden standen sich beide Militärallianzen bis an die Zähne bewaffnet gegenüber, war die größte Truppen– und Waffenkonzentration auf unserem Planeten stationiert.[2] Beide deutschen

---

[1] Wenn hier nur von "einem" Grundelement geschrieben wird, so meint dies, daß seit Ende des Zweiten Weltkrieges der "operationale Code" (N. Leites) sowjetischer Außenpolitik auf den bilateralen Gegensatz zwischen den USA und der UdSSR, zwischen den Führungsmächten von "Kapitalismus" und "Sozialismus", eingestimmt war. Eben gerade deshalb besaß aus "realpolitischen" Motiven die Sicherung des Vorfeldes Vorrang. Dies änderte sich erst unter Gorbatschow. Über die Bestimmung des Mischungsverhältnisses von Realpolitik und Ideologie mag weiter gestritten werden. Der Autor vertritt die Auffassung, daß die stalinistische Interpretation des Marxismus zu den konstitutiven Elementen des nationalen Interesses der UdSSR zu zählen sei. Vgl. hierzu die Ergebnisse eines Symposiums vom Ende der fünfziger Jahre mit den Beiträgen von R. N. Carew Hunt, S. L. Sharp und R. Löwenthal, nachgedruckt in: Hoffmann, E. P.; Fleron, F. J., Jr. (Hrsg.): The Conduct of Soviet Foreign Policy, New York 1980, S. 101–135; Ulam, A.: Russian Nationalism, in: Bialer, S. (Hrsg.): The Domestic Context of Soviet Foreign Policy, Boulder/Co, London 1981, S. 1–17; Griffiths, F.: Ideological Development and Foreign Policy, in: ebd., S. 19–48.

[2] Für eine Aufarbeitung sowjetischer Deutschland–Politik nach 1945, vgl. Fritsch–Bournazel, R.: Die Sowjetunion und die deutsche Teilung, Opladen 1979; Gorbatschow, M.: Das gemeinsame Haus Europa und die Zukunft der Deutschen, Düsseldorf 1990; Jacobsen, H.–A. u. a. (Hrsg.): Deutsch–russische Zeitenwende. Krieg und Frieden 1941–1995, Baden–Baden 1995; Meissner, B.: Die deutsch–sowjetischen Beziehungen seit dem Zweiten Weltkrieg, in: Osteuropa, Jg. 35, 1985, Nr. 9, S. 631–652; McAdams, J.: Germany Divided. From the Wall to Reunification, Princeton 1991; Novik, F. J.: SSSR–FRG. Problemy sosuščestvovanija i sotrudničestva 1975–1986, Moskau 1987; Sodaro, M.: Moscow, Germany, and the West from Khrushchev to Gorbachev, Ithaca, London 1990; Wettig, G.: Stadien der sowjetischen Deutschlandpolitik, in: Deutschland Archiv, Jg. 23, 1990, S. 1070 ff. Vgl. zur Analyse besonders der Wiedervereinigung: Adomeit, H.: Gorbachev and German Unification. Revision of Thinking, Realignment of Power, in: Problems of Communism, Jg. 39, July–August 1990, No. 4, S. 1–23; ders.: Gorbachev, German Unification, and the Collapse of Empire, in: Post–Soviet Affairs, Jg. 10, July–September 1994, No. 3, S. 197–230; Fritsch–Bournazel, R.: Europa und die deutsche Einheit, Stuttgart u. a. 1990; Garton Ash, T.: Im Namen Europas. Deutschland und der geteilte Kontinent, München–Wien 1993; Kaiser, K.: Deutschlands Vereinigung. Die internationalen Aspekte, Bergisch–Gladbach 1991; Oldenburg, F.: Sowjetische Europa–Politik und die Lösung der deutschen Frage, in: Osteuropa, Jg. 41, 1991, Nr. 8, S. 751–773; ders.: The Settlement with Germany, in: Malcolm, N. (Hrsg.): Russia and Europe. An End to Confrontation?, London 1994, S. 99–122; Pavlov, N. V.: Ob'edinenie ili rasskaz o rešenii germanskogo voprosa s

Staaten waren vorgeschobene und selbstbewußte Exponate und Exponenten ihrer Vormächte. Doch blieb die Kontrolle der DDR und deren Einbindung in den politischen, wirtschaftlichen und militärischen Block von Satellitenstaaten der UdSSR Vermächtnis des sowjetischen Sieges über die deutsche Wehrmacht. Sie war Zeugnis für die vermeintliche Lebenskraft des stalinistischen Modells. Eingeschlossen von Truppen der UdSSR und der NVA lag zudem Berlin (West), dessen besondere Situation mehrfach als Druckpunkt gegen die westliche Allianz benutzt worden war.

Der ehemalige sowjetische Botschafter in der Bundespublik Deutschland, Valentin Falin, hat von einem Dritten Weltkrieg gesprochen, der mit allen Mitteln unterhalb einer kriegerischen Auseinandersetzung geführt worden sei.[3] Noch vor dem Abschluß der Ära Gorbatschow war jedoch der Kalte Krieg beendet, das äußere sowjetische Imperium aufgelöst, Deutschland vereinigt — Sternstunden in einem an Extremen so reichen Säkulum.[4] Die Sowjetunion hat sich unerwartet reformwillig, aber nicht reformfähig gezeigt, die Neuverteilung von Einfluß in Europa erfolgte weitgehend friedlich. Die Vereinigten Staaten von Amerika sind als einzig handlungsfähige Weltmacht aus dem Ende des Großkonflikts hervorgegangen.

I. Methodische Herausforderungen

Unlängst kritisierte der amerikanische Politologe Gaddis, dieser Abschluß des Kalten Krieges sei zweifellos ein Faktum von allergrößter Wichtigkeit gewesen, doch habe kein Forschungsansatz der internationalen Beziehungen dieses rechtzeitig prognostiziert.[5] Wettig stellte fest, daß offensichtlich die

---

kommantarijami i otstuplenijami, Moskau 1992; Shumaker, D. H.: Gorbachev and the German Question. Soviet–West German Relations 1985–1990, Westport, London 1995; Zelikow, P. C.; Rice, C.: Germany Unified and Europe Transformed. A Study in Statecraft, Cambridge/Ma, London 1995; Wettig, G.: Die sowjetische Rolle beim Umsturz in der DDR und der Einleitung des deutschen Einigungsprozesses, in: Elvert, J.; Salewski, M. (Hrsg.): Der Umbruch in Osteuropa, Stuttgart 1993, S. 39–63; zur Lage der DDR im weltpolitischen Kräftefeld s. a. Albrecht, U.; Die Abwicklung der DDR, Opladen 1992; Hacker, J.: Die außenpolitische Lage der DDR und die deutsch–deutschen Beziehungen, in: Deutschland im weltpolitischen Umbruch, Berlin 1993, S. 55–106.

[3] Falin, V.: Interview mit dem Jahrhundert. Gespräch mit A. Kluge, Hamburg 1995.

[4] Hobsbawm, E.: Das Zeitalter der Extreme. Weltgeschichte des 20. Jahrhunderts, München, Wien 1994; Kissinger, H.: Diplomacy, New York 1994; für deutsche Sichtweisen: Jäckel, E.: Das deutsche Jahrhundert. Eine historische Bilanz, Stuttgart 1996; Schöllgen, G.: Angst vor der Macht. Die Deutschen und ihre Außenpolitik, Berlin 1993; ders.: Die Macht in der Mitte Europas, München 1992.

[5] Gaddis, J. L.: International Relations Theory and the End of Cold War, in: International Security, Jg. 17, Winter 1992/93, S. 5 ff. Erste theoretische Versuche, aus der Retrospektive das Ereignis theoretisch zu erklären, waren neben Gaddis u. a.: Deudney, D.; Ikenberry, G. G.: The International Sources of Soviet Change, in: International Security, Jg. 16, Winter 1991/92,

"menschliche Fähigkeit zur Voraussicht geschichtlicher Prozesse, zumindest wenn sich Diskontinuitäten und Brüche einstellen, weitgehend begrenzt" sei. Zuweilen stünden Prognosen sogar in einem paradoxen Gegensatz zu den Entwicklungen.[6] Fraglich ist allerdings, ob die Politische Wissenschaft überhaupt prognosefähig ist. Dennoch müßten die erwähnten Feststellungen zum Überdenken der entwickelten Makrotheorien animieren.

Offensichtlich ist es ein kompliziertes Geschäft, die Außenpolitik einer im Niedergang befindlichen und schließlich zusammenbrechenden Supermacht, noch dazu einer so andersartig organisierten, transparent zu machen.[7] Eine allgemein gültige Methodik hierfür existiert nicht. Wenn theoretische Ansätze verwandt werden, gehen sie bei den Anhängern des "Realismus" von der Beschreibung der Grundstrukturen des internationalen Systems aus, von der von Morgenthau im Jahre 1948 behaupteten internationalen Anarchie, von nahezu naturnotwendigen hegemonialen und hierarchischen Strukturen.[8] Oder sie legen das Schwergewicht auf die Analyse des jeweiligen politischen Regimes und lehnen sich dabei an Totalitarismus– oder Modernisierungstheorien an. Sie beschreiben das Wesen dieses Systems und seine besondere Dynamik oder gar Logik[9], die bürokratischen Vorgänge der Entscheidungsfindung, oder sie beschränken sich auf sektorale Zustandsschilderungen von Wirtschaft und Gesellschaft.[10]

Bedauerlich bleibt, daß der Gegensatz von Vertretern unterschiedlicher Denkschulen Kreuzzugscharakter annahm. Er lähmte die wissenschaftliche Ressourcennutzung. Auf der einen Seite standen eine zuletzt in Deutschland

---

No. 3, S. 74–118; auch Herrmann, R. K.: Soviet Behavior in Regional Conflicts. Old Questions, New Strategies, and Important Lessons, in: World Politics, Jg. 44, April 1992, No. 3, S. 432–465.

[6] Wettig, G.: Niedergang, Krise und Zusammenbruch der DDR. Ursachen und Vorgänge, in: Kuhrt, E. u. a. (Hrsg.): Die SED–Herrschaft und ihr Zusammenbruch, Bd. 1: Am Ende des realen Sozialismus, Opladen 1996, S. 379.

[7] Diesem Anliegen hat sich in besonderem Maße schon sehr früh Boris Meissner verschrieben, vgl. u. a. Meissner, B.: Triebkräfte und Faktoren der sowjetischen Außenpolitik in: Meissner, B.; Rohde, G. (Hrsg.): Grundfragen sowjetischer Außenpolitik, Stuttgart 1970, S. 4–9; ders.: Die Außenpolitik der Sowjetunion — Grundlagen und Strategien, in: Kaiser, K.; Schwarz, H.–P. (Hrsg.): Weltpolitik. Strukturen — Akteure — Perspektiven, Bonn 1985, S. 430–465; sowie ders.: Vom Sowjetimperium zum eurasischen Staatensystem. Die russische Außenpolitik im Wandel und in der Wechselbeziehung zur Innenpolitik, Berlin 1995 (Abhandlungen des Göttinger Arbeitskreises, Bd. 11).

[8] Morgenthau, H.: Politics Among Nations. The Struggle for Power and Peace, New York 1948; Waltz, K.: Man, the State, and War, New York 1959; ders.: Theory of International Politics, New York 1979; Lehmkuhl, U.: Theorien internationaler Politik. Einführung und Texte, München–Wien 1996.

[9] s. vor allem Malia, M.: The Soviet Tragedy. A History of Socialism in Russia 1917–1991, New York 1994.

[10] Beyme, K. von: Systemwechsel in Osteuropa, Frankfurt/M. 1994; Simon, G.: Die Osteuropaforschung, das Ende der Sowjetunion und die neuen Nationalstaaten, in: Aus Politik und Zeitgeschichte, 1992, Nr. B 52, S. 32–38.

vorherrschende Schule von Vertretern sozialistischer Modernisierungstheori-
en und idealistischer Weltsicht einer anderen Kombination von Repräsentanten des Totalitarismus und der Realpolitik nahezu unversöhnlich gegenüber.
Angesichts der rapide gewachsenen Anforderungen an die internationale
Forschung wäre es dringend zu wünschen, daß eine unaufgeregte Aufarbeitung der Probleme des eigenen Forschungsansatzes und angesichts der knap-
pen Mittel eine Vereinigung der Kräfte erfolgte.

Dieser Arbeit liegt ein eklektischer Ansatz zugrunde: Bezüglich außenpolitischer Analyse sucht sie in Anlehnung an die neorealistische Schule Studi-
en des internationalen Systems und seiner tektonischen Veränderungen mit
der des politischen Systems zu verknüpfen.[11] Sie hat jedoch ein Weiteres zur
Voraussetzung: Die Annahme nämlich, daß, je persönlichkeitszentrierter ein
politisches System verfaßt ist — zweifellos trifft dies eher auf spättotalitäre
oder autoritäre als auf demokratische Regimes zu —, um so wesentlicher
wird nicht nur die Erforschung von bestimmten Strukturen, sondern gerade
auch die Analyse individueller Emotions- und Perzeptionsstrukturen einiger
Schlüsselfiguren. Nirgendwo scheint dies notwendiger als bei der Darstellung
von Außenpolitik, die in der UdSSR und anderen osteuropäischen Staaten
die Domäne eines kleinen Zirkels von jeweils vier bis sieben Entscheidungs-
trägern war. Im Falle des deutschlandpolitischen Kompromisses von Archys
im Juli 1990 dürfte ein noch kleinerer Kreis von Akteuren die letzte Entscheidung getroffen haben. In der DDR hatte sich Honecker die strategische
Festlegung der Außenbeziehungen ohnehin persönlich vorbehalten. Zugleich
geht der Autor davon aus, daß die allgemeine Krise des Kommunismus ihre
eigene, wenn auch nicht determinierende Logik besaß, die seit Mitte der
siebziger Jahre den parteimonopolistischen Sozialismus sowohl von der
Spitze der Machtpyramide als auch von der gesellschaftlichen Basis, d. h. der
ökonomischen wie der individuellen (Nationen, Dissidenten), zu untergraben
begann. Nicht zuletzt müssen sowohl für den Beginn der Ära Gorbatschow
als auch in ihrem weiteren Verlauf die äußeren Rahmenbedingungen wie das
nukleare Patt und die gestärkte westliche Allianz — die beide ein Ablenken
innerer Krisenerscheinungen auf äußere Konfliktfelder von vornherein riskant erscheinen ließen — betrachtet werden. Die rechtzeitige, wenn auch
wohl nur vorübergehende Gesundung des Kapitalismus engte zusätzlich den
Spielraum sowjetkommunistischer Einflußnahme auf westliche Akteure ein.

---

[11] s. insbes. die komparative Studie von Snyder, J.: Myths of Empire. Domestic Politics and
International Ambition, Ithaca, London 1991; aber auch spezieller ders.: The Gorbachev Revolution. A Waning of Soviet Expansionism?, in: International Security, Jg. 12, Winter 1987/88,
No. 3, S. 93–131; Keohane, R.: After Hegemony? Cooperation and Discord in the World Political Economy, Princeton 1984; aber auch Legvold, R.: Soviet Learning in the 1980s, in: Breslauer, G. W.; Tetlock, P. E. (Hrsg.): Learning in U. S. and Soviet Foreign Policy, Boulder/Co
u. a. 1991, S. 684–732; ders.: The Revolution in Foreign Policy, in: Foreign Affairs, Jg. 68, 1989,
No. 1, S. 82–98; aus deutscher Sicht u. a. Link, W.: Der Ost–West–Konflikt. Die Organisation
der internationalen Beziehungen, Stuttgart 1988.

.

Im folgenden soll die Deutschlandpolitik der Jahre 1985 bis 1991 vor dem Hintergrund der außenpolitischen Philosophie des "Neuen Denkens" dargestellt werden.[12] Anschließend wird nach den Faktoren gefragt, die während der Ära Gorbatschow den dramatischen Paradigmenwechsel sowjetischer Außen- und Deutschlandpolitik ermöglichten.

II. Die Deutschlandpolitik Gorbatschows auf dem Prüfstand

Ahnten die neuen sowjetischen Führer die Brisanz der deutschen Frage? Einige dürften vermutlich der Meinung gewesen sein, die Teilung Deutschlands sei künstlich, die Einheit des deutschen Volkes eine Realität. Um so mehr versteiften sie sich darauf, die deutsche Frage für abgeschlossen zu erklären. Hatte der deutschlandpolitische Amateur Gorbatschow mehr als andere ein besonderes Gespür? Ist dem retrospektiven Urteil Tschernjajews zu trauen, der zu den Aussagen des Generalsekretärs vom Juli 1987 hinsichtlich der Offenheit der deutschen Frage "nach hundert Jahren" bemerkte: "Da ich ihn kenne, kann ich bestätigen, daß er innerlich (v duše) schon damals und sogar schon etwas früher überzeugt war, daß sich ohne eine Lösung der deutschen Frage und ohne die Wiederherstellung der historisch bedingten normalen Beziehungen zwischen zwei großen Völkern Europas eine internationale Gesundung (ozdorovlenie) nicht vollziehen kann."[13] Während Jakowlew das Urteil Tschernjajews indirekt bestätigt und glaubt, Gorbatschow sei wahrscheinlich schon 1985 von der Notwendigkeit der Wiedervereinigung überzeugt gewesen, ist der ehemalige Berater Schewardnadses, Daschitschew, hinsichtlich einer solchen Beurteilung stets skeptisch geblieben.[14] Die Fähigkeit, frühere Intentionen so zu deuten, daß sie sich nachträglich dem Ablauf des Geschehens einpassen, spricht zwar für Phantasie und Kreativität, macht es aber dem Historiker nicht leichter, die abgelaufenen Prozesse zu interpretieren.

---

[12] Vgl. Meissner, B.: "Neues Denken" Gorbatschows und die Wende in der sowjetischen Außenpolitik, in: Weidenfeld, W. (Hrsg.): Die Deutschen und die Architektur des europäischen Hauses, Köln 1990, S. 53–79.

[13] Černjaev, A. S.: Šest' let s Gorbačevym. Po dnevnikovym zapisjam, Moskau 1993, S. 154. Jakowlew hat diese Aussage am 29.7.1992 in Oxford bestätigt und behauptet, Gorbatschow habe "wahrscheinlich von Anfang an, also seit 1985, mit der deutschen Wiedervereinigung gerechnet. Doch die schwierige politische Lage habe ihm nicht erlaubt auszusprechen, was er dachte", vgl. Garton Ash: Im Namen Europas, a. a. O. (wie Anm. 2), S. 163. Die Skepsis von Garton Ash gegenüber "retrospektiven Aussagen" ist kaum zu übersehen.

[14] Vgl. Dashichev, V.: On the Road to German Reunification. The View from Moscow, in: Gorodetsky, G. (Hrsg.): Soviet Foreign Policy 1917–1991. A Retrospective, London 1994, S. 170–194, bes. S. 172; sowie in Gesprächen mit dem Autor.

1. Realpolitik in der Retrospektive

Bei den geopolitischen Strategien, die auf Zusammenbruch und Neuordnung unseres Planeten setzten, spielte Deutschland stets eine hervorragende
Rolle. Dieses Land hatte sich dem kollektiven Gedächtnis der Osteuropäer
und besonders der Russen tief eingeprägt. Einmal, weil von hier die verderb-
lichsten Bedrohungen ausgegangen waren, zum anderen, weil Deutschland in
hohem Maße in die Rolle eines Partners und oftmals Ideengebers — z. B.
eines mißverstandenen Marxismus — zu schlüpfen vermochte. Die Hegemonie über Deutschland als Ganzes oder in Teilen stellte nach 1945 einen Moskauer Legitimationsfaktor dar, bestätigte die richtige Deutung des welthisto-
rischen Kompasses. In der Tat war der Sieg über das konsequente Gegenmo-
dell des Sowjetkommunismus, das nationalsozialistische System, welches zugleich viele strukturelle Ähnlichkeiten aufwies, ein immer wieder bemühtes
Rechtfertigungsmoment stalinistischer Herrschaft. Es begründete zusätzlich
die Militarisierung der sowjetischen Gesellschaft.

Eine Revision der politischen Nachkriegsordnung, in der die Zweistaatlichkeit Deutschlands enthalten war, schien nach dem Zweiten Weltkrieg nur
zu sowjetischen Bedingungen möglich. Die Infragestellung der DDR ist niemals von der Mehrheit der sowjetischen Entscheidungsträger akzeptiert worden, auch nicht 1952 oder 1953. Zu dieser Zeit hatte die Sicherung des Imperiums Vorrang vor einem Ausgleich mit dem Westen. Zum einen war Ostdeutschland als Teil des äußeren Imperiums Glacis, Sprungbrett und Beein-
flussungsfaktor in Richtung Westen. Zum anderen war die DDR eine Klam-
mer um das strategische Vorfeld im eisernen Dreieck, aber auch wichtiger
Zulieferer für sowjetische "Modernisierungsvorhaben". Doch wie auch andere regionale Führungen waren Ostdeutschlands Kommunisten keineswegs
einfach nur willfährige Helfershelfer des Kreml. Oftmals überboten sie sich
in Dienstbeflissenheit. Manchmal aber — besonders der späte Ulbricht und
der ihm intellektuell weit unterlegene Honecker — konterkarierten sie die
sowjetische Politik, und einige Male verschärften sie, wie beim Mauerregime,
sowjetische Forderungen durch besondere deutsche Akkuratesse. Niemals
dämmerte ihnen vermutlich die Erkenntnis, daß sie als Kollaborateure im
Dienste einer ausländischen Macht angesehen werden könnten. Antifaschis-
mus, Internationalismus und ein falsches Bewußtsein vom Verlauf der Welt,
eine letztlich "quasi–theologische" Interpretation der Geschichte, verhinder-
ten dies.

2. Das unmittelbare Erbe

Als Gorbatschow das Amt des Generalsekretärs antrat, war das Verhältnis der UdSSR zu beiden deutschen Staaten von Reibungen und Enttäuschungen gekennzeichnet. Doch tangierte dies die sowjetische Außenpolitik nicht übermäßig, denn der Status quo, die Teilung Europas und Deutschlands, schien politisch und militärisch auf Dauer gesichert. Gorbatschow schreibt: "Die DDR war unser Verbündeter; die Bundesrepublik Deutschland — obwohl unser Handelspartner Nummer Eins — galt als potentieller Gegner ... Im Zuge der allgemein zunehmenden Spannungen war die Bundesrepublik in Moskau in erster Linie im Kontext der sowjetisch–amerikanischen Konfrontation betrachtet worden."[15] Sah er die Dinge anders? Wenig spricht dafür, wenngleich interessant bleibt, daß der Status Berlins, zuvor ein Prüfstein des europäischen Beziehungsgeflechts, in seinen Überlegungen keine besondere Rolle mehr spielte.

Bereits in der ersten Hälfte der achtziger Jahre hatte die Bundesrepublik Deutschland die Rolle eines Vorzugspartners eingebüßt, die ihr Breshnew nach Abschluß des Moskauer Vertrages vom 12. August 1970 zugedacht hatte. Wegen der Unterstützung der US–Außen– und Sicherheitspolitik, insbesondere des Nachrüstungsteils des NATO–Doppelbeschlusses vom Dezember 1979, war das offizielle Bonn seit November 1983 auf die Strafbank gesetzt worden. Sowohl die sowjetische Diplomatie als auch die Propaganda suchten die Beziehungen Bonns zu Ostberlin zu behindern. Lautstark wurde der Revanchismusvorwurf erhoben, um die weitgehende Kontinuität der Ostpolitik von Kohl und Genscher abzuwerten.[16]

Aber auch die Beziehungen der Sowjetführung zu ihren Partnern in der DDR waren konfliktreicher als früher angenommen. Honecker hatte sich im Jahre 1971 mit Unterstützung Breshnews an die erste Stelle der SED geboxt und sich dafür durch Zeichen besonderer Unterordnung dankbar erwiesen.[17] Der SED–Chef sah jedoch gleichzeitig die Möglichkeit, aus der Entspannung für die DDR im wörtlichen Sinne Kapital zu schlagen. Moskau fühlte

---

[15] Gorbatschow, M.: Erinnerungen, Berlin 1995, S. 700.

[16] Tatsächlich war der Vorwurf des westdeutschen Revanchismus, so weit dieser sich auf die Wiedererlangung der Ostgebiete bezog, gegenstandslos. Er nährte sich weitgehend von den "Sonntagsreden von Vertriebenenpolitikern". Die Westdeutschen nahmen in ihrer Mehrheit den Verlust der Ostgebiete hin, so Jäckel: Das deutsche Jahrhundert, a. a. O. (wie Anm. 4), S. 265 f. Voraussetzung war allerdings, daß die wirtschaftliche Prosperität die Integration der Vertriebenen ermöglichte.

[17] Anders als Ulbricht trug Honecker wesentlich zum Abschluß des Vier–Mächte–Abkommens über Berlin bei, setzte sich für die "Integration" des RGW ein und bot, als die sowjetische Führung sich kritisch gegenüber seinem mangelnden Abgrenzungskurs zeigte, Breshnew gegenüber später sogar an, die DDR faktisch als eine Unionsrepublik zu betrachten und sie daher schon jetzt in die Volkswirtschaftspläne der UdSSR einzubeziehen. Vgl. Kwizinskij, J. A.: Vor dem Sturm. Erinnerungen eines Diplomaten, Berlin 1993, S. 258.

sich daher bald nach Abschluß des Grundlagenvertrages im Dezember 1972 durch das Honeckerteam hintergangen. Die zuständige Moskauer ZK–Abteilung und das KGB informierten immer wieder die sowjetische Führung, die SED versuche, sich sowjetischen Empfehlungen zu entziehen und aus wirtschaftlichen Motiven die vereinbarten Abgrenzungsstrategien gegenüber Bonn zu unterlaufen. Zusätzlich zu eigenem Wissen war man von Konfidenten im SED–Politbüro (Stoph, Krolikowski, Mielke) insgeheim unterrichtet worden. Aus Sorge um den Bestand der DDR forderten Moskaus außenpolitisch Verantwortliche Honecker schon seit 1973/74 zu verstärkten Abgrenzungsmaßnahmen in Richtung BRD auf. Jedoch glaubte der SED–Generalsekretär, beraten von seinem ZK–Wirtschaftssekretär Mittag, sich auf der Grundlage der durch den Vertrag von 1975 erhöhten Einbindung in die sowjetische Interessensphäre gefahrlos auf das deutsch–deutsche Geschäft Geld gegen menschliche Erleichterungen einlassen zu können. Dahinter stand der politische Wille, die favorisierte Sozialpolitik mit Hilfe bundesrepublikanischer Leistungen absichern zu können, ohne Investitionen zu vernachlässigen — und so die Stabilität und Legitimität der DDR zu erhöhen, eine Strategie, die sich sehr bald als dysfunktional herausstellen sollte. Die 1981 von Breshnew angekündigte und vollstreckte Reduzierung der Erdöllieferungen zeigte jedoch an, daß Moskau nicht mehr über ausreichend wirtschaftliche Kraft verfügte, um die widerspenstige DDR aus dem westdeutschen Gravitationsfeld zu ziehen.[18] Die in den Monaten der Herrschaft Andropows und Tschernenkos nach November 1982 geübte Zurückhaltung der SED, die sowjetische Drohpolitik gegenüber der Bundesrepublik zu unterstützen, und ihre Forderung, stattdessen eher auf eine "Koalition der Vernunft" zu setzen, verstärkte um so mehr die sowjetische Auffassung, Honecker habe sich völlig in den Sog westdeutscher Kreditlinien begeben. Beide Führungen, jene in Moskau ebenso wie die in Berlin, waren — ohne dies öffentlich allzu sehr zu vertiefen — davon überzeugt, die Strategie der anderen Seite sei für die DDR regimebedrohend.[19]

Als Folge zwischenstaatlicher Anerkennung und Einbindung der DDR in das internationale System erreichte der politische Höhenflug der DDR–Führer tatsächlich erstaunliche Dimensionen. Man glaubte in Ostberlin, Warnungen Breshnews und seiner Nachfolger in den Wind schlagen zu können. Gorbatschow ist sogar der Meinung, daß sich Breshnew und Gromyko von

---

[18] Brief Breshnews an Honecker vom 27.8.1981; Antwort Honeckers an Breshnew vom 4.9.1981, in: Stiftung Archiv der Parteien und Massenorganisationen der DDR im Bundesarchiv (im folgenden: SAPMO–BArch), DY 30/J IV 2/2A/2422; Gespräch Russakows mit Honecker in Berlin am 21. Oktober 1981, in: ebd., DY 30/J IV 2/2A/2431.

[19] Zum Hintergrund vgl. Jozsa, Gy.: Ungarn im Kreuzfeuer der Kritik aus Prag und Moskau. Teil I: Die Außenministerkonferenz der WP–Staaten und die Polemik zwischen Prag und Budapest. Teil II: Moskauer Regie und Hintergründe der Polemik gegen Ungarns Positionen, Köln 1985 (Berichte des Bundesinstituts für ostwissenschaftliche und internationale Studien, Nr. 5–6/1985).

Spitzenpolitikern der DDR z. B. in der nationalen Frage gängeln ließen.[20]
Dies ist sicherlich übertrieben. Doch verstärkte die sowjetische Wirtschafts-
malaise eher den Zwang, sich westdeutschen Forderungen zu öffnen. Das sowjetische Politbüro — von Nachfolgeregelungen, Wirtschaftskrise, Afghani-
stankrieg und dem drohenden Verlust der Kontrolle über Polen abgelenkt —
fand jedoch keine anhaltende Möglichkeit, Honecker zur Räson zu bringen.
Man war zwar in Moskau der Meinung, der ostdeutsche Egoismus sollte angesichts der besseren Wirtschaftslage der DDR von der Sowjetunion nicht
länger toleriert werden, wußte aber seit Anfang der achtziger Jahre das hegemoniale Instrumentarium angesichts der Herausforderungen der UdSSR
im internationalen System nicht mehr gezielt einzusetzen.

3. Erste Schritte

Zumindest hinsichtlich der Deutschlandpolitik erwies sich Gorbatschow
anfangs als Fortsetzer der bisherigen Strategie. Der deutsche Bundeskanzler
wurde am Rande der Begräbnisfeierlichkeit für Tschernenko im März 1985
von Gorbatschow mit Kritik überschüttet. Von entscheidender Bedeutung
für die bilateralen Beziehungen sei, "welche Haltung Bonn in Fragen der Sicherheitsinteressen der UdSSR und ihrer Verbündeten" einnehme.[21] De-
monstrativ räumte Gorbatschow anderen Partnern bei seinen ersten Reisen
in westeuropäische Hauptstädte den Vorzug vor der BRD ein. Vielen Be-
trachtern sowjetischer Politik schien es daher, als sei auch unter dem neuen
Außenminister Schewardnadse weder in der deutschen Frage noch in den bilateralen Beziehungen ein Wandel wahrscheinlich. Manchmal wurde vermutet, Gromykos Prägung werde im MID als Folge der Unerfahrenheit seines
Nachfolgers noch lange fortwirken.

Wenn auch die SED auf einen anderen Generalsekretär (Romanow, Gri-
schin) gesetzt hatte, zeigte man sich von der Wahl Gorbatschows dennoch
erleichtert. Ein neuer Anfang schien möglich. Honecker setzte auf seine Erfahrung, der Gorbatschow anfangs durchaus Tribut zollte. Bei ersten Telefo-
naten und Begegnungen versicherte Gorbatschow Honecker unverdrossen,
die sowjetische Politik werde sich nicht ändern.[22] Das Modell des marxi-

---

[20] Vgl. Gorbatschow: Erinnerungen, a. a. O. (wie Anm. 15), S. 701. Die Formulierung von
den zwei deutschen Nationen geht auf Semjonow zurück, wurde aber zuerst von der ZK–Verbindungsabteilung zurückgewiesen und 1971 von der SED–Führung ausformuliert. Ulbricht
hatte sie zuvor nicht akzeptiert, weil er negative Folgen für die Legitimation der DDR fürchtete.

[21] Pravda vom 15.3.1985.

[22] Gorbatschow in einem Telefongespräch am 12.3.1985, in: SAPMO–BArch, DY 30/J IV
2/2A/2739; Vermerk über das multilaterale Treffen am 14.3.1985, in: ebd.

stisch–leninistischen Sozialismus sei das einzig gültige.[23] Am Rande des XXVII. Parteikongresses der KPdSU Anfang 1986 beklagten beide Partei-chefs unisono, die BRD–Außenbeziehungen würden die "destruktive Politik der USA" unterstützen.[24] Ähnliche Töne waren auch von der Tribüne des XI. Parteitages der SED zu hören.[25] Dennoch hatte Gorbatschow zu dieser Zeit bereits einige positive Signale ausgesandt, die darauf hindeuteten, die sowjetische Führung überdenke ihr Verhältnis zu Bonn.

Unabhängig davon setzten bei Honecker bereits mit dem XXVII. Partei-tag der KPdSU erste Irritationen ein, die mehr dem Stil als den Inhalten der Politik des KPdSU–Generalsekretärs galten. Honecker, geleitet vom In-stinkt, vermißte an Gorbatschow politische Kompetenz und Konsequenz.[26] Darüber hinaus hielt er sich ohnehin für den überlegenen deutschlandpoliti-schen Strategen. Von vorsichtigen Korrekturen des bilateralen Verhältnisses Moskaus zu Bonn hätte er durchaus profitieren wollen. Doch Gorbatschow verbot ihm erneut die erhoffte Reise in die Bundesrepublik. Zu dieser sollte es erst Anfang September 1987 kommen.[27]

4. Neue Akzentsetzungen

Bereits zwischen den beiden Parteitagen hatte sich am 27. März 1986 eine Politbürositzung mit den Beziehungen zur BRD befaßt. Dabei kennzeichnete Gorbatschow die bisherige Linie der Zurückhaltung gegenüber Bonn bei Fortführung der ertragreichen Wirtschaftskontakte als durchaus richtig. Nach Angaben Kwizinskijs habe der Generalsekretär der KPdSU allerdings ausgeführt, es "könne so aber nicht weitergehen. Die Bundesrepublik sei nun einmal der führende Staat Westeuropas auf wirtschaftlichem und militäri-schem Gebiet und von daher ein potentieller Partner der Sowjetunion ... Man müsse die Wende jedoch allmählich vollziehen."[28] Besuche auf höchster Ebene vor den Bundestagswahlen im Januar 1987 lehnte der Generalsekre-tär weiterhin ab, offensichtlich um der SPD, auf die er setzte, nicht zu scha-den.[29] Es bleibt daher fraglich, ob man unter diesem Blickwinkel die Auffas-

---

[23] Vermerk über das Treffen Gorbatschows mit Honecker in Moskau am 5.5.1985, in: SAPMO–BArch, DY 30/J IV 2/1/631, S. 27 f.

[24] Pravda vom 28.2.1986.

[25] Neues Deutschland vom 23.4.1986.

[26] SAPMO–BArch, DY 30/J IV 2/2.035/58 (Teilbestand Axen), Bl. 135–147.

[27] Nakath, D.; Stephan, G.–R. (Hrsg.): Von Hubertusstock nach Bonn, Berlin 1995; dies. (Hrsg.): Countdown zur deutschen Einheit, Berlin 1996.

[28] Kwizinskij: Vor dem Sturm, a. a. O. (wie Anm. 17), S. 397.

[29] Information über das Treffen Honeckers mit Gorbatschow am 20.4.1986, in: SAPMO–BArch, DY 30/41666 (vorl. SED), S. 27, 29.

sung vertreten kann, die erste Phase von Gorbatschows Deutschlandpolitik
sei bereits durch den Zusammenprall von Reformabsichten und inneren politischen Begrenzungen bestimmt worden.[30]

Da die Bundesregierung eine wichtige Rolle bei der Durchsetzung der
US–Strategie übernommen hatte, wurde Außenminister Genscher bei seinem Besuch im Juli 1986 von Gorbatschow hart angenommen. Andererseits
sah man in ihm eine Persönlichkeit, die sich stets für die strikte Einhaltung
des Moskauer Vertrages eingesetzt hatte.[31] Insofern bereitete das Treffen
Gorbatschow–Genscher am 21. Juli 1986 zumindest die "neue Seite" vor, die
in den bilateralen Beziehungen erst später aufgeschlagen werden konnte. Immerhin wurde erstmals Berlin (West) mittels der berühmten "Sternchenlö-
sung" in die unterzeichneten Abkommen einbezogen.[32] Tatsächlich ent-
krampfte sich unter dem Einfluß des neuen Botschafters in Bonn, Kwizinskij,
auch das Verhältnis zur CDU/CSU und im September wurde in Moskau
erstmals eine Rede des Bundeskanzlers positiv vermerkt.[33]

Zu einer schweren Eintrübung kam es aber bereits Ende Oktober 1986,
und zwar als Folge eines Interviews, das Kohl einem amerikanischen Nachrichtenmagazin gewährt hatte.[34] Gorbatschow zeigte sich über den darin ge-
zogenen Vergleich mit NS–Propagandaminister Goebbels empört. Möglicherweise reagierte der Generalsekretär aber auch enttäuscht, weil er annehmen mußte, es gebe in der Bonner politischen Klasse eine vorherrschende
Auffassung, die neue sowjetische Führung meine es mit der Umgestaltungs-
strategie nicht ernst und müsse daher vom Westen keineswegs unterstützt
werden. Die CDU–geführte Regierung schien somit aus Moskauer Sicht weiterhin kein Partner zu sein, der im Sinne der Konfliktlösung und Abrüstung
auf die Reagan–Regierung Druck ausüben würde. Dennoch suchte zumindest der UdSSR–Außenminister schon im November 1986 nach einem Ausweg, um den über Bonn diplomatisch verhängten Bannstrahl abzumildern.[35]

---

[30] So die These von Shumaker: Gorbachev and the German Question, a. a. O. (wie Anm.
2), S. 37; Kwizinskij zumindest beschreibt die Vorbehalte und Zweifel, die "Gorbatschow und
viele Mitglieder des Politbüros" z. B. selbst gegen einen der Architekten deutscher Entspannungspolitik, Außenminister Genscher, hegten, ganz ausdrücklich, vgl. Kwizinskij: Vor dem
Sturm, a. a. O. (wie Anm. 17), S. 408.

[31] Aus deutscher Sicht Genscher, H.–D.: Erinnerungen, Berlin 1995, S. 490 ff; Kwizinskij:
Vor dem Sturm, a. a. O. (wie Anm. 17), S. 408.

[32] Vgl. den Kommentar aus deutscher diplomatischer Sicht: Dreher, K.: Berlin in ein
Kunstwerk eingebaut, in: Süddeutsche Zeitung vom 23.7.1986, S. 3.

[33] Izvestija vom 20.9.1986.

[34] Vgl. Newsweek, Jg. 108, No. 17, vom 27.10.1986, S. 19 f.

[35] So Genschers Eindruck bei seinem Zusammentreffen mit Schewardnadse in Wien am
4.11.1986. Beide Diplomaten hatten seit dieser Zeit offenkundig Vertrauen zueinander gefaßt,
vgl. Genscher: Erinnerungen, a. a. O. (wie Anm. 31), S. 520. Die sowjetische Führung hatte
beschlossen, dem Bundeskanzler eine Lektion zu erteilen und die zuvor vereinbarten Kontakte
bis nach den Bundestagswahlen auszusetzen, vgl. Tschernajew, A.: Die letzten Jahre einer

Um die Beziehungen auch optisch zu reparieren, schlug Kwizinskij seinem Minister nach eigenen Angaben am Rande einer Politbürositzung Anfang Januar 1987 vor, doch wenigstens den deutschen Bundespräsidenten in Moskau zu empfangen. Der Botschafter wurde in der Tat instruiert, den Kontakt zum Kanzler noch vor Abschluß der Bonner Koalitionsverhandlungen erneut zu verstärken.[36] Auch der ZK–Apparat ließ verlautbaren, die vom Genscher–Besuch ausgegangenen positiven Signale wirkten weiter.[37] Gleichwohl erreichten den sowjetischen Botschafter in Bonn Telegramme, in denen gefordert wurde, den Deutschen gegenüber keine Nachsicht walten zu lassen. Offensichtlich rangen in Moskau mehrere Denkschulen miteinander. Nach dem Urteil Genschers schien auch Gorbatschow noch zu schwanken.[38]

5. Annäherung und Distanz

Die Weizsäcker–Visite vom 6. bis 11. Juli 1987 gab später den Hintergrund dafür ab, daß behauptet werden konnte, Gorbatschow habe schon zu diesem Zeitpunkt die deutsche Frage wieder für offen erklärt. In der Tat aber hatte der Generalsekretär nur ausgeführt: "Was mit ihnen in hundert Jahren sein wird, entscheidet die Geschichte ... Die beiden deutschen Staaten sind politische Realität." Alle Versuche, die geschlossenen Verträge auszuhöhlen, seien scharf zu verurteilen. Die Sowjetunion achte die Deutschen in beiden Staaten: "Die Geschichte werde ihr Urteil sprechen."[39] TASS interpretierte, Gorbatschow habe deutlich gemacht, die deutsche Frage sei nicht mehr als offen zu betrachten. Für Tschernjajew war jedoch wesentlich, daß der Parteichef "die Wiedervereinigung nicht ausschloß".[40] Ähnlich sah es auch der deutsche Außenminister.[41] Tatsächlich war die Begegnung durchaus kompliziert verlaufen. So brach es aus Gorbatschow nach einem Plädoyer des deutschen Präsidenten für den asymmetrischen Abbau von Waffen heraus, er wolle keine weiteren Übersetzungen aus dem Englischen ins Deutsche mehr hören. Er drohte sogar mit der weiteren Vertagung des bilateralen Verhältnisses.[42]

Weltmacht. Der Kreml von innen, Stuttgart 1993, S. 228; Kwizinskij: Vor dem Sturm, a. a. O. (wie Anm. 17), S. 415 f.

[36] Am 16. Februar traf Botschafter Kwizinskij mit Kohl im Bundeskanzleramt zusammen, vgl. Frankfurter Allgemeine Zeitung vom 18.2.1987; Die Welt vom 18.2.1987.

[37] s. den Beitrag von Sagladin im DKP–Organ: Unsere Zeit vom 20.2.1987.

[38] Genscher: Erinnerungen, a. a. O. (wie Anm. 31), S. 543.

[39] Tschernjajew: Die letzten Jahre, a. a. O. (wie Anm. 35), S. 144.

[40] Černjaev: Šest' let s Gorbačevym, a. a. O. (wie Anm. 13), S. 154.

[41] Genscher: Erinnerungen, a. a. O. (wie Anm. 31), S. 544.

[42] Genscher: ebd., S. 543; Kwizinskij: Vor dem Sturm, a. a. O. (wie Anm. 17), S. 419 f.

Zwar versachlichte sich nach dem Präsidentenbesuch die Berichterstattung in den sowjetischen Medien, doch übte die sowjetische Diplomatie weiterhin Druck in sicherheitspolitischen Fragen aus, um einen einseitigen Verzicht auf die in deutschem Besitz befindlichen Pershing–1–A–Raketenwerfer zu erzwingen und somit Gorbatschow und Reagan am 8. Dezember 1987 die Unterzeichnung des INF–Abkommens zu ermöglichen. Die kaum zu überschätzende Entscheidung des Kanzlers, sich der Raketen zu entledigen, die expandierenden deutsch–sowjetischen Wirtschaftsbeziehungen sowie das zunehmend positive Echo in Bonn auf Gorbatschows innenpolitische Strategie nach den ZK–Plenartagungen vom Januar und Juni 1987 förderten eine Neubewertung der Rolle der Bundesrepublik in einem gesamteuropäischen Haus. Dieses Modell hatte zwar nicht die völlige Aufhebung der sozialen Teilung des Kontinents, aber doch die der Trennung der Völker zum Ziel.[43]

Die SED–Führung dagegen hatte sich durch die anfänglich positive Moskauer Einschätzung ihrer Wirtschaftsstrategie sowie durch Signale neuer Blocksolidarität eher bestätigt gefunden. Erste sowjetische Darlegungen "neuen Denkens" schienen sogar auf eine nachträgliche Rechtfertigung Honeckerscher Westpolitik zu deuten. Je mehr die KPdSU aber ihre Beschleunigungsstrategie mit Elementen der Glasnost unterlegte, um so mehr ging Honecker persönlich auf Distanz. Die Haltung sowjetischer Intellektueller, die in westlichen Medien auftraten, und denen Gorbatschow trotz Ermahnung Honeckers hinter geschlossenen Türen den Mund nicht verbieten mochte, verstärkten bei der SED–Führung die Furcht vor unkalkulierbaren Risiken aus Moskau.[44] Die SED versuchte zunehmend, ihre eigene "nationale" Strategie zu postulieren, ohne dies schon im Herbst 1986 publik zu machen. Erst nach der auf dem Januar–Plenum 1987 erfolgten Ankündigung, mit der Demokratisierung des sowjetischen Regimes zu beginnen, wurde die entschlossene Abwehr der SED unübersehbar.[45] Der zentrale Berliner Apparat befahl den Funktionären, die Übernahme der "Erfahrungen anderer Bruderparteien" abzuwehren.[46] Die SED solle keinesfalls die in der Sowjet-

---

[43] XIX. Vsesojuznaja konferencija KPSS, 28. ijunja–1. ijulja 1988 goda. Dokumenty i materialy, Moskau 1988. In der DDR wurden diese Materialien, d. h. der Bericht des Generalsekretärs sowie dessen Ansprache und Schlußrede wie auch sieben Entschließungen, nur von der Presseagentur Novosti vertrieben und als subversive Kostbarkeit weitergegeben.

[44] Der erste Analytiker, der auf den frühen Konflikt zwischen Honecker und Gorbatschow hinweist, ist Küchenmeister, D.: Bruchstelle Deutschlandpolitik, in: Neues Deutschland vom 18.12.1992, S. 11; vgl. auch ders. (Hrsg.): Honecker–Gorbatschow: Vieraugengespräche, Berlin 1993; Niederschrift über das Gespräch Honeckers mit Gorbatschow am 3. Oktober 1986, in: SAPMO–BArch, DY 30/J IV 2/2A/2937, S. 34–44.

[45] Vgl. Honeckers Rede von der Beratung des ZK–Sekretariats mit den 1. Sekretären der Kreisleitungen, in: Neues Deutschland vom 7./8.2.1987, S.3–11.

[46] Gorbatschows Bericht vor dem Politbüro des ZK der KPdSU wurde in der DDR zuerst nur in verkürzter Form wiedergegeben, später in der Langfassung aber als Broschüre nachgereicht.

union um sich greifende Kritik am Stalinismus übernehmen.[47] Treffen Honeckers mit Jakowlew kreisten im wesentlichen um das sich ändernde Geschichtsverständnis in der Sowjetunion, ein zweifellos für beide Parteien zuvor wesentliches Legitimationsmoment. Die Dialoge glichen einem Schattenboxen, einem Dialog unter Taubstummen. Aber dafür war weniger Honecker als der zurückhaltende Jakowlew verantwortlich, der im August 1987
in Berlin versicherte: "Die Übereinstimmung der Ziele sei die Garantie dafür, daß man auch künftig stets eine gemeinsame Sprache, gegenseitiges Verständnis finden und gemeinsam voranschreiten werde."[48]

Honecker war möglicherweise dennoch einer der ersten in Mitteleuropa,
der nicht nur intuitiv verstand, daß Gorbatschows Politik eine Rechtsabweichung vom Leninismus bedeutete.[49] Die SED glaubte sich jedoch in ihrem
selbstbewußten Kurs bestätigt, als der sowjetische Parteichef auf der Außerordentlichen Tagung des RGW in Moskau im November 1986 unterstrich,
jede regierende Partei habe die alleinige Verantwortung für die eigenständige nationale Linie, was die Solidarität mit den anderen Parteien nicht ausschließe.[50] Die SED–Führung spürte, daß Gorbatschow zwar an einer freiwilligen Übernahme seiner Vorstellungen gelegen war, daß er aber bei einem etwaigen Scheitern der jeweiligen nationalen Strategie nicht mehr bereit
war, militärisch zu intervenieren. Möglicherweise hatte er sich innerlich
schon von Anbeginn seiner Amtszeit von der Breshnew–Doktrin verabschiedet, zog es jedoch aus taktischen Gründen vor, die Verbündeten darüber im
Ungewissen zu lassen. Die SED jedenfalls schlußfolgerte, das eigene Regime
durch einen flächendeckenden Ausbau der Staatssicherheit, verbunden mit
der Fortführung der kostenträchtigen Sozialpolitik, abzusichern.

---

[47] Vgl. hierzu Arnold, O.; Modrow, H.: Das große Haus. Struktur und Funktionsweise des
ZK, in: Modrow, H. (Hrsg.): Das große Haus. Insider berichten aus dem ZK der SED, Berlin
1994, S. 28 f.

[48] Jakowlew war während seines Urlaubs mit Honecker am 7. August 1987 in Berlin zusammengetroffen, vgl.: SAPMO–BArch, DY 30/J IV/892 (Teilbestand Büro Honecker), S. 1. Der
SED–Generalsekretär hatte diese Bemerkung persönlich unterstrichen und die 14–seitige Aktennotiz an alle Mitglieder und Kandidaten des PB am 10. August weitergereicht. Sie lag auch
den ZK–Mitgliedern und –Kandidaten vor, vgl.: SAPMO–BArch, DY 30/J IV 2/1/671.

[49] Krenz berichtet, Honecker habe bereits bei der Diskussion des von ihm und seinen Mitarbeitern angefertigten Papiers zur Analyse des Januar–Plenums des ZK der KPdSU 1987 bezweifelt, daß die "Politik Gorbatschows auf Lenin zurückgeht", vgl. Krenz, E.: Wenn Mauern
fallen, Wien 1990, S. 24.

[50] Niederschrift über das Treffen führender Repräsentanten der RGW–Mitgliedsländer,
10. und 11. November 1986 in Moskau, in: SAPMO–BArch, DY 30/J IV 2/1/658, insbes. Bl.
172. Die Tagung wurde jedoch mit einer orthodoxen Stellungnahme gewürdigt. In ihr wurde
zur Stärkung der "Einheit und des Zusammenhalts" des Blocks auf der Grundlage des "proletarisch–sozialistischen Internationalimus" aufgerufen, vgl. Pravda vom 15.11.1986, S. 1.

6. Normalisierung der Beziehungen Moskau–Bonn

Reagan hatte schon Ende 1983 — nach dem sowjetischen KAL–Abschuß und Moskauer Ängsten vor amerikanischen Aggressionen — die US–Diplomatie dialektischer angelegt und zusätzlich zu einer Politik des "peace–through–strength" Kooperationsinitiativen Washingtons angekündigt. Auch die sowjetische Menschenrechtspolitik, die für die USA mehr als für die Europäer eine Art Test hinsichtlich der Glaubwürdigkeit sowjetischer Entspannungspolitik bedeutet hatte, zeigte seit Dezember 1986 an, daß das "evil empire" Geschichte wurde. Moskau und Washington begannen ihre gemeinsamen Interessen in Verträge zu gießen. Mit den Vereinigten Staaten hatte Moskau Anfang Dezember 1987 das INF–Abkommen geschlossen. Aus der "Lokomotive des Militarismus" (Gorbatschow) war in der zweiten Amtszeit Reagans ein ernsthafter Partner geworden. Und auch in Washington verstand man endlich, daß Gorbatschow für den Westen einen Glücksfall darstellte.

Um so mehr blieb der KPdSU–Generalsekretär mit Blick auf die Behandlung beider deutschen Staaten lange Zeit verunsichert. Erst das Jahr 1988 sollte sich als Wendepunkt sowjetischer Deutschlandpolitik erweisen. Merkbar begann sich das Schwergewicht sowjetischer Avancen auf die Bundesrepublik Deutschland zu konzentrieren. Die Neubewertung der politischen Kräfte Bonns zeigte sich beim Verlauf des Besuchs von Ministerpräsident Strauß in Moskau vom 28. bis 31. Dezember 1987. Dieser hatte lange Zeit als Exponent des deutschen Revanchismus gegolten. Unvergessen war, daß er die DDR–Wirtschaft durch die Einfädelung von zwei Milliarden–Krediten 1983 und 1984 vor dem Absturz gerettet hatte. Nunmehr sah man in ihm einen flexiblen Strategen des Konservatismus, hinter dem die deutsche Wirtschaft stand, den zu gewinnen sich aus mehreren Gründen lohnte. Ihm folgte sein baden–württembergischer Amtskollege Späth, der vom 8. bis 11. Februar 1988 nach Moskau eingeladen wurde.[51] Honecker gegenüber wurde die "wesentliche Aktivierung unserer Beziehungen, einschließlich des politischen Bereichs", mit der angeblichen "Unzufriedenheit der westdeutschen politischen Klasse, als Juniorpartner der USA vorgeführt zu werden", gerechtfertigt.[52]

Der Besuch Schewardnadses vom 17. bis 19. Januar 1988, der erste eines sowjetischen Außenministers in Bonn nach mehr als einem halben Jahrzehnt, illustrierte, daß Moskau nunmehr die diplomatischen Beziehungen zu

---

[51] Zum Verlauf des Späth–Besuchs und dessen Bemühungen, ein Treffen von Kohl mit dem Generalsekretär zustande zu bringen, vgl. Gorbatschow: Erinnerungen, a. a. O. (wie Anm. 15), S. 702 f. Tatsächlich hatte sich letzterer bereits zu dieser Zeit auf eine Begegnung mit dem Kanzler festgelegt.

[52] Vgl. Mitteilung vom 25.1.1986, in: SAPMO–BArch DY 30/J IV 2/2A/3092.

Bonn ernsthaft aufwerten wollte. Der sowjetische Außenminister rückte die Bundesrepublik in ein positives Licht, als er deren Beitrag beim Zustandekommen des INF–Abkommens würdigte. Anschließend häuften sich Pressestimmen, die Verständnis für die Bewußtseinslage der Deutschen und für die Institutionen der BRD zeigten.[53] Dabei wurde deutlich, daß man sich in der Umgebung Gorbatschows von der Berliner Mauer zu distanzieren begann.[54] Sollte auf die DDR Druck ausgeübt werden, ihr Grenzregime zu verändern? In Ost–Berlin wurden die Signale aus Moskau so interpretiert, als würde Gorbatschow sich anschicken, das DDR–Regime zu destabilisieren. Nach außen jedoch bezeugten beide Seiten weiter politische Solidarität.

7. Änderungen sowjetischer Prioritäten in der Deutschland–Politik

Am 24. Oktober 1988 trafen endlich Gorbatschow und Kohl im Katharinensaal des Kreml zusammen. Tschernjajew hatte den Generalsekretär einen Tag zuvor noch gewarnt, zwar sei die Bundesrepublik, nicht aber der Bundeskanzler bereit, "uns tatkräftig zu unterstützen".[55] Gorbatschow warb daher in seinen einleitenden Worten um das Vertrauen seines Gegenüber. Doch Kohl, Genscher und in deren Begleitung mit Scholz erstmals ein deutscher Verteidigungsminister waren ohnehin bereit, auf die sowjetische Führung zuzugehen. Das Verhandlungsgeschick des Kanzlers imponierte dem ersten Mann der Sowjetunion, und zwar "sowohl in rein menschlicher als auch in sachlicher Hinsicht ..."[56] Tschernjajew wiederum, persönlicher Berater des Generalsekretärs, war von seinem Partner Teltschik mehr als angetan.[57] Die Position, die Gorbatschow und seine Umgebung hinsichtlich der deutschen Frage und des Berlin–Status bezog, blieb allerdings traditionell. Glaubte man zu dieser Zeit mit Blick auf die sowjetischen Sicherheitsinteressen noch an die Wünschbarkeit der deutschen Teilung? Ostberlin wurde dies jedenfalls unentwegt versichert.

In der Hauptstadt der DDR war die SED–Führung immer deutlicher von Gorbatschows Perestrojka abgerückt. Zunehmend zeigten sich die DDR–Oberen von den Enthüllungen sowjetischer Intellektueller über die Verbrechen Stalins empört, entzogen sie der DDR doch den Übervater. Bis dahin

---

[53] Počivalov, L., in: Literaturnaja gazeta, N. 29, 1988, S. 14; Portugalov, N., in: Moskovskie novosti, N. 43, 1988, S. 1 und 6; Fremkin, A., in: Literaturnaja gazeta, N. 42, 1988, S. 14.

[54] Vgl. Daschitschew, W., in: TAZ vom 9.6.1988; ders., in: Der Spiegel, Nr. 27, 1988; Jakowlew im Presseclub der ARD am 8.1.1989; Schewardnadse am Rande der KSZE–Folge–Konferenz, FAZ vom 23.1.1989; ders. im Sowjetischen Fernsehen am 18.2.1989.

[55] Tschernjajew: Die letzten Jahre, a. a. O. (wie Anm. 35), S. 228.

[56] Gorbatschow: Erinnerungen, a. a. O. (wie Anm. 15), S. 704.

[57] Tschernjajew: Die letzten Jahre, a. a. O. (wie Anm. 35), S. 229.

hatte die SED sowohl nach 1956 als auch nach 1961 eine ernsthafte Debatte über Stalins Rolle vermeiden können. Jetzt brach diese in Form von Artikeln und Filmen aus der UdSSR selbst über Ostberlin herein. Die SED–Agitation reagierte mit Verboten und Zensur. Honecker und sein Agitationssekretär Herrmann bemühten sich, die Reformstrategie Gorbatschows abzuwerten, setzten auf einen "Sozialismus in den Farben der DDR", proklamierten damit die verstärkte Abkoppelung von der Sowjetunion, zumindest ihrer Perestrojka.[58] Im Januar 1988 war erstmals die deutsche Ausgabe der Moskauer Zeitschrift "Neue Zeit" nicht mehr den Abonnenten ausgeliefert worden. Statt dessen hatte man im April 1988 die Plattform der Gorbatschow–Gegner unter die Parteibasis gebracht. Um so mehr verunsicherte die im Herbst 1988 auf sowjetischer Seite vorgenommene Absage an den internationalen Klassenkampf, die eine Neubewertung der sowjetischen Sicherheitsinteressen ausdrückte. Der angekündigte Abzug aus Afghanistan zeigte überdies an, daß das eiserne Gesetz, ein Land nicht aufzugeben, welches die Sowjets kontrollierten, nicht mehr galt (Gesetz der Irreversibilität des historischen Fortschritts).

Das Treffen Gorbatschows mit Kohl in Moskau im Oktober 1988 sowie die Zügigkeit bilateraler Vorbereitungen des Gegenbesuchs hatten die sowjetische Führungsequipe überzeugt, die BRD sei einerseits bereit, die sowjetischen Reformen materiell zu unterstützen, und würde andererseits die sowjetische Außenpolitik nicht übermäßig durch eigensinnige deutsche Interessenvertretung, z. B. in der Berlin–Frage, überfordern.[59] Zudem hatte sich der deutsche Kanzler bereit gezeigt, die nukleare Abschreckung herabzustufen und auf die Modernisierung der Lance–Raketen zu verzichten. Überwältigend war der Empfang, den die Bevölkerung westdeutscher Städte und Betriebe den sowjetischen Gästen im Juni 1989 bereitete. Die ganze Bevölkerung schien von einer "Gorbimanie" ergriffen. Aber auch die Begleitung Gorbatschows durch 67 Delegationsmitglieder zeigte an, für wie bedeutend die sowjetische Seite diesen Besuch hielt. Manche schwärmten aus, um an verschiedenen Orten der BRD für ein neues Verständnis der UdSSR auftragsgemäß zu werben.

Noch nachhaltiger als ein dreiviertel Jahr zuvor wirkten vor diesem Hintergrund die persönlichen Begegnungen mit dem Kanzler, dem Vizekanzler und dem Kanzlerberater Teltschik. Männerfreundschaften wurden fernab jeglichen Protokolls geknüpft oder gefestigt, die spätere Entscheidungen er-

---

[58] Vgl. Neues Deutschland vom 2./3.4.1988; dass. vom 24.11.1988; Aus dem Bericht des Politbüros an das 7. ZK–Plenum, in: dass. vom 2.12.1988, S. 3.

[59] Teltschik, H.: Die Reformpolitik Gorbatschows und die Perspektiven der Ost–West–Beziehungen, in: Außenpolitik, Jg. 40, No. 3, 1989, S. 211–225; Hatschikjan, M. A.; Pfeiler, W.: Deutsch–sowjetische Beziehungen in einer Periode der Ost–West–Annäherung, in: Deutschland Archiv, Jg. 22, No. 8, 1989, S. 883–889.

leichtern und abfedern sollten.[60] Niemand sollte die emotionelle Seite dieser Tage in der Bundesrepublik unterbewerten. Schließlich handelte es sich um Repräsentanten von Nationen, die Weltgeschichte geformt und erlitten hatten. Was die praktische Seite anging, so wurden während der Begegnung elf Abkommen unterzeichnet, die schon beim Kohl–Besuch in Moskau vorbereitet worden waren. Das wichtigste neue Element der Beziehungen bildete jedoch die "Gemeinsame Erklärung", die über das bilaterale Verhältnis hinauswies. Der Kanzler urteilte später: "Sichtlich beeindruckt erklärte Gorbatschow am Ende seines Besuchs den Kalten Krieg zwischen der Sowjetunion und der Bundesrepublik Deutschland für beendet und sprach von einer neuen Qualität der bilateralen Beziehungen."[61] Tschernjajew meint, das wichtigste Ergebnis des Besuches sei gewesen, daß man jetzt auch in der DDR "oben und unten" verstanden habe, daß für die sowjetische Deutschlandpolitik nunmehr das Verhältnis zur BRD Priorität habe. Doch illustrierte nicht nur die "Gemeinsame Erklärung" vom Juni 1989, sondern auch Gorbatschows Auftritt in Straßburg Anfang Juli sowie das folgende Treffen des Warschauer Pakts in Bukarest, wie sehr sich das neue Denken in Theorie und Praxis sowjetischer Außenpolitik durchgesetzt hatte.

Trotzdem hielt die sowjetische Führung bei der Begegnung in Bonn an der DDR–Existenz fest und versuchte, Erwartungen auf eine schnelle Überwindung der deutschen Teilung zu dämpfen. Honecker konnte Ende Juni 1989 von Gorbatschow hören, die Haltung der Sowjetführung zur DDR bleibe unverändert. Er, Gorbatschow, habe in Bonn eine klare Grenze gezogen und den "Vertretern der BRD klargemacht, was passiere, wenn sie frech würden und sich einmischen. Daran könne man sie gelegentlich erinnern". Honecker versicherte im Gegenzug, die sowjetische "Umgestaltung werde voll unterstützt".[62] Einmal mehr wurden Beweise geliefert, daß man den anderen nicht völlig ins Bild setzte, wurden in esoterischer Sprache neue Akzentsetzungen verhüllt.

---

[60] Zur Beurteilung des Gorbatschow–Besuchs aus russischer Sicht vgl. Gorbatschow: Erinnerungen, a. a. O. (wie Anm. 15), S. 706 ff. Besonders hilfreich war, daß der Bundeskanzler die von Gorbatschow erbetene Soforthilfe gewähren konnte. Über das erstaunlich persönlich geführte Gespräch im Park des Bundeskanzleramtes berichtet der Bundeskanzler, vgl. Kohl, H.: "Ich wollte Deutschlands Einheit", dargest. v. Diekmann, K.; Reuth, R.–G., Berlin 1996, S. 45 f.

[61] Kohl: ebd., S. 47.

[62] Niederschrift über das Treffen Gorbatschow–Honecker am 29. Juni 1989 in Moskau, in: SAPMO–BArch, DY 30/J IV 2/2 A/3226, S. 18 f.

8. Vorbereitungen zum letzten Gefecht

Gleichwohl war Gorbatschow zu dieser Zeit über die Entwicklungen in der DDR besorgt — Ostberlin hatte die brutalen chinesischen Menschenrechtsverletzungen auf dem Tienanmen auffällig deutlich gebilligt — und ließ über seinen Botschafter Kotschemassow ausrichten, man müsse wie "aus der polnischen Ecke" sehen, was "gemeinsam mit der DDR getan werden" könne.[63] Honecker hatte die bedrohlichen sowjetischen Zeichen gedeutet. Er bereitete sich auf das letzte Gefecht vor: eine Grundsatzdiskussion mit dem KPdSU–Generalsekretär bei der folgenden Warschauer–Pakt–Tagung am 7. Juli 1989.[64] Es war jedoch symptomatisch, daß es hierzu nicht kommen konnte, da der SED–Chef wegen einer schweren Gallenkolik aus Bukarest ausgeflogen werden mußte und bis zu seinem Rücktritt auf der Politbürositzung am 17. Oktober 1989 niemals mehr voll belastbar erschien. Stattdessen breitete sich in der DDR der Monate Juli bis September Agonie aus.[65]

DDR–Bürger flohen zu Zehntausenden über osteuropäische Staaten in die Bundesrepublik. Im Mai 1989 hatten die ungarischen Kommunisten die Grenze nach Österreich für ihre Bürger geöffnet. Am 25. August trafen sich Ministerpräsident Nemeth und Außenminister Horn im Schloß Gymnich zu einer zuvor geheim gehaltenen Begegnung mit Kohl und Genscher.[66] Nemeth muß sich völlig im klaren gewesen sein, daß die ungarische Regierung durch die Gewährung von Ausreisemöglichkeiten das nach damaligem sozialistischen Völkerrechtsverständnis mit der DDR geschlossene Abkommen brach.[67] Die entscheidende Frage war, wie sich Moskau verhalten würde.[68] Der Bundeskanzler verschaffte sich Klarheit, als er mit Gorbatschow telefonierte. Der Kanzler wörtlich: "Ich berichtete ihm, was ich mit Miklós Nemeth und Gyula Horn besprochen hatte, und fragte, ob sie seine Unterstützung hätten. Gorbatschow schwieg zunächst. Dann antwortete er: 'Die Ungarn

---

[63] Kotschemassow, W.: Meine letzte Mission, Berlin 1994, S. 156.

[64] So das Zeugnis seines letzten Verteidigungsministers Keßler, H.: Zur Sache und zur Person, Berlin 1996, S. 246 f. Vgl. die Rede Gorbatschows auf der Bukarester WV–Konferenz, in: BArch, DC 20/4302 (Ministerrat der DDR), Bl. 39–74. Die Positionspapiere der DDR für diese Juli–Tagung finden sich in den Unterlagen des ehemaligen Ministerratsvorsitzenden Stoph.

[65] Zum Verfall der DDR s. u. a. Wettig: Niedergang, a. a. O. (wie Anm. 6), S. 379 ff.; Hertle, H.–H.: Der Fall der Mauer, Opladen 1996, Kap. 2, S. 75 ff.

[66] Genscher: Erinnerungen, a. a. O. (wie Anm. 31), S. 639 f. Modrow meint, die Ungarn hätten sich die Grenzöffnung durch einen später gewährten Kredit in Höhe von 500 Mio. DM "honorieren lassen", vgl. Modrow, H.: Aufbruch und Ende, 2. Aufl., Hamburg 1991, S. 24.

[67] Kohl: a. a. O. (wie Anm. 60), S. 72. Aus ungarischer Sicht vgl. Horn, G.: Freiheit, die ich meine, Hamburg 1991, S. 308 ff. Horn schreibt, daß die Sowjets zuvor nicht nur von Budapest informiert wurden, "aber schon lange von unserem Vorhaben wußten ... Meiner Meinung nach hätten Gorbatschow und Schewardnadse unserer Entscheidung zugestimmt", ebd., S. 326.

[68] Schließlich wirkten die Erinnerungen von 1956 nach. Moskau hatte zudem noch 65.000 sowjetische Soldaten, darunter zwei Panzer– und zwei Motor–Schützendivisionen auf ungarischem Boden stationiert, vgl. The Military Balance 1989–1990, London 1989, S. 40.

sind gute Leute' — nicht mehr und nicht weniger. Für mich war klar, daß der ungarische Ministerpräsident und sein Außenminister nicht auf eigene Faust handelten, sondern daß sie sich des 'Segens' aus Moskau sicher waren."[69] Als Konsequenz davon öffneten die Ungarn am 11. September 1989 ihre Grenze auch für fluchtwillige DDR–Bürger. Zu dieser Zeit weilten dort mehr als 100.000 ostdeutsche Touristen. Doch wie verzweifelt sowohl ZK–Sekretär Mittag, der den erneut erkrankten Honecker vertrat, als auch DDR–Außenminister Fischer die widerborstigen Ungarn bedrängten, die ungarisch–österreichischen Schlagbäume blieben offen.[70] Aus der sowjetischen Akzeptanz des Budapester Handelns ergaben sich weitgehende Konsequenzen, da die Fluchtwelle eine der wichtigsten Voraussetzungen für den Zusammenbruch der DDR schuf.[71] Gleichwohl signalisierte die sowjetische Führung unverdrossen ihre Solidarität mit der amtierenden Honecker–Führung. Ligatschow, der vom 12. bis 15. September in der DDR weilte, ließ sich vernehmen, "jene, die die Souveränität der sozialistischen DDR antasten wollen, wissen, daß die Sowjetunion der feste Freund und zuverlässige Verbündete der DDR ist."[72] Schewardnadse beklagte vor der UN–Vollversammlung am 26. September 1989 in einer ungewöhnlich scharfen Rede, daß "fünfzig Jahre nach Ende des Zweiten Weltkriegs einige Politiker ihre Lektionen vergessen" hätten. Die Kräfte des Revanchismus versuchten, die Nachkriegsrealitäten zu zerstören. Es sei die Aufgabe der sowjetischen Diplomatie, jene zu warnen, die — bewußt oder unbewußt — solche Kräfte ermunterten.[73] Um die Situation zu entdramatisieren, suchte der sowjetische Außenminister gemeinsam mit seinen beiden deutschen Amtskollegen, Auswege aus den Botschaftsbesetzungen in osteuropäischen Hauptstädten, z. B. in Prag, zu weisen.[74]

Im Machtzentrum Moskaus nahm die Beunruhigung über die Lage in der DDR weiter zu. Das KGB berichtete zur Vorbereitung des Gorbatschow–Besuchs in 30 Einzelstudien alarmierende Fakten über die Situation in der

---

[69] Kohl: a. a. O. (wie Anm. 60), S. 75.

[70] Die Auseinandersetzungen zwischen der SED und der USAP sind nachzuvollziehen in: SAPMO–BArch, DY 30/J IV 2/2A/3238 und 3239. Aus ungarischer Sicht: Horn, Gy.: Cölöpök, Budapest 1991, S. 236 ff., 247 ff. Zur Moskauer Reaktion vgl. Kotschemassow: Meine letzte Mission (wie Anm. 63), a. a. O., S. 163 f.

[71] Vgl. Oldenburg, F.: Der Zusammenbruch des SED–Regimes und das Ende der DDR, in: Bingen, D. u. a. (Hrsg.): Die revolutionäre Umwälzung in Mittel– und Osteuropa, Berlin 1993, S. 127 ff.; s. a. ders.: Die Implosion des SED–Regimes, Köln 1991 (Berichte des Bundesinstituts für ostwissenschaftliche und internationale Studien, Nr. 10/1991).

[72] So der Bericht über den Aufenthalt von Ligatschow vom 12. bis 15. August 1989 in der DDR, in: SAPMO–BArch, DY 30/J IV 2/2A/3241, S. 2. Vgl. auch Neues Deutschland vom 15.9.1989, S. 2. In einer TASS–Erklärung vom 12.9.1989 stellte sich das offizielle Moskau an die Seite der DDR gegen die "Machenschaften bestimmter Kreise der BRD".

[73] Rede Schewardnadses vor der UN, in: Pravda vom 26.9.1989, S. 4–5.

[74] Die Darstellung der Gespräche von Genscher, Schewardnadse und Fischer in New York bei Genscher: Erinnerungen, a. a. O. (wie Anm. 31), S. 15 ff.

SED–Führung sowie über die Stimmung der Bevölkerung.[75] Schon am 21. September 1989 informierte Botschafter Kotschemassow seine engsten Mitarbeiter über ein Telefongespräch mit Gorbatschow und zitierte diesen: Die DDR sei so wichtig für die UdSSR, "daß wir unter keinen Umständen erlauben würden, sie ins Schwanken zu bringen".[76] Um so erstaunlicher war, daß dennoch die Signale der sowjetischen Parteispitze verhalten blieben. Obwohl seit 1986 verschiedene Mitglieder der moskauorientierten Fraktion des SED–Politbüros entweder über die KGB–Residentur (Stoph) oder persönlich in Moskau (Mielke) die Absetzung Honeckers einforderten, glaubte Gorbatschow, die Entwicklung in der SED–Führung reifen lassen zu können.[77] Kotschemassow schreibt: "Im Oktober trat die politische Situation in der DDR in eine qualitativ neue Phase ... Die Führung der DDR mußte wählen — administrative Maßnahmen oder den Versuch, im Dialog die Andersdenkenden zu verstehen. Was die administrativen Maßnahmen betraf, so gab es in der Führung keine Einheit. Honecker trat eindeutig für die Anwendung solcher Maßnahmen auf, gab nur unter dem Druck der Argumente nach oder wenn er sah, daß sie zu noch gefährlicheren Folgen führen würden."[78]

Nach außen hielt sich Gorbatschow auch bei seinen Treffen mit der SED–Spitze aus Anlaß des 40. Jahrestags der DDR–Gründung bedeckt. Seine Hinweise, das Steuer herumzuwerfen oder gar Honecker und seine treuesten Anhänger abzuservieren, waren durchaus ambivalenter, als heute behauptet wird. Selbst der Ausspruch vor dem Politbüro der SED: "Kto opazdyvaet, togo žizn' nakazyvaet" (Wer zu spät kommt, den bestraft das Leben), war mehr selbstkritisch als anklagend und auffordernd gemeint.[79] Gorbatschows öffentliche Ansprache im Palast der Republik erschien voll der Solidarität und

---

[75] Die Zentrale des KGB hatte der Ostberliner Repräsentanz ca. drei Dutzend Fragen zur Beantwortung aufgegeben. Jede Frage sollte auf eineinhalb Seiten beantwortet werden. Das wichtigste Papier war jedoch eine fünfseitige Ausarbeitung "Über die Lage der SED–Führung". Vgl. Kuz'min, I.: Krušenie GDR. Zametki očevidca, Moskau 1993, S. 68.

[76] Aus dem Manuskript von Maximytschew, I. F.: Sowjetische Reaktionen auf Beginn der DDR–Krise, S. 13. Maximytschew hatte an der Freien Universität Berlin im April und Mai 1994 eine Vorlesung zum Thema: Die UdSSR und die Krise der DDR (1989–1990), gehalten.

[77] Kotschemassow: Meine letzte Mission, a. a. O. (wie Anm. 63), S. 59; Kusmin, I: Die Verschwörung gegen Honecker, in: Deutschland Archiv, Jg. 28, No. 3, S. 286–290, hier bes. S. 288 f.

[78] Kotschemassow: Meine letzte Mission, a. a. O. (wie Anm. 63), S. 164.

[79] Ganz offensichtlich stimmen sowjetische und DDR–Wiedergaben der Äußerungen Gorbatschows in Ostberlin nicht überein. Schachnasarow berichtet, der sowjetische Generalsekretär habe sich gegenüber keiner osteuropäischen Führung so klar ausgedrückt wie in der dem Honecker–Treffen folgenden Begegnung mit dem gesamten SED–Politbüro, vgl. Šachnazarov, G.: Cena svobody. Reformacija Gorbačeva glazami ego pomoščnika, Moskau 1993, S. 124 f. Hierzu die Aufzeichnungen in: SAPMO–BArch, DY 30/IV 2/2.035/60 (Teilbestand Axen), Bl. 243–255; Bl. 217–242. Auch Adomeit kommt zu dem Urteil, Gorbatschow habe sich in Berlin am 6. und 7. Oktober 1989 sehr zurückgehalten, vgl. Adomeit: Gorbachev, a. a. O. (wie Anm. 2), S. 212 f.

des Respekts für die Oberen der DDR.[80] Hinsichtlich der bevorstehenden schwierigen Entscheidungen betonte er, sie seien nicht in Moskau, sondern in Berlin zu treffen.[81] Die konkrete Anweisung an die Botschaft der UdSSR lautete denn auch, "nichts tun, sich nicht einmischen".[82] Die sowjetische Führung unterband sogar ausdrücklich nach dem 9. Oktober 1989 jede Intervention ihrer Truppen, wodurch die aggressive Position des damaligen SED–Generalsekretärs unhaltbar wurde. Anders als 1953 war die sowjetische Seite nicht zum Blutvergießen bereit, sowjetische Soldaten blieben in ihren Kasernen.[83] Die für den 16. Oktober vorbereitete Niederschlagung der Großdemonstration von Leipzig fand nicht statt. Das Verdienst hierfür gebührt in erster Linie den sowjetischen Verantwortlichen, einigen hohen Funktionären im DDR–Verteidigungsrat, die sich den geschichtlichen Notwendigkeiten beugten, sowie couragierten Bürgern der Stadt Leipzig.

Man darf sich vorstellen, unter welchem Druck die Sowjetführer angesichts der Konsequenzen ihres "neuen Denkens" standen: Halten, was noch gehalten werden kann; die bedrohlichen Prozesse mindestens so weit wie möglich abbremsen und zeitlich hinausschieben — das mag die damalige Linie gewesen sein. Auf einer Konferenz des MID, Abteilung Analyse und Planung, wurde Mitte Oktober 1989 von Vertretern der 3. Europäischen Abteilung sogar unverdrossen der "proletarische" und "sozialistische Internationalismus", die "Solidarität mit der brüderlichen DDR" beschworen.[84] Von der Tribüne des Obersten Sowjet ließ sich am 23. Oktober Schewardnadse vernehmen, die osteuropäischen sozialistischen Staaten hätten mit der UdSSR Brot und Salz geteilt. Sie hätten der UdSSR zuliebe Opfer gebracht. Jetzt

---

[80] Neues Deutschland vom 7.10.1996.

[81] Für die Bush–Administration war dies ein sicherer Hinweis, Moskau werde nicht in der DDR intervenieren, vgl. Baker, J. A.: The Policy of Diplomacy. Revolution, War, and Peace 1989–1992, New York 1995, S. 161.

[82] Gorbatschows Anweisung an die Botschaft lautete: "Sie (die deutschen Freunde) nicht drängen. Laßt sie unter sich beraten und entscheiden", vgl. die Aufzeichnungen des Gesandten Maximytschew über die am 8.10.1989 vom Botschafter einberufene Zusammenkunft, bei der er die Weisung Gorbatschows wiedergibt, vgl. Maximytschew, I. F.; Hertle, H.–H.: Der Fall der Berliner Mauer. Berliner Arbeitshefte und Berichte zur sozialwissenschaftlichen Forschung, Bd. 93, S. 4 f.

[83] Der Botschafter rechnet sich besondere Verdienste um sowjetische Zurückhaltung nach dem 9.10.1989 zu. Er schreibt, daß von ihm, nach Darlegungen von SED–Sicherheitssekretär Krenz, eine "Bitte" an den Chef der WGT, Armeegeneral Snetkow (an anderer Stelle wird diese als "Anweisung" interpretiert), ergangen sei, "daß unsere Truppen in den Kasernen bleiben ... Unter keinen Umständen mischen sie sich in die Ereignisse ein oder lassen sich durch Provokationen beeinflussen". Er habe sich bei dieser Anweisung mit niemandem auf sowjetischer Seite beraten. Am nächsten Tag sei aber der Westgruppe aus Moskau eine gleichlautende Anweisung zugegangen, vgl. Kotschemassow: Meine letzte Mission, a. a. O. (wie Anm. 63), S. 169.

[84] Dagegen hatten die anwesenden Vertreter der Wissenschaft nach dem Zeugnis Pawlows darauf hingewiesen, die Massenflucht aus der DDR sei kein Zufall, jetzt komme die Vereinigung beider deutscher Staaten auf die Tagesordnung. Die Zusammenkunft hatte nach Angaben Pawlows zwei bis drei Tage vor dem Sturz Honeckers im MID stattgefunden, vgl. Pavlov: Ob'edinenie, a. a. O. (wie Anm. 2), S. 26 f.

werde man aufgefordert, "sie ganz einfach gegen neue Freunde einzutauschen". Aber zum neuen Denken gehörten "ewige Werte wie Ehrlichkeit, Treue und Anständigkeit".[85] Das war ein Appell, sich von den sozialistischen Ländern nicht zu distanzieren. Gleichwohl bekannte sich nur zwei Tage später der Generalsekretär in Helsinki erneut öffentlich zu dem Grundsatz, die UdSSR habe kein Recht, in die inneren Angelegenheiten ihrer Bündnispartner einzugreifen.[86] Unter den damaligen Bedingungen bedeutete dies, Unvereinbares zur Kongruenz zu bringen.

Am 1. November 1989 traf Gorbatschow mit Krenz, dem Nachfolger des am 18. Oktober gestürzten Honecker, in Moskau zusammen. Der sowjetische Präsident versicherte dem neuen SED–Generalsekretär und Staatsratsvorsitzenden, die UdSSR werde bei den kommenden Entwicklungen an der Seite der DDR stehen, die DDR sei der engste Freund und Verbündete der Sowjetunion und der KPdSU.[87] "Es gebe keinen Grund, Vermutungen anzustellen, wie sich die deutsche Frage einmal lösen wird ..."[88] Krenz mußte aus Gorbatschows Erklärungen heraushören, die deutsche Frage stünde erst nach Jahrzehnten auf der Tagesordnung, der Sowjetführer habe aber nichts gegen eine großzügige Ausreise– und Reiseregelung für DDR–Bürger einzuwenden. Als Schabowski am Abend des 9. November 1989 die vom gesamten SED–Politbüro in aller Hast gebilligte Regelung vor der Internationalen Presse interpretierte, war die sowjetische Führung über diese, den Status der UdSSR als Signatarmacht des Berlinabkommens tangierende Lösung zuvor keineswegs informiert. Erst nachträglich billigte Gorbatschow das Vorpreschen von Krenz und Genossen.[89] Die bis August 1961 erfolgte massenhafte Flucht der Ostdeutschen hatte seinerzeit die Grundlagen der DDR erschüttert. Die Mauer sicherte diese erneut, doch hatte es die SED auch danach nicht vermocht, die Bevölkerung wirklich dauerhaft mit ihrem Staat auszu-

---

[85] Rede Schewardnadses auf der 2. Tagung des Obersten Sowjet der UdSSR, in: Pravda vom 24.10.1989.

[86] Der Sprecher des MID, Gerassimow, interpretierte die Aussage: "Wir haben kein moralisches oder politisches Recht, in die Angelegenheiten (Osteuropas) einzugreifen, die sich dort ereignen. Wir gehen davon aus, daß auch andere dies nicht tun werden", als "Sinatra–Doktrin", sich dabei auf den auch von Frank Sinatra vorgetragenen Song "I did it my way" beziehend, vgl. Baker: Policy, a. a. O. (wie Anm. 81), S. 163.

[87] Niederschrift über das Gespräch Krenz–Gorbatschow am 1. November 1989 in Moskau, in: SAPMO–BArch, DY 30/J IV 2/1/704, Bl. 103 ff., hier S. 2 f. Krenz hielt sich am 31. Oktober und 1. November 1989 in Moskau auf. Gorbatschow vermerkt in seinen "Erinnerungen" jedoch fälschlich, er habe sich erst kurz nach dem 9. November mit Krenz getroffen, vgl. Gorbatschow, Erinnerungen, a. a. O. (wie Anm. 15), S. 936.

[88] SAPMO–BArch, DY 30/J IV 2/1/107, Bl. 121 f.

[89] SAPMO–BArch, DY 30/IV 2/1/704, Bl. 83 f; ebd., DY 30/IV 2/2.039/319 (Teilbestand Krenz); ebd., DY 30/J IV 2/2A/3258; zur Interpretation vgl. Maximytschew; Hertle: Fall, a. a. O. (wie Anm. 82), S. 223; Hertle: Fall der Mauer, a. a. O. (wie Anm. 65), S. 149, S. 263 ff; Wettig: Niedergang, Krise und Zusammenbruch, a. a. O. (wie Anm. 6), S. 418 ff.; Kotschemassow: Meine letzte Mission, a. a. O. (wie Anm. 63), S. 184 ff.

söhnen. Die Maueröffnung war der Test für diese Behauptung.[90] Das Ergebnis hätte für die neue SED–Führung voraussehbar sein können. Mögliche Aktionen, die Mauer gewaltsam zu schließen, wären sie von sowjetischer Seite angeboten[91] oder von DDR–Seite versucht worden, mußten am Veto der Hauptverantwortlichen im sowjetischen Politbüro scheitern. Vor allem hätte dies bedeutet, die marode und gegenüber der BRD mit ca. 49 Mrd. DM verschuldete DDR–Wirtschaft zu sanieren, was Moskau einfach nicht möglich war. Zum anderen wäre der Abbruch des Kooperationskurses mit dem Westen für das Gorbatschow–Team vermutlich mit einschneidenden Konsequenzen verbunden gewesen.[92] Nicht zuletzt lag auch die Entscheidungsfreiheit der DDR–Führung auf der Linie von Gorbatschows neuem Denken. Gegenüber westlichen Partnern machte er jedoch deutlich, daß die Zustimmung zur Maueröffnung nicht mit einer Destabilisierungsakzeptanz gleichge-

---

[90] s. die detailgenaue Studie von Hertle: Fall der Mauer (wie Anm. 65), a. a. O.

[91] Vereinzelt sind solche Versuche Falin zugeschrieben worden, der unmittelbar nach dem Fall der Mauer in der UdSSR–Botschaft in Ostberlin den Einsatz sowjetischer Truppen erörtert haben soll (nach Informationen des Autors durch Daschitschew unter Bezug auf die Mitteilung des Vertreters des Instituts für die Wirtschaft des sozialistischen Weltsystems bei der sowjetischen Botschaft). Falin hat diese Anwürfe in einem Gespräch mit dem Autor nachdrücklich zurückgewiesen. Tschernjajew dagegen behauptet, daß solche Intentionen durchaus auf der Linie Falins gelegen hätten (Gespräch Tschernjajews mit dem Autor im Mai 1995 in Mainz). Auf die Feststellung von Spiegel–Interviewern, daß es auch unter des Generalsekretärs Beratern die Auffassung gab, die innerdeutsche Grenze müsse notfalls sofort und auch mit Gewalt geschlossen werden, antwortete Gorbatschow: "Aber sicher. Einer von denen sitzt jetzt da bei Ihnen in Hamburg", vgl. Der Spiegel, No. 40, 1995, S. 76. Zweifel, daß er bei seinem Aufenthalt in der sowjetischen Botschaft am 24.11.1989 die erneute Schließung der Mauer gefordert habe, sind dennoch angebracht. Falin soll allerdings im Mai 1990 in der Botschaft den Gedanken geäußert haben, der Oberste Sowjet werde einen Vertrag nicht ratifizieren, der Gesamtdeutschland in der NATO lasse oder seine Vereinigung aufgrund des Artikels 23 des Grundgesetzes dulde. Falin: "Wenn nötig, würden noch 2 Mio. sowjetischer Soldaten zusätzlich in die DDR geschickt." Auf die in solchem Falle drohende Entvölkerung der DDR angesprochen, soll er repliziert haben: "Um so besser, denn wir würden für ihre Ernährung nicht aufkommen müssen." Die Aussagen stammen vom früheren Gesandten Maximytschew. Sie wurden während einer Vorlesungsreihe an der Freien Universität Berlin, Frühjahr 1994 vorgetragen zum Thema: Die UdSSR und die Krise der DDR (1989–1990), Teil 6: Die UdSSR und die äußere Regelung der deutschen Einheit, Manuskript, S. 16 f. Vermutlich bringen die russischen Kritiker Falins Auftrittsdaten durcheinander. Falin hatte nach Zusammenbruch der UdSSR 1991 seinen Wohnsitz in der Hansestadt Hamburg nehmen können, arbeitete 1992 für ein Jahr dotiert am Institut für Friedensforschung und Sicherheitspolitik. Er lehrte kurzzeitig an der Universität Hamburg.

[92] Schewardnadse muß über Informationen verfügt haben, daß sich in der DDR stationierte sowjetische Militärs der WGT mit der gewaltsamen Schließung der Mauer befaßten. Er wies am 10.11.1989 Botschafter Kotschemassow, dafür zu sorgen, daß der Moskauer Befehl, "keine Aktionen zu unternehmen", strikt ausgeführt werde. Nach Angaben des Gesandten Maximytschew habe Kotschemassow den Oberkommandierenden Snetkow der WGT angerufen und ihm befohlen, "zu erstarren und in sich zu gehen". Snetkow hatte selbstverständlich eine Interventionsabsicht gegenüber dem Botschafter, der als ZK–Mitglied und Quasi–Staathalter in der Hierarchie über ihn stand, bestritten. Hatte der KPdSU–Generalsekretär die Konsequenzen der Maueröffnung bis zum Nachmittag des 10.11.1989 noch nicht völlig realisiert, so waren die Alarmmeldungen der verschiedenen Dienste unüberhörbar, vgl. Maximytschews Angaben in: Maximytschew, I. F.; Hertle, H.–H.: Die Maueröffnung. Teil I, in: Deutschland Archiv, Jg. 27, Nr. 11, 1994, S. 1.155 f.

setzt werden dürfe. Insofern war Moskau bereit, die vom neuen DDR–Premier Modrow angebotene "Vertragsgemeinschaft" beider deutscher Staaten zu unterstützen.[93] Allenfalls eine Konföderation deutete sich am Horizont an. Noch forderten die Demonstranten nur eine bessere DDR, in der sie wirklich "mitarbeiten, mitplanen und mitregieren" konnten. Die Folgen der ungewollten Maueröffnung entzogen solchen Forderungen die soziale Basis.

Ende November 1989 veränderte sich die innenpolitische Agenda in der DDR von einem "dritten Weg" zur Forderung nach Wiedervereinigung. Die Anhänger der Losung "Wir bleiben hier" und der Demonstration vom 4. Dezember auf dem Alexanderplatz ("Für unser Land"), die sich für den Erhalt einer reformierten DDR ausgesprochen hatten, verloren die Unterstützung der Straße ("Wir sind ein Volk"). Täglich erschütterten von den DDR–Medien ausgebreitete Nachrichten über die Korruption der SED–Führer die Parteigrundorganisationen. Viele junge Fachkräfte drängten in den Westen, wie sie das auch schon in den Herbstmonaten zuvor getan hatten — nunmehr jedoch ungehindert von Mauer und Strafandrohung. Milliardenhilfen, wie vom neuen Ministerratsvorsitzenden Modrow gegenüber Bonn angemahnt, hätten kurzfristig kaum den Menschenstrom aus der DDR aufhalten können.

Die sowjetische Seite hatte sehr wohl verstanden, daß die deutsche Frage wieder mit großer Dringlichkeit auf der europäischen Tagesordnung stand. Dennoch zeigte sich Gorbatschow vom Zehn–Punkte–Plan des Kanzlers vom 28. November 1989 auf dem falschen Fuß erwischt.[94] Er mußte möglicherweise davon ausgehen, die vermeintliche Radikalität der Kohlschen Vision gefährde seine Stellung in der KPdSU. Der Kohl–Plan, der sich in den ersten Punkten auf konföderative Strukturen beschränkte, stellte ungeachtet dessen nach einem mehrjährigen Prozeß "die Wiedervereinigung, das heißt die Wiedergewinnung der staatlichen Einheit" als Ziel dar (Pkt. 10). Die Frage der Bündniszugehörigkeit war bewußt ausgeklammert worden.[95] Genscher, der am 5. Dezember nach Moskau eilte, um die neue Initiative zu erläutern, erlebte "die unerfreulichste Begegnung mit dem Generalsekretär überhaupt".[96]

---

[93] Vgl. die Regierungserklärung von Modrow, in: Neues Deutschland vom 18.11.1989.

[94] Kohl und seine engsten Mitarbeiter hatten diesen Plan nicht nur den eigenen Alliierten, sondern auch dem deutschen Außenminister vorenthalten, Gespräch Teltschiks mit dem Autor am 11. Januar 1990; vgl. auch Teltschik, H.: 329 Tage. Innenansichten der Einigung, Berlin 1991, S. 54 ff. Der stellvertretende ZK–Abteilungsleiter und Vertreter Falins, Gratschow, hatte am 27. November 1989 in einem Interview mit RTL erklärt, die deutsche Frage stehe auf der Tagesordnung, auch wenn das eine Reihe von Politikern in Ost und West nicht so sehen wollten.

[95] Kohl: "Ich wollte Deutschlands Einheit", a. a. O. (wie Anm. 60), S. 157 ff. Die Kernpassagen hatte Kohl persönlich formuliert, ebd., S. 160; er stellte klar, daß konföderative Strukturen nur zwischen demokratischen Staaten in Deutschland möglich wären, ebd., S. 164; zu seinem Auftritt in Dresden am 19.12.1989 vgl. ebd., S. 213 ff.

[96] Genscher: Erinnerungen, a. a. O. (wie Anm. 31), S. 683. Zur gewandelten sowjetischen Position Ende 1989, vgl. Portugalow, N.: BRD–DDR. Konföderale Strukturen sind möglich, in:

Um den Vereinigungsdruck abzuschwächen, suchte die sowjetische Diplomatie eine westliche Abwehrfront zu formieren. Zwar beklagte sich Gorbatschow bei dem Treffen mit Bush am 2. und 3. Dezember 1989 vor der Küste
von La Valetta über das zu "schnelle Tempo" der Deutschen, doch spürte er
beim amerikanischen Präsidenten Zurückhaltung hinsichtlich amerikanischer
Einmischung in die Geschicke Osteuropas und gleichzeitig deutliche Sympathie für die Umgestaltung der UdSSR.[97] Gorbatschow war sich selbstverständlich bewußt, daß die USA — anders als Frankreich und Großbritannien
— unter Bush in Bezug auf die Vereinigung Deutschlands eine besonders
stützende Linie ausgearbeitet hatten.[98] In Moskau mußte man sich fragen,
ob es für die Stellung der UdSSR in einem veränderten Europa vorteilhaft
wäre, sich gegen Washington und Bonn gleichermaßen zu stellen.

Doch Gorbatschow gab noch nicht auf: Am 2. Dezember, auf dem Weg
nach Malta, war er mit dem italienischen Ministerpräsidenten Andreotti in
Mailand zusammengetroffen, vier Tage später traf er sich mit dem französischen Präsidenten Mitterand in Kiew.[99] Der Absicht, westliche Positionen zu
testen, galt auch die von Moskau vorgeschlagene Wiederbelebung der im
Berlin–Abkommen vom September 1971 vorgesehenen Kommission der vier
Siegermächte.[100] Als sich am 11. Dezember 1989 die Botschafter im Berliner
Kontrollratsgebäude versammelten, mußte Kotschemassow erleben, daß sich
die Westmächte unter der Federführung der USA nicht bereit fanden, andere als die vorgesehenen Berlin–Probleme zu erörtern.[101] In Moskau wußte

---

Sowjetunion heute, Nr. 12, 1989, S. 10–11. Gorbatschows damalige Empörung über den Zehn–
Punkte–Plan wird selbst noch in seinen Erinnerungen deutlich, vgl. Gorbatschow: Erinnerungen, a. a. O. (wie Anm. 15), S. 712 f. Man darf annehmen, daß er in Kohls nicht abgesprochenem Plan eine Gefährdung seiner eigenen Position sah.

[97] Der Nachfolger Reagans hatte sich lange spröde gezeigt. Die Hinnahme der Entwicklungen in Osteuropa hatten ihn von der Glaubwürdigkeit Gorbatschows überzeugt. Vor La Valetta war es zu einer, im wörtlichen Sinne, stürmischen, aber herzlichen und inhaltsreichen Begegnung mit dem sowjetischen Präsidenten gekommen, vgl. die Darstellung aus sowjetischer Sicht:
Gespräch mit dem amerikanischen Präsidenten Bush am 2. und 3. Dezember 1989 auf der
"Maxim Gorki", in: Gorbatschow, M. S.: Gipfelgespräche. Geheime Protokolle aus meiner
Amtszeit, Berlin 1993, S. 93–129. Bes. wesentlich waren die Gespräche am zweiten Tag, ebd.,
bes. S. 121.

[98] Bush hatte schon Ende Oktober 1989 in einem Interview öffentlich gemacht, er teile die
Bedenken anderer europäischer Staaten hinsichtlich eines "wiedervereinigten Deutschlands"
nicht, vgl. das Interview mit R. W. Apple, in: New York Times vom 25.10.1989, S. 1, 12; Hinweis bei Zelikow; Rice: Germany Unified, a. a. O. (wie Anm. 2), FN 95, S. 398. Das schloß
noch keine Verständigung zwischen Bush und Kohl über das Ziel ein, gab aber bereits für den
Kanzler die Richtung vor. Von den USA war jedenfalls schon seit Oktober kein Widerstand zu
erwarten, unter der Bedingung, daß die BRD im Atlantischen Bündnis verblieb.

[99] Vgl. Pravda vom 3.12.1989; ebd. vom 8.12.1989, S. 1.

[100] Maksimyčev, I.: Neispol'zovannyj šans sodrudničestva "četyrech" v Berline, in: Mežunarodnaja žizn', No. 4–5, 1995, S. 117–125.

[101] s. den Kommentar von TASS, russ., 12.12.1989. Es war das gleiche graue Gebäude in
der Potsdamer Straße, von dem aus Deutschland seit dem 5. Juni 1945 bis zum Auszug Marschall Sokolowskijs am 20. März 1948 von den vier Siegermächten regiert worden war.

man nunmehr, daß es trotz mancher westlicher Vorbehalte nicht gelingen könne, eine Ablehnungsfront gegen die Vereinigung Deutschlands zu zimmern. Damit war dieser Ausweg versperrt. Spätestens mit der Jahreswende 1989/90 entschied sich das Schicksal eines Staates, dessen Existenz sowjetischem Willen entsprungen war, und der im August 1975 zu den 35 Unterzeichnern der KSZE–Schlußakte gehört hatte. Nun zeigte sich, daß er keine ausreichende Identität gewonnen hatte. Das Urteil über die Zukunft der DDR lag damit bei den Menschen der DDR selbst, bei ihren realen und manipulierten Erwartungen.[102]

Die rasche Destabilisierung der DDR zwang Gorbatschow Ende Januar 1990, den Zusammenbruch des ehemaligen Satellitenstaates für unabwendbar anzusehen. Am 26. Januar faßte er nach vierstündiger Diskussion — übrigens nicht im Politbüro, das mit diesem Komplex kaum befaßt war — zusammen: "Die Wiedervereinigung ist unvermeidlich."[103] Vermutlich wider bessere Erkenntnis behauptete er jedoch gegenüber seinem Gast, dem DDR–Ministerpräsidenten Modrow, noch am 30. Januar 1990, "daß sich die Mehrheit in der DDR nach wie vor für den Erhalt ihres Arbeiterstaates einsetze". Modrow korrigierte: "Der Gedanke der Zweistaatlichkeit werde von einem wachsenden Teil der Bevölkerung der DDR nicht mehr mitgetragen." Neue Gedanken seien notwendig.[104] Gorbatschow hatte versprochen, daß er auf die Partner in Bonn einwirken werde, damit die BRD alles unterlasse, was die DDR untergrabe. Er habe die etappenweise Vereinigung Deutschlands akzeptiert, aber nur als neutraler Staat. Modrow soll Gorbatschow als unentschlossen empfunden haben und führte dies auf dessen "Charaktereigenschaften" zurück.[105] Der DDR–Premier war enttäuscht, daß der sowjetische Generalsekretär die vitale Bedeutung wirtschaftlicher Nöte der DDR nicht erkannt hatte. Kotschemassow meint, dies sei der Grund gewesen, "warum Modrow erklärte, daß für die DDR nur der Weg bliebe, sich in der Wirtschaft auf die BRD zu stützen".[106] Damit hatte Modrow nur bestätigt, daß die DDR nicht mehr zu retten sei und daß es für Moskau vorteilhaft wäre, sich zum Vorreiter der Vereinigung Deutschlands aufzuwerfen.

---

[102] Vgl. u. a. Horn, H.: Die Revolution in der DDR von 1989. Prototyp oder Sonderfall, in: Außenpolitik, Jg. 44, Nr. 1, 1993, S. 55–65.

[103] Vgl. Gorbatschow: Erinnerungen, a. a. O. (wie Anm. 15), S. 715; Tschernjajew: Die letzten Jahre, a. a. O. (Anm. 35), S. 296.

[104] 15–seitige Niederschrift des Gesprächs Gorbatschow–Modrow, in: BArch, DC 20/4973 (Ministerrat der DDR), Bl. 98–112, bes. Bl. 99 f. Modrow erläuterte die zuvor mit Kotschemassow abgestimmte Konzeption seiner Regierung "Für Deutschland, einig Vaterland", die von einer Konföderation ausging. Er betonte die "Orientierung der DDR auf die weitere Zusammenarbeit im Warschauer Vertrag und im RGW".

[105] Kotschemassow: Meine letzte Mission, a. a. O. (wie Anm. 63), S. 217.

[106] Ebd.

9. Der Beginn einer neuen Deutschland–Politik

Als der Bundeskanzler endlich am 10. Februar 1990 mit der sowjetischen Führung zusammentraf, erschien die Bundesrepublik als ein zuverlässiger Partner, die implodierende DDR vorwiegend als Belastung für Perestrojka und "europäisches Haus". Daher war der sowjetische Präsident nur zu bereit, die staatliche Vereinigung als Angelegenheit der Deutschen zu akzeptieren, wenngleich weiter offen blieb, wie sich deren äußere Aspekte gestalten würden.[107] Kurz darauf, am 13. Februar, trafen sich die Außenminister der vier Mächte mit ihren beiden deutschen Amtskollegen und vereinbarten am Rande einer KSZE–Folgekonferenz in Ottawa einen Verhandlungsmodus, um die äußeren Aspekte der deutschen Einheit einschließlich der Fragen der Sicherheit der Nachbarstaaten festzulegen.[108] Wenig später traf Gorbatschow noch ein letztes Mal mit dem DDR–Premier in Moskau zusammen. Beide kamen überein, der Artikel 23 des Grundgesetzes der Bundesrepublik Deutschland könne "keine geeignete Grundlage für den Prozeß der Annäherung und Vereinigung beider deutscher Staaten sein".[109] Der deutsche Einigungsprozeß solle ohnehin nur etappenweise erfolgen. Und natürlich lehnte die sowjetische Führung im Frühjahr 1990 mit Nachdruck die NATO–Mitgliedschaft eines geeinten deutschen Staates ab. Das konföderale Deutschland sollte sicherheitspolitisch neutralisiert, eine Gesamtregelung nach den Vorschlägen Schewardnadses von den Vier–plus–Zwei–Staaten (später Zwei–plus–Vier) ausgearbeitet und am Ende auf einer KSZE–Konferenz abgesegnet werden.[110] Später wurden auch andere Vorschläge vorgelegt und schließlich wieder zurückgezogen: Vom gesamteuropäischen Referendum zur Klärung des sicherheitspolitischen Status der deutschen Vereinigung bis zur Mitgliedschaft der BRD in NATO und Warschauer Pakt und der Aufnahme der UdSSR in die NATO wurden abstruse Vorstellungen seitens sowjetischer Entscheidungsträger verlautbart. Doch die weitere Desintegration

---

[107] Vgl. Kohl: a. a. O. (wie Anm. 60), S. 267 ff; Teltschik: 329 Tage, a. a. O. (wie Anm. 94), S. 137 ff., bes. S. 140; Gorbatschow: Erinnerungen, a. a. O. (wie Anm. 15), S. 716 ff.

[108] Die folgenden Zwei–plus–Vier–Gespräche fanden am 5. Mai, 22. Juni, 17. Juli und 12. September statt.

[109] Bericht über den Besuch einer DDR–Regierungsdelegation, in: BArch, DC 20/I/3/ 32926 (Ministerrat der DDR), bes. Bl. 59 f. Die Modrow–Regierung hatte zuvor dafür gesorgt, daß die von ihr angeregten Festschreibungen der von den Sowjets zwischen 1945 und 1949 zum Teil unrechtmäßig erfolgten Enteignungen von Gorbatschow zu einer Bedingung deutscher Einheit erklärt wurden, vgl. den Brief Modrows vom 2.3.1990; Erklärung der sowjetischen Regierung, in: BArch, DC 20/4973 (Ministerrat der DDR), Bl. 2, 5–8. Diese Interpretation ist inzwischen allerdings umstritten.

[110] So die Vorstellungen des sowjetischen Außenministers gegenüber seinem US–Amtskollegen Baker am Vorabend des Kohl–Besuchs. Baker weilte vom 7. bis 9. Februar 1990 in Moskau und erlebte, wie betroffen sich Schewardnadse von der zuvor auf dem Februar–Plenum geäußerten Kritik Ligatschows zeigte, vgl. Baker: Policy, a. a. O (wie Anm. 81), S. 202 ff.; Gorbatschow: Erinnerungen, a. a. O. (wie Anm. 15), S. 715.

der DDR und ihr schneller Beitritt in die Bundesrepublik konnte nach mehreren freien Wahlen und der Wirtschaftsunion vom Juli 1990 nicht aufgehalten werden. Eine Volksabstimmung darüber oder eine Verfassungsdiskussion und –gebung zuvor nach Artikel 146 wären vermutlich wünschenswert gewesen. Doch sie hätten sich über Jahre hingezogen, den besonders von der ostdeutschen Bevölkerung geforderten und vom Kanzler überaus geschickt betriebenen Prozeß gefährlich verlangsamt und angesichts der folgenden Entwicklungen in der Sowjetunion möglicherweise für längere Fristen ausgesetzt. Die Alternative wäre ein gefährliches Vakuum in Mitteleuropa und die galoppierende Abwanderung der DDR–Bevölkerung gewesen.

Nachdem die Mauer gefallen war, besaß die sowjetische Diplomatie wenig gute Karten, ihre 40 Jahre währende Vormacht über Zentraleuropa aufrechtzuerhalten. Zwar hatten sich auch die kritischen westlichen europäischen Nachbarn nolens volens mit der Vereinigung Deutschlands abgefunden, doch standen noch immer ca. 340.000 sowjetische Soldaten auf ostdeutschem Boden, war die DDR bis zum September 1990 Mitglied des Warschauer Pakts. Auch hätte Moskau den Zwei–plus–Vier–Prozeß verlangsamen oder die Forderungen hochtreiben können. Mehrfach legte das Politbüro der KPdSU den Außenminister der UdSSR auf eine harte Verhandlungslinie fest. Erst am 31. Mai 1990 gestand Gorbatschow, auch für seine Mitarbeiter völlig überraschend, gegenüber dem Repräsentanten der anderen Supermacht, US–Präsident Bush, den Deutschen die Freiheit der militärischen Bündniswahl zu.[111]

Manches an der Gorbatschowschen Kurskorrektur bleibt dem Analytiker ein Rätsel. War Gorbatschow spontan zur Auffassung gekommen, ein vereinigtes Deutschland würde sowjetische Interessen im westlichen Block besser vertreten als ein außerhalb der Atlantischen Allianz schwankendes? Machte er seinen Mitarbeitern den überraschenden Schritt dadurch schmackhaft, daß er andeutete, eine angeblich weiterhin nur teilweise saturierte Bundesrepublik werde die NATO letztlich eher schwächen? Oder hatte er sich schon Anfang Mai den Argumenten des US–Außenministers gebeugt, ein im westlichen Bündnis verankertes Deutschland sei letztlich berechenbarer als ein ungebundenes? Offensichtlich schwankte der sowjetische Präsident, unter dem Einfluß verschiedener Denkschulen stehend, aber auch der Kritik einflußreicher Vetogruppen ausgesetzt, weiterhin wie ein Rohr im Winde, um erst bei der Begegnung mit Kanzler Kohl im Juli 1990 den gordischen Knoten zu zerschlagen.

Zuvor hatten sich nach Angaben von Tschernjajew ca. zwei Drittel der ZK–Mitglieder zu Gegnern der Politik des sowjetischen Generalsekretärs

---

[111] Gorbatschow: Erinnerungen, a. a. O. (wie Anm. 15), S. 721 ff; Baker: Policy, a. a. O. (wie Anm. 110), S. 225 f.

gemausert.[112] Allerdings hatte die KPdSU ihre dominierende Stellung seit den Wahlen zum Obersten Sowjet 1989 und dem Februarplenum 1990 verloren. Bekannte Deutschlandkenner wie Falin versuchten, sich bremsend einzubringen, nur um ungewollt den Reformisten die Ausweglosigkeit hinhaltender Politik noch deutlicher vor Augen zu führen.[113] Eine Hürde mußte noch genommen werden, der XXVIII. KPdSU–Kongreß, der vom 2. bis 13. Juli 1990 in Moskau tagte. Obwohl sich hier, wie seit Dezember 1989 auf den ZK–Plenartagungen, Widerstand artikulierte, war der Parteitag viel zu aufgebläht, zu unbeweglich, um Gorbatschow gefährlich werden zu können. Zuvor hatte sich der Westen bereit gezeigt, den Generalsekretär zu stützen (EU–Gipfel in Dublin, 25. bis 26. Juni; NATO–Ratstagung in London, 5. bis 6. Juli; Weltwirtschaftsgipfel in Houston, 9. bis 11. Juli 1990). Gorbatschows ungefährdete Wiederwahl auf dem letzten Parteikongreß sowie positive atlantische Signale, vor allem jene der NATO–Ratstagung, erleichterten es dem Präsidenten der UdSSR und seinem Außenminister, sich mit dem Bundeskanzler am 15. und 16. Juli 1990 in Moskau und Archys über die äußeren Aspekte der deutschen Einheit abzustimmen. Noch am Vormittag des 15. Juli beharrte Gorbatschow in der sowjetischen Hauptstadt darauf, Deutschland solle zwar formal der NATO angehören, faktisch aber nur mit dem Gebiet der alten Bundesländer. Auch wollte er sich zu Beginn nur mit einer Bundeswehr von 300.000 Soldaten abfinden. Tatsächlich kam es erst im alten Forsthaus von Archys zur sensationellen Räumung bisheriger sowjetischer Positionen. Hilfreich war dabei sicherlich das Angebot des Kanzlers, sofort mit den Arbeiten für den Großen Vertrag, einer Idee von Boris Meissner, zu beginnen, der eine völlig neue und dauerhafte Perspektive bilateraler Zusammenarbeit eröffnen sollte. Für Schewardnadse war wesentlich, daß, auch nach einem Abzug sowjetischer Truppen aus Ostdeutschland, die NATO–Strukturen sich nicht auf dieses Gebiet erstrecken dürften. Gorbatschow präzisierte: Insbesondere müsse das für Nuklearwaffen der NATO gelten. Während der Verhandlungen akzeptierten die sowjetischen Verhandlungsführer jedoch, daß Artikel 5 und 6 des NATO–Vertrags auch für den Osten Gültigkeit hätten. Schließlich stimmte Gorbatschow zu, daß nach dem Abzug der sowjetischen Streitkräfte auch der NATO unterstellte deutsche Truppen auf ostdeutschem Gebiet stationiert werden dürften.[114] Die wichtigsten sowjetischen Zugeständnisse waren die Bestätigung, daß das vereinigte

---

[112] Vgl. Interview von Zelikow mit Tschernjajew im Januar 1994, in: Zelikow; Rice: Germany Unified, a. a. O. (wie Anm. 2), FN 12, S. 469.

[113] Falin, V.: Politische Erinnerungen, München 1993, S. 492–494; Kwizinskij: Vor dem Sturm, a. a. O. (wie Anm. 17), S. 24; Portugalow, N.: Der Dornenweg zur Weltmacht, in: Der Spiegel, Nr. 41, 1990, S. 184–190. Besonders Falin versuchte, Gorbatschow noch in letzter Minute die deutsche Mitgliedschaft in der NATO auszureden.

[114] Vgl. Gorbatschow: Erinnerungen, a. a. O. (wie Anm. 15), S. 724 f; Kwizinskij: Vor dem Sturm, a. a. O. (wie Anm. 17), S. 47 ff.; Kohl: a. a. O., S. 421 ff; Genscher: Erinnerungen, a. a. O. (wie Anm. 31), S. 828–841; Teltschik: 329 Tage, a. a. O. (wie Anm. 94), S. 316–342.

Deutschland in der NATO bleiben und alle sowjetischen Truppen innerhalb
von vier Jahren aus Ostdeutschland abziehen würden, während die westlichen bleiben dürften.[115] Unterstützt wurde das endgültige sowjetische Nachgeben, welches freilich schon im Mai 1990 gegenüber den USA angesprochen worden war, durch finanzielle Kompensationen. Angesichts der obwal-
tenden wirtschaftlichen Nöte der UdSSR war es nicht völlig abwegig zu behaupten, die zusammengebrochene DDR sei an die Bundesrepublik verkauft
worden.

Nach Abschluß des sensationellen Juli–Treffens nahm das Aushandeln finanzieller Details teilweise dramatische Ausmaße an. Gorbatschow schien
bis zuletzt den erzielten Kompromiß von Archys noch einmal zur Disposition
zu stellen. Er drohte sogar mit der Blockierung der deutschen Souveränität.[116] Noch fünf Tage vor dem abschließenden Treffen der sechs Außenminister in Moskau bedeutete Gorbatschow dem Bundeskanzler am Telefon,
die gesamten Verhandlungen müßten neu begonnen werden, wenn Bonn
nicht die im Zusammenhang mit dem sowjetischen Truppenabzug bis Ende
1994 notwendigen 15 Mrd. DM aufbringe.[117] Letztlich einigte man sich auf
einen Betrag in der Nähe dieser Forderung, wobei der Kanzler zusätzlich zu
den bereits vereinbarten 12 Mrd. DM (davon allein 7,8 Mrd. DM für den
Bau von Wohnungen für die bis Ende 1994 abziehenden sowjetischen Offiziere)[118] einen zinslosen Kredit in der Höhe von drei Mrd. DM anbot. Gorbatschow gab sich damit zufrieden, wohl wissend, daß die deutschen Gesamt-
leistungen für die Vereinigung und die Stützung der Perestrojka wesentlich
höher anzusetzen waren.

Beim letzten Zwei–plus–Vier–Treffen am 12. September 1990 in Moskau
wurde endlich in einer schmucklosen Hotelhalle der "Vertrag über die abschließenden Regelungen in Bezug auf Deutschland" geschlossen. Das vereinte Deutschland verzichtete auf alle Gebietsansprüche. Es erteilte der Herstellung und dem Besitz von atomaren, biologischen und chemischen Waffen
sowie der Verfügungsgewalt über sie eine Absage. Die deutsche Truppen-
stärke wurde durch einseitige deutsche Erklärung auf 370.000 Mann festgelegt. Auch nach dem Abzug der sowjetischen Streitkräfte vom ehemaligen

---

[115] Ostdeutschen Besuchern in Moskau ist unmittelbar nach Abschluß der Zwei–plus–
Vier–Verhandlungen von hochrangigen Vertretern der Internationalen Abteilung des ZK er-
läutert worden, Gorbatschow habe einen strategischen Schritt tun müssen, in dessen Folge
Deutschland die NATO zerstören werde (persönliche Information des Autors).

[116] Teltschik: 329 Tage, a. a. O. (wie Anm. 94), S. 348, 352.

[117] Der Kanzler bot Gorbatschow bei diesem Gespräch acht Mrd. DM an. Sitarjan hatte
von Waigel bei deren Verhandlungen vom 3. bis 4. September 1990 sogar 16 bis 18 Mrd. DM
gefordert. Schließlich erhöhte der Kanzler zwei Tage vor dem Teffen in Moskau seine Zusagen
auf elf bis zwölf Mrd. DM, zuzüglich eines zinslosen Kredits von drei Mrd. DM, vgl. Teltschik:
329 Tage, a. a. O. (wie Anm. 94), S. 359–363.

[118] Um den reibungslosen Abzug auf Ende August 1994 vorverlegen zu können, wurde diese Summe um weitere 550 Mio. DM aufgestockt.

Gebiet der DDR dürfen ausländische Streitkräfte dort überhaupt nicht und deutsche integrierte NATO–Kräfte nur ohne Kernwaffenmittel stationiert werden.[119]

Am 3. Oktober 1990 vereinigten sich die beiden deutschen Staaten auf der Grundlage des Zwei–plus–Vier–Vertrages.[120] Der Beitritt der DDR zur Bundesrepublik Deutschland erfolgte auf der Grundlage von Artikel 23 des Grundgesetzes der BRD und eines zwischen beiden deutschen Staaten geschlossenen Einigungsvertrages. Am 9. November, dem Jahrestag der Maueröffnung, unterzeichnete Gorbatschow in Bonn den schon am 13. September paraphierten großen Partnerschaftsvertrag. Zu dieser Zeit war das Ende der Perestrojka des Generalsekretärs abzusehen. Dessen Außenminister mußte sich vehement gegen aufbrechende Kritik verteidigen. Schewardnadse, sich von Gorbatschow im Stich gelassen wähnend und zudem eine Militärdiktatur fürchtend, trat im Dezember 1990, ein Jahr vor dem Ende der Sowjetunion, zurück.[121] Tatsächlich hatte sich Gorbatschow nunmehr auf eine konservative Schwenkung eingelassen und ließ sich von den späteren Putschisten einrahmen.

Im Frühjahr 1991 war sogar die Ratifizierung der geschlossenen Abkommen durch den Obersten Sowjet gefährdet. Mehrfach warnten Diplomaten wie der stellvertretende Außenminister Kwizinskij vor den Folgen einer Ablehnung. Dennoch stimmte am 4. März 1991 der Oberste Sowjet nur den Rahmenverträgen (Zwei–plus–Vier– und Partnerschaftsvertrag) zu.[122] Das Überleitungs– und das Truppenabkommen waren nur prinzipiell gebilligt worden. Einige Abgeordnete erhofften sich möglicherweise durch Druck auf die Bundesregierung finanzielle Nachbesserungen. Nachdem Bundesaußenminister Genscher Mitte März nach Moskau geeilt war, um die schnelle Einbeziehung der Sowjetunion in europäische Institutionen zuzusichern, verabschiedete der Oberste Sowjet am 2. April — wieder hinter geschlossenen Türen — die restlichen Übereinkünfte. Zuvor hatte sich der Präsident an den Kanzler gewandt und um die Gewährung eines neuen Kredits in Höhe von 20 Mrd. DM nachgesucht. Diesen mußte Kohl jedoch mit Blick auf die durch die Wiedervereinigung entstandenen Lasten verweigern. Im Juli 1991 traf

---

[119] Vgl. den Text in: Auswärtiges Amt (Hrsg.): Deutsche Außenpolitik 1990/1991. Dokumentation, Bonn 1991, S. 167–171.

[120] Am 2. Mai 1990 hatten beide Regierungen beschlossen, zum 1. Juli die DM in der DDR einzuführen, womit die Währungshoheit verloren ging. Am 23. August hatte die Volkskammer mit 294 gegen 62 Stimmen bei sechs Enthaltungen beschlossen, daß die DDR der BRD beiträte. Am 31. August wurde ein Vertrag über die Herstellung der Einheit Deutschlands durch beide Regierungen beschlossen und wenig später von beiden Parlamenten ratifiziert.

[121] Der Außenminister reichte seine Rücktrittserklärung am 20. Dezember 1990 ein, vgl. Schewardnadse, E.: Die Zukunft gehört der Freiheit, Reinbek bei Hamburg 1991, S. 11.

[122] Mit der Hinterlegung der Ratifikationsurkunde am 15. März 1991 gab die Sowjetmacht ihre seit dem 5. Juni 1945 bestehenden und am 3. Oktober 1990 nur ausgesetzten Siegerrechte endgültig auf.

Gorbatschow in Kiew mit dem deutschen Bundeskanzler zusammen, um sich für den bevorstehenden Weltwirtschaftsgipfel G–7 von London abzustimmen. Zu dieser Zeit war die Stellung des sowjetischen Präsidenten durch die Souveränitätsbestrebungen der fünfzehn Einzelrepubliken bereits deutlich unterminiert. Andererseits konnte der Coup der Neo–Bolschewisten vom August 1991 nur noch durch das couragierte Auftreten des russischen Präsidenten Jelzin vereitelt werden.

Als der Staatsstreich der Acht zusammenbrach, die Aktivitäten der KPdSU von Jelzin suspendiert wurden, war nicht mehr auszuschließen, daß die Geschichte der UdSSR sich ihrem Ende zuneigte. Der Kollaps der UdSSR war keine Folge westlicher Umtriebigkeit. Gorbatschow hatte die Aktivitäten deutscher Diplomatie jedoch mit zunehmender Sensibilität verfolgt. Der ehemalige Präsidentenberater Gratschow glaubt, der sowjetische Präsident sei angesichts seiner positiven Haltung zur Wiedervereinigung von den geringen deutschen Gegenleistungen enttäuscht gewesen. Zusätzlich irritierte Gorbatschow, daß der deutsche Außenminister Reisen in die ukrainische und kasachische Hauptstadt unternommen hatte, ohne zuvor die UdSSR–Hauptstadt einer Visite zu würdigen. Er ließ Genscher seinen Unmut bei der letzten Begegnung im Kreml am 26. Oktober 1991 deutlich spüren.[123] Gleichwohl verbreitete er jedoch weiter Optimismus, als er seinem Gast erklärte, es werde im Ergebnis des Unionsvertrages und ökonomischer Reformen ein Staatswesen mit einem einzigen Markt, einem gemeinsamen Verteidigungssystem und einer gemeinsamen Außenpolitik geben. Genscher konterte: "Ich hoffe, Jelzin wird dies seinem Außenminister sagen." Gorbatschow warnte bei gleicher Gelegenheit vor westlicher Unterstützung von Selbständigkeitsbestrebungen sowjetischer Unionsrepubliken. Der oberste deutsche Diplomat stimmte zu, die Unverletzlichkeit existierender Grenzen bleibe auch für ihn das Schlüsselelement europäischer Sicherheit.[124]

Aber auch das wiedererstandene Rußland unter Jelzin suchte noch zu Zeiten der Existenz der UdSSR den eigenen Status in Europa zu befestigen. Daher bestimmte der im Juni 1991 gewählte russische Präsident mit seiner ersten Auslandsreise vom 21. bis 23. November 1991 die Bundesrepublik zum wichtigsten Ansprechpartner. In Bonn hinterließ er damals einen eher

---

[123] Als der deutsche Außenminister Ende Oktober mit Gorbatschow im Kreml zusammentraf, mußte Genscher hören: "Neuerdings zieht es der Vizekanzler vor, durch die Union zu reisen, ohne in Moskau Halt zu machen. Müssen wir jetzt schon Abfangjäger aussenden, um die Freude seiner Gesellschaft zu genießen?" Gorbatschow zitiert nach Grachev, A. S.: Final Days. The Inside Story of the Collapse of the Soviet Union, Boulder/Co, Oxford 1995, S. 52.

[124] Doch Gorbatschow war kaum zu überzeugen. Als der deutsche Außenminister den Kreml verließ, soll er sich zu Tschernjajew maliziös geäußert haben: "Ich denke, der 'Elefant' hat alles verstanden, soweit es die Ukraine und Jugoslawien betrifft. Das war der Grund, warum er begann, sich zu rechtfertigen. Wie dem auch sei, es ist merkwürdig, daß ein Politiker seines Formats sich so schäbig verhält", zitiert nach Grachev: Final Days, a. a. O. (wie Anm. 123), S. 55.

zwiespältigen Eindruck. Das offizielle Bonn weigerte sich noch Anfang Dezember, die Übereinkunft der slawischen Republiken als das tatsächliche Aus für die UdSSR zu bewerten. Erst das am 21. Dezember in Alma–Ata geschlossene Abkommen elf ehemaliger Sowjetrepubliken über die Gründung der GUS und die öffentliche Resignation Gorbatschows als Präsident der UdSSR vier Tage danach wurden als endgültige Konsequenz aus den Entwicklungen der letzten Wochen und Monate eingeschätzt. Danach allerdings setzte sich die deutsche Diplomatie rasch für die Anerkennung der neuen Republiken durch die Europäische Gemeinschaft ein, um hinsichtlich der mit Deutschland geschlossenen Verträge, aber auch aus Gründen der europäischen Sicherheit, ein Vakuum im Osten zu vermeiden.

III. Faktorenanalyse des Niedergangs

1. Veränderungen des internationalen Systems: Die Rolle der Strukturen

Verschiebungen der internationalen Tektonik bewegen sich im Rahmen bestimmter Koordinaten. Dazu gehört vor allem die Veränderung des Kräfteverhältnisses zwischen den Supermächten und ihren Allianzen. Die Sowjetunion ist nicht allein an ihrer Wirtschaft, sondern sie ist vor allem an dem sie organisierendem politischen System und seiner Struktur zugrunde gegangen.[125] Die Ökonomie war nur ein Subsystem des politischen Gesamtsystems. Es war logischerweise daher keineswegs der isolierte Wettbewerb der Wirtschaftsordnungen, sondern die Konkurrenz der politischen Systeme, welche die Koordinaten der balance of power verschob. Dazu bedurfte es des zeitlichen und inhaltlichen Reifeprozesses. Die Union der Sozialistischen Sowjetrepubliken war vom Zeitpunkt ihrer Gründung im Dezember 1922 eine Großmacht "neuen Typus". In ihr waren nicht nur die geopolitischen Sicherheitsinteressen eines großen weltpolitischen Akteurs fortwirkend, sondern sie beruhte auf den missionarischen Werten der marxistisch–leninistischen Ideologie, die vor allem die Herrschaftsorganisation legitimierte. Die Übertragung des innenpolitischen Klassenkampfschemas auf die internatio-

---

[125] Vgl. hierzu u. a. Brahm, H.: Voraussetzungen und Verlauf der Reformpolitik Gorbatschows, in: Elwert, J.; Salewski, M. (Hrsg.): Der Umbruch in Osteuropa, Stuttgart 1993, S. 29–37; Brzezinski, Z. K.: The Grand Failure, New York 1989; Dunlop, J. B.: The Rise of Russia and the Fall of the Soviet Empire, Princeton 1993; Horn, H.: Der Kollaps des kommunistischen Herrschaftssystems in der Sowjetunion. Ursachen und Folgen, in: Osteuropa, Jg. 43, Nr. 1, S. 33–43; Pipes, R.: Communism. The Vanished Specter, Oslo, Oxford 1993; Segbers, K.: Der sowjetische Systemwandel, Frankfurt 1989; ders.: Perestrojka–Zwischenbilanz, Frankfurt 1990; Simon, G.; Simon, N.: Verfall und Untergang des sowjetischen Imperiums, München 1990; "Z" (d. i. Malia, M.): To the Stalin Mausoleum, in: Daedalus, Jg. 119, No. 1, Winter 1990, S. 295–344.; Bundesinstitut für ostwissenschaftliche und internationale Studien (Hrsg.): Jahrbuch Sowjetunion 1990/91, München 1991.

nale Arena motivierte eine extreme, ideologisch begründete und gerechtfertigte Geopolitik.

Die russischen Führer hatten die Sowjetunion nach einer materialistischen Logik errichtet oder reinterpretiert, deren Bedeutungshorizont für politische Strategien unübersehbar war. Demnach waren die selbstgewählten Kriterien des Erfolgs der sozialistischen Gesellschaftsordnung die gegenüber dem Kapitalismus notwendigerweise höhere Arbeitsproduktivität, die zweckgerichtete Entwicklung der Produktivkräfte und somit letztlich der höhere Lebensstandard. Hier war das als emanzipative Alternative zum Selbstlauf der marktwirtschaftlichen Gesellschaft entworfene Sowjetrußland in eine unnötige, erste selbst gestellte Falle getappt. Denn die rückständige Zwangsunion und ihr äußeres Imperium konnten niemals das proklamierte Versprechen vom "Einholen und Überholen" des Westens erfüllen. Damit nahmen sie sich einen Legitimationskern. Besonders auffällig litt unter diesem Mangel die DDR, deren Bevölkerung sich als Teil der deutschen Nation an der hohen Meßlatte Bundesrepublik und deren Lebensstil orientierte.

Nach dem Gesichtsverlust vor Kuba sowie nach dem Sturz Chruschtschows verlegte sich die Sowjetunion, je weniger die ökonomischen Versprechen eingelöst werden konnten, auf Faktoren der Weltgeltung, der Veränderung der Korrelation der Kräfte. Damit stellte sich die Kreml–Führung eine zweite Falle. Nunmehr war nicht mehr der Kapitalismus allgemein der Maßstab. Vielmehr wurde Washington in die Lage versetzt, die Regeln des internationalen Spiels zu definieren. Solange die USA durch Abenteuer fern ihrer Küsten und durch innere Widersprüche und Skandale gelähmt waren, schien dies zum Vorteil der UdSSR zu gereichen. Doch die Vereinigten Staaten hatten mit ihrer technischen Überlegenheit, ihrer zivilisatorischen Ausstrahlung stets die latente Möglichkeit, das in der Realität rückständige Moskauer Großreich in die Schranken zu weisen. Die Sowjetunion verstärkte zudem ihre Schwierigkeiten, indem sie den mehrfach zurückgenommenen imperialen Code wieder auszureizen und auf die dritte Welt zu übertragen begann. Für den Kreml beinhaltete der in den siebziger Jahren erstaunlich erfolgreich geführte Kampf um Einflußgebiete einen trügerischen Machtzuwachs, der freilich die wirtschaftliche Substanz angriff.[126] Die schwelende Nachfolgekrise, die sich nicht auf den Mechanismus eines geordneten Führungswechsels stützen konnte, lähmte zusätzlich die Führungsmacht des sowjetischen Lagers. Durch die Entscheidungsschwäche des Kreml war es nicht möglich, die von Washington zusätzlich in die Höhe getriebenen Kosten der Weltmachtrivalität — besonders auf dem Rüstungssektor und in der Dritten

---

[126] s. hierzu ausführlich die Darstellung bei Wohlforth, C. W.: The Elusive Balance. Power and Perceptions during the Cold War, Ithaca, London 1993.

Welt — durch eine neue Entspannungsoffensive abzuschwächen.[127] Angesichts des seit 1974 erkrankten Breshnew verstärkte der militär–industrielle Komplex mit den Repräsentanten im Politbüro (Ustinow, Andropow, Gromyko, Romanow) sogar seine Zugriffsmöglichkeiten auf überlebenswichtige Ressourcen, spaltete in Zeiten der Computer– und Kommunikationsrevolution weiterhin vernunftwidrig den zivilen vom militärischen Sektor ab.

Die sowjetische Kommandowirtschaft hatte mehrere Jahrzehnte die Mittel zur Erhaltung des Imperiums durch Verschleuderung von Rohstoffen erwirtschaften können. In den achtziger Jahren wurde jedoch die Perspektivlosigkeit dieser Konzeption überdeutlich. Immer mehr Kapital war für Aufschluß und Abbau von Ressourcen notwendig, immer weniger wurde demgemäß in Investitionen gesteckt, die Wachstumsrate sank. Auch jene legitimationsschwachen osteuropäischen Gesellschaften, die historisch einen höheren Versorgungsstandard zu verteidigen hatten, forderten von der UdSSR ihren Preis, den diese zahlen mußte, solange sie magisch an ihr Vorfeld gefesselt blieb. Seit Ende der siebziger Jahre war die Desillusionierung bezüglich der vergifteten Früchte der Entspannung kaum zu übersehen. Der Kapitaltransfer aus dem Westen, der diese Gesellschaften stabilisieren und gleichzeitig berechenbar halten sollte, blieb als Folge der Afghanistan– und Polenkrise weitgehend aus. Selbst für die DDR erfüllten sich weitgespannte Hoffnungen nach 1983/1984 nicht mehr.

Wandel im internationalen System vollzieht sich in evolutionären Schritten und an Bruchstellen in revolutionären Sprüngen.[128] Paul Kennedy legt in seinem Werk vom "Aufstieg und Fall der großen Mächte" dar: "Der Ablauf der Geschichte deutet auf eine auf lange Sicht deutliche Verbindung zwischen dem wirtschaftlichem Aufstieg und Fall einer einzelnen Großmacht und ihrem Wachstum und Niedergang als wichtige militärische Macht (oder als Weltreich) hin."[129] Diese Sicht ist in der Tat wesentlich, aber sie greift vermutlich zu kurz. Sie berücksichtigt nur vermittelt den weltpolitischen "Überbau", die Macht von Ideen und die Ausstrahlung der von ihnen geprägten Zivilisationen. Mehrere Jahrhunderte war die Kombination von wirtschaftlicher und militärischer Macht durchaus erfolgreich, aber unter den Bedingungen des atomaren Zeitalters ist sie nicht mehr zwingend. Andere Faktoren

---

[127] Vgl. Halliday, F.: From Kabul to Managua. Soviet–American Relations in the 1980s, New York 1989, S. 17, 108 f, 134 f; Kissinger: Diplomacy, a. a. O. (wie Anm. 4), S. 799 ff.

[128] Gaddis, J. L.: The United States and the End of Cold War. Implications, Reconsiderations, Provocations, Oxford 1992, S. 155 ff.

[129] Kennedy, P.: Aufstieg und Fall der großen Mächte. Ökonomischer Wandel und militärischer Konflikt von 1500 bis 2000, Frankfurt/M. 1991, S. 21. Vgl. auch die komparative Studie: Snyder, J.: Myth of Empire. Domestic Politics and International Ambition, Ithaca, London 1991, bes. S. 212–254, die die verschiedenen innenpolitisch bestimmten Ansätze sowjetischer Weltmachtpolitik nach Stalin analysiert und auf die Nähe Gorbatschows zu Malenkows Strategie hinweist. Vgl. auch Kupchan, Ch.: The Vulnerability of Empire, Ithaca, London 1994.

wie Innovationsfähigkeit im weitesten Sinne, kulturell–zivilisatorische Ausstrahlung, Akzeptanz des politischen Regimes durch die Regierten überla-
gern die materialistische Sicht. In diesem erweiterten Sinne hatte sich seit
1989 die Korrelation der Kräfte weiter dramatisch zuungunsten der UdSSR
verschlechtert. Dafür gab es zu dieser Zeit mehrere Gründe: Einmal, weil
das parteimonopolistische System tiefgreifende, aber notwendige Reformen
nicht ertragen konnte — gerade an den europäischen Rändern nicht —, und
zum zweiten, weil sich die ökonomisch–technologische Schere zum Westen
weiter geöffnet hatte. Nicht die militärische Macht der UdSSR war zu diesem Zeitpunkt drastisch reduziert worden, sondern die Bereitschaft, sie auch
einzusetzen — und das wirft uns unversehens wieder auf die idealistische
Politikkonzeption Michail Gorbatschows.

2. Sowjetische Außenpolitik im Zeichen des neuen Denkens: Die Rolle der Ideologie

Die sowjetische Führung ging davon aus, ihre Kriegs– und Nachkriegsge-
winne mit der KSZE–Konferenz von Helsinki 1975 abgesichert zu haben.
Die westliche Lähmung (Vietnam) zuvor hatte ihr das Ausgreifen in die
Dritte Welt erlaubt. Die Intervention nach Afghanistan 1979 und die erzwungene Selbstintervention der Polen 1981 lösten bei den führenden Mächten
der NATO jedoch ein Umdenken aus. Der Westen begnügte sich nicht mehr
mit der "Vernetzung" (Rittberger) und Institutionalisierung internationaler
Politik, die Moskaus Ausgreifen nicht eingeschränkt hatte, sondern kehrte zu
einer Neuauflage der Containment–Politik zurück. Die USA legten sich sogar auf eine Neo–Roll–back–Strategie fest. Besonders die verhärtete Position Reagans und seine SDI–Initiative vom März 1983 stellten die UdSSR vor
eine neuerliche Herausforderung des globalen "Wer–Wen", diesmal aber von
westlicher Seite. Sollte die UdSSR den nunmehr vom Westen aufgenomme-
nen Fehdehandschuh mit Einigeln und Festungsmentalität beantworten,
Reagan aussitzen, möglicherweise sogar mit der Androhung einer neuen internationalen Eiszeit oder gar begrenzter militärischer Gegenreaktionen beantworten? Oder sollte der Kreml eine neue Entspannungsoffensive starten
und eine Atempause gewinnen, um in dieser gleichzeitig das Land umzugestalten? Hierzu war Voraussetzung, daß der Westen nicht nur auf Konfrontation setzte, sondern die Tür für den Dialog wieder öffnete. Reagan hatte
den Kontakt zu Andropow niemals abreißen lassen. Er verstand nach Ende
von drei Jahren Präsidentschaft: "Viele Männer an der Spitze der Sowjet–
Hierarchie hatten aufrichtig Angst vor Amerika und den Amerikanern ...
viele sowjetische Amtsträger fürchteten uns, und zwar nicht nur als Gegner,
sondern als potentiellen Aggressor, der möglicherweise Atomwaffen auf sie
abwerfen wird." Im November 1983 vertraute Reagan seinem Tagebuch an,

man solle, ohne mit den Sowjets sanft umzugehen, ihnen die Angst nehmen. Am 16. Januar 1984 gab er in seiner Ansprache an die Nation die Linie aus: "Realismus, Stärke, Dialogbereitschaft". Gerade nach dem KAL–Abschuß, dem Able–Archer–Manöver und dem sowjetischen Verlassen der Genfer Verhandlungen hielt es Reagan für nötig, "einen möglichst ernsthaften und konstruktiven Dialog" mit den Sowjetführern zu entwickeln.[130] Andropow lehnte die US–Offerte mit Schreiben vom 28. Januar 1984 ab, doch nach seinem Tod entschieden sich bereits Tschernenko, sein Stellvertreter Gorbatschow und Außenminister Gromyko für die Wiederaufnahme von bilateralen Gesprächen.

Für eine radikale Konzeption, die Umgestaltung und Entspannung verband, stand Gorbatschow, obwohl dies denjenigen, die ihn sowohl im Politbüro als auch auf dem Plenum des ZK am 11. März 1985 einstimmig wählten, nicht bewußt war.[131] Ihnen ging es vor allem darum, einen energischen und endlich gesunden Führer auf den Schild zu heben, einen Mann zu wählen, den nicht nur Kulakow, Andropow und auch Suslow gefördert hatten, sondern für den sich nunmehr auch der "elder statesman" und außenpolitische Stratege Gromyko verbürgte.[132]

Angelpunkt war die realpolitische Fixierung sowjetischer Außenbeziehungen auf die USA, die als Antwort auf SS–20 und Afghanistan–Intervention die Rüstungsspirale absichtsvoll weitergedreht hatten. Als Reaktion hierauf meldete nun wiederum der sowjetische militär–industrielle Komplex (MIK) unüberhörbar seine erweiterten Ansprüche für eine radikal verbesserte technische Ausstattung an. Gorbatschow aber mußte und wollte die Militarisierung der Gesellschaft deutlich herunterfahren. Er nutzte im Frühjahr 1987 den Flug des psychisch labilen Sportfliegers Rust nach Moskau, um das Selbstbewußtsein der sowjetischen Militärs zu stutzen.[133]

---

[130] Reagan, R.: Erinnerungen. Ein amerikanisches Leben, Berlin 1990, S. 618 ff.

[131] Das Protokoll der Politbürositzung, auf welcher Gorbatschow zum Generalsekretär gewählt wurde, ist abgedruckt in: Zasedanie Politbjuro CK KPSS, 11.3.1985 g., in: Istočnik — Dokumenty russkoj istorii, No. 0, 1993, S. 68–74.

[132] Brown bestreitet, daß die Position Reagans bei der Wahl sowjetischer Führungsmitglieder nach Breshnew eine wesentliche Rolle spielte, vgl. Brown, A.: The Gorbachev Factor, Oxford, New York 1996, S. 226 ff. Anderer Meinung ist R. Pipes in seiner Rezension: Misinterpreting the Cold War. The Hard–liners Had it Right, in: Foreign Affairs, Jg. 74, No. 1, Januar–Februar 1995, S. 154–160, bes. S. 158. Auch Thatcher vertritt die Meinung, Reagans Entscheidung für SDI sei für die Sowjets technisch und finanziell verheerend gewesen. Reagan habe die Sowjets gezwungen, Farbe zu bekennen, vgl. Thatcher, M.: Downing Street 10, Düsseldorf u. a. 1993, S. 637 ff., 666.

[133] Der jugendliche Deutsche Mathias Rust war mit einer Cessna Ende Mai 1987 von Finnland aufgebrochen, auf dem Roten Platz gelandet und hatte bedenkliche Lücken im Luftabwehrsystem offengelegt. Gorbatschow pensionierte daraufhin den Verteidigungsminister Sokolow und ließ Kommandeure von Waffengattungen und Militärbezirken bestrafen.

Eine umfassende "Beschleunigung" der Produktivkräfte und erst recht eine Umgestaltung konnten nur ohne Gefährdung der Sicherheit der UdSSR unternommen werden, wenn die militärische und letztlich auch die dahinterliegende politische Rivalität mit Washington begrenzt und auf ein niedrigeres Niveau heruntergefahren wurden. Gorbatschow blieb angesichts der sich seit Jahren verschlechternden ökonomischen Situation kaum eine andere Wahlmöglichkeit, als auf ein niedrigeres Niveau der balance of power hinzuwirken.[134] In dieser Interpretation spielte die Verbesserung des Verhältnisses zu Westeuropa anfangs allenfalls die Rolle, einen Fürsprecher für den Rüstungsabbau gewinnen, um die USA zur Vernunft zu bringen. Das Motiv, "Widersprüche" zwischen den USA und Westeuropa zu stimulieren, war seinerzeit wesentlich unerheblicher als im Westen angenommen.[135] Als Anlaß bot sich die weithin empfundene nukleare Gefährdung Europas an, die gerade durch die sowjetische Vor- und westliche Raketennachrüstung mit größerer Intensität provoziert worden war.[136] Das Scheitern der Friedensbewegung hatte in Moskau zusätzliches Nachdenken über die bisherige fehlerhafte Strategie ausgelöst. Ein wesentliches Einstiegselement des "neuen Denkens" war daher die Feststellung, im nuklearen Zeitalter könne es Sicherheit zwischen den Supermächten nur gegenseitig und nur unter Absage an den Grundsatz der militärischen Überlegenheit geben. Im Mai 1986 fand hinter verschlossenen Türen eine erste Konferenz des UdSSR-Außenministeriums statt, bei der Gorbatschow eine stärkere Einbeziehung der UdSSR in die internationale Arbeitsteilung und die Ökonomisierung der Sicherheitspolitik forderte. Man müsse lernen, "für militärische Zwecke nicht mehr als notwendig auszugeben".[137] Nach Ansicht der neuen sowjetischen Führung war die UdSSR den USA auf den Leim gegangen und hatte sich seit Jahrzehnten in ein unnötiges Wettrüsten ziehen lassen, in welchem die neue Führung nunmehr objektiv ein Instrument US-amerikanischer Roll-back-Politik sah.[138] Das Treffen von Reykjavik im Oktober 1986 zeigte, daß der amerikanische Präsident durchaus bereit war, die Gorbatschow-Erklärung vom 15. Januar

---

[134] So Gorbatschow bereits am 23. Mai 1986 vor dem Aktiv des MID, vgl. Gorbatschow: Gipfelgespräche (wie Anm. 97), bes. S. 188 f. Der MIK blockierte seit Jahrzehnten dringend benötigte sowjetische Ressourcen für neue zivile Investitionen.

[135] Vermutungen in diese Richtung waren verständlich, gehörte doch die Schürung von Gegensätzen innerhalb des westlichen Lagers zum Grundarsenal leninscher Geopolitik.

[136] Für die Entwicklung des neuen Denkens, vgl. u. a. Erklärung des Generalsekretärs Michail S. Gorbatschow vom 15. Januar 1986, in: Gorbačev, M. S.: Izbrannye reči i stat'i, Bd. 3, Moskau 1987, S. 133 ff.; vgl. auch den politischen Bericht des ZK an den XXVII. Parteitag der KPdSU, außenpol. Teil, ebd., S. 243 ff; vgl. bes. Gorbatschows Rede vor den Vereinten Nationen am 7. Dezember 1988, in: Gorbačev, M. S.: Izbrannye reči i stat'i. Bd. 7, Moskau 1990, S. 184–202; vgl. auch: Pravda vom 8.12.1988, S. 1 f.

[137] Kwizinskij: Vor dem Sturm, a. a. O. (wie Anm. 17), S. 404; Gorbatschow, Gipfelgespräche, a. a. O. (wie Anm. 97), S. 188.

[138] Sdelano zajavlenie, in: Pravda vom 29.12.1985, S. 5; Semjonow gegenüber dem AA der BRD, in: Pravda vom 5.4.1986, S. 5.

ernst zu nehmen, den Weg zur Denuklearisierung der Rüstung gemeinsam zu beschreiten, sich aber nicht dafür den geplanten Verteidigungsschirm, d. h. SDI, abhandeln zu lassen. Die Begegnung in Islands Haupstadt schuf neue Voraussetzungen der Zusammenarbeit, trotz des am Ende erlebten Rückschlags. Dieser ließ an der Härte der USA–Diplomatie keinen Zweifel aufkommen.

Die Gewährleistung der Sicherheit mußte aber vorwiegend zur politischen Aufgabe werden. Gorbatschow rang sich dazu durch, die sowjetische Verteidigung nicht mehr am qualitativen oder gar numerischen Gleichgewicht zu messen. Dieser Ansatz, dem eine Revaluierung sowjetischer Interessen vorausgegangen war, führte zu einem Paradigmenwechsel der Außenpolitik.[139] Damit verbunden war auch eine Neubewertung des sowjetischen Engagements in der Dritten Welt und der regionalen Konflikte, die das Verhältnis zu den USA seit den siebziger Jahren stark belastet hatten und sich wirtschaftlich in keiner Weise rechneten. An die Stelle der seit Beginn des Zweiten Weltkrieges betriebenen Strategie der Vorfeldsicherung um jeden Preis trat eine Politik der essentiellen Kooperation mit dem Gegner. Es mußte klar sein, daß in der Logik dieser sich Schritt für Schritt realisierenden politischen Philosophie Gorbatschows auch eine Neubewertung des Verhältnisses zu Osteuropa — und nicht zuletzt zur DDR — liegen mußte.

Stationen kooperativer Sicherheitspolitik in der Praxis waren: 1. Bereitschaft zum Rückzug aus Afghanistan, einer vom Imperialismus verursachten "blutenden Wunde"[140], 2. Durchführung konkreter, verifizierbarer Abrüstungsabsprachen und, als Konsequenz hiervon, 3. eine völlig neue Militärdoktrin, die auf "vernünftige Hinlänglichkeit" abhob. Diese schloß nicht nur den Einstieg in das INF–Abkommen mit den USA, sondern, sogar angesichts der bisherigen sowjetischen Überlegenheit in Europa, 4. unilaterale sowjetische konventionelle Abrüstung ein. Wesentlich wurde, daß in Washington mit Präsident Reagan in dessen zweiter Amtszeit und seinem Vizepräsidenten und Nachfolger Bush starke Partner verfügbar waren, die eine im adaptiven Niedergang befindliche UdSSR an die Hand nahmen und ihrerseits eigene aggressive Strategien zurückstellten. "Management of decline" war seit 1989/90 das Gebot der Stunde, und es wurde letztlich gemeinsam betrieben, verdeckt und offen, in der Hoffnung, einen gewalttätigen Kollaps der östlichen Supermacht und ihres äußeren Imperiums zu verhindern und nun-

---

[139] Neben den Reden Gorbatschows waren die Ausführungen Schewardnadses vor den Gremien des MID richtungsweisend. Zur Analyse u. a. Timmermann, H.: Gorbatschow zeigt außenpolitisches Profil. Kurskorrekturen oder Konzeptionswandel, in: Osteuropa, Jg. 36, Nr. 1, 1986, S. 3–21; ders.: Die sowjetische Außenpolitik im Zeichen von "neuem Denken" und Handeln, Köln 1986 (Berichte des Bundesinstituts für ostwissenschaftliche und internationale Studien, Nr. 48/1986).

[140] Gorbatschows Rechenschaftsbericht auf dem XXVII. Parteitag, vgl. dessen außenpolitischen Teil, in: Gorbačev: Izbrannye reči i stat'i. Bd. 3, a. a. O. (wie Anm. 136), S. 243–258.

mehr endlich die schon oftmals angekündigten neuen kooperativen Sicherheitsstrukturen zu errichten.

Als Folge vorsichtiger innerer Liberalisierung eroberten westliche zivilisatorische Ideen auch offen die geistige Hegemonie im Sowjetblock oder führten doch mindestens zu einer brisanten ideologischen Koexistenz von tradierten demokratisch–marktwirtschaftlichen und sozialistischen Wertvorstellungen, die den Spättotalitarismus untergruben.[141] Mit sensationellen Erklärungen, die u. a. 1987 erstmals die Gültigkeit "allgemeinmenschlicher Werte" postulierten, wurde die bisher vorherrschende Dichotomie der Welt aufgehoben, die Idee des generellen Klassenkampfes unterminiert. Der außenpolitische Code, die Einheit von Geopolitik und aggressiver leninistischer Ideologie wurde durch Elemente liberaler und idealistischer Weltsicht hinterfragt.[142] Mit der These vom "gemeinsamen europäischen Haus" war die Notwendigkeit konfrontativer Teilung unseres Kontinents bezweifelt worden.

Schon zur Zeit der Entspannung 1969–1979 hätte sich der Kreml die Frage stellen müssen: Was leisten die Allianzstaaten unter den veränderten Bedingungen des Ost–West–Verhältnisses real für Wohlfahrt und Sicherheit der UdSSR? Die ökonomischen Daten bewiesen aber, daß sich die Länder Osteuropas längst von einem Gewinn zu einer politisch relevanten Bürde Moskaus entwickelt hatten.[143] Viele der osteuropäischen Volkswirtschaften, besonders die Polens, Ungarns und der DDR, hingen zuletzt am Tropf west-

---

[141] Vgl. Beyme, K. v.: Systemwechsel in Osteuropa, Frankfurt/M. 1994; Brown, J.: Eastern Europe and Communist Rule, Durham, London 1988; ders.: Surge to Freedom. The End of Communist Rule, Durham, London 1991; Dawisha, K.: Eastern Europe, Gorbachev, and Reform. The Great Challenge, 2. Auflage, Cambridge 1990; Gati, C.: The Block that Failed. Soviet–East–European Relations in Transition, London 1990; ders.: Eastern Europe on its Own, in: Foreign Affairs, Jg. 68, No. 1 (America and the World), 1989, S. 90–119; Pravda, A. (Hrsg.): The End of the Outer Empire: Soviet–East–European Relations in Transition, London 1990, bes. S. 1–34; Timmermann, H.: The Soviet Union and Eastern Europe. Dynamics of "Finlandization", in: Radio Liberty: Report on the USSR, Jg. 2, No. 33, S. 15–18.

[142] Den Gedanken einer unteilbaren, gegenseitig abhängigen und letztlich von gleichen Grundwerten getragenen Welt entwickelte Gorbatschow vor den Teilnehmern eines Forums "Für eine Welt ohne Kernwaffen, für das Überleben der Menschheit" am 16. Februar 1987. Vgl. Gorbačev, M. S.: Izbrannye reči i stat'i, Bd. 4, Moskau 1987, S. 376–392. Da sie bei dem angegebenen Anlaß vorgetragen wurden, empfand man sie seinerzeit als weitgehend propagandistische Verlautbarungen mit dem Zweck, die Abschreckung zu unterminieren.

[143] Allein die Verluste der UdSSR im Warenaustausch mit der DDR der letzten Jahre werden von russischer Seite auf 3,3 bis 4 Mrd. Dollar jährlich beziffert, vgl. Zedilin, L.: Sowjetunion, DDR und RGW in der Ära Gorbatschow, Köln 1995 (Berichte des Bundesinstituts für ostwissenschaftliche und internationale Studien, Nr. 34/1995); Cedilin, L.: Torgovat' civilizovanno — značit vsaimovygodno, in: Kommunist, No. 9, Juni 1990, S. 114– 123; vgl. auch Wolfe, C. u. a.: The Costs and Benefits of the Soviet Empire, 1981–1983. RAND, Santa Monica, R–3419–NA, August 1986; Marer, P.: The Political Economy of Soviet Relations with Eastern Europe, in: Meiklejohn Terry, S. (Hrsg.): Soviet Policy in Eastern Europe, New Haven, London 1984, S. 155–188; Oldenburg, F.: Osteuropa — Basis oder Bürde für die Weltmacht UdSSR?, Köln 1987 (Berichte des Bundesinstituts für ostwissenschaftliche und internationale Studien, Nr. 5/1997).

licher Kreditgeber und suchten Moskaus Hegemonie zu unterlaufen. Doch wurde dieser Komplex stets geopolitisch und ideologisch zugunsten imperialer Sicherung entschieden. Die Aufrechterhaltung des Imperiums war selbstverständlich nicht ohne außenpolitische Kosten zu realisieren. Doch legitimierten sie die Vorherrschaft der politischen Klasse in der Sowjetunion. Die Anfang der achtziger Jahre zwischen Ost und West ausgebrochene Eiszeit verunsicherte die oberen Führungsetagen der osteuropäischen Parteiapparate, ließ besonders die USAP und die SED auf kaum verhüllte Distanz zu Moskau gehen, so daß der Kreml nicht nur im Falle Polens, sondern auch anderer Staaten Absetzbewegungen fürchten mußte. Disziplinierungsversuche bis in die Anfangszeit Gorbatschows konnten angesichts der abnehmenden wirtschaftlichen und ideologischen Kraft der Hegemonialmacht wenig stabilisierend wirken. Die Durchgreifmotivation Moskaus war nach dem Afghanistanabenteuer bereits ausgehöhlt, und die osteuropäischen Kommunisten sahen mit Sorge, daß sie ihre eigenen Domänen nicht würden sanieren können. Das unterschiedliche Antwortverhalten verstärkte sich.

Der sichtbare Anfangstrend sowjetischer Politik lag daher auch unter Gorbatschow beim demonstrativen Anziehen der Zügel.[144] Die Blockanbindung wurde mit der Verlängerung des Warschauer Pakts im April 1985, mit dem Komplexprogramm des RGW und der ausgesprochenen Bestätigung des proletarischen und sozialistischen Internationalismus[145] sogar verstärkt. Nur eine militärische Intervention in Osteuropa schien weitgehend ausgeschlossen. Doch wurde die Zurücknahme der Breshnew–Doktrin in der Schwebe gehalten. Die lokalen Parteiführungen sollten sich selbständig um Stabilisierung bemühen. Gerade damit aber zeigten sie sich überfordert. Gorbatschow jedoch wollte keine vom Zentrum des Imperiums gelenkte Revolution, keine Perestrojka in allen Staaten Osteuropas durchsetzen. Auf der Sitzung des sowjetischen Außenministeriums im Mai 1986 verkündete er, die Freunde müßten spüren, daß "wir sie nicht ins Schlepptau nehmen", das stärkste Land der sozialistischen Gemeinschaft müsse "Bescheidenheit an den Tag legen", "fertige Schemata" seien schädlich.[146] Keineswegs wollte der Generalsekretär aber den Osteuropäern mit der erstmals in Genf im Oktober 1985 geäußerten Formel von der "Freiheit der Wahl" die Rückkehr zur kapitalistischen Ordnung einräumen. Vielmehr glaubte er zu dieser Zeit, mit der kommunistischen Machtergreifung und –sicherung sei das historische

---

[144] Vgl. hierzu Meissner, B.: Die sowjetische Blockpolitik unter Gorbačev, in: Althammer, W. (Hrsg.): Südosteuropa in der Ära Gorbačev, München 1987, S. 39–50.

[145] Vgl. Vladimirov, O., in: Pravda vom 21.6.1985. Bei Vladimirov handelte es sich um eines der Pseudonyme von Oleg Rachmanin, dem damaligen stellv. ZK–Abteilungsleiter und langjährigen Chinaexperten. Er war jedoch über das Ziel hinausgeschossen und wurde auf Gorbatschows Betreiben von Schachnasarow im Jahre 1986 ersetzt.

[146] Vgl. Rede Gorbatschows am 23. Mai 1986 vor dem Führungskollektiv des Außenministeriums der UdSSR, in: Vestnik MID, No. 1, 5.8.1987; vgl. auch Gorbatschow: Gipfelgespräche, a. a. O. (wie Anm. 97), S. 192 f.

Wahlrecht konsumiert. Als gelerntem Leninist ging es ihm in den ersten Jahren darum, "Kontinuität und Veränderung" abzufedern und gleichzeitig eine militärische Intervention der UdSSR auf Dauer unnötig zu machen.[147]

Entsprechend der erst im Herbst 1986 festgelegten Linie der Zurückhaltung in den Beziehungen zu den "Bruderparteien" nahmen Gorbatschow und seine Mitarbeiter, soweit bis heute bekannt ist, allenfalls behutsam Einfluß, um Verbündete für ihre Erneuerung des Sozialismus zu gewinnen.[148] Natürlich verfügte der Kreml über eine Reihe von Kanälen und Seilschaften, um seine Interessen deutlich zu machen und möglicherweise auch durchzusetzen. Doch gerade die Aufgabe des Wahrheitsmonopols und die Reduzierung des allgemeingültigen Sowjetmodells waren Linien des "neuen Denkens". So hätten verschiedene "Blumen blühen" können — zumindest solange, bis sich die Problematik eines einheitlichen Wirtschaftsorganismus mit noch größerer Schärfe wieder gestellt hätte. Allerdings waren die sowjetischen Reformen — besonders die Glasnost — und der neue Führungsstil für die Traditionalisten irritierend, für die Reformkommunisten in den Parteien jedoch eine Ermutigung. Besonders in Teilen der künstlerischen Intelligenz und in kleinen Zirkeln der Hochschulorganisationen der SED begann man Ende der achtziger Jahre wieder über einen "dritten Weg" nachzudenken. Die offensichtlichen "Widersprüche" im sozialistischen Lager schwächte die Hardliner auch in der Armee und sogar in den Sicherheitsdiensten.

Schon die neue Militärdoktrin des Warschauer Paktes vom Mai 1987 signalisierte den Übergang von einer offensiven "Verteidigung" zur defensiven Militärstrategie. Sie bereitete Komponenten eigenständiger sowjetischer Militärübungen vor, die auf eine Abkopplung der UdSSR vom Militärpakt hinausliefen. In jedem Falle lief die Doktrin der vernünftigen Hinlänglichkeit darauf hinaus, die Bündnispartner in ihrer Rolle für die sowjetische Sicherheit herabzustufen. Die Brücke zwischen den Grundauffassungen des neuen Denkens und der künftigen Praxis seiner Blockpolitik schlug Gorbatschow mit der Rede am 7. Dezember 1988 vor der 43. Vollversammlung der UN. Er kündigte — für die Verbündeten völlig überraschend — einseitige Reduzierungen sowjetischer konventioneller Streitkräfte sowohl in den westlichen Militärbezirken als auch in den anderen Staaten des Warschauer Vertrages an. Wiederum betonte er die Bedeutung allgemeinmenschlicher Werte und nunmehr auch den Vorrang eines einheitlichen Völkerrechtes. In diesem

---

[147] Vgl. Gorbatschow: Erinnerungen, a. a. O. (wie Anm. 15), S. 839.

[148] Ein mögliches Gegenbeispiel wären die vom KGB in Staaten Osteuropas außerhalb der Zuständigkeit der lokalen Residenturen betriebenen Gruppen Lutsch, Vystula und Moldava, über deren Aufgaben aber keine letzte Klarheit gewonnen werden kann. Sie sollen entweder der zusätzlichen Informationssammlung oder dem Aufbau einer gegen den jeweiligen Parteiführer gerichteten Fraktion gedient haben; vgl. für die letzte Behauptung hinsichtlich der in der DDR arbeitenden Gruppe Lutsch: Reuth, H.–G.; Bönte, A.: Das Komplott. Wie es zur deutschen Einheit kam, München, Zürich 1993.

Sinne unterstrich er, daß "Gewalt und Androhung von Gewalt keine Instru-
mente der Außenpolitik" mehr sein könnten und dürften.[149] Objektiv bereitete er mit dieser Ansprache vor den Vereinten Nationen den Rückzug aus
Mittel– und Osteuropa vor. Da Gorbatschow bereits auf der 19. Parteikonferenz (wenn auch interpretierbar), und danach besonders plakativ in Bonn im
Juni und in Straßburg sowie auf der Bukarester Warschauer–Pakt–Tagung
im Juli 1989, allen Staaten und Völkern die "Freiheit der Wahl" zugestanden
hatte, schuf er eine radikal neue Situation. Wären die Satellitenapparate in
der eigenen Bevölkerung oder wenigstens den neuen Eliten verankert gewesen, wie Gorbatschow anscheinend gehofft hatte, so hätten diese Zusicherun-
gen durchaus eine weitere Nationalisierung der Kommunismen mit sich bringen können. In der konkreten Situation war dies nicht mehr möglich. Die
Akzeptanz des ungarischen Mehrparteiensystems, die Hinnahme einer nicht-
kommunistischen Regierung an der Weichsel wie auch die ausgesprochene
Billigung der Grenzöffnungen zeigten eine unerwartete Permissivität der sowjetischen Führung an. Die Praxis bestatigte die Ende 1988 deklarierte These, wonach die Sowjetunion sich im Falle eines Kollapses kommunistischer
Herrschaft aus ihren bisherigen Verpflichtungen zurückziehen würde.

Als Konsequenz mußte sich das internationale System mit großer Intensität zuungunsten der Sowjetunion verschieben. Hier soll die Vermutung geäußert werden, daß Gorbatschow an seiner strategischen Linie des neuen Denkens und abnehmenden Interesses für die Geschicke Osteuropas festhielt,
weil er sich Illusionen hingab, die Konsequenzen seines Handelns nicht über-
sah, und manches erklärt sich, ohne allzu viel Psychologie zu bemühen, aus
der wirtschaftlichen Notlage der UdSSR. Man muß sich nur einmal die Devi-
sensituation der UdSSR vor Augen führen. In den Jahren 1985 bis 1987 waren die sowjetische Exporterlöse als Folge sinkender Rohstoffpreise und des
Verfalls des Dollarkurses um nahezu 21 Mrd. Rubel gesunken. Im Jahre
1988 wurden bereits 60 % der Devisenerlöse für die Schuldentilgung bereit-
gestellt. Im Inneren der Union sank die Produktion, während gleichzeitig der
Geldumlauf dramatisch erhöht wurde. Zugleich drängten einige Nationen
auf eigene Souveränität oder sogar auf Austritt aus der UdSSR.

Bedrängt von der wachsenden Not im eigenem Lande — gerade die halb-
herzigen Wirtschaftsreformen hatten das Land überfordert, die wirtschaftliche Lage war schlechter als bei seinem Amtsantritt — und als Konsequenz
eigenen Nachdenkens und der Ratschläge seiner Mitarbeiter stufte Gorbatschow offensichtlich die Bedeutung Osteuropas einschließlich Ostdeutschlands für den Erhalt der Sowjetunion sukzessive herab. Längst hatte er sich
vom stalinistischen Modell UdSSR und von der Breshnew–Doktrin verab-

---

[149] Vystuplenie M. S. Gorbačeva v Organizacii Ob'edinennych Nacij, in: Pravda vom
8.12.1988, S. 1 f.

schiedet.[150] Selbst in der DDR, dem bisherigen Vorposten des Sowjetsozialismus in Europa, wollte Gorbatschow keine Gewalt mehr praktizieren.[151] Um so mehr hing er von westlicher Zurückhaltung und Unterstützung ab, der Kalte Krieg war verloren.

Der weltweite Trend zur Demokratisierung (beginnend mit Griechenland, Portugal und Spanien), zur Entkolonialisierung und der Einfluß andersartiger Kulturen (USA, Europas, des Islam) konnte an der UdSSR nicht folgenlos vorübergehen. Allerdings waren Phasenverschiebungen und Übergangsstufen notwendig, die eine sozialistische Pluralisierung einleiteten und zum Abschluß bringen sollten. In der Sowjetunion zeigten sich seit Ende der siebziger Jahre Anzeichen von Dezentralisierung und Autoritätsverlust, denen nur noch partiell von zentralen Institutionen wie Geheimpolizei, Partei, Armee sowie Staats– und Wirtschaftsverwaltung entgegengewirkt werden konnte. Nicht nur verlor die "sowjetische Zivilisation" gegenüber der westlichen deutlich an Überzeugungskraft, auch die totalitären Institutionen begannen sich in feudale zu wandeln. Die innersowjetischen nationalen wie auch osteuropäischen Apparate steckten ihre Claims ab. Innerhalb bestimmter Grenzen hatten sie sich bereits vor Gorbatschow eine gewisse Autonomie ertrotzt. Die Ideen der Demokratie, der Entkolonialisierung und der Gegenkultur, ausgedrückt von mutigen Dissidenten, den Kirchen und der Friedensbewegung, haben vielerorts den Widerstand gegen den Kommunismus verstärkt, waren untergründig seit längerem vorbereitet, aber ohne den Niedergang des sowjetischen Totalitarimus und den Kollaps imperialer sowjetischer Politik hätte sie noch auf längere Sicht keinen Erfolg gehabt.

Die Delegitimierung des Systems und die sich abzeichnende Transformation nach der 19. Parteikonferenz hat wichtigen Segmenten der Gesellschaft den Horizont von Demokratie und Marktwirtschaft eröffnet und die Spaltung der Machtapparate verstärkt. Die angelegten, aufgestauten und befreiten Kräfte systemischer Selbststeuerung ließen jede Eingreifmöglichkeit des Zentrums zur Farce werden. Angesichts der ungelösten nationalen Frage wurden die regionalen kommunistischen Eliten sogar zu Anhängern der ethnischen Renaissance, um sich schließlich an ihre Spitze zu setzen. Die von ihnen instrumentalisierten nationalen Volksfronten schwächten weiterhin das Zentrum. Funktionäre der Technokraten– und Managerschicht suchten ihre

---

[150] Pavlova–Silvanskaya, M.: From the Breshnev to the Gorbachev Doctrine, in: Weilemann, P.; Brunner, G.; Tökes, R. L. (Hrsg.): Upheaval against the Plan, Oxford, New York 1991, S. 112–126.

[151] Jakowlew, A.: Offener Schluß. Ein Reformer zieht Bilanz, Leipzig, Weimar 1992, S. 83. Diese Position wird auch von Falin bestätigt, vgl. Falin: Politische Erinnerungen, a. a. O. (wie Anm. 113), S. 488; sowie Portugalow, in: Kuhn, E. (Hrsg.): Gorbatschow und die deutsche Einheit, Bonn 1993, S. 44. Maximytschew hat diese Anweisung in einem Gespräch mit dem Autor bestätigt, sie jedoch dahingehend interpretiert, für die sowjetischen Truppen habe ganz allgemein gegolten, sich vor und bei Feierlichkeiten in der DDR in den Kasernen zu halten. Diese Anweisung sei allerdings im Spätsommer bestätigt worden.

Interessen neu zu definieren und sich als "Kapitalisten" an der Spitze der von ihnen bisher administrierten Unternehmen zu etablieren.[152] Für diese neuen Eliten war Jelzin der Mann der Stunde, die Liquidierung der UdSSR eine historische Chance. Ihre Interessen wiesen auf weiterer Systemwechsel und weltwirtschaftliche Öffnung, auf Kooperation mit dem Westen, für die eine starke Bundesrepublik Deutschland die Brücke bilden sollte.

Dennoch dürfte die Diskussion über die aktive Rolle Gorbatschows bei den Destabilisierungen der orthodoxen Regime auch weiterhin wissenschaftlich kontrovers bleiben. Ab wann hat der Kreml den Verlust des äußeren Imperiums als Möglichkeit akzeptiert? Ab wann erkannte man die negativen Folgen bisheriger Krisenzyklen — politische und wirtschaftliche Stagnation; Schwächezeichen des Zentrums; vorsichtige, sich steigernde Ablösung an den Rändern; Intervention seitens des Zentrums und wieder Stagnation — als für die Ost–West–Beziehungen belastend? Gorbatschow wählte einen Weg zwischen Scilla und Charybdis: Einerseits hatte er Reformen in Osteuropa allein durch die eingeschliffene sowjetische Modellwirkung ermutigt, andererseits ging er davon aus, daß die jeweilige nationale Grundentscheidung für den Sozialismus bereits positiv gefallen war. Er mußte eigentlich wissen, wie fragil die Legitimation und Unterstützung des Sozialismus in Osteuropa, gerade auch in der DDR, wieder geworden waren.

Gorbatschows neue außenpolitische Philosophie hielt die für die Sowjets negativen Tendenzen des internationalen Systems nicht auf, sondern schwächte dramatisch das bisher weitgehend auf sowjetischer Dominanz und mit äußerer wie innerer Gewaltanwendung errichtete und aufrechterhaltene Imperium. Es setzte nicht nur nationalkommunistische Kräfte in Gegensatz zur UdSSR, sondern auch die Gegengewalt unterdrückter Völker frei. Ihre zumeist samtenen Revolutionen zerstörten des Kommunismus in Europa.

3. Das Gorbatschow–Syndrom: Die Rolle der Persönlichkeit

Das entscheidende Bindeglied zwischen der Veränderung des internationalen Systems, der Konzeptbildung und der Praxis des "neuen Denkens" sowie der sowjetischen Deutschlandpolitik bildeten einzigartige Persönlichkeiten. Wechsel an der Spitze kommunistischer Staaten boten bekanntlich nahezu die einzige Chance einer inhaltlichen Neubestimmung, der eine Änderung der Systemperformanz folgen konnte. Während in Bonn und Ostberlin die außenpolitischen Entscheidungsträger in der Gorbatschow–Ära im wesentli-

---

[152] Vgl. die Arbeiten von Kryštanovskaja, O. V.: Transformacia staroj nomenklatury v novuju rossijskuju elitu, in: Oščestvennye nauki i sovremenost', No. 1, 1995, S. 51–65; s. a. Andreev, N.: Delo Anta, in: Izvestija, 15.1.1992, S. 3.

chen dieselben blieben, erlebte Moskau eine tiefe kaderpolitische Erschütterung. Das Team, welches sich der neue Mann zusammenstellte, hing, wie sich dem ungläubigen Beobachter offenbaren sollte, einem "Sozialismus mit menschlichem Antlitz" an. Ihre innen– und außenpolitische Strategie war von der ihrer Vorgänger qualitativ zu unterscheiden.[153] Dubček und Gorbatschow trennten 19 Jahre, nicht aber die Zielstellung.[154]

In der spättotalitären Sowjetunion konnte eine tiefgreifende Reform nicht das Werk autonomer Gruppen sein. Andererseits mußten gesellschaftliche Bedingungen für Perestrojka und neues Denken vorliegen. Letztlich ist auch Gorbatschow an der tradierten, spättotalitären Verfaßtheit der Union gescheitert. Doch zu dieser Zeit hatte eine echte Pluralisierung die Gesellschaft erfaßt, waren überkommene Mechanismen der Machtausübung ausgehöhlt worden. Aber es bedurfte unbedingt der Aura des Amtes und des Willens eines außergewöhnlichen Mannes, um eine "Revolution von oben" auszulösen.

Der Generalsekretär hatte die Schwächen sowjet–kommunistischer Herrschaft zwar diagnostiziert, aber er verfügte nicht über die adäquaten Ideen und die Kompetenz, um sie zu beseitigen. Seine in einem unglaublichen Lernprozeß entwickelte Strategie beruhte auf drei Annahmen: a) daß Glasnost und Perestrojka die Sowjetunion von Innovationshemmnissen befreien und dem Sozialismus auf höherer Stufe Stabilität und Akzeptanz verleihen werde; b) daß das äußere Imperium auf eigenen Füßen stehen könne und der sowjetischen Politik keine zusätzlichen außenpolitischen Kosten verursachen müsse; c) daß die Sowjetunion sich als Folge davon als Weltmacht sui generis in kooperativer Konkurrenz mit der anderen Supermacht behaupten könne.

Als Gorbatschow endlich im März 1985 das Amt des Generalsekretärs übernahm, schien ihn allerdings nicht viel dafür zu prädestinieren, eine geschichtliche Ausnahmepersönlichkeit zu werden. Gar zu sehr war er selbst ein Produkt der kommunistischen Zivilisation. Auch aus diesem Grunde war er von Gromyko vorgeschlagen und von den zuständigen Gremien einstimmig gewählt worden. Wie sich bald herausstellte, war er ein völlig untypischer Spitzenfunktionär, der dies zuvor seinen Mentoren gegenüber wohl zu verbergen wußte.[155] Die politische Kultur totalitärer Systeme fordert ihren

---

[153] Vgl. Segbers: Der sowjetische Systemwandel, a. a. O. (wie Anm. 125), S 15 ff.

[154] Gorbačev, M.; Mlynarž, Z.: Dialog o perestrojke, "Pražskoj vesne" i o social'me (Manuskript). Für eine Deutung der Persönlichkeit Gorbatschows, vgl. Brown, A.: The Gorbachev Factor, Oxford 1996; vgl. auch Černjaev, A.: Fenomen Gorbačeva v kontekste liderstva, in: Meždunarodnaja žizn', No. 7, 1993; Furman, D.: Fenomen Gorbačeva, in: Svobodnaja mysl', No. 11, 1995, S. 60–74.

[155] Allerdings waren seine beiden Großväter unter Stalin verfolgt worden. Einer der späteren Lehrer Gorbatschows auf der Moskauer Universität war Tschernjajew. Gorbatschow war als Insider von der Verrottetheit der breshnewschen Hinterlassenschaft und letztlich auch des stalinschen Erbes angewidert. Er scheint lange vor Amtsantritt beide als eine Abweichung von

Trägern ein hohes Maß an Schizophrenie ab. Hätte Gorbatschow sonst seit 1978 im ZK–Sekretariat der KPdSU ausgerechnet für Landwirtschaft zuständig zeichnen können? Gorbatschow, damals schon zweiter Mann der Partei, hatte Anfang Dezember 1984 angedeutet, daß er das Disziplinierungskonzept Andropows fortführen, aber auch an früheren (Libermann) und neuen Ansätzen orientierten wirtschaftspolitischen Strategien Raum geben würde.[156]

Zuerst setzte er auf Kontinuität; schließlich erbte er die Politbürokratie seiner Vorgänger. Nach seiner Wahl hatte er abwiegelnd erklärt: "Wir brauchen unsere Politik nicht zu ändern. Sie ist eine ehrliche, richtige, zutiefst leninsche Politik. Wir müssen das Tempo beschleunigen, uns vorwärts bewegen, Mängel sichtbar machen und sie überwinden, klar unsere lichte Zukunft sehen."[157] Schon auf dem April–Plenum verschob er jedoch die Akzente. Doch suchte er bis Ende 1986 alte Rezepte der Beschleunigung (uskorenie) mit denen der Umgestaltung (perestrojka) zu verbinden. Seine Motive schienen überwiegend von wirtschaftlichen Nöten des Landes geprägt gewesen zu sein. Schon zu jener Zeit war ihm jedoch die Reduzierung des Rüstungswettlaufs wesentlich. Er beabsichtigte keineswegs, die Sowjetunion zu Grabe zu tragen. Gorbatschow stand vielmehr von Anfang an für einen moralischen, toleranten und offenen Sozialismus.

Die Herausforderungen seiner angestrebten Umgestaltung waren in der sozialistischen Theorie keineswegs unbekannt. Hinter der monolithischen Fassade allmächtiger Apparate hatten auch schon vor 1985 Menschen funktioniert, die nicht wie bisher weiterleben wollten, die sich mehr oder weniger offen gegen Korruption, Verschwendung, Überzentralisierung und die Formalisierung der Utopie gewandt hatten. Manche im höchsten Parteiapparat ahnten, daß die sowjetische Gesellschaft "tiefgreifend krank war, jedoch diese Krankheit nicht zugeben wollte".[158] Männer und Frauen, die sich der Malaise bewußt waren, arbeiteten in Bürokratien, gerade auch der Partei, in der Akademie der Wissenschaften sowie an gesellschaftswissenschaftlichen Instituten der KPdSU und den Redaktionen von parteioffiziösen Zeitschriften. Die meisten hatten sich allerdings in Nischen und Datschen eingerichtet. Andere waren in die äußere, viele in die innere Emigration getrieben worden. Für viele war der Stalinismus die Krankheit und nicht die Verlängerung leni-

---

Lenin betrachtet zu haben, dessen Werke er nach eigenen Angaben immer wieder studierte. Auch Einflüsse des Chruschtschowschen Reformismus, später der Darlegungen Bucharins aus dessen NEP–Periode haben ihn beeinflußt.

[156] Rede Gorbatschows bei der wissenschaftlich–praktischen Allunionskonferenz am 10. Dezember 1984, in: Gorbačev, M. S.: Izbrannye reči i stat'i, Bd. 2, Moskau 1987, S. 75–108.

[157] Abschlußrede Gorbatschows auf der Sitzung des Politbüros des ZK der KPdSU, welche ihn zum Generalsekretär wählte, in: Zasedanie Politbjuro CK KPSS, 11.3.1985 g., in: Istočnik — Dokumenty russkoj istorii, No. 0, 1993, S. 74.

[158] Černjaev: Šest' let s Gorbačevym, a. a. O. (wie Anm. 13), S. 579.

nistischen Erbübels. Einige hatten kleinere Ausarbeitungen im engsten Kreise zirkulieren lassen. Die Mehrzahl harrte des Erneuerers. Die Strukturen waren jedoch vorgegeben, denn eine antistalinistische Revolution konnte in diesem spättotalitären, parteimonopolistischen System nur von der Spitze des Zentralkomitees aus betrieben werden. Wesentliche Momente der Perestrojka ergaben sich aus der dialektischen Spannung von seit Lenin gewachsenen hierarchischen Machtbeziehungen und der seit Mitte der siebziger Jahre sich abzeichnenden Schwächung des Zentrums.

Der Glasnost und Perestrojka lag eine Vision zugrunde, aber sie war auch Teil des kaderpolitischen Machtkampfes innerhalb der Eliten und der Generationen. Die sich überschlagenden Ankündigungen wirtschaftlicher Reformen sensibilisierte die minderqualifizierten Funktionärseliten, die fürchteten, ihre Pfründe zu verlieren. Hinhaltender Widerstand der Bürokratie legte es nahe, ab 1987 der Perestrojka eine neue politische Qualität zu verleihen. Doch dahinter lag vermutlich ein weiteres Motiv: Gorbatschow und seine Umgebung waren durch die Enhüllungen der Glasnost zur Überzeugung gekommen, daß die sozialistische Sowjetunion sich zwar wirtschaftlich noch eine Zeitlang durchwursteln könne, daß sie aber politisch und moralisch völlig verfault und parasitär war. Außerdem verstand Gorbatschow, unter dem Einfluß von Schachnasarow, Arbatow und Tschernjajew stehend, möglicherweise sensitiver als viele seiner westlichen Konkurrenten, daß der Besitz nuklearer Waffen, die Anhäufung militärischer Mittel, die man niemals anwenden durfte, nicht nur allein eine politische und ökonomische, sondern auch moralische und nicht zuletzt ökologische Belastung mit sich brachte, somit eine negative Dialektik der Welt determinierte.[159] Mehr territorialer Einfluß, so mag es ihm erschienen sein, bedeutete angesichts ökonomischer und politischer Krisenzeichen eben nicht mehr Einfluß auf den Ost–West–Wettbewerb. Die stets zwischen Großmächten verlaufende Konkurrenz sollte weniger eine militärische, sondern eine kulturell–zivilisatorische sein. Hier, glaubte er lange Zeit, habe ein erneuerter Sozialismus gar nicht so schlechte Karten.

Vermutlich hätten zu dieser Zeit andere Akteure eine weniger riskante Generallinie gewählt. Auch Gorbatschow hätte sich bis zu einem gewissen Zeitpunkt noch anderweitig entscheiden können, und er wäre heute möglicherweise noch in Amt und Würden. Aber eine politische Strategie à la Deng Xiaoping, die mit der Privatisierung der Landwirtschaft und des kleineren und mittleren Gewerbes begonnen, aber das spättotalitäre System beibehalten hatte, wäre vielleicht noch in den siebziger, nicht aber mehr Ende der

---

[159] Vgl. Schachnasarows frühe Arbeit: Šachnazarov, G.: Logika političeskogo myšlenija v jadernuju éru, in: Voprosy filosofii, No. 5, 1984, S. 62–74; aber auch ders.: Vostok–Zapad: K voprosu o deideologizacii mežgosudarstvennych otnošenij, in: Kommunist, No. 3, Februar 1989, S. 67–78.

achtziger Jahre durchzusetzen gewesen. Gorbatschow muß sie jedenfalls inzwischen durch eigene strategische Entscheidungen (für Glasnost, Perestrojka, neues Denken) verstellt erschienen sein. Erstaunlich bleibt dennoch, daß er nicht mit der Befreiung der Landwirtschaft und der Lösung der brennenden nationalen Frage gestartet war. Möglicherweise verstand der ehemalige Landwirtschaftssekretär zu viel von den Folgen der Trennung sowjetischer Bauern von ihrer Scholle, kannte die entgleiste politische Kultur seines Landes zu gut, um diesen Weg, noch dazu nach chinesischem Vorbild, einzuschlagen. Vermutlich hing er auch zu sehr seinen eigenen Visionen eines industriebetonten Sozialismus (ausgehend vom Vorrang der Abteilung A: Investitionsgüterindustrie) an, war in Glasnost und Demokratisierung nach europäischer Tradition vernarrt, als daß er einen anderen Weg beschreiten mochte. Doch die zuletzt angestrebte gewollte "Sozialdemokratisierung" war mit dem Kommunismus nicht vereinbar, weil sie die psychische Konditionierung der politbürokratischen Klasse völlig in Frage stellte. So hätte ab 1990 ohnehin nur noch eine völlige Rückwendung eine gewisse Chance gehabt. Aber sie hätte die Frage aufgeworfen, wer diese zu verantworten habe. Mit Gorbatschow war sie kaum zu vollziehen. Vermutlich war das sowjetische System zusätzlich so entscheidungsunsicher und in sich differenziert, so ökonomisch geschwächt und so demoralisiert, daß es die Folgen und Kosten für eine neuerliche Konfrontation nach innen und außen nicht mehr auf sich nehmen mochte. So blieb nur die zögerliche Adaption an westliche Konditionen.

Die Grenze von Gorbatschows innenpolitischer Belastbarkeit war jedoch gerade in jenem Moment erreicht, als die Wiedervereinigung Deutschlands ein Faktum geworden war. In jenen Tagen des Oktober 1990 wies Gorbatschow das 500–Tage–Programm Schatalins zurück, drängte Jakowlew und Schewardnadse an den Rand der Politik und verband sich mit Personen, die ihn weniger als ein Jahr später festsetzten und zur Rückkehr auf den Pfad bolschewistischer Tugend zwingen wollten. Auch wenn manche Fakten des Putschvorspiels nicht aufgeklärt wurden, Gorbatschow war schon zu sehr sozialer Demokrat geworden, als daß er den Verschwörern des August 1991 Legitimität verleihen mochte.

Gorbatschow war, als er sein Amt antrat, von wenigen eindrucksvollen Auslandsreisen abgesehen, Neuling auf der diplomatischen Bühne. Dennoch war ihm bewußt, daß er sich von Personen trennen mußte, die für die Konfrontationspolitik der vergangenen Jahre verantwortlich zeichneten. Das war vor allem Gromyko, Außenminister seit 1957 und Hüter des außenpolitischen Erbe Stalins, kein uneinsichtiger Mann, aber belastet durch zuvor gezeigte Konfliktscheu im politbürokratischen Gerangel mit stärkeren Männern im Politbüro wie Andropow, Suslow und Ustinow. Später sollten mehrere ZK–Sekretäre mit außenpolitischer Zuständigkeit folgen. Um so mehr benötigte er für die Verwirklichung einer neuen Außenpolitik einen politischen Kopf, keinen Mann des bisherigen Moskauer Apparats, sondern einen, dem er persönlich vertraute und der mangels eigener Machtbasis und Erfahrung auf ihn angewiesen war: Eduard Schewardnadse.[160] Als bedeutsam erwies sich auch der Aufstieg Jakowlews zum engsten Beraterkreis des Generalsekretärs; ferner die Ersetzung der ZK–Sekretäre Ponomarjow durch Dobrynin und Russakow durch Medwedjew (zusammen mit dem Karrieresprung von Schachnasarow und Tschernjajew). Auffällig war zu Beginn der Amtszeit Gorbatschows die stärkere Heranziehung von Amerikanisten.[161]

Bereits weniger als vier Monate nach seiner Amtsübernahme schob der neue Generalsekretär den seit 1957 amtierenden Gromyko auf den Posten des Vorsitzenden des Präsidiums des Obersten Sowjets, des formellen UdSSR–Staatspräsidenten, ab.[162] Gromykos Nachfolger Schewardnadse brachte durch einen offeneren Stil der außenpolitischen sowjetischen Klasse die Ideen des "neuen Denkens" nahe, bezog auf hochrangig besetzten Konferenzen im eigenen Hause selbst Stellung zu Grundfragen der Strategie und führte — wie Gorbatschow — die westlichen Skeptiker durch neue Initiativen, durch Ehrlichkeit und Charme aus ihren Schützengräben heraus.[163] Es gelang ihm aber nie, die deutschlandpolitischen Vorbehalte langgedienter Germanisten im MID, wie z. B. die von Bondarenko, zu überwinden. Dagegen scheinen sich Persönlichkeiten aus dem ZK–Apparat, wie Portugalow und anfangs auch Falin, hinsichtlich der deutschen Frage als geschmeidigere

---

[160] Vgl. Schewardnadse: Die Zukunft gehört der Freiheit, a. a. O. (wie Anm. 121), S. 31 ff. Schewardnadse war seit 1972 1. Sekretär der KP Georgiens, im Jahre 1976 war er zum Mitglied des ZK und 1981 zum Kandidaten des Politbüros aufgestiegen. Gorbatschow beförderte ihn ohne Gegenstimme im Juli 1985 zum stimmberechtigten Mitglied des Politbüros. Obwohl Gorbatschow ihn wegen seiner diplomatischen Unerfahrenheit zum Außenminister von seinen Gnaden befördert hatte, stellte sich Schewardnadse als starke Persönlichkeit heraus, die seinerseits Gorbatschow beeinflußte.

[161] Gorbatschow hatte sich allerdings auf der Konferenz des MID im Mai 1986 zumindest gegen die Amerikanisierung des Außenministriums ausgesprochen, vgl. Gorbatschow: Gipfelgespräche, a. a. O. (wie Anm. 97), S. 189; für eine Analyse des Kaderwechsels s. Brahm, H.: Gorbatschows erste Schritte; Jozsa, Gy.: Das Kaderkarussell im Parteiapparat; Schneider, E.: Zwei Jahre Gorbatschow. Die Umgestaltung der Regierung, in: Bundesinstitut für ostwissenschaftliche und internationale Studien (Hrsg.): Jahrbuch Sowjetunion 1986/87, München 1987, S. 21 ff.

[162] Vgl. Gromyko, A.: Erinnerungen (Internationale Ausgabe), Düsseldorf u. a. 1989. Gromyko war nach dem Tod von Suslow, Ustinow und Andropow trotz seiner zuvor immer wieder gezeigten Anpassungsbereitschaft vermutlich der angesehenste Politiker der alten Garde.

[163] Vgl. Shultz, G. P.: In Turmoil and Triumph. My Years as Secetary of State, Toronto u. a. 1993, S. 702. Der US–Außenminister beschreibt den Kontrast zwischen Gromyko und Schewardnadse als "atemberaubend". Schewardnadse verstand, daß es "mehr gab auf der Welt als die USA, die Sowjetunion und Europa." Er konnte überzeugen und überzeugt werden. Außenminister Genscher beschreibt seinen Amtskollegen als jemanden, der zuhören wollte, der nicht Klischees verfallen war und auch die deutschen Opfer im Zweiten Weltkrieg zu würdigen bereit war und sich in schwierigen Situationen kooperativ verhielt, vgl. Genscher: Erinnerungen, a. a. O. (wie Anm. 31), S. 317 f., 520 f.

Signalgeber verhalten zu haben, ohne jedoch sowjetische Machtinteressen qualitativ umzubiegen.[164]

Für die Außenpolitik der UdSSR sollte sich die Anfang Februar 1986 erfolgte Berufung Tschernjajews zu Gorbatschows persönlichem Berater (Nachfolger von Alexandrow–Agentow) als wesentlich erweisen.[165] Tschernjajew, Teilnehmer des Zweiten Weltkriegs, lehrte an der historischen Fakultät der Moskauer Universität und trat nach Stalins Tod in den Parteiapparat ein. Er diente 16 Jahre in der Internationalen Abteilung unter Ponomarjow und war mehrfach mit diesem in Konflikt geraten. Seine politische Prägung hatte er bei der Zeitschrift "Probleme des Friedens und des Sozialismus" in Prag erhalten. Mit seinen Erfahrungen in internationalen Angelegenheiten, seiner Gabe zuzuhören und sowohl als Stichwortgeber als auch als Resonanzboden für Gorbatschow zu wirken, war er das ideale "alter ego" für den Generalsekretär und Präsidenten.[166]

Als Promoter und Koordinator der Gesamtreformen berief Gorbatschow Jakowlew, den ehemaligen Direktor des IMEMO (1983–1985) und zuvor langjährigen Botschafter in Ottawa (1973–1983), in das ZK–Sekretariat, wo er anfangs unter Ligatschow die neue politische Ideologie formte und ab September 1988 als Vorsitzender der außenpolitischen Kommission des ZK für die Parteiaußenpolitik zuständig zeichnete. Damit übernahm Jakowlew, seit 1987 Mitglied des Politbüros, auch die Mitverantwortung für die Beziehungen zu den herrschenden Parteien, darunter auch der SED. Da Jakowlew jedoch zusätzlich mit der Rehabilitierung ermordeter kommunistischer

---

[164] So äußerte sich Falin sehr zum Mißvergnügen Honeckers mehrfach ambivalent hinsichtlich der Dauerhaftigkeit der Berliner Mauer und der Unverrückbarkeit des Berlin–Abkommens von 1971. Portugalow versuchte, den Signalen Gorbatschows gegenüber von Weizsäcker im Jahre 1987 eine durchaus positive Note zu unterlegen, und signalisierte schon am 21. November 1989 gegenüber Kohl–Berater Teltschik weitgehende Kompromißbereitschaft. Teltschik gewann zu dieser Zeit den Eindruck, man diskutiere in Moskau bereits die "Möglichkeit der Wiedervereinigung", vgl. Teltschik: 329 Tage, a. a. O. (wie Anm. 94), S. 44. Insofern stand das Gespräch Teltschik–Portugalow Pate bei der Formulierung des Zehn–Punkte–Programms des Bundeskanzlers von Ende November 1989. Portugalow fungierte noch mehrfach als inoffizieller Botschafter Falins. Aber noch im April 1990 fragte sich Kanzlerberater Teltschik, ob nicht ein Teil der Probleme darin begründet sei, daß mit "Bondarenko, Falin, Sagladin, Portugalow und Kwizinskij eine ‘deutsche Mafia’ Gorbatschow berät, die schon zu Gromykos Zeiten in wichtigen Funktionen tätig war, wobei manche heute deutlich flexibler und offener sind als früher." Teltschik: ebd., S. 212.

[165] Vgl. Chernyaev, A.: Gorbachev and the Reunification of Germany. Personal Recollections, in: Gorodetsky, G. (Hrsg.): Soviet Foreign Policy 1917–1991. A Retrospective, London 1994, S. 158–169.

[166] So Gorbatschow nach dem Zeugnis des stellvertetenden ZK–Abteilungsleiters Gratschow gegenüber dem spanischen Sozialistenchef und Ministerpräsidenten Gonzales, vgl. Gratchev, A. S.: L’ histoire vraie de la fin de l’ URSS. Le Naufrage de Gorbatchev, Paris 1992 (gekürzt, engl.: Grachev: The Final Days, a. a. O. [wie Anm. 123]), S. 292. Hinweis bei Brown: The Gorbachev Factor, a. a. O. (wie Anm. 154), S. 98. Gratschow gehörte zur Einflußgruppe um Tschernjajew, war Mitarbeiter der Internationalen Abteilung des ZK, seit 1989 deren stellvertretender Leiter und begleitete Gorbatschow seit 1985 bei zahlreichen Auslandsreisen.

Funktionäre befaßt wurde, d. h. sich mit der Geschichte des stalinschen Bestiariums beschäftigen mußte, schien um so mehr seine eigene innere Ablösung von dieser Spielart des Sozialismus fortzuschreiten. Schließlich war er einer der ersten, der an der Unreformierbarkeit des Systems verzweifelte.[167] Je deutlicher Jakowlew zum wesentlichsten konzeptionellen Berater Gorbatschows aufgestiegen war, um so mehr nahm der Einfluß seines Gegenspielers, Ligatschow, zu Beginn der Ära Gorbatschow praktisch Zweiter Sekretär, ab. Dessen politische Rolle war nach der Andrejewa–Affäre vom März 1988 sowie mit der auf die 19. Parteikonferenz folgenden Strukturreform arg gekürzt worden.

Anders als die Beziehungen zu den westlichen Staaten wurde sowohl die Grundlinie als auch die Tagespolitik gegenüber den sozialistischen Staaten in hohem Maße von der ZK–Verbindungsabteilung gestaltet.[168] Schon im Jahre 1986 war der ehemalige Breshnew–Mitarbeiter und langjährige ZK–Sekretär Russakow, zuständig für die Parteien Osteuropas, durch Medwedjew ersetzt worden. Mit der Karriere des Wirtschaftswissenschaftlers, der ursprünglich, wie Jakowlew, aus der Propagandaabteilung des ZK der KPdSU kam, verband sich auch der Aufstieg Schachnasarows zum 1. Stellvertreter Medwedjews 1986 und 1988 zum Ratgeber des Präsidenten, verantwortlich sowohl in Fragen der sozialistischen Gemeinschaft als auch der inneren Reformen.[169] Nach der 19. Parteikonferenz wurde die für die herrschenden kommunistischen Parteien zuständige ZK–Abteilung aufgelöst und ein Teil der Mitarbeiter der Internationalen Abteilung zugeordnet. Zu deren Leiter wurde auf Vorschlag Jakowlews im November 1988 Falin berufen.[170] Die hinsichtlich ihrer formalen Aufgabe gestärkte Internationale Abteilung konnte unter dem ehemaligen Botschafter in Bonn (1971 bis 1978) aber niemals

---

[167] Vgl. Jakovlev, A.: Muki pročtenija bytija. Perestrojka: nadeždy i real'nosti, Moskau 1991; ders.: Predislovie, obval, posleslovie, Moskau 1992 (dt. Jakowlew, A.: Offener Schluß. Ein Reformer zieht Bilanz, Leipzig–Weimar 1992); ders.: Gor'kaja čaša. Bol'ševizm i Reformacija Rossii, Jaroslavl 1994. Jakowlew, geboren 1923, war aus Anlaß eines von ihm verfaßten Artikels in der Literaturnaja gazeta vom 15.11.1972 ("Wider den Antihistorizismus") von Suslow wegen der darin enthaltenen Kritik am russischen Chauvinismus aus dem Propagandaapparat des ZK auf den Botschafterposten nach Kanada abgeschoben worden. Gorbatschow war im Mai 1983 in Ottawa mit Jakowlew zusammengetroffen und hatte ihn, da ihre Ansichten über die Misere der UdSSR weitgehend übereinstimmten, zum Direktor des IMEMO berufen. Im Juli 1985 wurde er Leiter der Abteilung Propaganda des ZK. Als ehemaliger Empfänger eines Stipendiums an der Columbia Universität war Jakowlew jedoch auch ein scharfer Kritiker der Machtpolitik der USA. Seine politische Lernfähigkeit ist ein hervorstechendes Beispiel für den intellektuellen Kern der Perestrojkisten.

[168] Vgl. Medvedev, V. A.: V komande Gorbačeva. Vzgljad izvnutri, Moskau 1994; ders.: Raspad. Kak on nazreval v 'mirovoj sisteme socializma', Moskau 1994. Medwedjew wurde im September 1988 Vorsitzender der Ideologischen Kommission des ZK.

[169] Vgl. Šachnazarov, G.: Cena svobody. Reformacija Gorbačeva glazami ego pomoščnika, Moskau 1993.

[170] Vgl. Falin: Politische Erinnerungen, a. a. O. (wie Anm. 113), S. 44.

die ihr früher zukommende Rolle spielen.[171] In den entscheidenden Stunden des Juli 1990 ignorierten Gorbatschow und Schewardnadse die von Falin ausgehenden Ratschläge.

Eine ambivalente Rolle bei der Politikberatung spielten die Germanisten. Schachnasarow weist darauf hin, daß diese im Stab der politikberatenden Apparate einen "besonderen Typ Mensch" repräsentiert hätten. Sie seien in der Regel hochqualifiziert gewesen und hätten eine besondere Vorsicht gegenüber ihrem Analyseobjekt, den "Deutschen und Deutschland" walten lassen.[172] Ihre Weltanschauung sei in den Jahren des Zweiten Weltkriegs geprägt worden und seitdem unverändert geblieben. Das habe auch für verhältnismäßig junge Leute gegolten, welche sich die Erkenntnisse ihrer älteren Kollegen aneigneten. Diese wären jedoch von keiner negativen Einstellung gegenüber Deutschen ausgegangen. Vielmehr hätten sie sich Achtung "vor diesem großen Volk erworben". Doch die Erinnerung an den Kampf gegen den Faschismus hätte sich nicht verdrängen lassen. "Dieser Zwiespalt zeigte sich besonders bei den erfahrensten und kundigsten Germanisten."[173]

Unzweifelhaft nahm unter Gorbatschow, Schewardnadse und Jakowlew der Einfluß von akademischen Instituten oder doch zumindest einiger führender Persönlichkeiten dieser Einrichtungen, z. B. aus dem Institut für die Ökonomie des sozialistischen Weltsystems (Bogomolow, Daschitschew), aber auch des USA– und Kanadaforschungsinstituts (Arbatow, Dawydow) und des IMEMO (Primakow) zu. Um insbesondere hinsichtlich des "gemeinsamen Hauses" besser präpariert zu sein, wurde 1988 ein Europa–Institut gegründet, das unter Leitung des USA–Spezialisten Shurkin stand.[174]

---

[171] Falin scheint Schewardnadse zutiefst mißtraut zu haben, da letzterer in der Deutschlandpolitik, vom Vorsitzenden des Wissenschaftlichen Konsultativrats beim Amt für sozialistische Länder des Ministeriums für Auswärtige Angelegenheiten, Daschitschew, ehrgeizig beraten, jäh eigene Wege einschlug, vgl. Daschitschew, W.: Einige Aspekte des 'deutschen Problems'. Diskussionsreferat vom 27.11.1987 auf der Sitzung des wissenschaftlich–konsultativen Beirats beim Amt für sozialistische Länder des Außenministeriums der Sowjetunion (Manuskript); Dashichev, V.: German Unification and the Soviet Union, Vortrag am 13. Januar 1992 vor der Wiener Library, Tel Aviv Universität (Manuskript); Daschitschew, W.: Die Sowjetunion im Umbruch — Konsequenzen für die USA und Europa, in: Mathiopolus, M. (Hrsg.): Das neue Europa, Bonn, Berlin 1992, S. 51–64; Dashichev, V.: On the Road to German Unification: The View from Moscow, in: Gorodetsky, G. (Hrsg.): Soviet Foreign Policy 1917–1991. A Retrospective, London 1994, S. 170–179.

[172] Šachnazarov: Cena svobody, a. a. O. (wie Anm. 169), S. 120.

[173] Ebd., S. 120.

[174] Zu den lautstarken Auseinandersetzungen Gorbatschow–Thatcher s. Tschernajew: Die letzten Jahre einer Weltmacht, a. a. O. (wie Anm. 35), S. 124 ff.; aus britischer Sicht vgl. Thatcher: Downing Street No. 10, a. a. O. (wie Anm. 132), S. 675 ff. Zur von Gorbatschow persönlich angeregten Gründung eines Europa–Instituts vgl. Tschernajew: ebd., S. 131. Shurkin war zuvor stellvertretender Direktor des Instituts für Kanada– und USA–Studien. Ohne Zweifel kannte man in Moskau eine größere Zahl USA–Experten als Europa–Spezialisten, sieht man einmal von den "Germanisten" ab.

Mit Gorbatschow und seiner Equipe kam in Moskau ein neues, idealistisches, kooperatives Verständnis von Politik in die Welt. Dies erleichterte, friedliche Lösungen, Anpassungen zu begründen, die anderen sowjetischen Führungsmitgliedern fremd gewesen wären. Schließlich hatten Gorbatschows Vorgänger evident gemacht, wie sie sich ihr Imperium, wie sie sich internationalen Klassenkampf in Aktion vorstellten. Ausdruck der Veränderungen war nicht nur der letzte Generalsekretär der KPdSU, sondern es waren gerade auch die Mitglieder seines Teams, die Vordenker und Berater, die ein neues Herangehen an die internationalen Fragen formulierten.

Gorbatschows Umgestaltung beruhte auf den Pfeilern Glasnost, sozialistische Marktwirtschaft, Demokratisierung und neues Denken. Alle vier Elemente delegitimierten nicht nur das spättotalitäre Regime, sondern ungewollt das sozialistische System insgesamt. Den Todesstoß gab dem ideokratischen Regime jedoch nicht Gorbatschow, der es durch Perestrojka zu retten versucht hatte, auch nicht der Westen, sondern es waren die sowjetischen Eliten selbst (erst die Traditionalisten, dann die "Liberalen"), allerdings auf der Folie einer sich befreienden Gesellschaft. Nach der 19. Parteikonferenz, d. h. real ab 1989/90, nahmen die Durchgriffsmotivation und der Sanktionsvollzug der zentralen Institutionen, besonders der Politbürokratie, deutlich ab. Der Zwangsverband UdSSR begann zu zerbröseln. Die Folgewirkungen der Wiedervereinigung Deutschlands auf Pluralisierung und Zerfall der UdSSR werden eher niedrig angesetzt, wenngleich seit Anfang 1990 der zunehmende Druck der Orthodoxen in der Partei und der machtpolitisch orientierten Vertreter in der Armee eine gewisse Rolle spielten. Zweifellos war Gorbatschows Preisgabe der DDR ein Schock für Teile des Establishments. Doch zur Zeit der Wiedervereinigung war die innere Erosion der UdSSR bereits weit fortgeschritten. Die Reaktionen setzten erstaunlicherweise mit großer zeitlicher Verspätung ein. Der Verlust der wichtigsten Siegestrophäe des Zweiten Weltkriegs führte keineswegs unmittelbar zu dem vom Autor erwarteten frühen Sturz Gorbatschows, wenngleich außenpolitische "Fehler" des Präsidenten beim späten Putschversuch eine gewisse Bedeutung hatten.

Unwillkürlich fragt man sich, ob die Schuhe des sozialistischen Reformators nicht einfach zu groß für den Mann aus Stawropol waren. Mangelte es dem kaukasischen Luther an einem zurückhaltenden Melanchthon? Doch angesichts der gigantischen Herausforderungen hätte auch ein energischerer, weit erfahrenerer und gebildeterer Funktionär früher oder später das Handtuch werfen müssen. Gorbatschows unbezweifelbarer Mut, neue Pfade zu beschreiten, durch "trial and error" zu lernen, eine friedvolle Welt angestrebt, sich ohne Gewalt dem Unvermeidlichen gebeugt zu haben, sichern ihm dauerhaft einen Platz im Pantheon der Weltgeschichte. Andererseits ist es seinen individuellen Eigenschaften zu verdanken, daß er so lange Zeit politisch überlebte: seiner glaubwürdigen Hingabe an die Sache des Sozialismus, seinem Selbstbewußtsein, seiner narzißtischen Eloquenz und nicht zuletzt

seinem Charisma. Aber auch Täuschung, Selbsttäuschung und ein großes
Maß an Robustheit gehörten zu seinen auf verschiedenen Funktionärsposten
des Jugendverbandes und der Partei erworbenen Eigenschaften. Gorbatschows soziale Basis bildete eine aufgeklärte Schicht von Funktionären und
intellektuellen Mitgliedern der KPdSU, Kinder der sozialistischen Modernisierung. Sie hofften und verzagten mit ihm und wandten sich ab Ende 1990,
resigniert ob der Grenzen des Reformers und der Unreformierbarkeit des
Regimes, immer mehr von Gorbatschow ab.

IV. Fazit

1. Die Deutschlandpolitik Moskaus war eine Konsequenz des etablierten
    sowjetischen politischen Systems und ihres außenpolitischen Codes. Die
    Teilung Deutschlands bildete ebenso eine Folge sowjetischer Expansion
    wie die der Wiedervereinigung eine Konsequenz des sowjetischen Rück-
    zugs.

2. Voraussetzung des Paradigmenwechsels einer entmilitarisierten
    UdSSR–Diplomatie war der innere politische, zivilisatorische und nicht
    zuletzt ökonomische Konfliktstau, der durch die Strategie Gorbatschows
    aufgelöst werden sollte. Das Versagen gesellschaftlicher Selbstheilungs-
    kräfte eines von der Spitze der Sozialpyramide organisierten politischen
    Regimes zwang jedoch zu ständigen Adaptationen an das veränderte in-
    ternationale System. An diesem Lernprozeß waren aber nicht nur die so-
    wjetischen, sondern ebenso westliche Führerpersönlichkeiten beteiligt,
    die ihr Bild vom "evil empire" revidieren und Gorbatschow beim Wort
    nehmen wollten.

3. Glasnost leitete eine offene Entmythologisierung der Ideologie, Pere-
    strojka den Abbau der Strukturen des parteimonopolistischen Sozialis-
    mus ein. Die damit verbundene Konzeptbildung des neuen Denkens und
    die einvernehmlich gefundenen praktischen Mechanismen der Konflikt-
    regelung mit den Vereinigten Staaten bildeten den Rahmen für die mit
    zeitlicher Verzögerung einsetzende Normalisierung sowjetisch–deut-
    scher Beziehungen und schließlich der qualitativ revidierten neuen so-
    wjetischen Deutschlandpolitik Gorbatschows.

4. Unmittelbar vor dem Jahre 1985 hatten die Ungleichmäßigkeit und Un-
    gleichzeitigkeit von Herausforderung und Antwortverhalten das hierar-
    chisch organisierte System der "sozialistischen Gemeinschaft" erneut er-
    schüttert. Die vom Gorbatschow–Team im sukzessive definierten neuen
    Konzepte wirkten als zusätzliche Katalysatoren dysfunktionaler Kräfte.
    Sie setzten tradierte politische Steuerungsmechanismen außer Kraft und

ließen für eine kurze Zeit die Menschen Mittel– und Osteuropas zu den treibenden Akteuren der Geschichte werden.

5. Unter Gorbatschow hatte sich die balance of power zwischen der Sowjetunion und den Vereinigten Staaten dramatisch zugunsten der USA verschoben. Im Dreieck Moskau–Ostberlin–Bonn waren die bisherigen hierarchischen Beziehungen zwischen der kommunistischen Weltmetropole und dem sozialistischen Vorposten zusammengebrochen; der Einfluß der Bundesrepublik auf die DDR hatte dagegen ständig zugenommen. Gleichzeitig war in diesem asymmetrischen Verhältnis die Qualität der politischen Güter, die Bonn der UdSSR liefern konnte, von wesentlich größerem Gewicht als jene, für die die DDR stand.

Der Verlauf des Niedergangsprozesses der UdSSR und die deutsche Vereinigung waren sowohl Konsequenz des Wirkens objektiver Faktoren als auch des subjektiven Agierens bedeutender Persönlichkeiten. An manchen Wendepunkten der wie im Zeitraffer ablaufenden Ereignisse wären auch andere Entscheidungsvarianten möglich gewesen. Absage an Gewalt und friedliche Hinnahme des Verlustes von Hegemonie über das Imperium waren — neben dem Wirken geschichtsmächtiger Faktoren — auch die unmittelbare Folge der idealistischen Grundhaltung einer Minderheitsfraktion sowjetischer Kommunisten. Diese stellte angesichts der drohenden Implosion kommunistischer Herrschaft ihre überkommene Weltanschauung in Frage, um zu den "allgemein menschlichen" Werten europäischer Kultur zurückzufinden.

(Abgeschlossen: Herbst 1996)

DIE DEUTSCHLANDPOLITIK GORBATSCHOWS

Von Horst Teltschik

Im folgenden möchte ich einige Thesen aufstellen über das, was ich als Schlüsselereignisse in den Jahren der Deutschlandpolitik Gorbatschows gesehen und verstanden habe.

Erste These: Mit seiner Amtsübernahme im März 1985 beendete Gorbatschow eine fast zehn Jahre anhaltende Periode sowjetischer Unbeweglichkeit nach innen wie nach außen. Er erwies sich als entscheidungswilliger und entscheidungsfähiger Generalsekretär.

Es haben sich jedoch, und das ist die zweite These, auch andere Bedingungen verändert. Diesem Wechsel in Moskau war im November 1984 die Wiederwahl Präsident Reagans vorausgegangen. Und trotz der Vereisung der Ost–West–Beziehungen nach dem Scheitern der Genfer INF–Verhandlungen hatte Reagan noch vor seiner Wiederwahl die Wiederaufnahme des politischen Dialogs mit der Sowjetunion angekündigt, was für die Bundesregierung ganz entscheidend war. Nach seiner Wiederwahl haben wir nämlich aufgrund dieser Ankündigung zum ersten Mal ein Kommuniqué mit den Amerikanern ausgehandelt. Bundeskanzler Kohl und Präsident Reagan haben dieses Kommuniqué dann gemeinsam im November 1984 in Washington unterzeichnet. In diesem Kommuniqué, das für uns ein Schlüssel war, erklärte Reagan seine Bereitschaft, den politischen Dialog mit der sowjetischen Führung wieder in Gang zu bringen und sich mit dem sowjetischen Generalsekretär zu treffen, und gleichzeitig seine Bereitschaft, Verhandlungen über Abrüstung und Rüstungskontrolle in allen Bereichen anzustreben. Zugleich bekräftigte Reagan in Anlehnung an die gemeinsame Erklärung von Nixon und Breshnew von 1972 die grundlegenden Prinzipien, die das Verhältnis beider Staaten auch künftig bestimmen sollten. Es ist auch eine Anregung der deutschen Seite gewesen, dies in das Kommuniqué aufzunehmen. Ich sage das, weil dieses Kommuniqué Kohls und Reagans seinerzeit überhaupt keine öffentliche Resonanz fand, ich jedoch der Auffassung bin, daß es einen großen Erfolg des Bundeskanzlers dargestellt hat, und zwar auf Grund von drei Überlegungen:

Wir waren uns immer bewußt, daß der außenpolitische Spielraum der Bundesregierung gegenüber der Sowjetunion und den Warschauer–Pakt–Staaten entscheidend vom Verhältnis der beiden Weltmächte abhing. Das kann man ganz banal ausdrücken: Je besser die Beziehungen der beiden Großen, desto größer war der Spielraum auch der Deutschen, und umgekehrt. Deshalb mußte es unser Interesse auf Grund der damaligen Vereisung der Ost–West-Beziehungen sein, zuallererst dazu beizutragen, daß die Beziehungen der beiden Weltmächte wieder in Gang kamen.

Die zweite Überlegung war: Abrüstungs– und Rüstungskontrollverhandlungen konnten nicht erfolgreich geführt werden, wenn der politische Dialog nicht in Gang kam, und deshalb war eine erfolgreiche Gipfeldiplomatie die Voraussetzung für Ergebnisse auch in den Abrüstungs– und Rüstungskontrollverhandlungen. Die Ankündigung Reagans, daß er erstmalig wieder zur Gipfeldiplomatie bereit sei, war für uns von entscheidendem Gewicht, und die Sowjetunion kehrte bekanntermaßen nicht nur 1985 an den Genfer Verhandlungstisch über nukleare Abrüstung zurück, sondern es kam im November bereits zum ersten Gipfeldialog in Genf, über den dann auch sofort vom sogenannten "Geist von Genf" gesprochen wurde. Das war der Ausgangspunkt einer Serie von Gipfelbegegnungen zwischen dem amerikanischen Präsidenten und dem sowjetischen Generalsekretär, die alle Schlüsselereignisse auch für die Entwicklung der deutschen Frage bestimmten und zum entscheidenden Motor für die Verbesserung der West–Ost–Beziehungen in allen Bereichen wurden.

Die dritte Überlegung war: Dieses gemeinsame Kommuniqué Reagans und Kohls war Ausdruck der engen freundschaftlichen Beziehungen, die es der Bundesregierung dann auch ermöglicht haben, die amerikanische Politik gegenüber der Sowjetunion zu beeinflussen und mitzugestalten.

Bundeskanzler Kohl traf am zweiten Tag nach der Beerdigung Generalsekretär Tschernenkos erstmals mit Gorbatschow in Moskau zusammen. Der Bundeskanzler bot damals an, die Beziehungen in allen Bereichen und auf allen Ebenen zu entwickeln und eine neue Qualität zu erreichen. Die Antwort Gorbatschows war deutlich: Sie war praktisch die unmißverständliche Aufforderung an uns, die Politik der Stationierung amerikanischer INF–Systeme auf deutschem Boden einzustellen. Gorbatschow hat also gewissermaßen die deutsch–sowjetischen Beziehungen von unserer Position zu den Sicherheitsfragen abhängig gemacht. Das war für uns zu diesem Zeitpunkt nicht akzeptabel. Zwei Jahre lang sollte es deshalb keine grundlegenden Veränderungen in den deutsch–sowjetischen Beziehungen geben; zeitweise mußten wir sogar eine weitere Abkühlung erleben. Die Gründe waren offensichtlich:

Erstens: Die Bundesregierung setzte die Vorbereitung für die Stationierung der amerikanischen Mittelstreckenraketen fort. Zweitens liefen die

Verhandlungen über ein deutsch–amerikanisches Regierungsabkommen bezüglich SDI. In der Tat — ich war dafür verantwortlich und bereue das auch heute nicht. Drittens hatte die Bundesregierung, was damals auch die sowjetische Führung stärker irritiert hat, als wir es im Westen wahrgenommen haben, Initiativen zur weiteren Integration der Europäischen Gemeinschaft und vor allem bilaterale Schritte gegenüber Frankreich eingeleitet. Diese führten 1985 dazu, daß wir einen gemeinsamen Verteidigungsrat und eine gemeinsame integrierte Brigade einrichteten, was von vielen in Moskau so verstanden wurde, daß wir den Zugang zur französischen Nuklearstreitkraft suchten. Und als letzter Punkt: Was die Beziehungen bekanntermaßen auch persönlich drastisch verschlechtert hat, war das unglückliche News–Week–Interview des Bundeskanzlers vom Oktober 1986, das Gegenstand des Wahlkampfes wurde. Allein die SPD hat damals drei Bundestagsdebatten damit bestritten. In einer Phase, in der ein solches Thema in der innenpolitischen Diskussion hochgespielt wurde, gab es keine Chance zur Verbesserung der persönlichen Beziehungen.

Die Vorgänge waren von unterschiedlicher Bedeutung: Während die Abrüstungs– und Rüstungskontrollverhandlungen mit den USA bilateral und multilateral auch unter Beteiligung der Bundesrepublik Deutschland wieder in Gang kamen und die Gipfeldiplomatie erfolgreich einsetzte, stagnierten die deutsch–sowjetischen Beziehungen. Fast schien es, daß Moskau Deutschland isolieren wollte. Honecker und Schiwkow mußten ihre Besuche in Bonn absagen; nur Ceaușescu kam nach Bonn — auf den hätten wir allerdings gerne verzichtet. Andererseits blieben auch die Beziehungen der Sowjetunion zu Frankreich und Italien erstaunlicherweise in dieser Phase kühl. Nur Margaret Thatcher gelang es, eine gewisse Sonderrolle in den Beziehungen zu Gorbatschow zu erreichen. Sie genoß diese Rolle, weil sie sich damals gewissermaßen als Sprecherin der Europäer gegenüber den beiden Globalmächten sah.

Als Gorbatschow begann, über ein gemeinsames europäisches Haus zu sprechen, blieben diese Äußerungen anfänglich sehr vage. Erst im April 1987 hat er diese Vorstellungen in Prag etwas konkretisiert. Wir hatten den Eindruck, daß Gorbatschow sich in diesen ersten beiden Jahren vor allem auf die Entwicklung der Beziehungen zu den USA konzentrierte. Dies haben mir dann auch später Dobrynin, sein Berater für Amerika, und der Erste Stellvertretende Außenminister Woronzow in einem Vier–Augen–Gespräch in Moskau bestätigt.

Diese Gipfeldiplomatie war für uns nicht ganz unproblematisch — der Gipfel von Reykjavik hat ja bei fast allen Europäern, vor allem bei Margaret Thatcher, einen Schock ausgelöst. Die Bundesregierung blieb trotz dieser Stagnation nicht untätig. Der Bundeskanzler hat seine Positionen mehrfach schriftlich Generalsekretär Gorbatschow erläutert. Und wir haben vor allem versucht, intensive Beziehungen zu den anderen Warschauer–Pakt–Staaten zu entwickeln, insbesondere zu Ungarn, Bulgarien, der Tschechoslowakei und natürlich auch zur DDR, soweit das möglich war. Wir waren uns aber ganz klar bewußt, daß wir die Warschauer–Pakt–Staaten nicht gegen Moskau und auch nicht untereinander ausspielen durften. Das wäre sehr gefährlich gewesen.

Trotz dieser Kühle in den deutsch–sowjetischen Beziehungen waren wir nicht pessimistisch, daß die Beziehungen wieder in Gang kommen würden. Entscheidend dafür war, daß der sowjetisch–amerikanische Dialog weiterging und daß die Abrüstungs– und Rüstungskontrollverhandlungen erfolgreich verliefen. Außerdem hatten wir auf Grund unserer hervorragenden Beziehungen zu anderen Warschauer–Pakt–Staaten schon vor der Wahl 1987, nämlich im Jahr 1986, das klare Signal erhalten, daß nach der Bundestagswahl 1987, wenn Bundeskanzler Kohl wiedergewählt wäre, auch zu ihm die Beziehungen wieder verbessert werden sollten. Der Bundeskanzler sprach deshalb 1987 in seiner Regierungserklärung — anknüpfend an Gorbatschows Aussage vom "Neuen Denken" in der sowjetischen Außenpolitik — von der zentralen Bedeutung der Beziehungen Deutschlands zur Sowjetunion. Dieser Begriff "zentrale Bedeutung" wurde ein Schlüsselbegriff, der in allen folgenden Dokumenten beider Seiten immer wieder herausgestellt wurde.

Nach der Bundestagswahl öffnete sich vorsichtig die sowjetische Politik gegenüber der Bundesrepublik Deutschland. Der Grund, warum wir erst im Herbst nach Moskau reisten, lag schlicht in der Tatsache, daß Präsident Gorbatschow durch eine Einladung an den Kanzler diesem nicht zu frühzeitig die Genugtuung geben wollte, daß die Beziehungen wieder in Ordnung seien, sondern durch die Einladung an Präsident von Weizsäcker einen Übergang gewählt hatte. Das zweite "Hindernis" bestand darin, daß es ein Hin und Her gab, denn von der protokollarischen Abfolge her hätte Präsident Gorbatschow nach Deutschland kommen müssen, was er zu diesem Zeitpunkt jedoch nicht wollte. Deswegen hat sich der Bundeskanzler letztlich einverstanden erklärt, nach Moskau zu gehen. Als er in Moskau ankam, war der Gegenbesuch für den Sommer 1989 bereits vereinbart, das heißt beide Besuche galten von Anfang an als eine Einheit. Aber es gab keine weiteren sachlichen Hindernisse. Wichtig war natürlich schon der — sehr zum Ärger von Franz–Josef Strauß — einseitige Verzicht des Bundeskanzlers auf die 72 deutschen Pershing 1a im August 1987, der ja dann wichtig für den Erfolg der INF–Verhandlungen war.

Im Oktober 1988 kam es in Moskau zu dem berühmten Wort von Gorbatschow, das Eis sei gebrochen. Er sprach zum ersten Mal von der Schlüsselrolle der Bundesrepublik Deutschland. Es war gewissermaßen das Ende des Versuchs, die Beziehungen zum Westen um die Bundesrepublik Deutschland herum zu entwickeln und die Bundesrepublik zu isolieren. Diese Politik mußte ja auch scheitern. Gorbatschow und der Bundeskanzler sprachen von einem neuen Kapitel in den beiderseitigen Beziehungen, das sich dann in elf Vereinbarungen widerspiegelte.

Höhepunkt der deutsch–sowjetischen Beziehungen und Durchbruch waren dann das Gipfeltreffen im Juni 1989 in Bonn. Es wurden Vereinbarungen getroffen, die alle Bereiche der Zusammenarbeit einbezogen. Bis Ende 1990 wurden insgesamt 22 Verträge und Abkommen mit der Sowjetunion geschlossen. Ich brauche auf die Einzelheiten nicht einzugehen, aber von besonderer Bedeutung war die sogenannte Gemeinsame Erklärung, die Kohl und Gorbatschow unterzeichnet haben. An zwei Stellen wird in dieser Erklärung das Recht aller Völker und Staaten auf Selbstbestimmung und uneingeschränkte Achtung des Völkerrechts und seines Vorrangs in der inneren und internationalen Politik betont. Die Verwirklichung der Menschenrechte und die Erleichterung des Austausches von Menschen und Ideen werden als Bauelemente des Europas des Friedens und der Zusammenarbeit angesprochen. Das heißt, diese Bonner Erklärung liest sich wie eine Gebrauchsanweisung zur Überwindung der Trennung Europas. Deutschland wird zwar nicht erwähnt, aber Gorbatschow mußte wissen, daß wir eine solche Erklärung, in der zum ersten Mal zweimal der Begriff "Selbstbestimmung" stand, für die deutschen Interessen in Anspruch nehmen würden. Ich habe dann auch einmal in einem Interview im Bonner Generalanzeiger am 6. Juli 1989 öffentlich gesagt, ich sei überzeugt, daß die deutsche Frage künftig verstärkt auf der Tagesordnung der West–Ost–Gespräche stehen wird. Ich bin damals fürchterlich dafür geprügelt worden, und Oppositionsführer Vogel hat den Bundeskanzler aufgefordert, mich zu entlassen. Der Außenminister hat sich in seiner bekannten Weise dieser Forderung angeschlossen.

Die Bonner Erklärung sprach ausdrücklich davon, daß es vorrangige Aufgabe der Politik der Bundesrepublik und der Sowjetunion sei, anknüpfend an die geschichtlich gewachsene europäische Tradition zur Überwindung der Trennung Europas beizutragen. Für den Bundeskanzler und für uns in der Bundesregierung hieß das damals, was die Deutschlandpolitik betraf, ja nicht vorrangig die territoriale Einheit anzustreben. Die deutsche Frage hieß damals, politische und ökonomische Reformen auch in der DDR einzuleiten analog zu den Reformen in der Sowjetunion, in Polen und in Ungarn. Wir waren überzeugt, daß ein solcher Reformprozeß im Ergebnis zur deutschen Einheit führen könnte, aber nicht notwendigerweise führen müßte. Wir wären durchaus bereit gewesen, auch zu akzeptieren, daß die Bevölkerung der DDR selbst entscheiden werde, ob sie zur Bundesrepublik dazugehören wollte oder nicht.

Die weiteren Ergebnisse dieses Zusammentreffens waren von vergleichbarer Bedeutung, nämlich die Zusicherung Gorbatschows im Gespräch mit dem Bundeskanzler, sich nicht mehr in die inneren Angelegenheiten seiner

Bündnispartner einzumischen, und das galt auch gegenüber der DDR. Entscheidend war das Nachtgespräch des Bundeskanzlers mit Gorbatschow auf der Rheinterrasse, über das ja Kohl selbst oft berichtet hat, weil es eine sehr persönliche Vertrauensbasis geschaffen hat. Es war die Zusage des Bundeskanzlers, Gorbatschow im Rahmen des Möglichen beim Reformprozeß zu helfen. Gorbatschow hatte die klare Zusage der Bundesregierung, wenn immer ein Problem in der Sowjetunion im Reformprozeß auftreten sollte und Deutschland helfen könne, werden wir helfen. Gorbatschow konnte mit dieser Zusicherung fest rechnen und hat sie ja 1990 mehrfach eingefordert. Was hinzukam und entscheidend war, war die Rundreise Gorbatschows durch Deutschland. Er war nicht nur von der öffentlichen Begeisterung, sondern auch von der wirtschaftlichen und technologischen Kompetenz dieser Bundesrepublik Deutschland zutiefst beeindruckt. Ich bin überzeugt, dies war der Ausgangspunkt seiner Überzeugung, daß Deutschland für den Erfolg seiner Reformen in der Sowjetunion in der Tat ökonomisch der entscheidende Partner sein könnte.

Daß dieser deutsch–sowjetische "Honeymoon" sehr rasch wieder erheblich gestört wurde, lag an dem Exodus Zehntausender DDR–Bürger, an der Unbeweglichkeit der DDR–Führung und der wirtschaftlichen Krise in der DDR. Das hat dann zur Öffnung der Mauer geführt, die uns genauso überrascht hat wie Gorbatschow. Am 10. November, einen Tag nach der Öffnung der Mauer, hat der sowjetische Botschafter Kwizinskij mich in Berlin angerufen, um eine Botschaft Gorbatschows an den Bundeskanzler weiterzuleiten. Darin brachte Gorbatschow seine Sorge zum Ausdruck, daß sich in der DDR ein Chaos entwickeln und die politische Kontrolle über die gesamte Entwicklung verloren gehen könnte. Am Tag darauf, am 11. November, hat der Bundeskanzler mit Gorbatschow telefoniert. Von Gorbatschow, und das ist entscheidend, kamen damals im Telefonat keinerlei Drohungen, keine Warnungen. Er wies darauf hin, es gelte jetzt, Umsicht walten zu lassen, jedes Land müsse seinen eigenen Weg gehen, die DDR brauche Zeit für Transformationen in Richtung Freiheit, Demokratie und Wirtschaftsreformen. Jeder müsse verantwortlich handeln, es vollzögen sich jetzt historische Veränderungen. Das Ergebnis werden ein besseres gegenseitiges Verständnis, engere Beziehungen sein. Es war also ein sehr konstruktives Gespräch.

Im Vorfeld des 28. November, an dem der Bundeskanzler seine bekannte Zehn–Punkte–Rede hielt, hatte es natürlich viele Fragen gegeben, warum es zur Maueröffnung gekommen war. Die innenpolitische Diskussion darüber, wohin diese Veränderung in der DDR und die Öffnung der Mauer führen würde, hatte an Intensität zugenommen. Wir hatten eine Diskussion weltweit darüber: Verändert sich jetzt etwas in Deutschland, kommt die Einheit — kommt sie nicht, müssen wir damit rechnen, was wären die Konsequenzen? Als dann noch der sowjetische Journalist Portugalow, der immer wieder bei mir auftauchte, mit einem handgeschriebenen Papier zu mir kam, von dem er mir erzählte, daß er es mit Anatolij Tschernjajew abgestimmt hätte und andere in der Umgebung Gorbatschows an diesen Überlegungen beteiligt gewesen seien, und Fragen stellte in Richtung Friedensvertrag für Deutschland, deutsche Einigung, Wiedervereinigung, habe ich dem Bundeskanzler gesagt, wenn in Moskau schon über solche Fragen nachgedacht und diskutiert würde, müsse er jetzt die Führung übernehmen — "Take the Lead", wie die Amerikaner sagen.

Um aber das Verhältnis zu Gorbatschow nicht erneut zu strapazieren, wurden die zehn Punkte so formuliert, daß auch Vorschläge der DDR, von Modrow, aufgenommen wurden, zwar nicht der Vorschlag für eine Konföderation, weil wir das für falsch gehalten hätten. Wir haben bewußt von konföderativen Strukturen gesprochen, um den transitorischen Charakter zu unterstreichen. Das haben wir sehr bewußt formuliert. Und dann wurde natürlich als Endpunkt die Einheit angesprochen, wobei die interne Überlegung bestand, daß dieser Prozeß fünf bis zehn Jahre dauern würde. Wir hatten doch keine Vorstellung, daß alles so schnell über die Bühne gehen würde. Wir haben bewußt von einem stufenweisen Prozeß gesprochen, keinen Zeitplan genannt und bewußt an Vorschläge Modrows angeknüpft. Übrigens hat Modrow ja auch nicht so negativ reagiert. Dennoch — die Reaktion Gorbatschows und Schewardnadses ist bekannt —, als Genscher im Dezember nach Moskau reiste, hieß die Antwort, das sei ein Diktat. Das war natürlich ein Ausdruck, geprägt von der Sorge, diese Entwicklung politisch überleben zu können. Die Sorge gab es bei uns, aber die gab es sicherlich auch in Moskau.

Die weitere Entwicklung bestimmte sich ausschließlich durch die Ereignisse in der DDR selbst. Wenn manche heute sagen, es sei alles viel zu schnell gegangen, dann antworte ich ihnen ganz nüchtern: Wir sind selbst zum Teil hinter den Ereignissen hinterhergehechelt, denn wir wußten ja nicht, wie schnell und in welchem Ausmaß die DDR wirklich bankrott war. Übrigens habe ich mir im Februar einmal erlaubt, in einem Hintergrundgespräch mit Journalisten auf den Bankrott der DDR hinzuweisen, und bin wieder zur Entlassung aufgefordert worden, weil das als unbillig und Sensation galt. Aber Modrow hatte uns unmittelbar vorher erzählt, daß er entscheiden könne, was er wolle, es führe doch niemand mehr durch. Das war das Ende der politischen Autorität. Wir wußten, daß die DDR zahlungsunfähig war, und wir hatten jeden Tag steigende Zahlen von Übersiedlern, im Februar 1990 2.000 täglich. Hochgerechnet wären es am Ende des Jahres mehr als eine Million gewesen.

Das alles hat dazu geführt, daß wir uns gesagt haben, das ist so einfach nicht mehr unter Kontrolle zu halten. Wir haben uns sofort um einen Termin in Moskau bemüht. Im Januar 1990 erreichte uns dann die Nachricht, daß

Gorbatschow zeitweise alle Auslandsgespräche abgesagt hätte. Wir wissen
bis heute nicht, was dieser Entscheidung damals zugrunde lag. Das Gespräch
Kohl–Gorbatschow kam dann endlich am 9. und 10. Februar in Moskau
zustande. Das Ergebnis ist bekannt: Grünes Licht für die innere Einigung
Deutschlands. Drei Tage später kam es zu der Vereinbarung in Ottawa für
die Zwei–Plus–Vier–Gespräche.

Die Probleme, die noch vor uns standen, waren die Frage der NATO–
Mitgliedschaft, das Ende der Viermächte–Verantwortung ohne Friedensvertrag und der Abzug der sowjetischen Truppen. Die Antwort darauf war von
Anfang an die, daß wir gesagt haben: Es kann nicht nur eine Maßnahme geben, um die sowjetische Führung über diese Hürden hinwegzubringen. Wir
mußten ein Paket, ein Bündel von Maßnahmen, und zwar bilateral wie multilateral, entwickeln, um die Zustimmung der Sowjetunion zu erhalten. Im
Prinzip ist der Erfolg vom Kaukasus auf vier Ebenen erreicht worden:

Die erste Ebene waren die bilateralen Maßnahmen. Entscheidend war das
Angebot des Bundeskanzlers an Gorbatschow vom 23. April, den sogenannten großen Vertrag zu schließen, der auf Sicherheitszusicherungen zielte,
und die Ankündigung, daß wir die Bundeswehr reduzieren wollten. Die zweite Ebene waren die multilateralen Maßnahmen: Zwei–Plus–Vier–Verhandlungen, das Angebot, die KSZE zu institutionalisieren, die Mobilisierung der
EG und der G7–Staaten für das Angebot, die sowjetischen Reformen zu unterstützen; es waren die Abrüstungs– und Rüstungskontrollvereinbarungen,
es war der Sondergipfel der NATO am 5. Juli, worin expressis verbis der
wichtige Satz steht: "Wir reichen den Warschauer–Pakt–Staaten die Hand
zur Freundschaft." Als dritte Ebene waren von ganz entscheidender Bedeutung die amerikanisch–sowjetischen Beziehungen, vor allem die Gipfelbege-
gnung Bush–Gorbatschow Ende Mai in Washington, weil es dort gelang, zwischen Gorbatschow und Bush ein sehr enges Vertrauensverhältnis zu entwik-
keln, und Bush nicht den Fehler machte, Gorbatschow nicht als gleichberechtigten Partner zu behandeln, sondern ihn im Gegenteil als ebenbürtigen
Partner zu akzeptieren. Das war auch, wie Gorbatschow mir selbst sagte, der
Durchbruch in den persönlichen Beziehungen zum amerikanischen Präsidenten. Und die vierte Ebene war der KPdSU–Parteitag in Moskau, mit dem
Erfolg Gorbatschows, Ligatschow, seinen stärksten Widersacher, aus dem
Politbüro zu drängen. Dieses Gesamtpaket war erforderlich, um den Durch-
bruch im Juli in Moskau bzw. in Archys und im September bei den Zwei–
Plus–Vier–Verhandlungen zu erreichen.

Ein letzter Gedanke: Warum hat Gorbatschow die Einigung Deutschlands
akzeptiert? Aus meiner Sicht möchte ich dazu sehr grob vier Punkte anführen:

1.   Gorbatschow hat Wort gehalten, sich nicht in die inneren Entwicklungen
     seiner Bündnispartner einzumischen.

2. Er hat nicht versucht, Entwicklungen gewaltsam aufzuhalten, sondern er hat sich sehr rasch angepaßt, wissend, daß jede Einmischung die Gefahr eines Blutbades hätte entfachen können. Was wäre denn die Alternative gewesen? Die Sowjetunion wäre nicht in der Lage gewesen, die DDR politisch und wirtschaftlich zu stabilisieren. Auch die drei Westmächte hatten keine Idee, wie das hätte erreicht werden können. Ich habe mit den Botschaften der drei Westmächte darüber gesprochen, was denn geschehen solle, wenn ein Chaos ausbräche? Es gab eigentlich nur die eine Antwort: wenn jemand helfen könne, dann sei es die Bundesrepublik.

3. Das Gesamtpaket bilateraler, multilateraler Zusagen, Vereinbarungen, Verträge hat die Akzeptanz ermöglicht.

4. Ich bin überzeugt, daß Gorbatschow die große Hoffnung hatte, wie er sie in der Folge auch immer wieder zum Ausdruck brachte, auch mir persönlich gegenüber und auch in der Zeit, als er nicht mehr Präsident war, daß Deutschland der entscheidende Partner sein könnte, um die politischen und wirtschaftlichen Reformen in der Sowjetunion zum Erfolg zu führen. Gleichzeitig hegte er die Hoffnung, daß die Sowjetunion in ein gemeinsames europäisches Haus einbezogen werde, wozu Bereitschaft auf seiten der Bundesregierung bestand.

DIE DEUTSCHLANDPOLITIK GORBATSCHOWS AUS RUSSISCHER SICHT

Von Anatolij Tschernjajew

Nachdem Gorbatschow an die Macht gekommen war und beschlossen hatte, das Land umzugestalten, folgte er einem bestimmten logischen Rahmen.

Die Perestrojka konnte nur realisiert werden, wenn auch das Wettrüsten beendet wurde.

Um das Wettrüsten zu beenden, mußten die Beziehungen zu den USA verbessert werden.

Die Beziehungen zu den USA zu verbessern, war nur dann möglich, wenn im Westen die Angst vor der "sowjetischen Bedrohung" wenigstens etwas gemindert würde. Egal, inwieweit diese Angst begründet war — sie bestimmte jedenfalls die Politik des Westens.

Um diese Angst zu nehmen, mußte der Eiserne Vorhang beseitigt werden, mit anderen Worten: die Spaltung Europas.

Das wiederum konnte nicht ohne die Wiedervereinigung Deutschlands gelingen. Diese Logik war es, die die Perestrojka in der UdSSR mit der deutschen Vereinigung untrennbar verband.

Ich will nicht behaupten, daß Gorbatschow 1985 oder sogar 1987 diese Logik klar erkannt und seine Politik dementsprechend ausgerichtet hätte. Keineswegs. Doch diese Logik wurde immer deutlicher und beeinflußte sowohl die Meinungen als auch die Politik.

Außerdem spielten die Westdeutschen und die Beziehungen mit ihnen vom außenwirtschaftlichen Standpunkt her eine bedeutende Rolle für die Perestrojka.

Die von Walter Ulbricht erfundene Konzeption der "zwei deutschen Nationen" wurde nicht ernst genommen. Es gab allerdings auch Artikel sowjetischer "Experten", auf die Geschichte der USA bezogen, und zwar auf den Transformationsprozeß in den ehemals britischen Kronkolonien. Doch im erstgenannten Fall der Konzeption konnte man ohne Umschweife von Propaganda und Diplomatie reden. Die ideologische Ausrichtung dieser "Theorie" rief nicht den geringsten Zweifel hervor. Darüber konnte man doch nur lachen: Wohin gehörten dann eigentlich Goethe, Beethoven, Hegel usw., und erst einmal Kant! Den konnte man dann den Russen zuordnen; schließlich war er in Königsberg Untertan der Zarin Jekaterina.

Trotzdem stand für uns in der UdSSR die deutsche Frage, so wie sie sich für die Deutschen seit Adenauers Zeiten stellte, bis zur Perestrojka nicht. Die Frage wurde offiziell nicht anerkannt, obwohl allen klar war, worauf sie abzielte.

Mehr noch, das auf Grundlage des Vertrages entstandene weltpolitische Kapital begann Ende der siebziger Jahre zu schmelzen. Der Kalte Krieg verschärfte sich. Darüber entbrannte in der Bundesrepublik ein Parteienstreit; außerdem verstärkte sich in Moskau der Verdacht gegen Honecker und Co. Mit der Verschärfung der Krise in der DDR waren er und seine Umgebung nämlich immer mehr dazu geneigt, mit Westdeutschland insgeheim, ohne Wissen der sowjetischen Führung, ins Geschäft zu kommen. Die DDR–Equipe führte uns einfach an der Nase herum, hinterging uns. Davon hatten sowohl unser Botschafter als natürlich auch Moskau Kenntnis.

Die sowjetische Führung versuchte mit allen Mitteln, die wachsende Abhängigkeit unseres Verbündeten, der DDR, von dem NATO–Mitglied BRD einzuschränken.

Diese Tatsachen können als zusätzliche Beweise dafür gewertet werden, daß die UdSSR vor Gorbatschows Machtantritt keinen Schritt bereit war, die deutsche Frage zu lösen.

Die Westdeutschen hatten damals auch nicht damit gerechnet. Nicht umsonst waren sie die letzte Großmacht, die in Gorbatschow eine Chance zur Veränderung der europäischen und internationalen Lage gesehen hatte.

Der bekannte Vergleich mit Goebbels[1] — eineinhalb Jahre nach Beginn der Perestrojka — war keine zufällige sprachliche Entgleisung.

Wie wirkte nun die eingangs erwähnte Logik?

Gorbatschow hat den europäischen Kontext der Aufgabe, die Beziehungen zu den USA zu verbessern, nie unterschätzt. Diese Aufgabe hatte höchste Priorität. Nicht nur aus taktischen Erwägungen heraus war es sinnvoll, auf die Amerikaner über ihre Verbündeten Einfluß zu nehmen. Gorbatschows berühmtes Buch über die Perestrojka, herausgegeben 1987, begann mit den Worten: "Wir wollen verstanden werden!"[2] Hierbei zählte er vor al-

---

[1] Der Autor bezieht sich auf ein Interview, das der Bundeskanzler dem Nachrichtenmagazin Newsweek (No. 17, Jg. 108, 27.10.1986, S. 19 f.) gegeben hatte.

[2] (Zitat nicht belegt — Anm. d. Übers.)

lem auf Westeuropa. Und er sollte sich nicht geirrt haben: Wir können uns
gut an Madam Thatcher erinnern; sie hatte als erste voller Weitsicht erkannt,
daß in Rußland "eine andere Zeit" anbricht.

Als Gorbatschow im Politbüro die Bilanz des Thatcher–Besuches erörterte, stellte er fest, daß die Angst vor der "sowjetischen Bedrohung" real war.
Es war an der Zeit, sich nicht weiterhin vorzumachen, daß die "gesamte fortschrittliche Menschheit" uns für ein Bollwerk des Friedens hielt.

Auch wurde beschlossen, an der Akademie der Wissenschaften ein Europa-
pa–Institut einzurichten, das die Aufgabe hatte, die europäische Komponente der neuen Außenpolitik wissenschaftlich zu untermauern. Im übrigen arbeiteten dort Wissenschaftler des Institutes des Sozialistischen Systems.

Schon bald, im Mai 1987, wurde im Politbüro im Zusammenhang mit dem
bevorstehenden Besuch des Bundespräsidenten Richard von Weizsäcker die
Frage unserer Beziehungen zur Bundesrepublik Deutschland erörtert. Es
wurde festgestellt, daß Westdeutschland ein wichtiges Glied im Rahmen der
Konzeption des "gemeinsamen Hauses Europa" sei (die Konzeption war damals bereits publik gemacht worden). Es sei notwendig, das Potential des
Moskauer Vertrages wiederzubeleben.

Dieses Thema war auch Gegenstand der Begegnung mit Herrn von Weizsäcker. Es wurden Worte über das "Aufschlagen einer neuen Seite" in den
Beziehungen gebraucht.

Jedoch wurde die "Gromyko–Position" zu der für die Deutschen wichtigsten Frage, der deutschen Frage, politisch beibehalten. Allerdings wird die
Geschichte in philosophischer Hinsicht und mit einigem Abstand ihre Einschätzung treffen.

Was stand hinter dieser Formel?

Zum einen das Verständnis, daß die gewaltsame Teilung einer großen Nation kein Normalzustand ist, und man ein ganzes Volk nicht auf ewig für ver-
gangene Verbrechen seiner Machthaber bestrafen kann.

Zum anderen der Wunsch des neuen Kremlpolitikers, einem sehr wichti-
gen Akteur am großen "Spiel" auf der internationalen Bühne neue HOFF-
NUNG zu geben. Ohne diese Hoffnung hätte es eine reale Verbesserung der
Beziehungen zur BRD, mehr noch, eine Verbesserung des gegenseitigen
Verständnisses nicht geben können.

Die zögerliche Annäherung machte es notwendig, Bundeskanzler Helmut
Kohl in dieses "Spiel" (und damals war es noch ein solches) einzubeziehen.
Er selbst ergriff die Initiative, war beharrlich und fand damit natürlich Zu-
spruch von seiten Gorbatschows.

Meine Eindrücke von ihrer ersten Begegnung in Moskau am 28. Oktober 1983 habe ich in dem Buch "Šest' let s Gorbačovym"[3] beschrieben.

Welche frischen Eindrücke habe ich damals festgehalten?

- Das Verständnis für die Bedeutung einer solchen Begegnung für beide Länder und für die beiden Staatschefs persönlich;

- die schnelle, ja sogar etwas unerwartete Bekundung der gegenseitigen Sympathie, sie gefielen einander und merkten, daß sie sich gut verstanden;

- es entstand die Bereitschaft, Vorurteile und die schweren Kriegserinnerungen zu überwinden — sowohl in gesellschaftlicher als auch in persönlicher Hinsicht;

- die bedingungslose beiderseitige Ablehnung des Krieges, die Abscheu gegen den Krieg sowohl in menschlicher als auch in politischer Hinsicht (die Deutschen und die Russen hätten genug Krieg geführt und hätten nicht vor, es noch einmal zu tun). Das war als ein bislang noch stillschweigendes Bekenntnis zu verstehen, daß weder der eine noch der andere die beiden Staaten für potentielle Kriegsgegner hielt, obwohl sie gegensätzlichen Blöcken angehörten;

- in den Worten "Sie sind Generalsekretär einer kommunistischen Partei und ich Chef einer christlichen Partei" klang hin und wieder die *Fähigkeit* an, keine Ideologie in die Politik, in die Beziehungen zwischen den beiden Völkern und Ländern einfließen zu lassen;

- die Bereitschaft, diese Beziehungen zum gegenseitigen Vorteil auf eine neue Stufe zu stellen, auf die Stufe des Vertrauens.

Von der Vereinigung Deutschlands war während der ersten Begegnung noch keine Rede. Beide Politiker verhielten sich sehr feinfühlig und rücksichtsvoll. Sie erkannten (der Bundeskanzler hat diesen Gedanken später mehrfach geäußert), daß die persönliche Freundschaft — so eng sie auch sein mag — die staatlichen Interessen und Ziele nicht ersetzt und aufhebt.

Kohls letztendliches Ziel war klar umrissen. Gorbatschows Ziel ging weit über die Grenzen Deutschlands hinaus. Er benötigte die guten Beziehungen zur Bundesrepublik vor allem, um den Kalten Krieg zu beenden und das Wettrüsten einzustellen.

Ich war erstaunt und erfreut über die Atmosphäre der Begegnung.

Es war ein Gespräch zweier großer Politiker, die sich ihrer Verantwortung bewußt waren und die den *gesunden Menschenverstand* zur Grundlage ihrer Beziehungen gemacht hatten.

---

[3] Černjaev, A. S.: Šest' let s Gorbačovym. Po dnevnikovym zapisjam, Moskva 1993.

Ich war beim "Anschluß an das Stromnetz des persönlichen Vertrauens" (ich nutze diesen Begriff aus der Elektrotechnik) — eines der wichtigsten Elemente der Politik des Neuen Denkens — zugegen.

Wenn auch der Prozeß noch nicht voll im Gange war, so hatte er sich doch zumindest schon vielversprechend von der Stelle bewegt.

Ich muß unbedingt auch erwähnen, daß ich im Rahmen dieser Begegnung mit Horst Teltschik bekannt wurde. Er hat mich nicht nur "angenehm enttäuscht", er war ein völlig anderer Mensch, als ihn unsere Propaganda gezeichnet hatte — ein böser Geist des Kanzlers in bezug auf uns. Ganz im Gegenteil, er war ein außerordentlich kluger Mensch mit großer Weitsicht, der politisch erfahren und gewandt war. Ich begriff, daß es neben dem Kanzler eine unersetzliche Person für die großen Aufgaben gab, die wir gemeinsam zu lösen hatten.

Die Begegnung zwischen Gorbatschow und Kohl fand Ende Oktober 1988 statt, die mit Richard von Weizsäcker im Juli 1987. Davor gab es noch ein weiteres wichtiges Treffen, und zwar mit Herrn Genscher.[4]

Allein in der Zeit bis zur Begegnung mit Kohl traf sich Gorbatschow neben den genannten Politikern auch mit Rau, Strauß, einige Male mit Honecker, mit Späth, Bangemann, Bahr, Schmidt, Mies, mit dem "Spiegel"–Redakteur Augstein usw.

Auf diese Art und Weise machte sich Gorbatschow mit der deutschen Thematik vertraut. So oft wie mit den Deutschen traf er sich in so kurzer Zeit mit Vertretern aus keinem anderen Land.

Journalisten und Wissenschaftler fragen mich oft, welche Rolle für Gorbatschow bei der Einarbeitung in die "deutsche Frage" Experten und Wissenschaftler aus akademischen Einrichtungen, Berichte und Notizen von Mitarbeitern des Außenministeriums und der Internationalen Abteilung des ZK, Meldungen von Botschaftern, Auslandsvertretern des KGB, Militärattachés und Agenten der Hauptverwaltung Aufklärung gespielt hatten. Sie spielten zweifellos eine Rolle, besonders die letzteren mit ihrer gewissen magischen Kraft des Geheimen, was allerdings bei weitem nicht immer die Richtigkeit der Analysen und Empfehlungen bedeutete.

Aus der Vielzahl der wissenschaftlichen Quellen, die Gorbatschow zur Information über die deutschen Angelegenheiten und auch über die des "sozia-

---

[4] Treffen Gorbatschow-Kohl am 28.10.1987, Staatsbesuch des Bundespräsidenten Richard von Weizsäcker in der UdSSR 6.-11.7.1987, Besuch Genschers am 30./31.7.1988. In der Stiftung haben wir eine große, fast 800 Seiten starke Dokumentation über die Vereinigung Deutschlands vorbereitet. Wenn es klappt, wird sie vielleicht noch in diesem Jahr veröffentlicht. Dieser Sammelband besteht in erster Linie aus stenografischen Notizen von Gesprächen zwischen Gorbatschow und zahlreichen deutschen, amerikanischen, britischen, französischen und anderen ausländischen Politikern.

listischen Lagers" dienten, wären die analytischen Notizen von Wjatscheslaw Daschitschew zu nennen. Seine Einschätzungen der Vorgänge in Deutschland und seine Empfehlungen wiesen — im Gegensatz zur Mehrheit der anderen — in die richtige Richtung. Es wurden Gedanken geäußert, die sich in der Folgezeit bewahrheiteten.

Eine wichtige Rolle bei Gorbatschows Vorbereitung auf die Lösung der deutschen Frage spielte jedoch der direkte Kontakt mit deutschen Politikern und später auch das unmittelbare Zusammentreffen mit der Öffentlichkeit in der Bundesrepublik und in der DDR. Hier vernahm er den "Ruf der Zeit".

Aus diesem Grund betrachte ich Gorbatschows Reise nach Westdeutschland vom 12. bis 15. Juni 1989 als wichtigste Etappe seiner Vorbereitung auf die Lösung der deutschen Frage. Einen großen und unerwarteten Eindruck hinterließ die Art und Weise, mit der ihn die Deutschen, einzelne Persönlichkeiten und Massen von Deutschen, empfingen. Vor seinen Augen präsentierte sich nämlich nicht das Land, nicht das Volk, dessen Bild wir uns im Ergebnis des Krieges und der Auswirkungen des Kalten Krieges selbst geschaffen hatten.

Gorbatschow überzeugte sich, daß es eine Chance gab, den im 20. Jahrhundert abgebrochenen Prozeß der Annäherung und des Zusammenwirkens zwischen unseren beiden großen Nationen in Europa zu erneuern.

Von nun an richtete sich die Außenpolitik des Kremls auf Westdeutschland. Das wurde auf der ganzen Welt verstanden; und, was besonders wichtig war, das verstanden auch die DDR, die dortige Regierung, die SED und die Bevölkerung.

Mit unaufhaltsamer Geschwindigkeit begannen im Sommer 1989 die Ereignisse in der DDR.

Es wäre nicht ganz korrekt zu sagen, daß der Besuch Gorbatschows in Westdeutschland die Initialzündung dafür war. Der Wunsch der Ostdeutschen nach Wiedervereinigung der Nation hatte tiefe und lange Wurzeln in dieser Republik selbst. Jedoch das, was diesen Wunsch gerade im Sommer und im Herbst 1989 an die Oberfläche brachte, ist zweifellos mit der grundlegenden Veränderung der Beziehungen zwischen der UdSSR und der BRD verbunden.

Oftmals werden Gorbatschow und ich gefragt, wann genau (am besten an welchem Tag) Gorbatschow der Vereinigung Deutschlands zugestimmt habe. Ein solches Datum gibt es nicht. Es gab eine Reihe von Prinzipien des Neuen Denkens, um sich mit der Materie vertraut zu machen, und zwar:

– Es darf nicht zugelassen werden, daß der Aufbruch der Deutschen zur Einheit den Prozeß der Beendigung des Kalten Krieges stört; deshalb soll er nur schrittweise vonstatten gehen;

– die Deutschen haben das Recht auf Selbstbestimmung, auf Entscheidung ihres nationalen Schicksals; allerdings müssen die Interessen der Nachbarn gewahrt bleiben;

– Gewalt darf und wird nicht angewandt werden.

Unter Berücksichtigung aller dieser drei Positionen läßt sich erklären, daß und warum Gorbatschow in den darauffolgenden Monaten handelte oder nicht handelte, redete oder schwieg. Nur unter Beachtung dessen können die Widersprüche in seine Worten und in seinem Verhalten verstanden werden.

Zu Honecker sagte er zum Beispiel am 7. Oktober 1989 anläßlich des 40. Jahrestages der DDR in Berlin: "Für die UdSSR ist die DDR der Hauptverbündete." Gorbatschow wollte diesen Besuch überhaupt nicht abstatten. Diesen Gedanken erwähnte er mehrfach in seinem Umfeld, unter anderem im Politbüro. Er wollte durch seinen Besuch und die unumgängliche Verneigung vor den Jubilaren die Politik Honeckers in keiner Weise billigen.

Zu dieser Zeit hatte Gorbatschow bereits das amerikanische Prinzip des Kalten Krieges beendet: du magst sein, wer du willst, kannst anstellen, was du willst, doch du bist unser Verbündeter, und wir werden dich unterstützen, was immer auch passieren mag.

In Berlin hat sich Gorbatschow persönlich davon überzeugt, daß Honeckers Regime zum Scheitern verurteilt war, daß ihm nur noch wenige Tage oder Wochen blieben.

Darüber sprach er nach seiner Rückkehr nach Moskau.

Und wieder ergeben sich hier Fragen, die bis heute immer wieder gestellt werden, z. B. welche Maßnahmen die sowjetische Führung während ihrer Reise mit Gorbatschow in die DDR und nach der Rückkehr auf Grundlage des Reiseberichtes zu ergreifen beabsichtigte.

Ich weiß noch, daß es Erörterungen und Gespräche im Politbüro gab. Doch an Beschlüsse oder offizielle Verordnungen kann ich mich nicht erinnern, bzw. sie waren mir nicht bekannt. Ich glaube auch nicht, daß es sie gab.

Was hätte man auch tun können, wenn die Möglichkeit ausgeschlossen war, Panzer einzusetzen?! Gorbatschow verließ sich auf die Vereinbarungen mit dem Kanzler und dessen Aufrichtigkeit. Einerseits versuchte er, ihn an gefährlicher Übereile zu hindern. Andererseits sorgte er angesichts des Austausches der alten gegen die neue Führungsriege in der DDR dafür, daß sie keine Dummheiten beging und keinen militärischen Konflikt, kein Blutvergießen provozierte, wie es später in Rumänien der Fall war.

Gorbatschow wird oft Inkonsequenz vorgeworfen, weil er sich selbst widersprach. Was er den einen sagte, sagte er den anderen nicht ganz genauso.

13*

Ich fürchte jedoch, wenn Gorbatschow so konsequent gewesen wäre, wie die Opposition und seine Gegner es gern gesehen hätten, also wenn er sich starr an seine Worte gehalten hätte, die er einst zu jemandem gesagt hatte — ohne den Lauf der Ereignisse zu berücksichtigen –, dann hätte es in Europa ein großen Unglück geben können.

Im Oktober/November war Gorbatschow fest davon überzeugt, daß die DDR durch radikale Reformen noch lange bestehen und gleichzeitig eine Annäherung zur Bundesrepublik vornehmen könnte. Ende 1989/Anfang 1990 stimmten ihm sowohl Kohl als auch Genscher in dieser Frage zu.

Daraus läßt sich Gorbatschows Position erklären, daß er in seinen Gesprächen mit Krenz und Modrow Unterstützung und Solidarität zusagte.

Jedoch bei seiner Begegnung mit Bush auf Malta am 2. Dezember, also zur gleichen Zeit, überlegt er schon, ob das *vereinte* Deutschland in der NATO verbleiben solle. Zum erstenmal kommt die Idee der "Neutralität" auf. Er räumte allerdings ein, daß es noch verfrüht sei, diese Frage zu erörtern.

Nach seiner Rückkehr nach Moskau erhob er Genscher gegenüber buchstäblich einen Skandal wegen des Zehn–Punkte–Programms, das der Kanzler dem Bundestag unerwartet vorgestellt hatte. Hauptsächlich warf er ihm vor, dies sei ein Eingriff in die Souveränität der DDR, eine Einmischung in ihre inneren Angelegenheiten und de facto ein Kurs zur Bildung einer Konföderation.

Anfang Dezember 1989 versichert Gorbatschow Mitterand bei einer Begegnung in Kiew wörtlich: "Mehr als die Hälfte der DDR–Bürger möchte das derzeitige Aussehen ihres Landes beibehalten, die Strukturen verändern, die Demokratie vertiefen usw. Sie stellen sich die Beziehungen zwischen der DDR und der BRD als die zwischen zwei *souveränen* Staaten vor."

Auf einer Beratung im engen Kreise in Gorbatschows Arbeitszimmer im ZK der KPdSU Ende Januar 1990 jedoch gingen alle und auch er davon aus, daß das Schicksal der DDR besiegelt sei; der Staat zerfalle bereits. Die Idee der "Sechs" (Vier–plus–Zwei; Zwei–plus–Vier), die die Beziehungen der Siegermächte mit dem im wesentlichen bereits vereinigten und vollständig souveränen Deutschland festlegen sollte, wurde gebilligt. Gorbatschow erteilte Marschall Achromejew die Weisung, den Truppenabzug aus Ostdeutschland vorzubereiten.

Nur eine Woche später, am 30. Januar, erörterte er jedoch bei einer Begegnung mit Modrow in Moskau sachliche Fragen zur Existenz der DDR und zur Zusammenarbeit zwischen der UdSSR und der DDR.

Doch selbst Modrow bekannte, daß "die Idee der Existenz zweier deutscher Staaten von einem immer größer werdenden Teil der DDR-Bevöl-

kerung nicht mehr getragen wird. Es scheint, daß diese Idee nicht mehr bewahrt werden kann." Modrow bat, den Prozeß der Vereinigung zu bremsen,
und an die Rechte der UdSSR in Deutschland zu erinnern sowie mit den anderen Siegermächten zu vereinbaren, im Sinne dieser Verzögerung tätig zu
werden. Gleichzeitig erging eine Einladung an Gorbatschow, die DDR zu
besuchen. Dieser lehnte mit der Begründung ab, daß er erst vor kurzem dort
war. Mit dem Kopf verwies er auf Premierminister Ryshkow — vielleicht
fährt dieser. Doch eine Entscheidung über den Besuch des Premierministers
wurde nicht getroffen.

Gorbatschow riet Modrow, sich konsequent zu verhalten, "sich nicht zu
verlieren" und auf den Abschluß eines Vertrages mit der BRD über Zusammenarbeit und gute Nachbarschaft mit Elementen einer Konföderation hin-
zusteuern. Später, so Gorbatschow wörtlich, sollte man "zu konföderalen
Strukturen und in ferner Zukunft zum Zusammenwachsen der beiden Staaten zu einem einheitlichen Staat übergehen." Das ist ein Zitat. "Das Wichtigste", so erklärte Gorbatschow, "ist die Wahrung der staatlichen Souveränität
der DDR." Vor kurzem noch hatte er dem Kanzler gezürnt, weil dieser sich
erlaubte, mit seinem Zehn–Punkte–Programm auf eine Konföderation hin-
zuarbeiten, ohne jedoch dieses Wort zu benutzen.

Am 11. und 12. Februar, zehn Tage nach dem Modrow–Besuch, sprach
Gorbatschow bei einer Begegnung mit dem Kanzler in Moskau — im schein-
baren Widerspruch zu dem, was er gegenüber Modrow geäußert hatte —
über Aspekte bezüglich eines künftig vereinigten Deutschlands wie Zugehörigkeit zur NATO oder Neutralität, Grenzen, Beziehungen zu Polen und zur
Tschechoslowakei, vertragliche Rechtsnachfolge der DDR usw.

Hier fiel der bekannte entscheidende Satz: "Die Deutschen müssen selbst
die Entscheidung treffen, und sie müssen unsere Position kennen." Kohl
fragte zurück: "Wollen Sie damit sagen, daß die Frage der Vereinigung von
der Entscheidung der Deutschen abhängig ist?" "Ja, ... im Zusammenhang
mit der Realität ..."

Noch einen Tag vor dem Kohl–Besuch beharrte Gorbatschow bei einem
Gespräch mit US–Außenminister Baker in Moskau hartnäckig auf seiner Position, einer NATO–Zugehörigkeit des vereinten Deutschland nicht zuzustimmen. Doch stimmte er zu, als dieser ihm erklärte, daß man in Washington davon ausgehe, daß die deutsche Vereinigung in den Augen Gorbatschows unausweichlich sei. Deshalb erörtern Gorbatschow und Baker ausführlich das Programm für den Ablauf der Zwei–plus–Vier–Verhandlungen.

Das Politbüro instruierte Schewardnadse, auf der Zwei–plus–Vier–Konferenz in Paris auf keinen Fall dem NATO–Beitritt Deutschlands zuzustimmen! Es gelang nicht, diese Position dort durchzusetzen; es war ein hoff-
nungsloses Unterfangen. Diese Position widersprach der Logik des Vereini-

gungsprozesses; denn wenn Deutschland ein absolut souveräner Staat im völkerrechtlichen Sinne würde, dann stand es diesem Staat auch frei, sich einem beliebigen Block anzuschließen oder neutral zu bleiben.

Trotzdem reiste Gorbatschow Ende Mai mit dieser Position nach Washington zu einem Gipfel–Folgetreffen mit Bush. Dort vereinbarte er nach zähen Verhandlungen die bekannte Formel, die sich auch in Gorbatschows Memoiren findet.

Im Stenogramm ist zu lesen:

"M. Gorbatschow: Das heißt, wir formulieren es wie folgt: Die Vereinigten Staaten und die Sowjetunion sind dafür, daß das vereinte Deutschland nach der abschließenden Regelung unter Berücksichtigung der Ergebnisse des Zweiten Weltkrieges selbst entscheidet, welchem Bündnis es angehören will.

G. Bush: Ich würde es etwas anders formulieren: Die USA treten eindeutig für eine Zugehörigkeit des vereinten Deutschland zur NATO ein. Sollte sich Deutschland jedoch anders entscheiden, so werden wir diese Entscheidung nicht anfechten, sondern respektieren.

M. Gorbatschow: Ich bin einverstanden. Ich entscheide mich für Ihre Formulierung."

Auf dem gesamten Weg lagen offensichtliche Widersprüche, Dinge, die nicht zusammenpaßten, und es wurde reichlich manövriert. Doch dahinter steckte eine Taktik, die auf den Prinzipien des Neuen Denkens beruhte.

Ich möchte noch einmal unterstreichen, daß sich Gorbatschow letztendlich überzeugt hatte, daß der Aufbruch der Deutschen zur Wiedervereinigung nicht zu überwinden war, daß es sich um eine wirklich von Grund auf demokratische und vom Volk gewollte Bewegung handelte und nicht um ein politisches Spiel oder um Emotionen eines kleinen, unter westlicher Propaganda stehenden Teils von Jugendlichen. Gorbatschow war sich nun sicher, daß die Geschichte, auf die er sich stützte, ihr Wort gesprochen hatte und man ihr nur noch helfen konnte, die Aufgabe auf *friedlichem Wege* zu lösen.

Dem Kanzler kann man auch zum Vorwurf machen, daß er zeitweise sowohl sehr berechnend handelte als auch etwas dick auftrug und die Ereignisse beschleunigte; er benutzte sie auch im Wahlkampf.

Vom historischen und sogar vom moralischen Standpunkt aus ist diese Tatsache jedoch genauso unwichtig wie die offensichtliche Inkonsequenz Gorbatschows.

Denn das, was Gorbatschow erreichte, spiegelte den Willen des deutschen Volkes wider und entsprach den Interessen des russischen und der anderen Völker in Europa und in der ganzen Welt. Dadurch wurde der Hauptherd des Kalten Krieges beseitigt. Ein außergewöhnlicher Präzedenzfall wurde geschaffen, um von nun an weltpolitische Probleme auf eine neue Art, nach Kriterien der kommenden Epoche zu lösen.

Nach dem Treffen zwischen Gorbatschow und Bush in Washington, über dessen Ergebnis der Kanzler unterrichtet war, wurde die Frage, ob Deutschland geeint werden solle oder nicht, als *Problem der weiteren Geschichte* dargestellt. Es verblieb, diese Tatsache politisch und juristisch zu fixieren, was dann auch in den folgenden drei Monaten in Moskau, Archys und Bonn geschah. Hierbei flossen natürlich auch die Probleme einer Regelung der äußeren Aspekte der deutschen Vereinigung ein. Dazu diente der Mechanismus der Zwei–plus–Vier–Verhandlungen.

Der Kanzler brachte im Juli einen Entwurf des "großen Vertrages" zwischen der UdSSR und dem vereinten Deutschland mit nach Moskau. Gorbatschow hielt diese Geste für selbstverständlich und an der Zeit (ich erinnere mich noch genau an diesen Moment in der Villa in der Alexej–Tolstoj–Straße, nur die Berater — Teltschik und ich — nahmen daran teil).

In der in Rußland herrschenden geistigen Wirre wird die Deutschlandpolitik von Gorbatschow ganz unterschiedlich eingeschätzt.

Die einen sagen, man hätte die Vereinigung entschieden ablehnen müssen. Auch die Mittel wären dazu vorhanden gewesen. In der DDR war schließlich die fast eine halbe Million Mann starke, bestens bewaffnete Sowjetarmee stationiert. Daß er sich nicht dafür entschied, wird als Verrat der eigenen Interessen und derer der Freunde in der DDR gewertet.

Die anderen meinen, man hätte der Vereinigung zustimmen können, doch hätte man dafür wesentlich mehr bekommen können.

Die dritten denken, daß man Deutschland auf keinen Fall hätte in die NATO lassen dürfen. Man hätte sowohl die Deutschen als auch die Amerikaner erpressen und somit diesen Prozeß verzögern und vielleicht sogar aufhalten können.

Zu diesen Standpunkten gibt es zahlreiche Varianten, Schattierungen usw.

Gorbatschow hätte weder den einen, noch den anderen, den dritten oder gar den fünften Weg nehmen können; dann wäre er nämlich nicht er selbst gewesen. Seine Position und seine Politik in der Frage der deutschen Vereinigung waren in die große historische Sache eingebettet, die er 1985 begonnen hatte.

Gorbatschow absolvierte in den Jahren 1987–1988 eine harte Schule im Spiel auf diplomatischem Parkett. Er führte mit G. Shultz eine scharfe polemische Auseinandersetzung zur Klärung der Hauptfrage in der Weltpolitik — zur atomaren Abrüstung. Letzten Endes wurden sie Freunde und erreichten das Ziel. Sie hatten die Fruchtlosigkeit dieser Auseinandersetzung, die davon ausging, den Partner zu überlisten, erkannt. Jedoch in solch einer Frage wie der deutschen, bei der es um das Schicksal einer großen Nation im Herzen Europas ging, wollte und konnte Gorbatschow nicht spielen, geschweige denn Erpressungen vornehmen.

Gorbatschow hat die internationale Politik auf eine neue Stufe gehoben, auf der die Moral eine wichtige Komponente ist. Selbst wenn das nicht so ganz gelungen ist und wenn die ewigen Zyniker über die Diplomatie auch noch so spotten, so waren doch seine Anstrengungen nicht vergebens.

Was die Vereinigung für Deutschland gebracht hat, bedarf keiner Erklärung. Von uns wollte man nur, daß wir aufhören, an die Beziehungen zwischen Siegern und Besiegten zu erinnern. Das ist nicht allzuviel, wenn man bedenkt, daß seit dem Krieg ein halbes Jahrhundert vergangen ist.

Wir hingegen haben mehr bekommen, als Deutschland uns in seiner Rolle als bereits starke Macht und Hauptverbündeter einer nuklearen Großmacht hätte geben müssen. Wie wir damit umgegangen sind, ist eine ganz andere Frage.

Helmut Kohl hat mit Unterstützung der großen Mehrheit der Deutschen ehrlich und loyal all das erfüllt, was er durch seine Worte und seine Unterschrift besiegelt hatte. Er wandte diese Herangehensweise später auch auf Rußland an, ohne übrigens seine Aufrichtigkeit gegenüber Gorbatschow aufzugeben.

Er erniedrigte sich nicht durch "diplomatischen Gedächtnisverlust", was nicht allen ehemaligen Partnern gelungen ist.

Gorbatschow hatte im Rahmen der vom Lauf der Geschichte diktierten staatlichen Logik, die die Beseitigung der Bedrohung durch einen Atomkrieg und die grundlegende Veränderung des Wesens der Weltpolitik vorsah, recht behalten. Unter den ihm gegebenen Bedingungen tat er sein möglichstes, um dieses Ziel zu erreichen, unter anderem auch durch seine Rolle bei der deutschen Vereinigung.

Im Rahmen der "diplomatischen" Logik werden die nationalen Interessen verabsolutiert. Entscheidend ist dabei, den Partner oder den Gegner zu schlagen, ihm mehr zu nehmen als man ihm geben kann. Dieses Ziel zu erreichen, war nicht möglich.

DIE DEUTSCHLANDPOLITIK JELZINS

Von Heinz Timmermann

I. Russisch–deutsche Partnerschaft vor dem Hintergrund der Geschichte

Der 50. Jahrestag des Sieges der Alliierten über Nazi–Deutschland hat nicht nur wegen der runden Zahl etwas Besonderes. Er gewinnt seinen spezifischen Charakter auch dadurch, daß Deutschland — das 1990 wiedervereinigte Deutschland — in Moskau zum ersten Mal gemeinsam mit seinen damaligen Hauptgegnern der Beendigung des Krieges und der Liquidierung der nationalsozialistischen Gewaltherrschaft gedachte. So sah Ministerpräsident Tschernomyrdin in der Teilnahme von Bundeskanzler Kohl eine Bestätigung dafür, "daß Rußland und Deutschland den Weg der historischen Aussöhnung und der Freundschaft endgültig und fest betreten haben".[1]

Die Gemeinsamkeit ist vor allem durch grundlegende Veränderungen in der Sowjetunion bzw. Rußland möglich geworden: Gorbatschow hat mit dem kommunistischen System auch die systembedingte Konfrontation der Sowjetunion mit dem Westen abgebaut und den Ostmitteleuropäern einschließlich der Deutschen in der DDR die "Freiheit der Wahl" gegeben. Anschließend sah es Jelzin als das grundlegende Ziel seiner Politik an, Rußland den Weg in die — wie er es nannte — "zivilisierte Staatengemeinschaft" zu ebnen. Der Abschied Rußlands von "totalitären Illusionen" schaffe die Grundlagen dafür — so Jelzin —, das Vertrauen zwischen den Völkern zu festigen und Beziehungen von Partnerschaft zwischen den Ländern zu knüpfen.[2]

Partnerschaft — damit war das entscheidende Stichwort gegeben, in dessen Zeichen die Staatengemeinschaft unter Einschluß Rußlands die internationalen Beziehungen nach dem Verschwinden des Ost–West–Gegensatzes neu gestalten will. "Partnerschaft für den Frieden" — so lautet die Kürzel des NATO–Programms für umfassende Sicherheitskooperation zwischen Ost und West; "Vertrag über Partnerschaft und Kooperation" — so der programmatische Titel des Abkommens, das die Europäische Union und Rußland im

---

[1] Drei bis fünf Jahre haben wir ja doch Zeit. Interview in: Vorwärts, Nr. 5, 1995, S. 15–17, hier S. 15.

[2] Rede vor dem Obersten Sowjet, Radio Moskau, 13.2.1992.

Juni 1994 unterzeichneten. Wie fügen sich die bilateralen deutsch–russischen
Beziehungen in dieses multilaterale Geflecht von Absichtsbekundungen und
Vereinbarungen? Worin unterscheiden sie sich von ähnlichen Abkommen
früherer Perioden?

Wie bekannt, gab es auch in der Vergangenheit so etwas wie Partnerschaft
zwischen Deutschland und Rußland. Der Unterschied zur Gegenwart besteht darin, daß diese früheren Partnerschaften eher zu Lasten oder sogar
gegen andere Staaten und Völker gerichtet waren — politisch, militärisch,
kulturell. So bestand die gemeinsame Grundlage der deutsch–russischen Beziehungen im 19. Jahrhundert nicht zuletzt darin, daß beide Staaten im europäischen Kontext historische Sonderwege gegangen sind und sogar eine besondere, antiwestlich geprägte "Mission" gegenüber anderen Völkern erfüllen wollten. Noch in der Weimarer Republik war das Erbe dieser eigenarti-
gen Beziehung zu spüren — Stichwort Rapallo 1922. Denn der Rapallo–Vertrag war gewiß der Versuch zweier Weltkriegsverlierer, in einer Schicksals-
gemeinschaft als internationale Parias gemeinsam die Fesseln der Siegermächte zu lockern. Darüber hinaus hatte er aber auch eine soziokulturell unterlegte antiwestliche Stoßrichtung — zumindest in der Interpretation der
antidemokratischen, die "besondere deutsche Tradition" betonenden Konservativen einschließlich der Reichswehr. Den Charakter einer frivolen Kompli-
zenschaft schließlich nahm die "Partnerschaft" in Form des Hitler–Stalin-
Pakts vom August 1939 an. Ausschließlich von machtpolitischem Kalkül bestimmt, zielte der fragile Pakt zwischen den beiden totalitären Systemen auf
Unterwerfung und Teilung der Nachbarstaaten und blieb seit Anbeginn von
tiefem wechselseitigem Mißtrauen geprägt.[3]

Die Herausbildung der aktuellen Partnerschaft Rußland–Deutschland,
wie sie seit der Vereinigung angestrebt wird, erfolgt unter völlig anderen
Vorzeichen. Worin besteht das qualitativ Neue in den wechselseitigen
Beziehungen? Hierzu sei auf zwei zentrale Punkte verwiesen. Zum einen:
Deutschland und Rußland — jedenfalls das Rußland Jelzins — haben in
bilateralen und internationalen Dokumenten das Konzept einer antiwestlich
und antiliberal ausgerichteten "besonderen Mission" überwunden — einer
Mission, die zunächst politisch–kulturell fundiert war und später in den Ter-
rorregimen von Nationalsozialismus und Stalinismus ihre Perversion erfuhr.
Statt dessen haben sie sich bilateral und in multilateralen Abmachungen —
beispielsweise im Rahmen der KSZE und des Partnerschaftsabkommens
Rußland–EU — zu gemeinsamen Grundwerten und Grundprinzipien
bekannt: zu Demokratie, Pluralismus, Beachtung der Menschenrechte, sozial

---

[3] Vgl. zu den Beziehungen in der jüngeren Vergangenheit Jacobsen, H.–A. u. a. (Hrsg.):
Deutsch–russische Zeitenwende. Krieg und Frieden 1941–1995, Baden–Baden 1995; sowie Faulenbach, B.; Stadelmaier, M. (Hrsg.): Diktatur und Emanzipation. Zur russischen und deutschen Entwicklung 1917–1991, Essen 1993.

ausgerichteter Marktwirtschaft. Dies bedeutet nicht, daß sich die Partner in allem angleichen müssen, wie russische Nationalisten und Kommunisten in polemischer Stoßrichtung gegen die Reformkräfte behaupten. Auch die Westeuropäer einschließlich der Deutschen haben ja im Prozeß ihres Zusammenwachsens durchaus ihre Vielfalt bewahrt — in der politischen Kultur ebenso wie in der Organisation der Wirtschaft und in der Wahrnehmung außenpolitischer Interessen. Vielmehr bedeutet dies: Rußland und Deutschland bekennen sich bei allen spezifischen Eigenheiten gemeinsam zu den Prinzipien europäischer Kooperation, die ja ein Zusammenleben im gemeinsamen europäischen Haus überhaupt erst möglich machen.

Damit ist bereits der zweite zentrale Punkt angeschnitten, in dem sich das russisch–deutsche Verhältnis heute in seinem Charakter radikal von früheren Perioden unterscheidet: Deutschland hat nach den bitteren Lehren der Vergangenheit, insbesondere nach dem Desaster des Nationalsozialismus, Abschied genommen von kulturellen Sonderwegen und national–nationalistischen Alleingängen. Es hat sich nicht nur der liberal–demokratischen politischen Kultur des Westens angeschlossen, sondern ist zum aktiven Partner und sogar Vorreiter und Motor der europäischen Integration geworden. Die gegenwärtige Führung Rußlands möchte das Gewicht ihres Landes als vollberechtigtes Mitglied der europäischen Organisationen in die Waagschale werfen: Rußland will Vollmitglied nicht nur der "weichen" Organisationen OSZE und Europarat sein, sondern längerfristig auch der "harten" EU (und sogar, wie es gelegentlich heißt, der NATO).

Hier sei einmal dahingestellt, ob Rußland tatsächlich unter Souveränitätsverzicht integriert werden will oder ob seine Absicht nicht eher darin besteht, selbst zu integrieren bzw. bei allen zentralen Entscheidungen zur Neuordnung Europas sein Gewicht voll zur Geltung zu bringen. In unserem Zusammenhang ist vor allem eines wichtig: Vor dem Hintergrund wachsender europäischer Interdependenzen und verstärkter Integration wäre eine Neuauflage russisch–deutscher Sonderbeziehungen oder gar die Bildung einer gemeinsamen "Achse" schädlich und kontraproduktiv. Zwar nimmt die politische Elite Rußlands die Einbindung Deutschlands in die europäisch–atlantischen Strukturen als Folge der Konfrontationsperiode vorerst als Tatsache hin. Aber eben nur vorerst und gleichsam ohne Garantie, daß es so bleibt. Als nunmehr wiedervereinigter souveräner Staat werde Deutschland nach einer Periode des Übergangs die nationalen Akzente zu Lasten seines europäischen Engagements verstärken und in diesem Zeichen Präferenzbeziehungen zu Rußland pflegen, wird gelegentlich vermutet.

Falls dies tatsächlich so sein sollte, so wäre dies ein Zeichen überholten "alten Denkens": Das Interesse Deutschlands — und gewiß auch Rußlands — liegt im Gegenteil gerade darin, die bilateralen Beziehungen als ergänzende und stabilisierende Elemente gesamteuropäischer Zusammenarbeit zu nutzen. In diesem Rahmen allerdings haben Rußland und Deutschland zweifellos eine besondere Verantwortung. Denn "der Erfolg der inneren Reformen und Rußlands Einbindung in das gesamteuropäische System sind wichtige Herausforderungen für die Staatengemeinschaft. Es liegt im Interesse von ganz Europa, alle Möglichkeiten zu nutzen, den politischen, wirtschaftlichen, sozialen und militärischen Umbauprozeß (in Rußland) zu unterstützen. Innenpolitische Reformen und eine Außenpolitik, die auf Integration in die demokratische Wertegemeinschaft und auf Kooperation in allen Institutionen der europäischen Sicherheitsordnung angelegt ist, werden diesen Prozeß unterstützen."[4]

II. Probleme der Identität und gemeinsame Interessen

Hierbei ergeben sich freilich gewisse Probleme. Eines liegt darin, daß Deutschland und Rußland nach den revolutionären Entwicklungen von 1989 bis 1991 ihre Rolle und ihren Platz im zusammenwachsenden Europa bestimmen und ihre genauen Vorstellungen von der neuen Architektur des Kontinents erst noch entwickeln müssen. Das gilt zum einen für Deutschland, das nach der Vereinigung mit der DDR selbst zum Transformationsland geworden ist und nach den Umbrüchen von 1989 verstärkt nach Osten blickt. Werden solche Kräfte an Einfluß gewinnen, die die Forderung erheben: Das von den Fesseln von Teilung und prekärer Frontlage befreite Deutschland muß den Zustand der "Machtvergessenheit" — eine Reaktion auf die frühere "Machtbesessenheit" — endlich überwinden und darf in Europa keine weiteren Bindungen eingehen? Werden jene vermehrt Gehör finden, die die Ansicht vertreten, Deutschland müsse als europäische Großmacht in der Konkurrenz starker Nationalstaaten seinen eigenen nationalen Interessen wieder absoluten Vorrang einräumen?

Ähnliche Fragen nach Rolle und Identität stellen sich auch im Hinblick auf das neue Rußland, allerdings in weit extremerer Weise als für das neue Deutschland. Solche unter den politischen Eliten des Landes heiß umstrittene Fragen lauten in zugespitzter Form: Soll sich die Russische Föderation als Nation begreifen oder als Imperium mit dem Auftrag, die GUS–Staaten wieder einzugliedern? Soll sich Rußland, ähnlich der Türkei nach dem Zerfall des Osmanischen Reichs, jetzt als normale Großmacht verstehen, oder hat es eine spezifische "Mission" gegenüber der internationalen Umwelt zu erfüllen, die sich aus den historischen, kulturellen und geopolitischen Besonderheiten des Landes ergibt? Soll sich Rußland vorrangig an den Westen anleh-

---

[4] Verteidigungsweißbuch der Bundesregierung 1994, auszugsweise in: Europa–Archiv, Nr. 10, 1994, S. D 325–348, hier S. D 329.

nen — im Zeichen einer prinzipiellen Wertegemeinschaft und in der Erwartung materieller und know–how–Unterstützung für die inneren Transformationsprozesse? Oder soll das Land politisch, wirtschaftlich und kulturell eher eine eigene, spezifisch eurasische Identität entwickeln und dabei aus den Entwicklungsmodellen Chinas, Indiens und Japans Nutzen ziehen? Und schließlich die vielleicht wichtigste Alternative: Rußlands historische Probleme liegen großenteils darin, daß es äußere Expansion anstatt Modernisierung des Landes betrieb. Soll Rußland seine Energie nunmehr auf die innere Entwicklung konzentrieren und seine Stärke darin suchen, das Land in Ökonomie, Ökologie, Infrastrukturen und sozialen Diensten auf ein höheres Niveau zu heben? Oder soll der Akzent, wie zu Zaren– und Sowjetzeiten, eher auf die äußere Machtentfaltung gelegt werden, wobei der Großmachtstatus gleichsam identitätsstiftend wirkt und die täglichen Sorgen der Menschen in den Hintergrund drängt?

Im Lichte dieser Ungewißheiten liegt auf der Hand: Der Charakter der russisch–deutschen Beziehungen wird ganz wesentlich davon abhängen, welche Denkschulen und Kräftekonstellationen die Politik Moskaus in Zukunft prägen werden. Radikale Veränderungen der innenpolitischen Kräfteverhältnisse in Rußland werden auch die deutsch–russischen Beziehungen nicht unberührt lassen. Bis auf weiteres herrschen jedoch in Bonn und Moskau die gemeinsamen Interessen an einem Ausbau der Partnerschaft vor, wenngleich sich die hochgespannten Erwartungen von 1991/92 nicht erfüllt haben und die politischen Reibungsflächen gegenwärtig sogar zunehmen — im bilateralen Verhältnis ebenso wie im multilateralen Beziehungsgeflecht.

Für das neue Rußland ist das vereinigte Deutschland in Europa ein zentraler Partner, wenn es darum geht, Rußland politisch, wirtschaftlich und sicherheitspolitisch in die europäischen und euro–atlantischen Strukturen einzubeziehen. Nicht zufällig bezeichnete Außenminister Kosyrew die deutsch–russische Partnerschaft als "größte Errungenschaft des gegenwärtigen Europa".[5] Diese Einschätzung wurzelt in der Überzeugung, daß gerade Deutschland als Land in der Mitte Europas ein besonderes — und in Westeuropa vermutlich das stärkste — Interesse an einem Gelingen der Reformprozesse in Rußland sowie daran hat, daß das Land beim Zusammenwachsen der beiden Teile Europas und hier insbesondere beim Aufbau einer europäischen Sicherheitsarchitektur nicht in die Isolierung gerät. Darüber hinaus bildet Deutschland in Westeuropa für Moskau — wie schon mehrfach in der Geschichte — ganz offensichtlich den wichtigsten Modernisierungspartner des Landes und zugleich das Tor für den Zugang zum System der weltwirtschaftlichen Arbeitsteilung. Immerhin ist Deutschland mit einem Warenumsatz von 23 Mrd. DM 1994 der weltweit größte Handelspartner Rußlands.

---

[5] Frankfurter Rundschau vom 8.1.1994.

Dieses Herangehen Rußlands trifft sich mit den Interessen und Konzeptionen Deutschlands. Denn aus vielen Gründen hat gerade Deutschland ein großes Interesse an einem starken und selbstbewußten, dabei aber zugleich weltoffenen und demokratisch verfaßten Rußland — einem Rußland, das den Weg in die Normalität des 20. Jahrhunderts findet und sich als verantwortungsbewußte Großmacht in die "zivilisierte Staatengemeinschaft" eingliedert.[6] Die Gründe hierfür liegen auf der Hand: Eine erfolgreiche Systemtransformation und Wirtschaftssanierung Rußlands würde das Land für seine Nachbarn zu einem berechenbaren Stabilitätspartner machen und die Bestrebungen Deutschlands erleichtern, in einem abgestuften Vorgehen die europäischen Integrationsräume nach Osten zu erweitern. Ein zerrissenes, zerfallendes Rußland dagegen würde unter vielen Aspekten über Ostmitteleuropa hinaus die Sicherheit Deutschlands in hohem Maße gefährden. Stichworte hierfür sind: unkontrollierte Waffenexporte einschließlich nuklearer Komponenten; Massenmigration über Ostmitteleuropa nach Westeuropa; ökologische Katastrophen mit ihren Ausstrahlungen nach Westeuropa hinein. Anders ausgedrückt: Unter all seinen EU–Partnern würde Deutschland den größten Nutzen aus einem Erfolg der Reformprozesse in Rußland ziehen. Umgekehrt wäre es unter allen westlichen Ländern schon aufgrund seiner geographischen Nähe von Erschütterungen und Turbulenzen im Moskauer Epizentrum am stärksten betroffen.

III. Internationale Einbindung Rußlands

Vor diesem Hintergrund geht die Führung in Moskau zu Recht davon aus, daß die Beziehungen zu Rußland in der Prioritätenskala der deutschen Außenpolitik einen prominenten Rang einnehmen. Dies wiederum stimuliert das Interesse Rußlands an engen Beziehungen zu Deutschland. Dabei ist die politische Elite des Landes und die öffentliche Meinung im allgemeinen weniger beunruhigt über ein Wiederaufleben von Nationalismus und traditioneller Machtpolitik Deutschlands als über deutsche Indifferenz gegenüber Rußland oder gar eine Teilnahme an der Isolierung eines als neoimperialistisch perzipierten Rußland. Vielmehr ist es für Moskau von herausragender Bedeutung, in Deutschland einen tatkräftigen Anwalt zu finden, wenn es darum geht, Rußland nicht in die Isolierung zu treiben, sondern das Land in internationale Organisationen einzubeziehen (wie umgekehrt Rußland grund-

---

[6] Vgl. Chancen für Freiheit, Demokratie und Rechtsstaatlichkeit in Rußland, Rede von Außenminister Kinkel vor dem Deutsch–Russischen Forum am 4.2.1994, in: Bulletin [Bonn], Nr. 14, 9.2.1994, S. 125 ff.

sätzlich eine Mitgliedschaft Deutschlands im UN–Sicherheitsrat befürwortet).[7]

Tatsächlich trat Deutschland energisch für eine Teilnahme Rußlands an den politischen Beratungen der G7–Gipfeltreffen ein und stellte mittelfristig die Hinzuziehung des Landes auch zu den Diskussionen wirtschaftlicher Probleme in Aussicht, so daß aus der G7 eine G8 würde. Damit trägt Deutschland dem Selbstwertgefühl der Großmacht Rußland sowie dem Bestreben Moskaus Rechnung, Anschluß an jene sieben führenden Industriemächte zu finden, die die globale Politik ganz wesentlich gestalten und die wichtigsten internationalen Wirtschafts– und Finanzinstitutionen kontrollieren. Eine ähnlich aktive Rolle spielte Deutschland bei der Ausarbeitung des Partnerschaftsvertrags EU–Rußland vom Juni 1994.[8] Während der Verhandlungen über den Partnerschaftsvertrag drängte Deutschland erfolgreich auf Konzessionen an Moskau, z. B. im Hinblick auf weitere Marktöffnung für russische Produkte sowie auf die Perspektive einer Freihandelszone zwischen den vertragschließenden Seiten.

Aus russischer Sicht war die aktive Rolle Deutschlands aus zwei Gründen besonders wichtig. In politischer Hinsicht ist das Interesse Moskaus an einem Nahverhältnis zur EU von der Einsicht bestimmt, daß die Union international zunehmend als eigenständiger Akteur auftritt — insbesondere bei der Neugestaltung des Raums zwischen Ostsee und Schwarzem Meer. Eine Partnerschaft mit der EU mindert die Gefahr, daß Rußland von den europäischen Integrationsprozessen abgekoppelt und isoliert wird. Dieses Interesse Rußlands traf sich mit den Intentionen der EU: Gerade weil die Union zusätzlich zu den Assoziationsverträgen mit den sechs Staaten Ostmittel– und Südosteuropas im Juli 1994 mit den Baltenstaaten Freihandelsverträge abschloß (als erste Stufe für Assoziation und Beitritt), wollte sie parallel dazu ein deutliches Signal setzen und die Bedeutung hervorheben, die man in Brüssel engen Beziehungen zu Moskau beimißt. Dieses parallele Herangehen dürfte eine zentrale Ursache für die eigentlich erstaunliche Tatsache gewesen sein, daß Rußland keine Einwände gegen die anvisierte Einbeziehung der Ostmitteleuropäer in die EU, ja nicht einmal wirklich gegen die Perspektive einer Mitgliedschaft dieser Staaten in der WEU erhob. Wirtschaftlich schließlich bietet das Partnerschaftsabkommen, sofern es voll ausgeschöpft

---

[7] Als Beispiel: Maksimyčev, J.: Posle vyvoda vojsk. Rossija i Germanija v novom evropejskom kontekste, in: Meždunarodnaja žizn', Nr. 11, 1994, S. 97–105; vgl. dazu auch Spanger, H.–J.; Kokeev, A.: Brücken, Achsen — und neue Gräben. Die deutsch–russischen Beziehungen im multilateralen Spannungsfeld, HSFK–Report, Nr. 6, 1995; sowie Daschitschew, W.: Am Scheideweg. Rußland, Europa und der Nachlaß des Zweiten Weltkriegs, in: Osteuropa, Nr. 6, 1995, S. 410–422.

[8] Vgl. hierzu Timmermann, H.: Die Europäische Union und Rußland. Voraussetzungen und Perspektiven von Partnerschaft und Kooperation, in: Blätter für deutsche und internationale Politik, Nr. 3, 1995, S. 286–298.

wird, Rußland die Chance einer engen Anbindung an die EU, die angesichts der evolutionär ausgerichteten Vertragsbestimmungen dicht an die Schwelle einer formalen Mitgliedschaft heranreichen kann. Beispielsweise schließt es als langfristiges Ziel drei der vier berühmten Freiheiten ein: den freien Verkehr von Waren, Kapital und Dienstleistungen (die vierte Freiheit, nämlich diejenige der freien Bewegung für Arbeitnehmer, wird nur in sehr begrenztem Umfang anvisiert). Schon jetzt gehen fast 50 % der russischen Ausfuhren außerhalb der GUS in die EU.

Im Hinblick auf die KSZE schließlich widersetzte sich Deutschland zwar — im Konzert mit den meisten anderen Mitgliedstaaten — den Bestrebungen Rußlands, diese in den Rang einer sicherheitspolitischen Schaltstelle in Europa zu heben. Zugleich zeigte Bonn jedoch großes Verständnis für den Wunsch Moskaus, die Institutionen der KSZE zu stärken und ihre Interventionsmöglichkeiten in Konfliktfällen zu verbessern. Der Grundgedanke deutscher Politik bei alldem ist, Rußland seiner Bedeutung als Großmacht entsprechend bei der Schaffung einer neuen europäischen Friedensordnung in die Mitgestaltung und Mitverantwortung einzubinden sowie das Land zugleich in seinem Verhalten auf gemeinsam verabschiedete Grundsätze festzulegen. Zweifellos spielte bei dieser Generallinie eine wichtige Rolle nicht zuletzt der Umstand, daß Rußland die Abmachungen zum Abzug seiner restlichen Truppen aus Deutschland und dem Baltikum honorierte: Ende August 1994 war die Rückführung tatsächlich abgeschlossen. Die fristgerechte Erfüllung der Verpflichtungen Moskaus fand in Deutschland und im Westen allgemein auch deshalb starke Beachtung, weil deutlich war, daß die Jelzin–Führung den Abzug — insbesondere im Falle Estlands und Lettlands — gegen heftigen Widerstand unter den russischen "Nationalpatrioten" und den Militärs durchsetzen mußte. Rußland rückte geografisch nach Osten, um politisch dem Westen näherzukommen.

IV. Verhärtung der russischen Position

Indes wurden diese positiven Ansätze in jüngerer Zeit durch Entwicklungen abgebremst, die sich negativ auch auf das russisch–deutsche Verhältnis auswirken. So stellte die massive Verletzung der Menschenrechte während des Tschetschenienkriegs die gerade von Deutschland forcierte Strategie einer Einbindung Rußlands in europäische Organisationen auf eine harte Probe. Damit aber hat das deutsch–russische Verhältnis in seiner multilateralen Dimension erheblichen Schaden genommen. Auch die zurückhaltende Reaktion aus Bonn hat daran wenig geändert: das Zögern der Bundesregierung, das russische Vorgehen als massive Verletzung der von Moskau eingegangenen KSZE–Verpflichtungen zu charakterisieren; die Empfehlung, Rußland trotz seines brutalen Vorgehens in Tschetschenien als Vollmitglied in den Europarat aufzunehmen; das Zaudern bei der Frage einer Stornierung des Interimsabkommens zum Partnerschaftsvertrag EU–Rußland.

Diese zunächst ambivalente Haltung in Bonn birgt verschiedene Gefahren. So könnte sie in Moskau den fatalen Eindruck erwecken, als dürfe Rußland folgenlos weitere Bestimmungen aus gemeinsamen Abkommen verletzen (z. B. im Hinblick auf eine einseitige Aufkündigung der KSZE–Flankenbestimmungen). Darüber hinaus könnte man dort zu der Ansicht gelangen, Deutschland entwickle ein besonderes Maß an Verständnis für negative Aspekte in Rußland und könne daher allmählich aus der Gemeinschaft jener europäischen Staaten herausgelöst werden, welche die inneren Involutionsprozesse in Moskau und Tendenzen zu Vertragsverletzungen seitens der russischen Führung scharf kritisiert und durch konkrete Gegensignale konterkariert. In beiden Fällen kann die Moskauer Bewertung der Politik Deutschlands, die von russischer Kritik an der westlichen Ostpolitik bislang bemerkenswerterweise ausgespart blieb, bei der russischen Führung letztlich nur zu Enttäuschungen führen und die russisch–deutsche Partnerschaft untergraben.

Vor diesem Hintergrund haben in der deutschen Öffentlichkeit und Politik die Auftritte des Menschenrechtlers und Politikers Kowaljow in Straßburg und Bonn (Januar und Februar 1995) großen Eindruck gemacht. Unter Berufung auf Sacharow warb er für eine Doppelstrategie, bei der der Westen sein Angebot zu langfristig angelegter Partnerschaft und Kooperation mit Rußland mit fühlbaren Signalen verbindet, während massive Verstöße gegen gemeinsam vereinbarte Regeln und Prinzipien nicht ohne wirksame Reaktion hingenommen werden würden.[9] Diese Linie hat sich die Bundesregierung im Konsens mit allen im Bundestag vertretenen Parteien schließlich zu eigen gemacht, wobei zweifellos der Umstand eine Rolle spielte, daß der Krieg in Tschetschenien auch in Rußland auf Ablehnung stieß: bei der Mehrheit der Menschen, bei großen Teilen der geistigen Elite und sogar bei einer Reihe populärer Generäle.

Deutschland wolle "Partner und Freund Rußlands bleiben", heißt es in einer einstimmig verabschiedeten Resolution des Bundestages vom Januar 1995. Zugleich wurde diese klare Absichtserklärung, die auf der Linie Deutschlands seit seiner Vereinigung liegt, deutlich qualifiziert: Eine enge Partnerschaft mit Deutschland, der Europäischen Union und der Atlantischen Allianz werde nur dann möglich sein, so die Resolution, wenn das Vertrauen in den Demokratisierungsprozeß erhalten bleibe.[10]

---

[9] Die Rede ist abgedruckt in: Novoe Vremja, Nr. 6, Februar 1995, S. 22–24.

[10] Das Parlament, Nr. 5, 1995, S. 6.

Problematisch für das russisch–deutsche Verhältnis könnte darüber hinaus der Ausbruch weiterer potentieller Konfliktherde in Osteuropa unter maßgeblicher Beteiligung Rußlands werden. Das betrifft beispielsweise Varianten der Moskauer Politik einer Reintegration von Ländern der GUS — Varianten, die nicht durch OSZE–bezogene Verfahren sowie durch Freiwilligkeit unter den Beteiligten charakterisiert wären, sondern durch umfassenden Druck bis hin zu militärischer Gewaltanwendung, wie sie zum vorgeblichen Schutz der ethnischen Russen von Außenminister Kosyrew anvisiert wurde.[11] Deutschland könnte in einem solchen Fall kaum eine unbeteiligte Position einnehmen. Das bezieht sich zum anderen auf ein mögliches russisches Eingreifen in den Baltischen Staaten, auch hier unter dem Vorwand des Schutzes für die Russen. Nicht zuletzt aus historischen Gründen hat sich Deutschland stark für die Unabhängigkeit und territoriale Integrität dieser Länder engagiert (freilich nicht ohne sich zugleich für eine faire Behandlung der dort lebenden Russen einzusetzen). Moskauer Übergriffe in den Baltenstaaten würden die russisch–deutschen Beziehungen daher stark belasten.

Kritisch für das russisch–deutsche Verhältnis könnte schließlich auch die geplante Einbeziehung der Staaten Ostmitteleuropas in die NATO werden, die von Deutschland grundsätzlich befürwortet, von Rußland dagegen entschieden abgelehnt wird. Deutschland als das östlichste Land des bisherigen Westens steckt hier in einem Dilemma. Einerseits profiliert es sich als prononcierter Anwalt der Einbeziehung der Ostmitteleuropäer in NATO (und EU). Damit soll ein Abrutschen dieser Staaten in ein stabilitätsgefährdendes historisches "Zwischeneuropa" verhindert werden, das Deutschland in seiner Randlage (als östlicher Staat westlicher Organisationen) fixieren oder gar in seine alte "Mittellage" zurückversetzen würde. Als Land des "Westens", das es nach der Katastrophe früherer Sonderwege geworden ist, liegt sein Interesse darin, im Westen und im Osten von politisch, wirtschaftlich und kulturell von "westlichen" Staaten umgeben zu sein. Andererseits möchte Deutschland verhindern, daß sich Rußland beim Aufbau neuer Sicherheitsstrukturen in Europa ausgegrenzt fühlt und erneut den Weg der Konfrontation einschlägt. Die schwierige Balance für Bonn und seine westlichen Verbündeten besteht darin, Rußland als konstruktiven Partner beim Aufbau einer gesamteuropäischen Sicherheitsarchitektur zu gewinnen und zugleich die Ostmitteleuropäer in die europäisch–atlantischen Strukturen zu integrieren (Konzept der "Kooperation und Integration").

Rußland dagegen verweist zu Recht darauf, mit dem vertragsgetreuen Abzug seiner Militärmacht aus Deutschland, Ostmitteleuropa und dem Baltikum erheblich zur Vertrauensbildung in Europa beigetragen zu haben. Eine NATO–Osterweiterung läuft für die Mehrheit seiner Eliten auf eine Ausgrenzung aus Europa und eine weitere Reduzierung seines Einflusses auf die

---

[11] Rede vor dem Föderationsrat, vgl. Itar–Tass vom 19.4.1995.

Entwicklungen in seinem ostmitteleuropäischen Vorfeld — auch als Bindeglied zu Westeuropa — hinaus. Neben sicherheitspolitischen Besorgnissen spielen bei alldem offenbar ganz allgemein Befürchtungen eine Rolle, der Westen wolle Rußland mit der NATO–Osterweiterung überhaupt von Europa als einer Region spezifischer demokratischer Prinzipien und Werte abkoppeln. Es sei "zu früh, um die Demokratie in Rußland zu beerdigen" — in dieser bitteren Kritik Jelzins an die Adresse des Westens auf dem Budapester KSZE–Gipfel vom Dezember 1994 spiegeln sich die Empfindungen eines Großteils der russischen Eliten.[12]

Um eine Zuspitzung der deutsch–russischen Beziehungen zu vermeiden, entwickelt die Bundesrepublik im Rahmen des westlichen Bündnisses ein starkes Engagement bei der inhaltlichen Ausgestaltung und sicherheitspolitischen Einrahmung der NATO–Osterweiterung.[13] Dabei laufen die Überlegungen auf folgende Ansätze hinaus: Zusätzlich zur Mitgliedschaft in "Partnership for Peace" sowie zum Sonderabkommen über "Dialog und Zusammenarbeit" in sicherheitspolitischen Fragen bietet die NATO Rußland den Abschluß einer "privilegierten Partnerschaft" (Kinkel) über enge politisch–militärische Kooperation an, und zwar noch vor der Erweiterung nach Osten oder zumindest parallel dazu. Zwar würde Rußland damit keine Veto–Macht eingeräumt, doch hätte es die Gewißheit, über alle wichtigen Entscheidungen der NATO, soweit sie klassische Aufgaben der kollektiven Verteidigung betreffen, frühzeitig informiert, und soweit sie Fragen der kollektiven Sicherheit betreffen, frühzeitig konsultiert zu werden. Dies würde auf eine Sonderrolle Rußlands und damit auf die Anerkennung der Tatsache hinauslaufen, daß Rußland aufgrund seiner geographischen Ausdehnung, seines politischen Gewichts, seiner militärischen Stärke sowie seines Selbstverständnisses als Kernmacht im euroasiatischen Raum sicherheitspolitisch einen eigenen Schwerpunkt mit spezifischen Interessen bildet.

Darüber hinaus bleibt die NATO–Politik der integrierten Strategie, die die Einbeziehung Ostmitteleuropas mit einer engen Vertragsgemeinschaft mit Rußland verknüpft, nicht begrenzt auf die Dimension der Sicherheit im engeren Sinne. Vielmehr wird sie eingebunden in eine kooperative Gesamtstrategie des Westens. Im Vordergrund steht dabei zum einen die volle Ausschöpfung des Partnerschaftsvertrags EU–Rußland, der Moskau die Perspektive einer gemeinsamen Freihandelszone bietet und enge politische Konsultationen vorsieht. Hängt Stabilität in Europa auf Dauer doch eher von wirtschaftlichen und politischen Aspekten ab als von rein militärischen. Zum anderen wird die OSZE als Instrument kollektiver Konfliktprävention und Friedenssicherung im euroasiatischen Vertragsgebiet gestärkt und mit den

---

[12] Die Rede ist abgedruckt in: Internationale Politik, Nr. 3, März 1995, S. 80–82, hier S. 81.

[13] Vgl. hierzu Meyer, B.: Die Ost–Erweiterung der NATO — Weg zur Einheit oder zur neuen Spaltung Europas?, HSFK–Report, Nr. 5, 1995.

Aktivitäten der NATO verzahnt. Damit wird auch deutlich: Die NATO–Osterweiterung ist stabilitätsorientiert und nicht bedrohungsmotiviert. Durch
kooperatives Verhalten kann Rußland selbst ganz wesentlich darauf Einfluß
nehmen, wie eng sich sein künftiges Verhältnis zur Atlantischen Allianz und
zu den Staaten Ostmitteleuropas gestaltet.

Vorerst ist offen, ob eine Verständigung mit Rußland auf der Basis solcher von Deutschland ganz wesentlich mitgestalteter Konzeptionen möglich
sein wird. Andernfalls könnte das deutsch–russische Verhältnis erheblich belastet werden — zusätzlich zu jenen Irritationen, die die unterschiedlichen
Vorstellungen beider Seiten zu einer Lösung des Bosnien–Konflikt schon
heute hervorrufen.

V. Bilaterale Beziehungen

Die Dimension gesamteuropäischer Kooperation in den russisch–deutschen Beziehungen wurde hier deshalb so stark hervorgehoben, weil an ihr
eines deutlich wird: Der Charakter des bilateralen Verhältnisses zwischen
beiden Staaten hängt ganz wesentlich vom Zustand des wechselseitigen Verhältnisses zwischen jenen internationalen Organisationen, Allianzen und Institutionen ab, in denen sie jeweils verankert sind. Zwar können gute russisch–deutsche Beziehungen wichtige Impulse für enge Partnerschaft und
Kooperation in Europa geben; in diesem Sinne hat Jelzin wiederholt darauf
verwiesen, daß Rußland und Deutschland als "die größten Staaten des Kontinents" die europäischen Prozesse ganz wesentlich beeinflussen können. Insgesamt jedoch gilt: Die russisch–deutschen Beziehungen können auf den verschiedenen Ebenen nicht wesentlich besser sein als das Verhältnis Rußlands
zu internationalen Organisationen wie beispielsweise der Europäischen Union oder der Atlantischen Allianz oder auch zu den Mächten der westlichen
Gemeinschaft. Dieser Umstand, der sich aus der festen politisch–kulturellen
Verankerung Deutschlands im Westen ergibt, wird im Kalkül russischer Politik und Publizistik häufig nicht genügend berücksichtigt.

Diese grundsätzlichen Überlegungen beziehen sich freilich weniger auf die
Gegenwart als auf die Zukunft. Denn nach der erwartungsvollen Phase des
sowjetisch–deutschen Vertrags vom November 1990 und der gemeinsamen
Grundsatzerklärung Jelzin–Kohl vom November 1991 sind die russisch–deutschen Beziehungen im bilateralen Bereich gegenwärtig eher zwiespältig.[14]

---

[14] Zu den bilateralen Beziehungen vgl. Vjatkin, K.: Rossija i Germanija. Potencial sotrudničestva, in: Mirovaja ėkonomika i meždunarodnye otnošenija, Nr. 4, 1994, S. 103–108; sowie
Elagin, V.: Rossija–Germanija. Problemy i perspektivy sotrudničestva, in: Segodnja vom
8.4.1994. Grundsätzlich hierzu Oldenburg, F.: Das vereinigte Deutschland und das neue Ruß-

Positive Impulse gaben die beiden Deutschland–Besuche Jelzins, insbesondere derjenige vom August 1994 anläßlich der feierlichen Verabschiedung der letzten Kontingente der "Westgruppe der Truppen" in Deutschland. Immerhin wurden in drei Jahren 546.000 Soldaten, Zivilisten und Familienangehörige zurückgeführt, dazu 4.209 Kampfpanzer, 8.208 gepanzerte Kampffahrzeuge, 3.682 Artilleriesysteme, 691 Flugzeuge, 683 Hubschrauber und 677.000 Tonnen Munition. Das war technisch und organisatorisch eine erstaunliche Leistung, zu der Deutschland durch die Finanzierung eines Wohnungsbauprogramms (insgesamt 8,35 Mrd. DM für 44.000 Wohnungen) und verschiedener Umschulungsprojekte (200 Mio. DM) für Militärangehörige seinen Teil beitrug.

In Moskau wurde vielfach die Vermutung geäußert, mit dem Truppenabzug werde das Interesse Deutschlands an Rußland sinken, das Land noch stärker an den Rand Europas gedrängt.[15] Diese Befürchtung verweist auf eine nach wie vor starke Tendenz zu einem Denken in rein militärischen Kategorien, bei dem andere, für enge Beziehungen heute weit wichtigere Felder wie Wirtschaftskooperation und enge Netzwerke zwischen den Gesellschaften als nachrangig gelten. Weiter genährt werden die Besorgnisse in Moskau durch die vielfach anzutreffende Vermutung, daß in Deutschland eine neue Generation der politischen Elite in die Verantwortung hineinwächst — eine Elite, die aufgrund ihrer politischen Sozialisation und ihrer internationalen Kontakte eher auf die euroatlantischen Partner orientiert ist als auf das neue Rußland. Bundespräsident Herzog — und mit ihm fast die gesamte deutsche Politik und Publizistik — trat solchen Befürchtungen entschieden entgegen. Der Truppenabzug bedeute nicht — betonte Herzog —, daß Deutsche und Russen jetzt auseinandergingen, im Gegenteil: "Wir werden in Zukunft immer enger zusammenrücken, in einem Europa ohne Mauern, ohne ideologische Gräben und ohne politische Feindschaften."[16]

In konkreten Fragen allerdings gibt es neben positiven Aspekten auch eine Reihe von Problemen, die das russisch–deutsche Verhältnis belasten. Stichwortartig seien hier nur die folgenden Bereiche genannt:

– Das geringe Engagement Moskaus bei der zugesagten Wiederherstellung der Staatlichkeit für die Rußlanddeutschen. Vor allem Deutschland zeigt ein starkes Interesse an einem Verbleiben der Deutschstämmigen in Rußland (geschätzte Zahl im GUS–Bereich heute: rund 2 Mio.). Damit soll der Auswanderungsdruck nach Deutschland gemildert und zugleich der

---

land, in: Deutschland Archiv, Nr. 11, 1993, S. 1242–1254; sowie Linke, H.: Deutsch–russische Partnerschaft im Geiste der Charta von Paris, in: Jacobsen, H. A. u. a. (Hrsg.), a. a. O., S. 730–759.

[15] Vgl. Baumgart, J.: Die Verabschiedung der russischen Streitkräfte aus Deutschland im Spiegel der russischen Medien, Aktuelle Analysen des Bundesinstituts, Nr. 63, 1994.

[16] Europa–Archiv, Nr. 19, 1994, S. D 561.

Hoffnung Ausdruck gegeben werden, die Menschen deutschen Ursprungs könnten eine Brücke der Verständigung zwischen beiden Ländern bilden. Die Verwirklichung des Projekts stößt jedoch auf kaum überwindbare Hindernisse. So scheiterte das 1991 vereinbarte Vorhaben, den Wolgadeutschen stufenweise ihre historische Heimat in Form einer autonomen Republik zurückzugeben, insbesondere am Widerstand lokaler Opposition in den Wolgagebieten. Und auch die einvernehmlich anvisierte Alternative scheint nicht realisierbar zu sein, die Alternative nämlich, zentrale Siedlungsgebiete deutschstämmiger Bevölkerungsgruppen in Westsibirien (Omsk, Altai) zu fördern — vor allem als neue Heimat für jene Landsleute, die aus Zentralasien und Kasachstan nach Rußland strömen. Hier sind es weniger Widerstände der lokalen Instanzen, die das Projekt kaum aussichtsreich erscheinen lassen. Vielmehr sieht die überwiegende Mehrheit der Deutschstämmigen ihrerseits trotz finanzieller Unterstützung durch Bonn und Moskau (1995: 160 Mio. DM bzw. 53 Mrd. Rubel) in Rußland jetzt keine Perspektiven mehr, da sich die materiellen Lebensbedingungen weiter verschlechtern und es immer schwieriger wird, die eng mit der Sprache verbundene nationale Identität zu bewahren.

Verständlicherweise zeigen die Rußlanddeutschen — wie übrigens auch viele Russen — wenig Neigung, sich für zweifelhafte Militäraktionen zu engagieren. Nach Auskunft des früheren Vizepremiers Jegorow ist im Zusammenhang mit dem Tschetschenienkrieg die Zahl der Ausreiseanträge von Rußlanddeutschen beträchtlich gestiegen, und zwar besonders seitens solcher Familien, die Söhne im wehrfähigen Alter haben.[17] So wird ein Großteil der Deutschen aus Rußland (und anderen Ländern der GUS) aller Voraussicht nach in ihre Urheimat emigrieren, was in den bilateralen Beziehungen Bonn–Moskau zusätzliche Frustrationen schafft. Ein möglicher Ausweg bestünde darin, größeren Gruppen von Bleibewilligen an ihren angestammten Wohnorten materielle und ideelle Hilfe zur Erhaltung ihrer Sprache und Kultur zu geben.

– Die vertraglich durch Moskau zugesagte, bis heute jedoch nicht verwirklichte Rückgabe deutscher Kulturgüter, die im Zuge der Kriegshandlungen in die UdSSR verbracht worden waren. Die Rückführung der "Beutekunst", die nach deutschen Angaben rund 200.000 Kunstwerke, zwei Mio. Bücher und drei Kilometer Archivmaterial umfaßt, wurde im deutsch–sowjetischen Vertrag vom November 1990 und im Kulturabkommen vom Dezember 1992 geregelt. Die Verhandlungen der gemeinsamen Kommission gerieten jedoch bald ins Stocken, da das Problem in den innerrussischen Fraktionskämpfen von der nationalistisch–kommunistischen Anti–Jelzin–Opposition instrumentalisiert wurde. Unter Hinweis auf die starken

---

[17] Pressekonferenz anläßlich der 6. Tagung der deutsch–russischen Regierungskommission vom Mai 1995, Itar–Tass vom 17.5.1995.

und unwiederbringlichen Kulturgut–Verluste nach dem Überfall Nazi-
deutschlands auf die Sowjetunion, aber auch durch einseitige Interpretation der völkerrechtlichen Lage (Nichtbeachtung der Haager Landkriegsordnung von 1907) und der bilateralen Abmachungen mit Deutschland
(die bedingungslose Kapitulation 1945 bedeute den Verzicht auf sämtliche
Ansprüche gegenüber Moskau) wuchs in der russischen Politik und Öffentlichkeit die Zahl jener, die sich einer Rückgabe der Kulturgüter entschieden widersetzen.[18] Die Bundesregierung dagegen pocht darauf, daß
die vertraglichen Vereinbarungen eingehalten und nicht durch innerrussi-
sche Rechtsakte unterlaufen werden. In diesem Sinne appellierte Außenminister Kinkel bei seinem Moskau–Besuch vom März 1994 an die Rechtsstaatlichkeit des demokratischen Rußland und nannte die Lösung des Konflikts einen "Prüfstein für die Qualität unserer Beziehungen".

Im Konflikt über die Kulturgüter sollte möglichst rasch eine praktikable
Grundsatzvereinbarung gefunden werden, da ein anhaltender Dissens in
dieser Frage das politische Klima zwischen Rußland und Deutschland ver-
giften könnte. Mögliche Ansätze wären: deutsche Kompensationen an
Rußland für kriegsbedingt zerstörte oder verschleppte Kulturgüter durch
gleichartige oder gleichwertige Werke; Unterstützung bei der Wiederer-
richtung oder Restauration russischer Kunstdenkmäler, Kirchen und Klö-
ster; Austausch von Kunstwerken einschließlich langfristiger wechselsei-
tiger Leihgaben.[19]

– Der illegale Handel mit Nuklearmaterial, der nach amtlicher Bonner Auskunft aus dem Raum der früheren Sowjetunion nach Deutschland hinein
erfolgt. Das russische Ministerium für Atomenergie bestritt dies energisch
und warf der deutschen Seite das Bestreben vor, unter dem Vorwand von
Kontrolle und Schutz Einblick in die strategischen Nuklearmaterialien
Rußlands zu erhalten und diese auf den Weltmärkten zu diskreditieren.
Andererseits räumte Ex–Innenminister Jerin später ein, daß schwach an-
gereichertes Uran aus nuklearen Anlagen Rußlands fortgeschafft worden
sei — immerhin seien "80 % der Kontroll– und Passagepunkte des Innenministeriums an den russischen Nuklearobjekten nicht mit Apparaturen
zur Registrierung atomarer Materialien ausgerüstet".[20] Die Zukunft muß

---

[18] Als Beispiel sei hier auf einen entsprechenden Gesetzentwurf des Föderationsrates verwiesen, vgl. Kolbasjuk, V.: Rossija ne sobiraetsja rasstanovat'sja s sokroviščami, in: Nezavisi-
maja gazeta vom 25.3.1995; vgl. zu den russischen Positionen Tultschinski, D.: Wann kommen
die letzten "Kriegsgefangenen" frei?, in: Wostok, Nr. 3, 1995, S. 52–54.

[19] Vgl. dazu Rusche, J.: Die "Kompensation" ist der Prüfstein, in: Das Parlament, Nr. 28,
1994, S. 20; sowie Kipphoff, P.: Unter Freunden gibt es keine Beute, in: Die Zeit, Nr. 11, 1995,
S. 1.

[20] Itar–Tass vom 5.9.1994; dass. vom 23.2.1995; vgl. dazu ausführlich Stock, W.: Für die
Waffenherstellung geeignetes Plutonium unkontrolliert und preiswert auf dem Weltmarkt, in:
Frankfurter Allgemeine Zeitung vom 27.4.1994.

zeigen, ob die enge Zusammenarbeit, die die Abwehrdienste Deutschlands und Rußlands in einem Memorandum vom August 1994 vereinbarten, dem die bilateralen Beziehungen belastenden Atomschmuggel wirksam entgegenzuwirken vermag.[21]

– Schließlich die russische Blockade gegenüber den Bonner Bemühungen, die im Dezember 1993 zwischen den Außenministern vereinbarte Einrichtung eines deutschen Generalkonsulats in Kaliningrad/Königsberg in die Tat umzusetzen. Die Verantwortlichen in Deutschland verstehen gut das Beharren Moskaus auf Sicherung der territorialen Integrität Rußlands. Sie sind überhaupt nicht an einem Zerfall des Landes interessiert, denn dies würde unter vielen Aspekten über Ostmitteleuropa hinaus die Sicherheit Deutschlands in hohem Maße gefährden. Wohl aber sind sie daran interessiert, daß sich das Kaliningrader Gebiet als fester Bestandteil der Russischen Föderation durch Zusammenarbeit in den nordeuropäisch–skandinavischen Raum integriert, wobei Deutschland und die EU eine wichtige unterstützende Funktion wahrnehmen könnten. Denn ein weiteres Absinken von Industrieproduktion und Lebensniveau — dieses macht schon heute nicht zuletzt aufgrund des problematischen Exklavencharakters des Gebiets nur noch knapp 80 % des russischen Durchschnitts aus — könnte insbesondere unter der jüngeren Generation die Unzufriedenheit mit dem Status quo weiter vertiefen.[22]

Wie auf politischem, so ist auch auf wirtschaftlichem Felde die Bilanz der russisch–deutschen Beziehungen unter Jelzin gemischt. Auch hierzu nur einige Stichworte. Auf der einen Seite bildet Deutschland, wie bereits erwähnt, mit einem Warenumsatz von 23 Mrd. DM 1994 den weltweit größten Handelspartner Rußlands. 13,5 % der russischen Exporte gingen nach Deutschland, 24,4 % der Importe kamen aus Deutschland. Positive Impulse vermittelt nach gewissen Anlaufschwierigkeiten auch das Programm der Bundesregierung zur technischen Beratung, das sich auf das Gebiet Moskau, auf Stadt und Gebiet St. Petersburg bzw. Leningrad sowie auf die Gebiete Tjumen und Wladimir konzentriert. Dagegen bewegen sich die deutschen Direktinvestitionen in Rußland, die für Innovation und internationale Wirtschaftsverflechtung des Landes langfristig wichtiger sind als öffentliche Kredite, mit 137 Mio. DM 1994 weiterhin auf niedrigem Niveau (wobei manche investive Leistungen aus der Bundesrepublik statistisch freilich nur unzureichend erfaßt sind). Die Gründe hierfür liegen in den bekannten mangelnden Rahmenbedingungen in Rußland, dessen Führung ganz offensichtlich die Bedeutung ei-

---

[21] Das Memorandum findet sich in: AFP vom 22.8.1994.

[22] Zur deutschen Position vgl. das Interview mit dem Bonner Moskau–Botschafter O. von der Gablentz: We need a strong Russia as an economic partner, in: International Affairs, June 1994, S. 58–68, hier S. 67; zum Gesamtkomplex s. Müller–Hermann, E. (Hrsg.): Königsberg/ Kaliningrad unter europäischen Perspektiven, Bremen 1994.

nes attraktiven Investitionsklimas weiterhin unterschätzt und Direktinvestitionen in den Regionen zumindest nicht fördert.[23] Jedenfalls liegen viele deutsche Investitionsprojekte insbesondere im Rohstoff– und Energiebereich sowie bei der verarbeitendenden Industrie vorläufig auf Eis.

So ist zu vermuten, daß die Direktinvestitionen russischer Unternehmen in Deutschland (und hier insbesondere in Ostdeutschland) derzeit größer sind als deutsche Investitionen in Rußland. Weil Art und Umfang russischer Direktinvestitionen weniger bekannt sind, seien dazu hier als Beispiele genannt: der Einstieg von Rosneft bei den Leunawerken mit einer Beteiligung von 23 %; das Engagement von Gasprom mit einer 35 %–Beteiligung bei BUNA; der Kauf der Papierfabrik Pirna durch die Sokolniki–Gruppe mit einer Investitionsauflage von über 300 Mio. DM; das Angebot der Textilvereinigung Rostekstil zum Einstieg bei der Märkischen Faser; der Kauf der Firma Addidol Mineralöl durch ein Unternehmen aus Baschkortostan.[24] Nimmt man die in Deutschland investierten Fluchtgelder hinzu — sie werden auf jährlich rund 100 Mio. DM geschätzt —, so kommt man zu dem überraschenden Ergebnis: Russische Unternehmen tragen in gewissem Maße durchaus zum "Aufschwung Ost" bei. Jedenfalls sieht das russische Kapital ganz offensichtlich gerade in Deutschland eine geeignete Ausgangsbasis, um durch Direktinvestitionen in komplementären, meist energienahen westlichen Unternehmen im Westen überhaupt Fuß zu fassen.

Um die rechtlichen und bürokratischen Hürden auf dem russischen Markt zu überwinden und ihre Wettbewerbsposition zu stärken; haben deutsche Unternehmen in Rußland im März 1995 einen "Verband deutscher Wirtschaft" in Moskau gegründet. Die Vereinigung will ihren Mitgliedern vorrangig bei Rechts–, Steuer– und Wirtschaftsfragen behilflich sein, Kontakte zu russischen Geschäftspartnern und Behörden herstellen sowie gezielt Informationen über den russischen Markt anbieten. Otto Wolff von Amerongen, der Vorsitzende des Ostausschusses der deutschen Wirtschaft, wertete diesen Schritt als einen Beweis für das langfristige Vertrauen der deutschen Wirtschaft in den Standort Rußland und betonte: "Einen Verzicht auf Rußland in der internationalen Arbeitsteilung kann sich niemand leisten, vor allem Deutschland nicht."[25]

---

[23] Vgl. dazu Russische Föderation: Rahmenbedingungen unzureichend, in: VWD Osteuropa, Nr. 126, 4.7.1995, S. 7. Der Beitrag resümiert die Ergebnisse einer von der Deutschen Botschaft in Moskau organisierten Konferenz zum Thema "Deutsche Investitionen in Rußland — Investitionsklima 1995".

[24] Vgl. hierzu Höhmann, H.–H.; Meier, Chr.: Deutsch–russische Wirtschaftsbeziehungen. Stand, Probleme, Perspektiven. Teil II: Bereiche, Tendenzen, Szenarien, Berichte des Bundesinstituts, Nr. 56, 1994, S. 11f.; sowie VWD Osteuropa, Nr. 79, 25.4.1994, S. 2.

[25] Stimme Rußlands vom 17.3.1995; sowie VWD Osteuropa, Nr. 55, 17.3.1995, S. 3.

Ganz wichtig für die breitere Fundierung einer Partnerschaft Rußland–
Deutschland ist schließlich etwas, was beide früheren totalitären Staaten als
geschlossene Systeme ganz bewußt strikt unterbunden hatten: die spontane
und massenhafte Begegnung der Menschen beider Länder, die vielfältige Zusammenarbeit zwischen politischen, gesellschaftlichen und kulturellen Gruppen und Vereinigungen. Auch in Westeuropa waren es nicht allein diplomatische Akte und wirtschaftliche Interdependenzen, die das Zusammenwachsen der Länder förderten und alte "Erbfeindschaften" überwanden. Nicht
minder wichtig hierfür war das, was der Moskauer und Kölner Weltbürger
Lew Kopelew die spontane "Volksdiplomatie" genannt hat: die eng geknüpf-
ten Netzwerke zwischen Personen, Gruppen und Organisationen unterhalb
der offiziellen staatlichen Ebene.[26]

Ansätze für solche Begegnungen "von unten" sind auf vielen Feldern vorhanden, beispielsweise in Form von Städtepartnerschaften und kulturellen
Initiativen, von Vorüberlegungen zur Bildung einer gemeinsamen Historiker-
kommission und eines dezentral angelegten russisch–deutschen Jugend-
werks. Eine ganz neue Erfahrung bildete schließlich die Begegnung mit Ver-
treterinnen der russischen Soldatenmütterbewegung, die in einer bisher einmaligen Form zivilen Ungehorsams couragiert gegen Krieg und Soldaten-
schinderei auftritt (im Mai 1995 wurde eine Delegation der Bewegung u. a.
von Bundestagspräsidentin Süssmuth empfangen). Die beiderseitige Förderung solcher vielfältiger Initiativen wäre zweifellos eine wichtige Investition
in die Zukunft, da sie gerade die jungen Generationen zusammenführen und
die Keime einer Zivilgesellschaft in Rußland stärken würde.

VI. Realismus statt überhöhter Erwartungen

Die Anfangsphase der deutsch–russischen Beziehungen nach der Vereinigung Deutschlands war, wie erwähnt, wechselseitig mit hohen Erwartungen
verbunden. In Deutschland wurde vielfach vermutet, Rußland werde sich,
nachdem es die Fesseln des Kommunismus abgestreift habe, relativ schnell
in Richtung Demokratie und Marktwirtschaft entwickeln. Umgekehrt hieß es
nicht selten in Moskau, Deutschland werde nach rascher Überwindung der
Einigungsprobleme ganz wesentlich zum Aufbau einer florierenden Wirtschaft in Rußland beitragen. So entstand in der wechselseitigen Perzeption
die Zukunftsvision einer Art Symbiose Rußland–Deutschland — gleichsam
als positives Gegenbild zu der tragischen Periode von nazideutschem Vernichtungskrieg und zwei Varianten des Totalitarismus.

---

[26] So in dem Beitrag Kopelew, L.: Deutsche und Russen in Europa, in: Faulenbach, B.;
Stadelmaier, M. (Hrsg.): a. a. O., S. 31.

Solche Zukunftsvisionen sind unrealistisch und sogar gefährlich, da sie auf beiden Seiten fast zwangsläufig zu Rückschlägen und Enttäuschungen führen müssen. Welches aber sind die Ausgangsbedingungen für den Erfolg einer langfristig angelegten Politik von Partnerschaft und Kooperation zwischen Deutschland und Rußland?

Die deutsche öffentliche Meinung sollte vorschnelle Negativurteile vermeiden und sich immer wieder vor Augen führen, daß im neuen Rußland noch auf längere Zeit kein Konsens über Grundwerte und nationale Identität herrschen wird.[27] Rußland ist in eine Phase des Übergangs eingetreten, in der unterschiedliche und sogar gegensätzliche Ansätze nebeneinander existieren: alte und neue politisch–kulturelle Tendenzen; Elemente von Freiheit und Autoritarismus; Ansätze von Marktwirtschaft und Rückfälle in staatliche Wirtschaftslenkung; Pochen auf Zentralismus und Streben nach regionaler Autonomie; Konzepte traditionellen Großmachtverhaltens und Ansätze zu pragmatischer Realpolitik im Zeichen von Partnerschaft und Kooperation. Angesichts der Offenheit der Entwicklungen in Rußland geht es darum, die negativen Aspekte nicht von vornherein zu verabsolutieren, sondern die Fähigkeit der russischen Gesellschaft zu weiterer Evolution nicht auszuschließen. Insofern ist es richtig, wenn Bundeskanzler Kohl davor warnte, die Schwierigkeiten der komplexen Transformationsprozesse in Rußland mit westlichen Maßstäben zu messen, und wenn er dabei betonte: "Es geht hierbei um die Praxis und nicht um abstrakte Themen, die Studenten und Politologen tagtäglich in den Universitäten des Westens diskutieren."[28]

Gleichwohl sollten deutliche Warntafeln für den Fall aufgestellt werden, daß Rußland weiterhin international vereinbarte Normen und Abmachungen verletzt. Wichtig wäre darüber hinaus neben den üblichen Beziehungen zur Regierung die Pflege permanenter Kontakte zu Repräsentanten der kritischen Reformkräfte in Rußland. Der Empfang von Jabloko–Chef Jawlinskij durch Bundeskanzler Kohl und Oppositionsführer Scharping noch während des Tschetschenienkriegs bildete hier ein deutliches Signal.[29] Das gleiche gilt für das Treffen von Außenminister Kinkel mit hochrangigen Vertretern demokratischer Formationen in St. Petersburg, darunter mit dem "Rußlands Wahl"-Vorsitzenden Gaidar, dem Jabloko–Führungsmitglied Lukin und Oberbürgermeister Sobtschak. Dieses Treffen vom Juni 1995, das von der liberalen Fraktion des Europa–Parlaments organisiert wurde, bildete ein be-

---

[27] Hierzu und zum folgenden Vogel, H. u. a.: Rußland und Deutschland sollten sich nicht überfordern, in: Frankfurter Rundschau vom 6.3.1995 (russ. Fassung in: Segodnja vom 15.3.1995).

[28] Interview zum Abschluß seines Moskau–Besuchs, Itar–Tass vom 22.11.1993.

[29] Vgl. das Interview mit Jawlinskij: Annäherung an Rußland mit heißem Herz und kühlem Verstand, in: Frankfurter Rundschau vom 10.3.1995.

wußtes und deutliches Signal der Ermutigung und Unterstützung für die Demokraten in Rußland.[30]

Die politischen Eliten Rußlands ihrerseits sollten die Fähigkeit Deutschlands zu materieller Unterstützung der Reformprozesse nicht überschätzen. Deutschland wird sich — nicht nur materiell — noch längere Zeit auf die Folgen der Vereinigung konzentrieren müssen. Darüber hinaus sieht es sich zunehmendem Konkurrenzdruck auf den Weltmärkten gegenüber, der zu einschneidenden Wirtschaftsstrukturreformen zwingt und zu erheblichen sozialen Spannungen führen könnte. Im übrigen sollten in Rußland keine Mißverständnisse entstehen, wenn Deutschland nicht nur als Partner, sondern gegebenenfalls auch als Widerpart auftritt. Ein Beispiel ist der Tschetschenienkonflikt: Rußland hat sich verpflichtet, auch im eigenen Land im Hinblick auf Demokratie und Menschenrechte strikt jene Verhaltensregeln einzuhalten, die das Land im Rahmen der KSZE unterzeichnet hat und die der Beitritt zum Europarat sowie der Partnerschaftsvertrag mit der Europäischen Union implizieren. Die Nichtbeachtung dieser Verpflichtungen würde zweifellos zu starken Irritationen in den deutsch–russischen Beziehungen führen. Jedenfalls wird Deutschland in ähnlichen Fällen wie Tschetschenien gemeinsam mit der internationalen Staatenwelt auch in Zukunft kritische Fragen an Rußland richten, denn die anvisierte gesamteuropäische Friedensordnung kann sich nicht auf Unterdrückung nationaler Minderheiten und Verletzung der Menschenrechte gründen.

Die Reaktion der Jelzin–Führung auf die Entscheidungen von Europäischer Union und Europarat unterstreicht, daß ihr die Reaktion im Westen keineswegs gleichgültig ist.[31] Jede russische Regierung wird nicht nur aus ökonomischen Gründen an der Zusammenarbeit mit dem Westen interessiert sein, "keine russische Führung wird die ungebremste Selbstisolierung Rußlands gegenüber dem Westen und seine einseitige außenpolitische Orientierung nach Osten zum Programm erheben".[32] Allerdings läuft Rußland gegenwärtig Gefahr, aus seinem politisch, wirtschaftlich und militärisch geschwächten Großmachtstatus heraus Sonderrechte zu beanspruchen und daraus Handlungsoptionen abzuleiten, durch die sich das Land schließlich selbst isoliert. Würden die Russen mit ihren jüngsten Drohungen Ernst ma-

---

[30] Ausführlich dazu Poznjakov, A.: Rossijskie demokraty rasskazali o sebe svoim evropejskim kollegam, in: Segodnja vom 28.6.1995.

[31] s. hierzu Timmermann, H.: Rußland ist die Reaktion des Westens keineswegs gleichgültig, in: Frankfurter Rundschau vom 6.7.1995.

[32] So Simon, G.: Der Krieg in Tschetschenien — Folgen für Rußland. Fünf Thesen, Aktuelle Analysen des Bundesinstituts, Nr. 7, 1995, S. 5.

chen — unterstrich Außenminister Kinkel —, so "bedeutet dies das Ende der bisherigen Zusammenarbeit mit dem Westen auch in anderen Bereichen".[33]

VII. Szenarien

Eingangs wurde auf folgenden zentralen Tatbestand verwiesen: Rußlands historische Probleme liegen großenteils darin, daß es der äußeren Machtentfaltung Vorrang vor der inneren Modernisierung des Landes gab. Heute steht Rußland — zugespitzt ausgedrückt — erneut vor der Alternative, seine Größe als dynamischer Reformstaat oder als furchteinflößender Militärstaat zu gewinnen. Russischen Angaben zufolge ist Rußlands politische Elite — bei allen Varianten innerhalb der Großgruppen — in Vertreter gerade dieser beiden Richtungen geteilt, wobei sich zugleich ein fragiler Konsens auf der Basis eines unterschiedlich stark ausgeprägten Nationalismus abzeichnet.[34] Was bedeutet dies für die Zukunft der russisch–deutschen Beziehungen? Welche Szenarien sind angesichts der äußerst labilen Bestimmungsfaktoren der russischen Entwicklungen denkbar?

Ein optimistisches Szenario ist gekennzeichnet durch erfolgreiche Systemtransformation und zügigen Strukturwandel. Dabei formieren sich entlang spezifischer Werteorientierungen und sich verfestigender Interessengruppen stabile politische Parteien mit tatsächlichem Einfluß auf die Exekutive. Insgesamt konzentriert Rußland seine Energie auf die innere Entwicklung und strebt im Verhältnis zu den GUS–Staaten integrative Beziehungen ohne Zwangsausübung an. Als selbstbewußte und respektierte Großmacht vertritt Rußland zwar seine spezifischen nationalen Interessen, doch geschieht dies in partnerschaftlicher Kooperation mit dem Westen. Ein solches Szenario, das die Voraussetzungen für ein gefestigtes Partnerschaftsverhältnis Rußland–Deutschland schaffen würde, schien den politischen Eliten beider Länder 1991/92 durchaus möglich. Heute jedoch ist es eher unwahrscheinlich, da ihm wesentliche Bestimmungsfaktoren in Rußland entgegenstehen.

In einem pessimistischen Szenario kumulieren sich in Rußland wirtschaftlich–sozialer Abschwung, Zusammenbruch von Infrastrukturen, ökologische Katastrophen, Ausbreitung organisierter Kriminalität. Es kommt — unter Mitwirkung des Militärs — zur Etablierung eines autoritär–nationalistischen Regimes mit folgenden zentralen Programmpunkten: Rückkehr zu staatsgelenkter Wirtschaft bei gesicherter Grundversorgung; Forcierung einer abge-

---

[33] Interview mit Kinkel: "Leider hat Moskau immer noch Angst", in: Der Spiegel, Nr. 15, 1995, S. 20.

[34] Vgl. hierzu Čugrov, S.: Change and continuity of Russia's perceptions of its national interests and Germany's role, Manuskript, Moskau 1995.

stuften Politik neoimperialen Zuschnitts gegenüber den Ländern der GUS, des Baltikums und Ostmitteleuropas; eine von Protektionismus und verstärkter Machtprojektion geprägte Politik gegenüber dem sogenannten "fernen Ausland". Möglicherweise würde ein solches Regime zu Lasten Ostmitteleuropas ein Sonderarrangement mit Deutschland suchen, wie es Shirinowskij und andere Vertreter der "Nationalpatrioten" in ihren geopolitischen Phantasien gelegentlich vorschlagen. Auch dieses Szenario, das Deutschland gemeinsam mit seinen Verbündeten zweifellos zum Abbruch aller Bemühungen um Partnerschaft mit Rußland, möglicherweise sogar zu einer Politik des Neo–Containment veranlassen würde, ist wenig wahrscheinlich, allerdings auch nicht völlig auszuschließen. Angesichts der Prozesse von gesellschaftlicher Differenzierung, politischer Demokratisierung und regionaler Autonomisierung wäre es nur unter hohen Kosten und kaum dauerhaft durchsetzbar.

Am wahrscheinlichsten scheint ein drittes Szenario. Gekennzeichnet ist es durch einen transformationspolitischen Stop–and–go–Prozeß ohne stabiles Profil auf Seiten der Machtträger sowie durch eine permanente Selbstanpassung der Gesellschaft. Statt der schwachen politischen Parteien werden es die großen Interessengruppen der staatlichen und privaten Wirtschafts– und Finanzwelt sein, die die Exekutive zu beeinflussen suchen, allerdings in unterschiedliche Richtungen. Stichworte sind: Beibehaltung eines starken Staatssektors versus Forcierung der Privatisierung; Staatsinterventionismus versus Stimulierung der Marktkräfte; Protektionismus versus außenwirtschaftliche Öffnung des Landes. In den Außenbeziehungen strebt Rußland diesem Szenario zufolge keine Wiederherstellung der alten Union an, sondern beschränkt sich unter Anwendung dosierten Drucks auf die Wiedergewinnung von politischem, wirtschaftlichem und militärischem Einfluß in den Ländern der GUS. Vom Westen erwartet Rußland, daß es als Großmacht mit spezifischen Interessen und daraus abzuleitenden Sonderrechten respektiert sowie als solche an der Entwicklung einer neuen europäischen Architektur angemessen beteiligt wird. Dabei schwankt das Land — auch im Hinblick auf übergreifende Werte und Normen wie Demokratie, Pluralismus, Menschenrechte — zwischen zwei Richtungen: einerseits einer Politik der Anbindung an Europa, an seine Institutionen und Organisationen, und andererseits dem Streben, als eurasische Macht den Kern einer eigenen transkontinentalen Einflußzone zu bilden.

Für die russisch–deutschen Beziehungen bedeutet dieses Szenario: Sowohl auf bilateraler Ebene als auch im Rahmen der internationalen Organisationen wird das Verhältnis immer wieder von wechselseitigen Irritationen und Reibungsverlusten geprägt sein. Gleichwohl gibt es zwischen Rußland und Deutschland objektiv gesehen viele gemeinsame Interessen, so daß beide Seiten — auch Rußland — immer wieder Anlaß für enge Zusammenarbeit finden dürften. Für Deutschland jedenfalls gilt — in den Worten von Außenminister Kinkel: "Solange Rußland ja zu Europa sagt, sagen wir nicht nein zu Rußland!"[35] Denn Rußland als Partner in der weiteren Nachbarschaft ist für Deutschland von herausragender Bedeutung, da es die politische Lage in Ostmittel– und Osteuropa direkt und den Integrationsraum Westeuropas indirekt beeinflußt. Unter den westlichen Staaten ist Deutschland wahrscheinlich am stärksten an einer Einbindung Rußlands, an einer Vermeidung seiner Isolierung interessiert. So hängt es vor allem von den Verantwortlichen in Moskau ab, ob sie das Land in jene Isolierung führen, die sie zugleich als drohende Gefahr für ihr Land fürchten, oder ob sie die nationalen Interessen Rußlands so definieren, daß das Land tatsächlich zu einem konstruktiven und berechenbaren Partner der "zivilisierten Staatengemeinschaft" wird.

---

[35] Chancen für Freiheit, Demokratie und Rechtsstaatlichkeit in Rußland, a. a. O., S. 125.

DAS NEUE RUSSLAND UND DAS NEUE DEUTSCHLAND: EIN AUTOPILOT, DER DIE POLITIK GEÄNDERT HAT

Von Viktor Kuwaldin

Während die Hauptparameter der sowjetisch–deutschen Beziehungen im Verlaufe der Nachkriegsjahrzehnte unverändert blieben, sollten die rußländisch–deutschen Beziehungen keineswegs als ihre logische Fortsetzung betrachtet werden. Die Haupthelden sind andere, die Dekoration wurde komplett ausgetauscht, und der eigentliche Inhalt des Stückes wird neu geschrieben. Die Bewahrung einiger äußerer Attribute der Vergangenheit darf vor uns nicht jene Tatsache verbergen, daß es hier de facto nicht um ein neues Kapitel in der Geschichte, sondern um eine neue historische Epoche geht, die auf keinen Fall nach altem Maß bewertet werden darf.

Vor allem geht es um die Beziehungen zwischen zwei neuen Staaten, von denen jeder tiefgreifende Veränderungen erlebt hat, und zwar mit unterschiedlichem Vorzeichen. Deutschland hat sich von den Besatzungstruppen befreit und seine Rechtsfähigkeit in den internationalen Beziehungen völlig wiederhergestellt. Die Vereinigung mit den ostdeutschen Bundesländern hat das Potential des Landes maßgeblich erhöht. Alle Probleme, die durch die Vereinigung entstanden, so ernsthaft sie auch waren, können als Wachstumsschwierigkeiten betrachtet werden, die in absehbarer Zukunft überwunden werden. Ausgangs des 20. Jahrhunderts konnte Deutschland den Schaden kompensieren, der ihm in der ersten Hälfte des Jahrhunderts zugefügt wurde, und die Grundlagen dafür schaffen, Erster unter Gleichen im einheitlichen Europa zu werden. Als drittstärkste Wirtschaftsmacht der Welt liegt es im Zentrum einer blühenden, sich dynamisch entwickelnden Region, die sich eindeutig im Aufschwung befindet.

Rußland hingegen befindet sich in einer tiefen umfassenden Krise, aus der bislang kein Ausweg zu sehen ist. Der Zerfall der Sowjetunion, der weitgehend bewirkt durch die Bestrebungen der rußländischen Führung erfolgte, schuf einen riesigen Berg schwerlösbarer Probleme für die ehemalige RSFSR, die ein eigenständiger Staat geworden ist. Im Vergleich zur UdSSR verlor sie ein Viertel ihres Territoriums, ein Drittel ihres Wirtschaftspotentials und die Hälfte der Bevölkerung. Das Ausmaß der erlittenen Verluste ist durchaus vergleichbar mit den Folgen eines großen verlorenen Krieges. Rußland war mit einem Mal Hunderte von Kilometern weit in die Tiefe Eurasiens gerückt, von Europa durch einen doppelten Gürtel bei weitem nicht immer freundlich gesinnter Staaten getrennt. Im Süden — in Transkaukasien und in Mittelasien — sind große Zonen von Instabilität entstanden, die voller möglicher Gefahren für den rußländischen Staat stecken.

Die Systemkrise der rußländischen Gesellschaft führte zu einem radikalen Verfall der nationalen Leistungsfähigkeit. Von 1990 bis 1995 ist die Produktion um die Hälfte gesunken; gegenwärtig ist nicht klar, ob Rußland zu den zehn führenden Industrieländern der Welt gehört. Das Land ist in einige politisch–ideologische Blöcke mit eigenen Zukunftsvisionen und Vorschlägen für einen Ausweg aus der Krise gespalten. Die neuen staatlichen Institutionen sind schwach, nicht kompetent genug und korrumpiert; schwerlich nur bewältigen sie den Haufen augenblicklicher Probleme und sind nicht fähig, irgend eine durchdachte Strategie zu verfolgen. Die Lage in vielen anderen postsowjetischen Staaten ist noch schlimmer, was sich negativ auf Rußland auswirkt, das so oder so gezwungen ist, diese am Laufen zu halten.

Der Zerfall und der Zusammenbruch des totalitären Systems haben nicht zum Sieg der Demokratie, sondern zum Monopoly um Eigentum und Macht kleiner egozentrischer Gruppen geführt, die zu allem bereit sind, nur um ihre Privilegien zu schützen. Die postsowjetische Machtelite der ersten Welle wird keineswegs fertig mit dem Djinn (Geist), der aus der Flasche gelassen wurde. Bestenfalls ist sie in der Lage, den krisenhaften Status quo zu erhalten und eine sturzartige Verschlechterung der Lage zu verhindern.

Das vorstehend Dargelegte bedeutet keineswegs, daß Rußland in den Sog eines unumkehrbaren Falls geraten ist. Im Verlaufe seiner Geschichte hat es, wie auch Deutschland, wiederholt bewiesen, daß es fähig ist, wie Phönix aus der Asche aufzuerstehen. Gorbatschows Perestrojka hat im Grunde genommen die Möglichkeit der Transformation eines autoritären Staates in eine moderne demokratische und blühende Gesellschaft eröffnet. Obgleich sie im August 1991 eine Niederlage erlitten hat, sind ihre Impulse noch längst nicht alle ausgeschöpft. Die Möglichkeiten der weiteren positiven Evolution des postsowjetischen Raumes sind beachtlich. Ihre Verwirklichung fordert jedoch Zeit, Kraft und Kreativität. Und die Außenpolitik muß ausgehend von der heutigen Realität gestaltet werden.

Rein äußerlich kann der Eindruck entstehen, die neue rußländische Politik werde mit großer Intensität in deutscher Richtung betrieben. Regelmäßig finden Gipfeltreffen statt. Recht intensiv ist der Meinungsaustausch zwischen dem Präsidenten Rußlands und dem Bundeskanzler per Telefon und in Form von persönlichen Botschaften. Zahlreich waren die Kontakte auf der Ebene der Außenminister und anderer Kabinettsmitglieder. Aktiv arbeiten die Regierungskommissionen.

Aber hinter dieser Aktivität steht keinerlei klare Idee, keine präzise Strategie. Es gibt nicht einmal Vorstellungen über unsere Ziele und Interessen in Bezug auf eine der führenden Weltmächte. Es gibt lediglich den nackten Pragmatismus in besonders irdischer Form, von Zeit zu Zeit gewürzt mit wechselnder Rhetorik.

Diese Lage der Dinge, die bezeichnend ist für die Jelzin–Kosyrewsche Außenpolitik, entwertet das Kapital des gegenseitigen Verstehens und Vertrauens, das in der vorangegangenen Periode angehäuft wurde. Es kann zum Stillstand und sogar zur Verschlechterung in den rußländisch–deutschen Beziehungen führen, wenn die positiven Tendenzen unter der Last der angehäuften Probleme zusammenbrechen.

Die rechtlichen Grundlagen der rußländisch–deutschen Beziehungen bilden bekanntlich der "Vertrag über die endgültige Regelung in bezug auf Deutschland", unterzeichnet am 16. September 1990 in Moskau, und der "Vertrag über gute Nachbarschaft, Partnerschaft und Zusammenarbeit" zwischen der UdSSR und der BRD vom 9. November 1990; die Rechte und Pflichten der ehemaligen UdSSR aus diesem Vertrag hat Rußland übernommen. Somit waren bereits zu Sowjetzeiten auf der Basis der erzielten grundsätzlichen Vereinbarungen die wichtigsten politischen Probleme, die Spannungen und Konflikte während der gesamten Nachkriegszeit hervorgerufen hatten, gelöst. Günstige Bedingungen für die Entwicklung freundschaftlicher Beziehungen der beiden größten europäischen Völker waren geschaffen.

Die übrigen ungeklärten Fragen wurden während des Besuches von Bundeskanzler Kohl in Moskau am 15. und 16. Dezember 1992 geregelt. Damals wurde die sogenannte Nullösung zu den Immobilien der Westgruppe der Truppen in Deutschland vereinbart. Um acht Jahre wurde die Erörterung des Problems der Salden in Transferrubeln, die im Handel zwischen der ehemaligen UdSSR und der ehemaligen DDR entstanden sind, verschoben. Deutschland stimmte einer humanitären Regulierung zu, die die Bereitstellung von einer Mrd. Deutscher Mark für Rußland, Belarus und die Ukraine zur Zahlung von Entschädigungen an jene Bürger vorsah, die besonders stark unter den Verfolgungen der Nazis gelitten hatten (das entsprechende Regierungsabkommen trat am 30. März 1993 in Kraft).

Ferner wurden unterzeichnet: der Vertrag über die Zusammenarbeit und gegenseitige Hilfe der Zolldienste, ein Abkommen über die kulturelle Zusammenarbeit, über die Pflege der Kriegsgräber, über die Unterstützung Rußlands bei der Liquidierung der abzubauenden nuklearen und chemischen Waffen, über die gegenseitige Hilfe bei Naturkatastrophen und großen Havarien sowie ein Protokoll über die Zusammenarbeit bei der Aus– und Weiterbildung von Fach– und Führungskräften aus der Wirtschaft.

Die Beendigung des Abzuges der rußländischen Truppen aus Deutschland am 31. August 1994 wurde nicht nur für die rußländisch–deutschen Beziehungen, sondern auch für ganz Europa zu einem großen Ereignis. In gewissem Sinne wurde ein Strich unter den Zweiten Weltkrieg gezogen.

Für das postsowjetische Rußland ist Deutschland ein besonders wichtiger politischer und wirtschaftlicher Partner in Europa. Nach der Lösung der deutschen Frage hat sich das mögliche Spektrum ihrer Zusammenarbeit um Dimensionen erweitert. Für Rußland sind die einzigartigen Erfahrungen der demokratischen Umgestaltungen, des Aufbaus eines Rechtsstaates und der Heranführung der neuen Bundesländer an die Marktwirtschaft, die von den Deutschen zu einem hohen Preis errungen wurden, außerordentlich bedeutsam. Viel Nützliches kann aus dem deutschen Modell der Regulierung der Wirtschafts– und Sozialbeziehungen und des föderalen Aufbaus entnommen werden. In Sachen Politik– und Wirtschaftsreformen sollten die Russen sich aufmerksam die deutsche Erfolgsformel anschauen.

Die von der Last der Vergangenheit befreiten rußländisch–deutschen Beziehungen (im Unterschied zu den rußländisch–japanischen) haben einen guten Start genommen. Die BRD hat als erster der führenden Industriestaaten die Rußländische Föderation als Rechtsnachfolger der UdSSR anerkannt. Die Behörden, gesellschaftlichen Organisationen und Bundesbürger erwiesen den Ländern der GUS umfangreiche humanitäre Hilfe (rund 4 Mrd. DM oder zwei Drittel der gesamten humanitären Hilfssendungen des Westens an Rußland und andere Länder der GUS). Die BRD unterstützt den schwierigen Prozeß der Herausbildung der Marktwirtschaft in Rußland, der Entwicklung einer bürgerlichen Gesellschaft und einer politischen Demokratie und nimmt die führende Position unter den Ländern ein, die finanzielle Hilfe leisten (laut offizieller Statistik der EU beträgt der Anteil der BRD 60 %, der der USA 2,1 %, der Frankreichs 2 % und der Englands 0,12 %).

Die BRD fungiert als überaus wichtiger Handels– und Wirtschaftspartner Rußlands. So betrug 1993 der Warenumsatz zwischen beiden Ländern 12,4 Mrd. Dollar (zum Vergleich: Auf den Handel mit China entfielen 7,4 Mrd., mit Japan 3,6 Mrd. und mit den USA 3,5 Mrd. Dollar). Der Anteil Deutschlands am Außenhandelsumsatz der Rußländischen Föderation nähert sich fast 20 %. Allerdings nimmt Rußland im Außenhandelsumsatz Deutschlands mit 2 % einen äußerst bescheidenen Platz ein.

Es gibt gute Möglichkeiten für die Entwicklung der rußländisch–deutschen Zusammenarbeit auf folgenden Gebieten:

1. Brennstoff– und Energiekomplex,

2. Flugzeugbau und Raumfahrt, Konversion der Rüstungsproduktion,

3. Direktinvestitionen deutscher Firmen in Prioritätszweigen der rußländischen Wirtschaft,

4. Festigung der Grundlagen der Handels- und Wirtschaftsbeziehungen und

5. wissenschaftlich-technische Zusammenarbeit.

Mit all diesen Fragen ist der rußländisch-deutsche Rat für wirtschaftliche und wissenschaftlich-technische Zusammenarbeit befaßt.

Eine aussichtsreiche neue Richtung ist die Entwicklung von Direktbeziehungen (ohne Vermittlung durch das föderale Zentrum von der einen oder anderen Seite) zwischen den Regionen Rußlands und Deutschlands (z. B. zwischen Nordrhein-Westfalen und den Gebieten Nizhnegorodsk und Kostroma, zwischen Hessen und dem Gebiet Jaroslawl usw.). Infolge des Zusammenbruchs der DDR ging auch die Zahl der Partnerstädte beider Länder zurück, aber die Zusammenarbeit auf der Ebene der Regionen entwickelt sich auf der Basis neuer Vorgehensweisen, wobei Geschäftsinteressen dominieren. Die Praxis zeigt, daß diese Art des direkten Zusammenwirkens zwischen den Wirtschaftsagenten besonders effizient ist. In diesem Kontext erlangt jene Tatsache eine besondere Bedeutung, daß die westdeutschen Regionen, die die Patenschaft über die neuen Bundesländer ausüben, viele Erfahrungen bei deren Anpassung an die neuen Bedingungen gesammelt haben, insbesondere bei der Umstellung der Volkswirtschaft auf die Marktwirtschaft.

Die BRD unterstützt Rußland aktiv in europäischen und anderen internationalen Organisationen. Bis zur letzten Zeit (d. h. bis zum Tschetschenien-Krieg) unterstützte sie den Abschluß eines großangelegten Vertrages zwischen Rußland und den Europäischen Gemeinschaften und die Aufnahme Rußlands in den Europarat. Sie trug maßgeblich dazu bei, daß für Rußland positive Ergebnisse auf den Treffen der Großen Sieben in München (Juli 1992) und in Tokio (Juli 1993) erzielt wurden. Die BRD setzt sich dafür ein, daß Rußland in die Schlüsselstrukturen der Weltwirtschaft wie in den Internationalen Währungsfonds, die Weltbank, die Welthandelsorganisation (ehemals GATT), einbezogen wird. Nunmehr hängt vieles von ihrer Fähigkeit ab, den nächsten Schritt zur Einbeziehung Rußlands als gleichberechtigten Partner in die Weltwirtschaftsbeziehungen zu tun und ihm zu helfen, ohne diskriminierende Bedingungen auf den internationalen Waren-, Dienstleistungs-, Kapital- und Arbeitskräftemarkt zu kommen. Denn es ist keinerlei Geheimnis, daß es im Westen einflußreiche Kräfte gibt, die nach wie vor das postsowjetische Rußland als Fremdkörper betrachten, es lieber auf Distanz halten und keine Eile mit seiner Einbeziehung in die multilaterale Zusammenarbeit im Rahmen der europäischen und weltweiten Strukturen haben.

Alle vorstehenden Ausführungen bedeuten keinesfalls, daß es in unseren Beziehungen keine Probleme gibt, keine potentiellen Reizpunkte, keine Sphären möglicher Interessenkonflikte. Es gibt sie, und sie zu ignorieren oder gar unbedacht zu verschärfen könnte den Prozeß der historischen Annäherung beider großer Völker untergraben. Natürlich ist das Ausmaß dieser Probleme nicht vergleichbar mit der sogenannten deutschen Frage, aber es gibt ihrer nicht wenige, und sie bergen ein beträchtliches destruktives Potential in sich.

Bislang gibt es noch keine grundsätzliche Vereinbarung über die Rechtsnachfolge der Rußländischen Föderation in bezug auf das Eigentum der ehemaligen UdSSR auf dem Territorium der Bundesrepublik Deutschland und über die Übertragung dieses Eigentums auf Rußland ohne Erhebung von entsprechenden Gebühren.

Unvermindert hoch ist Rußlands Verschuldung an Regierungskrediten der BRD und gegenüber Privatunternehmen. Deutschen Berechnungen zufolge betrug die Verschuldung Rußlands gegenüber Deutschland im November 1992 79,84 Mrd. DM. Am 23. September 1993 wurde in Bonn ein Regierungsabkommen über die Konsolidierung der Außenschuld Rußlands und der ehemaligen UdSSR unterzeichnet, allerdings kann dieses Problem nicht gelöst werden, bis Rußland die gegenwärtige Krise überwunden hat.

Die schwache Rechtsbasis, die allgemeine Instabilität im Lande, die hohe Verschuldung gegenüber Deutschland, einschließlich den Privatunternehmen, hemmen die Investitionsaktivität der Deutschen in der Rußländischen Föderation.

Bislang wurde noch keine zufriedenstellende Lösung des Problems der Rußlanddeutschen gefunden. In der gemeinsamen Erklärung von Boris Jelzin und Helmut Kohl vom 21. November 1991 wurde die Verpflichtung der rußländischen Seite festgeschrieben, zur Wiederherstellung der Staatlichkeit der Rußlanddeutschen und insbesondere der Republik der Wolgadeutschen beizutragen. Diese Verpflichtung wurde bekräftigt durch das "Protokoll über die Zusammenarbeit zwischen den Regierungen Rußlands und der BRD mit dem Ziel der schrittweisen Wiederherstellung der Staatlichkeit der Rußlanddeutschen" vom 10. Juli 1992.

Offizielles Anliegen der Regierungspolitik ist es, in den Rußlanddeutschen den Wunsch zu fördern, in ihrer zweiten Heimat zu bleiben. Neben den vorstehend genannten Verpflichtungen gibt es ebenfalls die Bereitschaft, gemeinsame Projekte mit Deutschland zur Förderung der nationalen Sprache, der Kultur, der Industrie und der Landwirtschaft an den Orten, in denen konzentriert Rußlanddeutsche leben, zu unterstützen.

In den Jahren 1992/93 wurden in Rußland rund ein Dutzend Rechtsdokumente verabschiedet, die es ermöglichen, mit der Verwirklichung von praktischen Maßnahmen auf diesem Gebiet zu beginnen. Es wurden zwei nationale Kreise im Gebiet Omsk und in der Region Altai sowie ein nationaler Dorfrat im Gebiet Uljanowsk gegründet. Ausgearbeitet ist ein föderales Programm für die Umsiedlung ethnischer Deutscher, das die Umsiedlung von 600.000 Personen im Zeitraum 1993–1997 vorsieht.

Zu einer ernsthaften Quelle gegenseitiger Ansprüche und Beleidigungen kann das Problem der Restitution der Kulturgüter werden. Gegenwärtig wird nach Lösungsansätzen auf der Grundlage eines Protokolls gesucht, das in der ersten gemeinsamen Tagung der Staatskommissionen beider Länder am 10. Februar 1993 in Dresden verabschiedet wurde. Eben damals wurde beschlossen, eine gemeinsame rußländisch–deutsche Restitutionskommission zu gründen. Die Bestrebungen, für diese komplizierte und heikle Angelegenheit, die das nationale Erbe betrifft, ausgewogene Lösungen zu finden, können auf rigorose innenpolitische Gegenkräfte stoßen.

Zunehmend besorgt ist die rußländische Seite über die Situation im Gebiet Kaliningrad, das zu einer Enklave, umgeben von nicht immer wohlgesinnten Nachbarn, geworden ist. Die politische Anerkennung der Zugehörigkeit des Gebietes Kaliningrad zu Rußland durch die Bundesregierung, die Bereitschaft, zu diesem Gebiet normale Handels–, Wirtschafts– und Kulturbeziehungen aufzubauen, stehen im schroffen Widerspruch zu den Aktionen gewisser Privatpersonen und Organisationen, die das Gebiet Kaliningrad germanisieren wollen. Eine überspitzte Reaktion kann die Frage nach der rußländischen Militärpräsenz in dieser Region provozieren.

Von den anderen potentiellen Konfliktherden möchte ich die geopolitische Rivalität um den postsowjetischen Raum, insbesondere im Baltikum, nennen. Des weiteren ist das Aufeinandertreffen unterschiedlicher Interessen in den ehemaligen sozialistischen Ländern Mittel– und Osteuropas, von Polen bis zu den Balkanländern, möglich.

Um zu verhindern, daß sich die rußländisch–deutschen Beziehungen festfahren oder gar erneut abkühlen, muß eine vernünftige Strategie her, die auf lange Sicht angelegt ist. Mit den gegenwärtigen rußländischen Interessen ist die Rolle des neuen Deutschlands als regionale Supermacht, als Motor des Integrationsprozesses auf dem europäischen Kontinent, durchaus kompatibel. Das steigende Ansehen Deutschlands in Europa sollte keine Befürchtungen in Rußland hervorrufen, wenn es die Stabilität und den Geist der guten Nachbarschaft auf dem alten Kontinent nicht untergräbt. Ohne jedoch den Anspruch auf die Mitgliedschaft im vereinten Europa zu erheben, liegt Rußland viel an seinem Wohlergehen und seiner positiven Entwicklung.

Für Rußland ist es seinerseits überaus wichtig, in Deutschland einen bevorzugten Partner für die Modernisierung der archaischen Strukturen in der Wirtschaft, im sozialen Bereich und in den politischen Institutionen zu fin-

den. Als multiregionale Macht mit kompliziertem Beziehungsgeflecht ist es
wie wohl niemand sonst in der Lage, die Möglichkeiten für einen historischen Durchbruch, nur auf eigene Kräfte gestützt, zu bewerten. In der Welt
des 21. Jahrhunderts, deren Grundlagen derzeitig geschaffen werden, können
Rußland und Deutschland einander helfen, die Herausforderungen der Zeit
zu bewältigen.

DIE VERTRAGSBEZIEHUNGEN ZWISCHEN DEUTSCHLAND UND RUSSLAND

Von Wolfgang Seiffert

I.

Es war absehbar, daß die Wiedererlangung der staatlichen Einheit Deutschlands zu seiner stärkeren politischen Orientierung auf die osteuropäischen Nachbarn, insbesondere auf die Sowjetunion, führen würde, weil infolge des deutschen Vereinigungsprozesses ein komplexes Vertragssystem entstehen mußte, das zahlreiche politische und wirtschaftliche Bindungen mit sich brachte, die, genau wie die fortbestehenden westlichen Bindungen, Verpflichtungen und Loyalitäten zur Folge hatten.[1] Dies gilt insbesondere für den "Vertrag über gute Nachbarschaft, Partnerschaft und Zusammenarbeit zwischen der Bundesrepublik Deutschland und der Union der Sozialistischen Sowjetrepubliken" vom 9. November 1990.[2]

Mit diesem Partnerschaftsvertrag wurde die Rechtsgrundlage für eine enge Kooperation in Politik, Wirtschaft, Wissenschaft und Kultur zwischen Deutschland und der UdSSR geschaffen und das deutsch–sowjetische Verhältnis auf eine neue Grundlage gestellt. Der Vertrag geht sicherheitspolitisch so weit, daß er im Falle eines Angriffs auf eine der beiden Seiten in Art. 3 Abs. III die Verpflichtung vorsieht, dem Angreifer "keine militärische Hilfe oder sonstigen Beistand zu leisten und alle Maßnahmen (zu) ergreifen, um den Konflikt unter Anwendung der Grundsätze und Verfahren der Vereinten Nationen und anderer Strukturen kollektiver Sicherheit beizulegen". Zwar sind Befürchtungen, damit würden die Verpflichtungen der Bundesrepublik Deutschland im NATO–Bündnis relativiert,[3] unbegründet, schon weil Art. 21 eine ausdrückliche Nichtberührungsklausel hinsichtlich früher abgeschlossener bilateraler und multinationaler Verträge enthält. Aber zweifellos handelt es sich um eine qualifizierte Gewaltverzichtsklausel. Der "neue Geist

---

[1] Seiffert, W.: Selbstbestimmungsrecht und deutsche Wiedervereinigung, 1992, S. 159.

[2] BGBl. 1991 II, S. 702; in Kraft getreten am 5.7.1991 (Bek. vom 31.7.1991, in: BGBl. 1991 II, S. 921).

[3] Blumenwitz, D.: Der Vertrag vom 12.9.1990, in: Neue Juristische Wochenschrift, Nr. 48, 1990, S. 3.047.

der Beziehungen wird am besten deutlich," bemerkte damals K. Stern, "wenn man den Vertrag von 1990 mit dem von 1970 vergleicht: Statt Mißtrauen soll Vertrauen herrschen, statt Bestätigung eines auf Gewalt gestützten Status quo Orientierung auf gutnachbarliche Zusammenarbeit und Freundschaft."[4] Jens Hacker hebt in seiner jüngsten Arbeit hervor, daß der Vertrag in Art. 6 Bestimmungen enthält, die an den deutsch–französischen Vertrag erinnern, den Bundeskanzler Adenauer und Staatspräsident de Gaulle am 22. Januar 1963 unterzeichneten, und erwähnt hier insbesondere die vereinbarten regel-mäßigen Konsultationen auf höchster politischer Ebene, auf der Ebene der Außenminister und der Verteidigungsminister.[5]

Von besonderer Bedeutung ist auch Art. 15 des Partnerschaftsvertrages, in dem auf die jahrhundertelange gegenseitige Bereicherung der Kulturen beider Völker und die Bedeutung des kulturellen Austausches für die gegen-seitige Verständigung verwiesen und sowjetischen (russischen) Bürgern deut-scher Nationalität das Recht zugesichert wird, ihre nationale, sprachliche und kulturelle Identität zu entfalten. In engem Zusammenhang hiermit wurde am 23. April 1992 das "Protokoll über die Zusammenarbeit bei der stufenweisen Wiederherstellung der Staatlichkeit der Rußlanddeutschen" paraphiert. Auch wenn hier konkrete Regelungen zu den Volksgruppenrechten der Rußland–Deutschen fehlen, die nicht zu den "Wolga–Deutschen" gehören, bilden auch diese Regelungen eine rechtliche Basis für die Entfaltung der Identität, Or-ganisation und Staatlichkeit einer bedeutenden Gruppe von Rußland–Deut-schen.

Nimmt man hinzu, daß sich aus dem Partnerschaftsvertrag weitere Ver-träge auf einzelnen Gebieten ergeben, so insbesondere der in Erfüllung von Art. 8 geschlossene "Vertrag über die Entwicklung einer umfassenden Zu-sammenarbeit auf dem Gebiet der Wirtschaft, Industrie, Wissenschaft und Technik"[6], so kann die politische Bedeutung des "Partnerschaftsvertrages" kaum überschätzt werden.

Unter völkerrechtlichen Aspekten und ihren politischen Auswirkungen ist insbesondere hervorzuheben:

1. Der Vertrag ist der erste, der nach dem Abschluß des "Zwei–plus–Vier-Vertrages" mit dem wiedervereinigten souveränen Deutschland abge-schlossen wurde, wobei die Präambel des Partnerschaftsvertrages den ausdrücklichen Hinweis enthält, daß mit dem "Vertrag über die abschlie-

---

[4] Stern, K.: Das völkerrechtliche Vertragsgeflecht zur Wiedererlangung der deutschen Sou-veränität, in: Stern, K.; Schmidt–Bleibtreu, B.: Zwei–plus–Vier–Vertrag. Partnerschaftsverträ-ge, EG–Maßnahmenpaket mit Begründungen und Materialien, München 1991, S. 35.

[5] Hacker, J.: Integration und Verantwortung, Bonn 1995, S. 111.

[6] BGBl. 1991 II, S. 798; in Kraft getreten am 26.7.1991 (Bek. vom 5.12.1991, in: BGBl. 1991 II, S. 1.401).

ßende Regelung in bezug auf Deutschland" die äußeren Aspekte der Herstellung der deutschen Einheit geregelt werden.[7]

2. Der Partnerschaftsvertrag hat auf dem Wege der Rechtsnachfolge Gültigkeit für die Russische Föderation (RF) erlangt.[8] Anfängliche Zweifel und Unsicherheiten, ob nicht vielleicht nur die Russische Föderation als einziger Staat Rechtsnachfolger der UdSSR sei oder ob diese nicht überhaupt den Staat UdSSR "fortsetze",[9] sind inzwischen in Praxis und Lehre der RF der allgemeinen Erkenntnis gewichen, daß alle ehemaligen Unionsrepubliken (mit Ausnahme der baltischen Staaten) Rechtsnachfolger der UdSSR sind.[10]

3. In diesem Partnerschaftsvertrag bekräftigen beide Seiten die Überzeugung, daß die Achtung der Menschenrechte und Grundfreiheiten, das Selbstbestimmungsrecht der Völker und der Vorrang der allgemeinen Regeln des Völkerrechts und die gewissenhafte Einhaltung ihrer vertraglichen Verpflichtungen Grundlagen ihrer Beziehungen sind (Präambel, Art. 1).

Der "Partnerschaftsvertrag" ist also ein kostbares Gut, das es zu bewahren gilt.

II.

Allerdings stellt sich angesichts dieser günstigen Voraussetzung und der Laufzeit von 20 Jahren auch die Frage, wie es mit dem politischen Willen der Vertragspartner, hier insbesondere der RF, bestellt ist, den Vertrag auch entschlossen zu nutzen, um die hier vereinbarten Ziele zu verwirklichen. Hier wird man den Eindruck nicht los, daß es auf russischer Seite nicht nur an engagierten Germanisten in der politischen Führung, sondern vor allem an einem Konzept für die Entwicklung und Gestaltung des deutsch–russischen Verhältnisses fehlt.

---

[7] Diese bilaterale Bekräftigung bestätigt noch einmal, daß die inneren Angelegenheiten Deutschlands mit diesem Vier–Mächte–Vertrag nicht geregelt wurden.

[8] Vgl. hierzu: Bekanntmachung über die Fortsetzung der völkerrechtlichen Mitgliedschaften und Verträge der Union der Sozialistischen Sowjetrepubliken durch die Rußländische Föderation vom 14. August 1992, in: BGBl. 1992 II, S. 1.016.

[9] Vgl. Seiffert, W.: Die Stellung Rußlands und der anderen GUS–Staaten in den internationalen Organisationen, in: Meissner, B. (Hrsg.): Die Außenpolitik der GUS–Staaten und ihr Verhältnis zu Deutschland und Europa, Köln 1994, S. 72–74.

[10] Vgl. z. B.: Meždunarodnoe pravo, Moskau 1994, S. 98–103, vor allem S. 101 f.; auf das besondere Problem Österreichs kann hier nicht eingegangen werden, vgl. Süddeutsche Zeitung vom 3.3.1995, S. 2; sowie Tichy, H.: Two Recent Cases of State Succession. An Austrian Perspective, in: Austrian Journal of Public and International Law, Vol. 44, No. 2, 1993, S. 117–136.

Nun war es schon immer, vor allem in der Zeit vor Gorbatschow, falsch, von der Legende auszugehen, der Sowjetstaat sei ein buchstabengetreuer Erfüller seiner internationalen Verpflichtungen. Die Geschichte hat im Gegenteil gezeigt, daß von der UdSSR oftmals Verträge nur als eine Art Waffenstillstandsabkommen betrachtet wurden und auf vielfältige Weise versucht wurde, eine eigene Völkerrechtsordnung zu schaffen.[11] Zeitweilig folgte Mitte der achtziger Jahre eine Entwicklung, in der sich die UdSSR und die dortige Völkerrechtswissenschaft zur Einheit der Welt, zum universellen Völkerrecht und sogar zum "Primat des Völkerrechts" gegenüber dem innerstaatlichen Recht bekannte, was Uibopuu als "Kopernikanische Wende" im sowjetischen Völkerrecht bezeichnete.[12]

Gegenwärtig müssen wir leider auch bei den außenpolitischen Positionen der RF und auch in der Völkerrechtswissenschaft dieses Landes mit der Wiederkehr von Positionen rechnen, die mit dem erreichten Stand des gegenwärtigen Völkerrechts und der bilateralen Beziehungen nicht vereinbar sind. Wer zwischen "nahem" und "fernem" Ausland differenziert, verletzt das Prinzip der souveränen Gleichheit der Staaten. Wer die vermeintlichen oder auch tatsächlichen Interessen seiner Landsleute im anderen souveränen Staat mit Waffengewalt wahrzunehmen droht, verstößt gegen das Gewaltverbot. Wer anderen Völkern das Selbstbestimmungsrecht verweigert, verletzt eine allgemein anerkannte Norm des Völkerrechts. Wer internationale Verträge durch innerstaatliche Gesetze zu vereiteln sucht, bricht den internationalen Vertrag, ohne allerdings von seinen Verpflichtungen frei zu werden. Wer offen ankündigt, bestehende Abrüstungsvereinbarungen zu verletzen, sägt an den Grundlagen internationalen Rechts.

M. E. wird sich der Versuch, völkerrechtliche Institute zu mißbrauchen und zu mißdeuten, noch verstärken. Vieles bei Kosyrew und manchen Militärs klingt z. B. danach, sich in einer Weise auf die clausula rebus sic stantibus zu berufen, die bestimmte außenpolitische Positionen der letzten Zeit rechtfertigen sollen.

Dies zeigt sich wiederum auf dem Gebiet der Völkerrechtswissenschaft. Das jüngste Lehrbuch des Völkerrechts, dessen Herausgeber die Diplomatische Akademie des Außenministeriums ist[13] (verantw. Redakteure Kolossew und Kuzmazow), enthält zumeist ganz zutreffende Aussagen über Normen des geltenden Völkerrechts wie z. B. das Selbstbestimmungsrecht[14], die

---

[11] Dazu ausführlich Schweisfurth, Th.: Sozialistisches Völkerrecht. Darstellung — Analyse — Wertung der sowjetmarxistischen Theorie vom Völkerrecht "neuen Typs", Berlin, Heidelberg, New York 1979.

[12] Verešetin, V. S.; Mjulerson, R. A.: Primat meždunarodnogo prava v mirovoj politike, in: Sovetskoe gosudarstvo i pravo, N. 7, 1989, S. 3–11.

[13] Meždunarodnoe pravo, Moskau 1994.

[14] Ebd., S. 48 ff.

Rechtsnachfolge[15] oder die clausula rebus sic stantibus[16]. Dann aber beginnen bereits gewisse Modifikationen des Selbstbestimmungsrechts mit Blick auf die "Separatisten"[17] oder werden Theorien von der "Kontinuität Rußlands" vertreten, ohne den völkerrechtlichen Untergang der UdSSR zu berücksichtigen[18].

Wenn der Westen hier nicht entschlossen reagiert — dies ist nicht zuletzt eine Aufgabe der Völkerrechtswissenschaft —, wird sich dies sehr negativ auswirken. Dabei ist die skizzierte Entwicklung Teil einer Auseinandersetzung um die künftige außen- und innenpolitische Konzeption der Russischen Föderation, die keineswegs abgeschlossen ist.

---

[15] Ebd., S. 120 ff.

[16] Ebd., S. 138.

[17] Ebd., S. 50.

[18] Ebd., S. 157 ff.

DIE STELLUNG DER RUSSLANDDEUTSCHEN IN DER SOWJETISCH–RUSSISCHEN DEUTSCHLANDPOLITIK

Von Alfred Eisfeld

Vor 50 Jahren — im Oktober 1945 — waren 690.000 Rußlanddeutsche in Sibirien, Kasachstan und Mittelasien als Sondersiedler unter der Aufsicht der Sonderkommandanten des NKWD, rund 300.000 Rußlanddeutsche befanden sich in den Arbeitslagern.[1] Etwa 350.000 sogenannter "Schwarzmeerdeutscher" befanden sich in Deutschland und in angrenzenden Gebieten, die von den Alliierten besetzt wurden. Das besondere dieser letztgenannten Gruppe bestand darin, daß sie während der deutschen Besetzung der Ukraine durch die "Volksliste Ukraine" erfaßt, ab Ende 1943 in den Warthegau oder auf Reichsgebiet evakuiert und eingebürgert wurden. Die Rechtsgrundlage dafür bildete die Verordnung über die Verleihung der deutschen Staatsangehörigkeit an die in der Deutschen Volksliste der Ukraine eingetragenen Personen vom 19. März 1943.[2] Von diesem Kontingent wurden etwa 200.000 von der Roten Armee überrollt. Bis Ende 1945 wurden 150.000 von ihnen zum Teil unter Mitwirkung der Westalliierten in die Sowjetunion "repatriiert"[3] und der Aufsicht des NKWD unterstellt. Nach sowjetischer Auffassung handelte es sich bei diesen Personen um Sowjetbürger, die gegen ihren Willen, jedenfalls rechtswidrig von deutschen Behörden nach Deutschland gebracht wurden. Die Sowjetunion behandelte sie deshalb, soweit bekannt, wie die anderen Rußlanddeutschen.

Welche Rolle die Rußlanddeutschen in der sowjetischen Deutschlandpolitik in der Zeit zwischen 1946 bis Anfang 1955 spielten, ist bisher nicht bekannt. Auf jeden Fall wurde die Frage problematisiert, nachdem die Bundesrepublik Deutschland durch ein Gesetz vom 22. Februar 1955 die während des Krieges erfolgten Einbürgerungen anerkannte. Das ZK der KPdSU faßte

---

[1] Vgl. Eisfeld, Alfred; Herdt, Victor (Hrsg.): Deportation, Sondersiedlung, Arbeitsarmee. Deutsche in der Sowjetunion 1941 bis 1956, Köln 1996, S. 283, 293–295.

[2] RGBl. 1943 I, S. 321.

[3] Vgl. Schoenberg, H. W.: Germans from the East. A Study of their Migration, Resettlement and subsequent Group History since 1945, The Hague 1970, S. 19.

daraufhin am 12. März und am 29. Juni 1955 Beschlüsse "Über die Verstärkung der politischen Massenarbeit unter den Sondersiedlern".[4]

Auf diplomatischer Ebene änderte sich die Situation in Vorbereitung des Besuches von Bundeskanzler K. Adenauer in Moskau. Bis zu diesem Zeitpunkt hatten die UdSSR und die Bundesrepublik keine diplomatischen oder konsularischen Beziehungen. Bereits im Zuge der Vorbereitung der Verhandlungen haben beide Regierungen Noten gewechselt, wobei es in der Note der Bundesrepublik u. a. hieß: "Weiterhin gehört hierzu die Frage der Freilassung derjenigen Deutschen, die sich gegenwärtig noch im Gebiet oder Einflußbereich der Sowjetunion in Gewahrsam befinden oder sonst an der Ausreise aus diesem Bereich verhindert sind".[5] Die Sowjetregierung ist in ihrer Note vom 19. August 1955 nicht darauf eingegangen.[6] Bundeskanzler Adenauer griff dieses Thema deshalb am 2. September 1955 in einer öffentlichen Rede mit den Worten auf: "... die Frage der Freilassung der noch in Sowjetrußland oder im Machtbereich Sowjetrußlands zurückgehaltenen Deutschen. Das ist nicht in erster Linie eine politische Frage. Es ist eine Frage des Menschentums ...".[7]

Während der Verhandlungen in Moskau wurde klar, daß er damit nicht nur die Freilassung der Kriegsgefangenen meinte. Während des Staatsempfangs im Kreml hat Adenauer dem Ministerpräsidenten Bulganin erläutert, es gehe auch um die Freilassung von etwa 130.000 Deutschen, die an der Ausreise gehindert würden. Von ihnen seien in den letzten zwei Jahren (d. h. nach Stalins Tod) Briefe eingegangen.[8]

Bulganin zeigte sich überrascht; um die Verhandlungen vor dem Scheitern zu bewahren, fand er sich dazu bereit, sein Ehrenwort für die Freilassung der fraglichen Personen zu geben. Bulganin und Chruschtschow wiederholten die Zusage vor der gesamten deutschen Delegation. Die Existenz dieser 130.000 Zivilpersonen sollte jedoch nachgewiesen werden.

Im Verlauf des Jahres 1956 sprachen die deutsche und die sowjetische Seite das Problem der Repatriierung ihrer Staatsangehörigen wiederholt in Verbalnoten an.[9] Im Mai 1956 protestierte das Außenministerium gegen die Ausstellung eines deutschen Passes für einen 1914 in Rußland geborenen

---

[4] Eisfeld: a. a. O. (wie Anm. 1), Dok. 386 und 391.

[5] Antwortnote der Bundesregierung vom 12. August 1955 auf die sowjetische Note vom 3. August 1955, in: Meissner, Boris (Hrsg.): Moskau–Bonn. Die Beziehungen zwischen der SU und der BRD 1955–1973. Dokumentation, Köln 1975 (Reihe Dokumente zur Außenpolitik. Bd. 3/1), S. 78.

[6] Note der Sowjetregierung vom 19. August 1955, in: ebd., S. 79.

[7] Ebd., S. 80.

[8] Ebd., S. 115.

[9] Ebd., S. 164, 169–171, 173.

Deutschen. Die deutsche Seite reagierte am 23. August 1956 mit dem Verweis, daß während der Verhandlungen im September 1955 von sowjetischer Seite der Nachweis der deutschen Staatsangehörigkeit gefordert wurde. "Da hierbei keine Einschränkung gemacht worden ist, darf die Bundesregierung davon ausgehen, daß die gegebene Zusage alle Personen einschließt, die nach deutschem Recht die deutsche Staatsangehörigkeit besitzen und nach Deutschland auszureisen wünschen. Wer aber deutscher Staatsangehöriger ist, läßt sich nach den allgemeinen Grundsätzen des internationalen Rechts nur auf der Grundlage der deutschen Staatsangehörigkeit beurteilen."[10] Damit waren auch jene Rußlanddeutschen, die in den Kriegsjahren in Deutschland eingebürgert und 1945 in die SU zurückgeholt wurden, gemeint.

Zu Meinungsverschiedenheiten kam es auch bei der Frage, wie der von der Sowjetregierung geforderte Nachweis der deutschen Staatsangehörigkeit geführt werden sollte. Rußlanddeutsche wurden am Zugang zur Botschaft gehindert, und gegen die Einholung der für die Prüfung erforderlichen Angaben wurde ebenfalls protestiert.

Über die Frage der Rückführung von deutschen Staatsangehörigen aus der Sowjetunion kam es zu Beginn des Jahres 1957 zu einer heftigen Kontroverse. Bundeskanzler Adenauer mußte in einem Schreiben vom 27. Februar den sowjetischen Ministerpräsidenten Bulganin daran erinnern, daß dieser während der Verhandlungen im September 1955 nicht nur die Freilassung von deutschen Kriegsgefangenen, sondern auch die Rückführung von deutschen Staatsangehörigen, die sich gegen ihren Willen in der Sowjetunion befanden, zugesagt hatte. Über die Zahl dieser Personen konnte keine Übereinstimmung erzielt werden. Bei der Rückführung von Zivilpersonen habe die Verwaltung von Anfang an Schwierigkeiten bereitet, die, so Adenauer, immer größere Ausmaße annahmen, was schließlich auf eine Nichterfüllung der gegebenen Zusagen hinauslief.[11]

Drei Tage später schlug die deutsche Botschaft in einer Verbalnote dem sowjetischen Außenministerium Verhandlungen über Fragen der deutsch–sowjetischen Beziehungen vor. Namentlich wurden Handelsbeziehungen und "... die Durchführung der vom Leiter der sowjetischen Delegation bei den deutsch–sowjetischen Regierungsverhandlungen im September 1955 zugesagten Repatriierung der deutschen Staatsangehörigen ..." sowie Konsularbeziehungen genannt.[12]

---

[10] Note der Botschaft der Bundesrepublik Deutschland an das Außenministerium der UdSSR vom 23. August 1956 betreffend die Repatriierung deutscher Staatsangehöriger, in: ebd., S. 156.

[11] Antwortschreiben von Bundeskanzler Dr. Adenauer vom 27. Februar 1957 auf den Bulganin–Brief vom 5. Februar 1957, in: ebd., S. 239, 240.

[12] Verbalnote der Botschaft der Bundesrepublik Deutschland an das Außenministerium der UdSSR vom 16. April 1957, in: ebd., S. 245.

Zugleich bemühte sich das Deutsche Rote Kreuz nach den Verhandlungen von 1955 um die Herstellung von Kontakten zwischen Familienangehörigen, die infolge des Krieges in verschiedenen Ländern lebten. Dabei arbeitete es mit dem Roten Kreuz der Sowjetunion zusammen. Vom 20. Februar bis 1. März 1957 verhandelte der Präsident des DRK, Waitz, in Moskau über Fragen der Familienzusammenführung und der Vermißten. Nach diesen Verhandlungen wurde es möglich, nicht nur Briefe, sondern auch Pakete von Angehörigen aus der Bundesrepublik zu bekommen.

Über die Frage, wer denn nun für die Familienzusammenführung in Frage kommt, kam es zu keiner zufriedenstellenden Regelung. Auch wurden Empfänger von Paketen durch gezielte Maßnahmen am Empfang dieser Pakete gehindert, bzw. in öffentlichen Veranstaltungen veranlaßt, die Entgegennahme von Paketen abzulehnen. Damit sollte dokumentiert werden, daß die Empfänger sich nicht zu dem Personenkreis zählten, die auf Hilfssendungen angewiesen oder an der Aufrechterhaltung von Verbindungen zu Familienangehörigen in der Bundesrepublik interessiert seien. Dieses Bestreben kam auch in der Antwortnote des sowjetischen Außenministeriums vom 23. Mai 1957 zum Ausdruck, daß die "Repatriierung der seinerzeit in der Sowjetunion verurteilten deutschen Bürger, von der bei den Verhandlungen mit der Regierungsdelegation der deutschen Bundesrepublik im September 1955 die Rede war, völlig abgeschlossen sei, was nicht ausschließe, daß sich wenige praktische Fragen bei der Durchführung der Maßnahmen zur Repatriierung einzelner deutscher Staatsangehöriger aus der Sowjetunion ergeben könnten ...". Im Gegenzug wurde die Frage der Rückführung von Sowjetbürgern aufgeworfen, die sich zu diesem Zeitpunkt noch in der Bundesrepublik Deutschland befanden.[13] Die deutsche Botschaft hat am 8. Juni 1957 dieser Auffassung massiv widersprochen und daran erinnert, die Zusage Bulganins "erstreckte sich vielmehr auf die Rückführung aller in der Sowjetunion befindlichen deutschen Staatsangehörigen, die aufgrund deutscher Suchlisten aufgefunden werden können. Die von der Bundesregierung bisher getroffenen Feststellungen sowie die ihr vorliegenden Rückführungsanträge ergeben, daß es sich hierbei nicht um einzelne Personen, sondern um viele Tausende von Menschen handelt. Es sollte daher Aufgabe der Regierungsdelegation sein, ein Abkommen über die Repatriierungsfrage auszuhandeln."

Das sowjetische Außenministerium beharrte jedoch weiterhin darauf, daß die Frage der Repatriierung deutscher Bürger aus der UdSSR mit der Freilassung der Kriegsgefangenen abgeschlossen sei. Die Prüfung der von der deutschen Botschaft vorgelegten Listen von deutschen Staatsangehörigen habe ergeben, daß es sich dabei überwiegend um sowjetische Staatsbürger han-

---

[13] Antwortnote des Außenministeriums der UdSSR vom 23. Mai 1957 auf die Verbalnote der deutschen Botschaft Moskau vom 16. April 1957, in: ebd., S. 270.

dele.[14] Diese Verhärtung der sowjetischen Position machte deutlich, daß sich die bevorstehenden Verhandlungen sehr schwierig gestalten würden. In der Tat dauerten die Verhandlungen mit Unterbrechungen vom 23. Juli 1957 bis April 1958. Die deutsche Delegation unter der Leitung des Sonderbotschafters Rolf Lahr verstand unter "deutschen Staatsangehörigen" neben den vermuteten 20.000 "Altreichsdeutschen" einschließlich der Ostpreußen und Memelländer auch jene Volksdeutsche, die aufgrund der deutsch–sowjetischen Verträge nach Deutschland gelangt waren (Vertragsumsiedler) und auch etwa 170.000 Rußlanddeutsche, die während des Krieges eingebürgert wurden und sich zum Zeitpunkt der Verhandlungen in der Sowjetunion befanden. Die deutsche Staatsangehörigkeit dieser "Administrativsiedler" wurde von sowjetischer Seite nicht anerkannt. Der zum Außenminister ernannte Andrej Gromyko nannte die Frage der Repatriierung von deutschen Staatsangehörigen ein "erdachtes Problem", das künstlich in den Vordergrund gerückt und zu einem zentralen Thema der Verhandlungen gemacht werde. Nach Auffassung der Sowjetregierung sei die Repatriierung bereits abgeschlossen und es gebe in der Sowjetunion keine deutschen Bürger. Das ganze Problem sei künstlich geschaffen.[15]

Nach der Veröffentlichung dieser Erklärung des sowjetischen Außenministers führte Botschafter Haas in der Moskauer Botschaft eine Pressekonferenz durch. Die Frankfurter Allgemeine Zeitung berichtete darüber am 3. August: "Botschafter Haas hat am Donnerstag westdeutschen Journalisten eine Kartei mit den Namen von rund 80.000 Deutschen gezeigt, die den Wunsch zur Rückkehr nach Deutschland ausgesprochen haben. Diese Kartei, die sich im Keller des deutschen Botschaftsgebäudes befindet, wurde gezeigt, nachdem der sowjetische Außenminister am Vortag behauptet hatte, in der Sowjetunion gäbe es keine deutschen Staatsbürger mehr, die repatriiert werden wollten. ... Haas sagte: 'Ich glaube wohl, daß in den Augen der Sowjetregierung das Problem der Repatriierung nicht mehr besteht, aber es existiert in den Herzen Zehntausender Deutscher, die bei unserer Regierung um Repatriierung nachgesucht haben, weil sie sich als deutsche Staatsbürger betrachten.' Insgesamt hätten sich bei der deutschen Botschaft zu diesem Zeitpunkt bereits mehr als 100.000 Ausreisewillige aus verschiedenen Regionen der Sowjetunion gemeldet."

Botschafter Haas wurde wegen dieser Pressekonferenz in den sowjetischen Medien scharf angegriffen, doch am 16. August bekamen die ersten 1.000 Repatriierungswilligen die Genehmigung zur Ausreise.

---

[14] Antwortnote des Außenministeriums der UdSSR vom 6. Juli 1957 auf die Note der deutschen Botschaft in Moskau vom 8. Juni 1957, in: ebd., S. 280.

[15] Ebd., S. 285, 286.

Eine Einigung darüber, wer von den Rußlanddeutschen als deutscher Staatsangehöriger gelten konnte, war nicht erreicht worden. Vielmehr lehnte der stellvertretende Außenminister Semenov eine Erörterung dieser Frage mit dem Hinweis ab, es handele sich dabei um eine innere Angelegenheit der Sowjetunion. Das sowjetische Rote Kreuz hatte seit März 1957 die Aufgabe bekommen, "Die Anträge auf Repatriierung der deutschen Staatsangehörigen, die infolge des Zweiten Weltkrieges auf dem Territorium der UdSSR leben, gemäß den in der Sowjetunion geltenden Gesetzen (zu) prüfen und (zu) unterstützen". Zum Abschluß der langwierigen Verhandlungen konnte lediglich Übereinstimmung darüber erreicht werden, daß beide Seiten sich zum Prinzip der Zusammenführung von infolge des letzten Krieges getrennter Familien bekannten, wobei man überein kam, daß jede der beiden Seiten auf der Grundlage ihrer Gesetzgebung verfahren werde.[16]

Das Auswärtige Amt stellte am 26. April 1958, einen Tag nach Abschluß der deutsch–sowjetischen Abkommen, in einer Stellungnahme noch einmal klar, um welche Personengruppen es sich bei der Repatriierungsvereinbarung handelte. Es waren:

1. die Memelländer, d. h. die Bewohner des Memellandes, die sich heute noch dort aufhalten oder von dort stammen;

2. die sog. Vertragsumsiedler, d. h., die Personen, die aufgrund der Umsiedlungsverträge von 1939 bis 1941 aus den baltischen Staaten, Wolhynien, Bessarabien und anderen nach Deutschland umgesiedelt waren;

3. die Ostpreußen, die sich heute noch in dem von der Sowjetunion verwalteten Teil Ostpreußens befinden oder von dort stammen;

4. alle übrigen Reichsdeutschen, die sich heute noch in der Sowjetunion oder in einem von der Sowjetunion verwalteten Gebiet aufhalten.[17]

Für alle vier genannten Gruppen war kennzeichnend, daß sie die deutsche Staatsangehörigkeit am 21. Juni 1941, d. h. vor Beginn des deutsch–sowjetischen Krieges, besaßen. Für die Rußlanddeutschen blieb nur der Passus über die Zusammenführung von durch den Krieg getrennten Familien. Diese Bestimmung war bereits in einer entsprechenden Resolution der Rot–Kreuz–Konferenz des Jahres 1952 in Toronto enthalten. Rolf Lahr teilte in einem privaten Brief aus Moskau über die Rußlanddeutschen u. a. mit: "Um die unverdientermaßen geringschätzig genannten 'Beutedeutschen' tut es mir leid; ich habe gesehen, wieviele der unglücklichen Wolga– und sonstigen Rußlanddeutschen, meist prächtige Menschen, nach mehrtägigen Reisen unter großen Opfern nach Moskau gekommen sind, um die Botschaft, deren Be-

---

[16] Gemeinsames deutsch–sowjetisches Schlußkommuniqué über die Verhandlungen zwischen der Sowjetunion und der Bundesrepublik Deutschland v. 8. April 1958, in: ebd., S. 370.

[17] Meissner (Hrsg.): Moskau–Bonn, a. a. O. (wie Anm. 5), S. 407–408.

treten für sie eine gefährliche Sache ist, anzuflehen, sie nicht zu vergessen. Diese im Stich zu lassen, ist bitter, obwohl für sie von Anfang an kaum Hoffnung bestand."[18]

Die sowjetische Seite hatte vor, die Repatriierung der genannten Personengruppen bis Ende 1959 abzuschließen. Bei den Rußlanddeutschen gab es dagegen keine Regelung, die eine zeitliche Befristung ermöglicht hätte. Vielmehr konnten sowjetische Behörden jeden einzelnen Antrag nach Belieben ablehnen oder dessen Bearbeitung verzögern. Zu ständigen Auseinandersetzungen kam es immer wieder in Fragen des Nachweises der deutschen Staatsangehörigkeit. Seit der Regierungserklärung über die Repatriierung vom April 1958 verlangten die sowjetischen Behörden zum Nachweis der deutschen Staatsangehörigkeit die Vorlage deutscher Originalurkunden. Diese wurden jedoch während der Rückführung aus Deutschland oder dem Warthegau in den Filtrationslagern eingezogen. Sie waren zwar für sowjetische Behörden, doch nicht für die Antragsteller selbst zugänglich. Antragsteller mußten sich daher Unterlagen von ihren Verwandten aus der Bundesrepublik Deutschland besorgen.[19]

So schwierig die Verhandlungen auch waren und so unzufriedenstellend das dabei erzielte Ergebnis auch gewesen sein mag, die Zahl der Aussiedler stieg 1958 auf 4.122 und im Jahre 1959 auf 5.563 Personen. Im Jahre 1960 ging sie jedoch schon auf 3.272 und im Jahre 1961 auf nur 345 zurück. Seit dem Frühjahr 1960 vertrat die sowjetische Regierung die Auffassung, daß die Repatriierungsvereinbarung erfüllt und ihre Frist abgelaufen sei. Nach Auffassung der deutschen Regierung waren zu diesem Zeitpunkt aber erst etwa 60 % der in der Sowjetunion lebenden deutschen Staatsangehörigen in die Bundesrepublik zurückgekehrt. Bundeskanzler Adenauer teilte deshalb am 15. Oktober 1960 Chruschtschow mit, er könne die sowjetische Auffassung, wonach die im April 1958 getroffene Repatriierungsvereinbarung bis zum 31. Dezember 1959 befristet gewesen sei, nicht teilen.[20] Chruschtschow antwortete darauf im Februar 1961, daß "die sowjetische Regierung nach wie vor nicht die Absicht habe, Personen deutscher Volkszugehörigkeit, die früher die deutsche Staatsangehörigkeit besessen haben und in die Bundesrepublik auszureisen wünschen, in der Sowjetunion zurückzuhalten." Daran anknüpfend bot die Bundesrepublik Deutschland in den Jahren 1961/62 mehrfach die Aufnahme erneuter Besprechungen über die Modalitäten und das Aus-

---

[18] Lahr, Rolf: Zeuge von Fall und Aufstieg. Private Briefe 1934–1974, Hamburg 1981, S. 290.

[19] Zum Beispiel die Verleihungsurkunde und Medaille an Hoppe v. 2. April 1960, Meissner (Hrsg.): a. a. O. (wie Anm. 5), S. 634.

[20] Ebd., S. 950.

maß der Repatriierung an. Diese Angebote wurden nochmals mit einer Note der Bundesregierung vom 20. Mai 1963 zusammengefaßt.[21]

Es ist nicht zu verkennen, daß seit dem Herbst 1955, d. h. seit den Verhandlungen von Bundeskanzler Adenauer in Moskau, für die Rußlanddeutschen eine Reihe von Erleichterungen in Kraft trat. So konnten sie aufgrund des Dekrets des Präsidiums des Obersten Sowjets der UdSSR vom 13. Dezember 1955 "O snjatii ograničenij v pravovom položenii s nemcev i členov ich semej, nachodjaščichsja na specposelenii"[22] die Sondersiedlungen verlassen und ihren Wohnort in einen anderen Teil der Sowjetunion, mit Ausnahme ihres Wohnorts der Vorkriegszeit, verlegen. Auch wurden in der Rußländischen Föderation, in Kasachstan, in Usbekistan und in Tadschikistan eine Reihe von Maßnahmen zur Verbesserung des Deutschunterrichts unternommen. Ab 1955 erschien in der Altai–Region und ab 1957 in Moskau je eine deutschsprachige Zeitung. So unzureichend diese Maßnahmen auch insgesamt waren, für die deutsche Bevölkerung der Sowjetunion bedeuteten sie eine spürbare Verbesserung ihrer Lage. Auch gab es Ende der fünfziger Jahre einige Signale, die auf eine politische Integration hinausliefen. So wurde etwa Peter Rau 1958 zum Deputierten des Obersten Sowjets Kasachstans gewählt.[23]

Die ablehnende Haltung der sowjetischen Regierung in Fragen der Repatriierung der Rußlanddeutschen, die im Besitz der deutschen Staatsangehörigkeit waren, zu Beginn der sechziger Jahre war aus der Sicht der Sowjetregierung verständlich. Dem standen jedoch sowohl die deutsche Rechtsauffassung als auch der Willen der Betroffenen, nach Deutschland auszureisen, entgegen. Die mündliche Zusage Bulganins vom September 1955 lieferte somit wegen der erforderlichen Präzisierung die Grundlage für jahrelange Auseinandersetzungen. Wiederholte Interventionen der deutschen Botschaft Moskau und des Bundeskanzlers waren vom deutschen Standpunkt aus ebenfalls berechtigt, zumal sie sich nicht nur auf deutsche Gesetze, sondern auch auf die Resolutionen der Rot–Kreuz–Konferenz des Jahres 1952 in Toronto beriefen und sich vor allem auf den realen Ausreisewunsch von über 100.000 Personen stützten.

Beide Seiten, sowohl die sowjetische als auch die deutsche, hatten ein enormes Interesse, nach den Konflikten um die Kuba–Krise und den Mauerbau die bilateralen Beziehungen zu verbessern. Im Jahre 1964 wurde ein Besuch Chruschtschows in der Bundesrepublik vorbereitet. Im Zuge der Vorverhandlungen wurde auch das bekannte Dekret über eine Teilrehabilitie-

---

[21] Ebd., S. 949–951.

[22] Auman, V. A.; Čebotareva, V. G. (Sost.): Istorija rossijskich nemcev v dokumentach (1763–1963 gg.), Moskva 1993, S. 177.

[23] Eisfeld, Alfred: Die Rußlanddeutschen, München 1992, S. 193 ff.

rung vom 29. August 1964[24] verabschiedet. Möglicherweise sollte dieses Dekret in den angestrebten deutsch–sowjetischen Verhandlungen als Antwort auf zu erwartende Anfragen und Einwände bezüglich der Behandlung der deutschen Bevölkerung in der UdSSR eine Rolle spielen. Zu der Spitzenbegegnung kam es jedoch nicht, da Chruschtschow am 14. Oktober seines Amtes enthoben wurde. Zu Verhandlungen kam es in den sechziger Jahren nicht mehr.

Zahlreiche Vertreter der Bildungsschicht der Rußlanddeutschen nahmen jedoch das Dekret vom 29. August 1964 zum Anlaß für ihre an die Partei- und Staatsführung gerichteten Forderungen nach politischer Rehabilitierung und Wiederherstellung der Autonomen Republik der Wolgadeutschen. In den Jahren 1965 und 1967 fuhren insgesamt drei Delegationen nach Moskau. Ihr Ziel haben sie jedoch nicht erreicht. Die politische Diskussion auf internationaler Ebene wurde in den sechziger Jahren ganz wesentlich von der Verabschiedung des internationalen Pakts über bürgerliche und politische Rechte bestimmt, in dem das Recht auf freie Ausreise und Minderheitenschutz garantiert wurde. Die UdSSR hatte diesen Pakt unterschrieben, aber erst Anfang 1973 ratifiziert. Der Pakt als solcher bildete jedoch eine neue Grundlage für die Forderungen nach dem Recht auf Ausreise in die Bundesrepublik Deutschland.

Der Moskauer Vertrag (1970) beinhaltete keine Regelungen, die Rußlanddeutsche direkt betrafen. Der deutsche Botschafter in Moskau vermerkte dazu in seinen Memoiren: "Die Frage der Zusammenführung der durch die Kriegswirren getrennten Familien — immerhin ein Problem, das mehr als 40.000 in der Sowjetunion lebende Deutsche betrifft, ist während der Verhandlungen nur am Rande erörtert und dementsprechend auch nicht geregelt worden."[25] Nur ein einziges Mal, im Herbst 1972, als die Bundestagswahlen vor der Tür standen, ließ die Sowjetregierung für etwa zwei Wochen die Zahl der Aussiedler ansteigen.[26]

Anders haben die Ausreisewilligen den Vertrag und dessen Auswirkungen auf die über das Rote Kreuz durchgeführte Familienzusammenführung eingeschätzt. Während in den sechziger Jahren zwischen 209 und 1.245 Personen jährlich die UdSSR verlassen durften, waren es 1970: 342, 1971: 1.145, 1972: 3.420, 1973: 4.493 und 1974: 6.541 Personen. 1974 wurde bereits ca. 500 Rußlanddeutschen monatlich die Ausreise genehmigt, und man konnte mit

---

[24] O vnesenii izmenenij v Ukaz Prezidiuma Verchovnogo Soveta SSSR ot 28 avgusta 1941 goda "O pereselenii nemcev, proživajuščich v rajonach Povolž'ja", in: Auman; Čebotareva (Sost.): Istorija, a. a. O. (wie Anm. 22), S. 178–179.

[25] Allardt, Helmut: Moskauer Tagebuch. Beobachtungen, Notizen, Erlebnisse, Frankfurt 1980, S. 361.

[26] Mitteilung vom 6. November 1972 über Ausreisegenehmigungen für Deutsche aus der Sowjetunion, in: Meissner (Hrsg.), a. a. O. (wie Anm. 5), Bd. 3/2, S. 1.570.

etwa 6.000 Personen bis zum Jahresende rechnen. Die Zahl der Ausreisewilligen wuchs immer schneller. Verändert hatte sich auch ihr Verhalten. Jetzt waren es nicht nur Briefe an die Botschaft, sondern offene Briefe an Bundeskanzler Schmidt, den UNO–Generalsekretär und an die sowjetische Führung. Neu war, daß die Ausreisewilligen kollektiv vorgingen: 1972/73 wurden Unterschriften von Ausreisewilligen in Estland, Lettland, Kasachstan, Kirgisien und der Rußländischen Föderation gesammelt; ein Sitzstreik vor dem Zentralen Telegraphenamt in Moskau und eine Demonstration vor dem ZK–Gebäude der KPdSU am 11. Februar 1974 sorgten für internationales Aufsehen. Im September 1974 wurde ein Brief bekannt, der von 3.500 Familienvorständen aus Kasachstan unterschrieben war.[27] Auf die Ablehnung der Ausreiseanträge wurde mit der Abgabe der Pässe an die Milizbehörden[28], Demonstrationen vor der Deutschen Botschaft und Hungerstreiks reagiert.[29] Auf diese Aktionen wurde in den Medien im Westen und in Gesprächen mit Repräsentanten der UdSSR hingewiesen. Ausländische Nachrichtensender verbreiteten die Informationen über die rußlanddeutschen Aktivitäten im Sendegebiet der UdSSR.

In den siebziger und achtziger Jahren sah die Führung der Sowjetunion die Position des Landes außenpolitisch als gefestigt an. Der Moskauer Vertrag vom August 1970 und die Unterzeichnung der KSZE–Schlußakte von Helsinki wurden als Anerkennung der Grenzen in Ostmitteleuropa angesehen. Der Korb 3 der Schlußakte wurde als Preis dafür hingenommen. Ob man jedoch die für eine autoritäre Gesellschaft darin liegende Sprengkraft erkannte, darf bezweifelt werden.

Zusätzlichen Auftrieb erhielt die innenpolitische Diskussion um Bürger– und Menschenrechte durch die Auseinandersetzungen um die neue sowjetische Verfassung mit der darin postulierten Gleichheit aller Völker der Sowjetunion und dem Bestreben der Partei– und Staatsführung, ein "Sowjetvolk" zu schaffen. Dieser angestrebten Einebnung von kulturellen, ethnischen, religiösen und politischen Unterschieden zwischen einzelnen Völkern stand das durch die KSZE–Schlußakte anerkannte Recht auf Informations– und Meinungsaustausch sowie auf Religionsfreiheit entgegen. Im Unterschied zu den sechziger Jahren konnten gesellschaftliche Organisationen oder Drittstaaten unter Berufung auf die KSZE–Schlußakte die Einhaltung der darin verbrieften Rechte einfordern, ohne daß der Vorwurf der Sowjetunion, es handle sich um die Einmischung in innere Angelegenheiten, im Westen und bei den eigenen Bürgern großen Eindruck hinterließ.

---

[27] Gruß, Otto, in: Der Spiegel, Nr. 38, 1974, S. 98.

[28] 583 Deutsche in Kasachstan wenden sich an die Bundesregierung um Hilfe, in: Deutsche Tagespost vom 19. Mai 1976; Verzweifelter Hilferuf von 583 Deutschen aus der Sowjetunion, in: Die Welt vom 19. Mai 1976.

[29] Volksdeutsche Sowjetbürger hungern weiter, in: Süddeutsche Zeitung vom 5. April 1974.

Die von der KPdSU beanspruchte und im Inneren der Sowjetunion durchgesetzte führende Rolle der Partei fand ihren Niederschlag unter anderem darin, daß auf dem Felde der Nationalitätenpolitik Impulse von der Partei ausgingen und von anderen staatlichen und nichtstaatlichen Stellen umgesetzt wurden. Einen guten Einblick in die Nationalitätenpolitik kann man bei der Lektüre der bislang veröffentlichten Dokumente der für Nationalitätenbeziehungen zuständigen Abteilung des ZK der KPdSU über die Behandlung der deutschen Bevölkerung des Landes bekommen.[30] In diesem Dokumentenband sind vor allem Entwicklungen in Kasachstan dokumentiert. Das liegt aber wohl daran, daß einer der Herausgeber dieser Dokumentation früher in der entsprechenden Abteilung des ZK der KP Kasachstans arbeitete und rechtzeitig entsprechende Unterlagen in seinen Besitz gebracht hat. Diese Dokumentenauswahl ist nicht vollständig, doch gibt sie am Beispiel Kasachstans einen guten Einblick in die Nationalitätenpolitik der Kommunistischen Partei.

So faßte das Büro des ZK der Kommunistischen Partei Kasachstans als Reaktion auf die wachsende Unruhe unter der deutschen Bevölkerung am 16. April 1974 einen Beschluß "über die Verstärkung der ideologischen Erziehungsarbeit unter den Bürgern deutscher Volkszugehörigkeit". Dieser Beschluß sah eine Vielzahl von Maßnahmen vor, die geeignet sein sollten, die Lage der deutschen Bevölkerung zu verbessern bzw. diese zufriedenzustellen. Zu den Maßnahmen gehörte auch die Herstellung eines Dokumentarfilms, "der die Zersetzungsarbeit ausländischer antisowjetischer ideologischer Zentren und Organisationen, welche die Emigrationsstimmung unter den Bürgern deutscher Volkszugehörigkeit schüren, entlarvt".[31] Wenige Wochen später — am 26. Juni 1974 — verabschiedete das ZK der KPdSU einen Beschluß "Über weitere Verstärkung der Erziehungsarbeit unter den Bürgern deutscher Volkszugehörigkeit".[32] Diese beiden Beschlüsse bildeten mehrere Jahre die Grundlage für die Nationalitätenpolitik gegenüber den Rußlanddeutschen. Allein in den Jahren 1974 bis 1977 haben in Kasachstan Gebietsparteikomitees 62mal, Stadtparteikomitees 57mal und Kreisparteikomitees 328mal Sitzungen zu den angesprochenen Fragen abgehalten. Zur gleichen Zeit waren die Ausreisewilligen einem permanent wachsender Druck ausgeliefert. In allen Gebieten und größeren Städten wurden gesellschaftliche Kommissionen gebildet, welche sich — auch mit Hilfe linientreuer Rußlanddeutscher — der Ausreisewilligen individuell anzunehmen hatten. Besonderen Wert legte man dabei auch auf eine aktive Mitwirkung patriotisch gestimmter Kirchenvertreter.[33]

---

[30] Auman; Čebotareva (Sost.): Istorija rossijskich nemcev, a. a. O. (wie Anm. 22).

[31] Ebd., S. 182.

[32] Ebd., S. 183–185.

[33] Ebd., S. 188.

Ein weiterer Punkt betraf die Anschaffung von deutschsprachigen Publikationen für die öffentlichen Bibliotheken und Kultureinrichtungen. Da zu dieser Zeit in der Sowjetunion nur einige deutschsprachige Publikationen in geringer Auflage erschienen, wurde die DDR zur Bezugsquelle. Ende der siebziger und bis zum Ende der Existenz der DDR haben Reisende in Kasachstan in entlegensten Dörfern deutschsprachige schöngeistige Literatur und Wörterbücher sehen und kaufen können. Zeitungen und Zeitschriften aus der DDR konnten abonniert werden. Ab 1978 baute der Ostberliner Verlag "Junge Welt" seine Zusammenarbeit mit der in Kasachstan erscheinenden Tageszeitung "Freundschaft" und einem Verlag für Jugendliteratur aus.[34]

Die Führung der KPdSU muß aber bereits im Sommer 1976 zur Überzeugung gekommen sein, daß die bis dahin in Angriff genommenen Maßnahmen für die Beruhigung der deutschen Bevölkerung des Landes nicht ausreichend sein würden. Am 6. August 1976 wurde eine Gruppe von Mitarbeitern des ZK der KPdSU mit der Ausarbeitung von Vorschlägen für die Schaffung einer Autonomie für die deutsche Bevölkerung beauftragt. Diese Arbeitsgruppe, der unter anderem der spätere Generalsekretär der KPdSU, Jurij Andropow, angehörte, hat im August 1978 die Schaffung eines deutschen autonomen Gebiets in Kasachstan mit dem Zentrum Jermentau empfohlen. Die Wiederherstellung einer autonomen Republik in der Wolgaregion hielten sie dagegen für nicht zweckmäßig.[35] Auf der Grundlage dieser Vorarbeiten faßte das Politbüro des ZK der KPdSU am 31. Mai 1979 einen Beschluß "Ob obrazovannii Nemeckoj avtonomnoj oblasti"[36] und beauftragte das ZK der KP Kasachstans mit der Umsetzung. Nach Bekanntwerden des Vorhabens kam es am 16. und 19. Juni in der Gebietsstadt Zelinograd zu Straßendemonstrationen vor allem kasachischer Jugendlicher gegen eine deutsche Autonomie.[37]

Für die weitere Entwicklung war die Verschlechterung der weltpolitischen Lage infolge des sowjetischen Einmarsches in Afghanistan und der Stationierung von SS–20–Raketen von entscheidender Bedeutung. Bundeskanzler Helmut Schmidt konnte angesichts dieser Probleme während seines Besuchs in Moskau im Juni 1980 dem Thema Familienzusammenführung nur folgende Passage widmen: "Es gibt zwischen unseren Staaten ein Problem, das immer noch zu großem menschlichem Leid führt: Ich spreche von dem Schick-

---

[34] Lindemann, Hans: Die DDR und die Rußlanddeutschen, in: Deutschland Archiv Nr. 7, 1989, S. 793.

[35] Zapiska gruppy otvetstvennych rabotnikov ZK KPSS "Ob obrazovanii Nemeckoj avtonomoj oblasti", in: Auman; Čebotareva (wie Anm. 22), S. 190–192.

[36] Ebd., S. 195.

[37] O negativnych projavlenijach, imevšich mesto v Zelinogradskoj oblasti, in: Auman; Čebotareva: Istorija, a. a. O. (wie Anm. 22), S. 196–197.

sal getrennter Familien. Ich appelliere an Sie, Herr Generalsekretär, bei der Familienzusammenführung eine ähnlich günstige Entwicklung (wie bei dem deutsch–sowjetischen Handel) zu ermöglichen. Das ist eine Sache nicht so sehr des Verstandes, als vielmehr des Herzens."[38]

Dieser Appell blieb in Moskau ungehört. Der Druck auf die Ausreisewilligen verstärkte sich weiter und führte zu einem Rückgang von Ausreiseanträgen. Während in Kasachstan im Jahre 1981 noch 11.378 Personen die Ausreise beantragten, ging deren Zahl im Jahre 1982 auf 7.772, 1984 auf 2.656 und in der ersten Jahreshälfte 1985 auf 542 Personen zurück.[39] Eine Bestandsaufnahme des für Kasachstan zuständigen Sektors im ZK der KPdSU aus dem Jahre 1985 zeigt, daß auch das Engagement von Rußlanddeutschen in der Partei und in anderen Organisationen zurückgegangen war. Einerseits stieg die Zahl der deutschen Mitglieder der KPdSU in Kasachstan im Vergleich zu 1974 von 17.500 auf 28.500. Aber mit 3,6 % der Gesamtzahl der Parteimitglieder waren die Rußlanddeutschen jedoch gegenüber den anderen Nationalitäten stark unterrepräsentiert. Zurückgegangen war auch die absolute Zahl und der Anteil der deutschen Amtsinhaber in Parteiorganen und in der Verwaltung auf Gebiets– und Kreisebene.

Im ZK der KPdSU und dem ZK der KP Kasachstans hat man zu dieser Zeit wohl begriffen, daß mit den eigenen unzureichenden Mitteln die Rußlanddeutschen von der Ausreise in die Bundesrepublik Deutschland nicht abzuhalten und für den Verbleib im Lande zu interessieren waren. Auf internationaler Ebene spielte sicherlich eine Rolle, daß die Parlamentarische Versammlung des Europarats am 29. September 1983 Empfehlungen betreffs der Lage der deutschen Minderheit in der Sowjetunion verabschiedet hatte. Für die sowjetisch–deutschen Beziehungen wurde der Rückgang der Aussiedlerzahl auf 460 Personen im Jahr 1985 zu einem manifesten Problem. So drängten der Bundesaußenminister am 10. Januar und der Bundespräsident am 13. Januar 1986 gegenüber Botschafter Semenov auf eine wohlwollende Behandlung bei Familienzusammenführungen. Im Bundestag hat sich vor allem der CDU–Abgeordnete Dr. Hupka durch wiederholte Anfragen, das Schicksal der Rußlanddeutschen betreffend, hervorgetan. Für Ausreisewillige setzten sich aber nicht nur Abgeordnete der Koalition, sondern auch Willy Brandt, Johannes Rau, Oskar Lafontaine und andere sozialdemokratische Spitzenpolitiker ein.[40]

Völlig neue Überlegungen wurden im Herbst 1984 in die politische Auseinandersetzung eingebracht. In einem Antrag der Fraktionen von CDU/

---

[38] Appell Schmidts an Breshnew, in: Süddeutsche Zeitung vom 1. Juli 1980, S. 2.

[39] Auman; Čebotareva: Istorija, a. a. O. (wie Anm. 22), S. 204.

[40] SPD: Moskau billigt 109 Fälle von Familienzusammenführung, in: Süddeutsche Zeitung vom 31. Oktober 1986.

CSU und FDP vom 10. Oktober 1984 hieß es: "Es ist jedoch keineswegs das Ziel dieses Antrages, die Probleme der Volksgruppe der Deutschen in der UdSSR ausschließlich durch Übersiedlung in die Bundesrepublik Deutschland zu lösen. Deshalb steht an der Spitze der Forderungen, die der Deutsche Bundestag erheben soll, die Verwirklichung der individuellen Menschenrechte der Deutschen in der Sowjetunion und ihrer Nichtdiskriminierung. ... Für besonders wichtig halten es die Antragsteller auch, daß die Volksgruppe der Deutschen in der UdSSR voll in den deutsch–sowjetischen Kultur– und Wissenschaftsaustausch einbezogen wird, und daß die menschlichen Kontakte auch durch Einbeziehung der Siedlungsgebiete dieser Deutschen in Besuchsreise–Programme aus der Bundesrepublik Deutschland verstärkt werden."[41]

Die sowjetische Führung mußte einen Ausweg aus der unbefriedigenden Lage finden und richtete ihr Augenmerk auf die DDR. Im Mai 1983 hielt sich eine Delegation aus der DDR mit Erich Honecker und Hermann Axen an der Spitze in der UdSSR auf. In einer Stellungnahme des SED–Politbüros nach Abschluß dieser Reise wurde immerhin die Existenz von Deutschen in Kasachstan erwähnt. Welche Gespräche in diesem Zusammenhang stattgefunden haben, ist bislang noch nicht bekannt. Die veröffentlichten Dokumente der KPdSU und der KP Kasachstans lassen jedoch vermuten, daß auch die Lage der Deutschen in Kasachstan und ein stärkeres Engagement der DDR Gegenstand der Gespräche waren. So ist in einem Vorschlag über die weitere Verstärkung der ideologischen Arbeit unter den Bürgern deutscher Volkszugehörigkeit in Kasachstan aus dem Jahre 1986 unter anderem die Rede von dem Ausbau der Beziehungen zwischen Zeitungsredaktionen, Theaterkollektiven, Künstlern und der Anbahnung von Partnerschaftsbeziehungen zwischen Städten und Siedlungen Kasachstans mit einer hohen deutschen Bevölkerungszahl und Städten und Siedlungen der DDR. Auffallend ist, daß zur gleichen Zeit immer häufiger Leserbriefe aus der DDR in der in Kasachstan publizierten Zeitung "Freundschaft" veröffentlicht wurden. Diese Entwicklung führte im Jahre 1989 zur Begründung einer Partnerschaftsbeziehung zwischen dem Gebiet Pawlodar und dem Regierungsbezirk Schwerin.[42]

Diesem Versuch, die DDR als Orientierungspunkt bzw. Modell für Rußlanddeutsche anzubieten, ging eine Akzentverschiebung in der Einstellung der politischen Führung der Bundesrepublik voran. Im Juli 1987 fand der Staatsbesuch des Bundespräsidenten von Weizsäcker in der Sowjetunion statt. Der Bundespräsident sprach auf dem Empfang im Kreml nicht nur die Frage der Familienzusammenführung an, sondern setzte sich auch für eine Verbesserung der Lebensbedingungen in der Sowjetunion ein. Er sagte: "Wir

---

[41] Antrag der Fraktionen der CDU/CSU und FDP. Lage der Rußlanddeutschen, in: Deutscher Bundestag, 10. Wahlperiode. Drucksache 10/2100, S. 2–3.

[42] Freundschaft (Alma–Ata) vom 16. Juni 1989, S. 3.

sind dankbar für jeden Schritt, der es den Sowjetbürgern deutscher Nationalität ebenso wie den anderen Nationalitäten in Ihrem Lande ermöglicht und erleichtert, ihre Sprache und Kultur zu pflegen und nach ihrem Glauben zu leben." Der Gastgeber, der Vorsitzende des Präsidiums des Obersten Sowjets, A. Gromyko, setzte jedoch durch, daß die Passagen über die Rußlanddeutschen und über ein Berlinabkommen aus der Ansprache des Bundespräsidenten in der Regierungszeitung Izvestija nicht veröffentlicht wurden.[43] Auch nach dem Gespräch von Weizsäckers mit dem Generalsekretär der KPdSU, Gorbatschow, wurde die Ansprache von Weizsäckers mit Wissen Gorbatschows entsprechend gekürzt veröffentlicht. Auf Betreiben des Außenpolitischen Beraters Gorbatschows, Anatolij Tschernjajew, ist der ungekürzte Text in "Moskovskije novosti" und in "Nedelja" veröffentlicht worden.

Gromyko versuchte, die Frage der Behandlung der Rußlanddeutschen auf seine Art als "nicht verhandlungsfähig" abzuweisen. Er verlangte vom Bundespräsidenten die Auslieferung von 16 Personen, die als Kriegsverbrecher bezeichnet wurden. Auf dieser Liste stand auch eine Reihe von Rußlanddeutschen, gegen die zum Teil Gerichtsverfahren in der Bundesrepublik anhängig waren. Auf der Liste standen aber auch Personen, gegen die kein belastendes Material vorlag, bzw. die von Gerichten schon Jahre früher freigesprochen wurden.[44]

Der Bundespräsident ließ sich von Gromyko nicht irritieren, sondern nutzte jede Gelegenheit, um, wie bei seiner Reise nach Novosibirsk, wo er mit Vertretern einer evangelisch–lutherischen Gemeinde sprach, darauf hinzuweisen, daß Rußlanddeutsche eine Brücke der Verständigung zwischen der Sowjetunion und Deutschland sein könnten.[45] Dabei gelang es dem Bundespräsidenten, sowohl die Frage der Familienzusammenführung als auch der Verbesserung der Lage der Deutschen in der Sowjetunion selbst in einer Art und Weise anzusprechen, die nicht zurückgewiesen werden konnte. Auch nach Meinung des damaligen SPD–Chefs Hans–Jochen Vogel trug der Besuch zur Verbesserung des Klimas zwischen der Sowjetunion und der Bundesrepublik und zur Wiederherstellung normaler Beziehungen bei. Nach diesem Besuch war "an die konstruktiven Elemente des Gedankenaustauschs in Moskau anzuknüpfen und die Chance zur systemöffnenden Zusammenarbeit zu nutzen."[46]

---

[43] Tschernajew, Anatoli: Die letzten Jahre einer Weltmacht. Der Kreml von innen, Stuttgart 1993, S. 145.

[44] Auf Gromykos Liste stehen auch bereits Freigesprochene, in: Die Welt vom 11. Juli 1987.

[45] Besuch in Novosibirsk, in: Presse– und Informationsamt der Bundesregierung (Hrsg.): Bulletin Nr. 73 vom 15. Juli 1987, S. 631; Weizsäcker, Richard von: Rußlanddeutsche können Brücke der Verständigung sein, in: Frankfurter Allgemeine Zeitung vom 13. Juli 1987.

[46] Deutsche in Sowjetunion: eine Brücke, in: Die Welt vom 11. Juli 1987.

Es muß natürlich berücksichtigt werden, daß in der Sowjetunion zu dieser Zeit bereits die neue Politik von Glasnost' und Perestrojka gegriffen hatte. Dennoch zeigten sich Behörden vom Ton des Bundespräsidenten und von der Akzentverschiebung sehr beeindruckt. Im August etwa wollten hohe Beamte des Innenministeriums in Alma–Ata wissen, wer den Bundespräsidenten auf diese neuen Ideen gebracht habe.

Im Frühjahr und Sommer 1988 bildete sich in der Sowjetunion eine Bewegung für die volle politische und rechtliche Rehabilitierung der Rußlanddeutschen und die Wiederherstellung der ASSR der Wolgadeutschen heraus.[47] Im Gegensatz zu den sechziger und siebziger Jahren wurde diese Bewegung nicht mehr unterdrückt und aufgelöst. Der Bundeskanzler konnte deshalb während seines Besuchs im Oktober 1988 nicht nur mit Aussiedlern in der Botschaft in Moskau, sondern auch mit Rußlanddeutschen sprechen, die sich für die Verbesserung der Lage der im Lande verbleibenden Rußlanddeutschen einsetzten.[48] Vor dem Hintergrund der weitgehenden Übereinstimmung über die neue Rolle Rußlands in Europa und einer Zustimmung aller Parteien in Deutschland für eine umfangreiche Unterstützung des Reformprozesses in der Sowjetunion mag das vielen wie eine Marginalie vorgekommen sein. Verglichen mit früheren Praktiken (vgl. zensierte Berichterstattung über den Besuch von Weizsäckers im Sommer 1987) war diese Veränderung geradezu revolutionär.

In der Sowjetunion wurden auf einmal Vorgänge möglich, von denen man bis dahin nicht einmal zu träumen wagte. Im März 1989 ließ man die Gründung einer Gesellschaft der Rußlanddeutschen mit der Bezeichnung "Wiedergeburt" mitten in Moskau zu. Diese Gesellschaft wurde zwar über Jahre nicht als juristische Person registriert, doch entwickelte sie eine rege Tätigkeit. Die Nationalitätenkammer des Obersten Sowjets der UdSSR setzte eine Kommission zur Untersuchung der Lage der Deutschen in der Sowjetunion ein. Dieser Kommission gehörten auch Rußlanddeutsche an. Am 14. November verabschiedete der Oberste Sowjet der UdSSR eine Deklaration, in der die Repressalien gegen die deportierten Völker als gesetzwidrig und verbrecherisch qualifiziert wurden. Darin hieß es u. a.: "Der Oberste Sowjet der UdSSR erachtet es als notwendig, entsprechende gesetzgeberische Maßnahmen zur unbedingten Wiederherstellung der Rechte aller sowjetischen Völker zu ergreifen, die Repressalien ausgesetzt waren." Am 29. November 1989 teilten die Kommissionen zur Untersuchung der Lage der Deutschen und der Krimtataren ihre Erkenntnisse und Vorschläge dem Obersten Sowjet

---

[47] Eisfeld, Alfred: Zur jüngsten Entwicklung der Autonomiebewegung der Sowjetdeutschen, in: Osteuropa, Nr. 1, 1990, S. 17 ff

[48] Wir wollen das deutsche Land wieder erreichen, unsere Heimat, in: Frankfurter Allgemeine Zeitung vom 27. Oktober 1988; Kohl weist Rußlanddeutschen Brückenfunktion zu, in: Süddeutsche Zeitung vom 27. Oktober 1988.

mit. Die Kommission für die Deutschen in der Sowjetunion schlug u. a. vor, der Oberste Sowjet der UdSSR möge in Abstimmung mit dem Präsidium des Obersten Sowjets der RSFSR eine Entschließung verabschieden, in der die Notwendigkeit der Wiederherstellung der Autonomie der Deutschen im Prinzip anerkannt werde. Die Wiederherstellung der Autonomie sei als 'Autonome Republik' zweckmäßig, da nur dies der Wiederherstellung der historischen Gerechtigkeit entspräche. Da jedoch der größte Teil der Deutschen aller Wahrscheinlichkeit nach nicht in die wiederhergestellte Autonomie umziehen würde, sei die Gründung von deutschen nationalen Rayons und Dorfräten in Gegenden mit kompakter Siedlung dieser Bevölkerung auf der Grundlage der geltenden Ordnung ins Auge zu fassen.

Es soll damit nicht der Eindruck erweckt werden, als ob die weitere Entwicklung störungsfrei verlaufen wäre. Über die Ereignisse bis Ende 1991 wurde bereits an anderer Stelle berichtet.[49]

Die Übereinstimmung in grundlegenden Fragen der Sicherheits- und Deutschlandpolitik ermöglichte 1990 die Ausarbeitung des "Vertrags über gute Nachbarschaft, Partnerschaft und Zusammenarbeit zwischen der Bundesrepublik Deutschland und der Union der Sozialistischen Sowjetrepubliken". Den Rußlanddeutschen wurde in diesem Vertrag ein eigener Artikel gewidmet, in dem es u. a. heißt: "Sowjetischen Bürgern deutscher Nationalität sowie aus der Union der Sozialistischen Sowjetrepubliken stammenden und ständig in der Bundesrepublik Deutschland wohnenden Bürgern, die ihre Sprache, Kultur und Tradition bewahren wollen, wird es ermöglicht, ihre nationale, sprachliche und kulturelle Identität zu erhalten. Dementsprechend ermöglichen sie und erleichtern sie im Rahmen der geltenden Gesetze der anderen Seite Förderungsmaßnahmen zugunsten dieser Personen oder ihrer Organisationen."[50] — Damit waren erstmals vertragliche Regelungen in bezug auf die Rußlanddeutschen zwischen der Bundesrepublik Deutschland und der Sowjetunion getroffen. Mehr noch: Obwohl das Gesetz erst im Spätherbst 1990 in Kraft trat, wurde es de facto bereits in der ersten Jahreshälfte 1990 angewandt. Im April und Mai stimmte die sowjetische Botschaft in Bonn bereits einigen Aktivitäten zu, die vom Verein für das Deutschtum im Ausland an verschiedenen Stellen der Sowjetunion in Angriff genommen wurden. Auch konnte ich im Mai 1990 mit Wissen der Bundesregierung eine Informationsreise in die Region Altai unternehmen, deren Zweck es u. a. war, die Stimmung der Bevölkerung in bezug auf die Wiederherstellung des deutschen nationalen Rayons zu erkunden.

---

[49] Eisfeld, Alfred: Deutsche Autonomiebewegung, in: Meissner, B.; Neubauer, H.; Eisfeld, A. (Hrsg.): Die Rußlanddeutschen. Gestern und Heute, Köln 1992, S. 45–65.

[50] Presse- und Informationsdienst der Bundesregierung (Hrsg.): Bulletin Nr. 133 vom 15. November 1990, S. 1.381.

Auf seiten der Bundesregierung waren die Vorbereitungen zu großangelegten Hilfsmaßnahmen im Verlauf des Jahres 1990 soweit vorangetrieben, daß noch aus Mitteln des Haushalts 1990 für Hilfsmaßnahmen rund 30 Mio. DM zur Verfügung gestellt werden konnten. Das Konzept für Hilfsmaßnahmen war zu diesem Zeitpunkt bereits in seinen Grundzügen formuliert und beinhaltete Maßnahmen, die das Erlernen der deutschen Sprache und die Verbesserung des Deutschunterrichts, Möglichkeiten zur Pflege der Sprache und Kultur für die erwachsene Bevölkerung, Unterstützung für deutschsprachige Massenmedien, Schüler- und Jugendaustausch sowie den Aufbau einer Reihe von Kleinbetrieben zur Verarbeitung von Agrarprodukten umfaßten.

Da die zur Verfügung gestellten Mittel nicht ausreichten, um alle Rußlanddeutschen gleichermaßen zu erfassen, wurden Förderungsschwerpunkte festgelegt. Dazu gehörten außer der Region Altai das Gebiet Omsk in Westsibirien, die Gebiete Orenburg und Tscheljabinsk im Südural, die Gebiete Saratov und Uljanovsk in der Wolgaregion sowie die Gebiete Pavlodar, Karaganda und Kustanaj in Kasachstan. Es sei hier nochmal darauf hingewiesen, daß es zwar Artikel 15 des Vertrags über gute Nachbarschaft, Partnerschaft und Zusammenarbeit gab, aber keinerlei Vorbilder für eine derart massive Mitwirkung an der sowjetischen Nationalitätenpolitik existierten.

Jedes Projekt mußte als Pilotprojekt betrachtet werden, wobei die örtlichen Bedingungen sehr unterschiedlich waren. Sie reichten von einem ungeduldigen Zupacken im Gebiet Uljanovsk über eine abwartende Haltung in der Region Altai bis zu Mißtrauen und Ablehnung im Gebiet Saratov. In einer ganzen Serie von Verhandlungen in den einzelnen Gebieten konnte im Verlauf des Winters 1991 die Voraussetzung für die Umsetzung für zahlreiche Projekte geschaffen werden. Ein Novum in der Vorgehensweise war, daß die sowjetische Botschaft in Bonn über die Grundzüge und viele Details informiert war, die Ministerien in Moskau aber nicht in Erscheinung traten. Dafür konnte die deutsche Seite Schwerpunkte ihrer Hilfsmaßnahmen und Standorte für die einzelnen Projekte auswählen und mit den Gebiets-, Stadt- und Kreisverwaltungen direkt verhandeln. Natürlich saßen am Verhandlungstisch Vertreter der Partei, der Staatssicherheit, der Gewerkschaften und aller Organisationen der entsprechenden Ebene, die am Verhandlungsgegenstand interessiert waren. Deren Beteiligung an den sehr offen geführten Gesprächen schaffte das erforderliche Vertrauen und ermöglichte die Umsetzung von Projekten, ohne daß es darüber vorher Regierungsabkommen gegeben hätte.

Das Interesse an einer erfolgreichen Umsetzung der Projekte war in einigen Gebieten so groß, daß deutsche Vertreter zu einer Ausweitung ihrer Aktivitäten ermuntert wurden. In einigen Fällen müßte man regelrecht von Zweckbündnissen sprechen. So gab es vor der Wiederbegründung des deutschen nationalen Rayons Halbstadt in der Region Altai mehrere Unterredungen der regionalen Verwaltung mit Vertretern aus Deutschland. Auch wenn ich kein Mandat für offizielle Verhandlungen in dieser Frage haben konnte und der Verwaltungschef der Region Altai, Jurij Žil'cov, dies wußte, konnten Fragen, die für die Existenz eines nationalen Landkreises wichtig waren und die Mitwirkung der Bundesrepublik Deutschlands voraussetzten, verhandelt werden. Dieser inoffizielle Kanal gewährleistete eine direkte Verbindung zwischen den deutschen Dörfern in der Region Slavgorod und der Verwaltung der Region in Barnaul mit der Bundesregierung. Das Vertrauensverhältnis war so gut, daß die regionale Verwaltung mich bat, einen Tag vor dem Referendum über die Begründung des nationalen Rayons über das örtliche Rundfunknetz die Einwohner der entsprechenden Dörfer zur Abstimmung für die Wiederherstellung eines deutschen nationalen Rayons zu ermuntern.

Wie sehr sich im Sommer 1991 die Beziehungen zwischen beiden Ländern in bezug auf die Rußlanddeutschen veränderten, zeigt auch die Tatsache, daß im August eine Anhörung im Bundestag zum Thema Perspektiven für die Deutschen in Ost- und Ostmitteleuropa stattfand, zu der Vertreter der verschiedenen Vereine und Verbände von Rußlanddeutschen eingeladen waren. Über Perspektiven konnte man freilich nur sehr schwer reden, da die Anhörung gerade in die Tage des August–Putsches fiel. Kurz nach dem Putsch konnten jedoch fast alle deutschen Projekten unbeschadet weitergeführt werden. Daß es dabei auch zu zum Teil recht erheblichen Verzögerungen kam, soll nicht verschwiegen werden. Jedoch waren die Ursachen nicht politischer Natur, sondern auf die zunehmenden wirtschaftlichen Verfallserscheinungen im Empfängerland zurückzuführen.

Nach dem August–Putsch war die sowjetische Regierung weitgehend gelähmt und die Regierung der Rußländischen Föderation übernahm mit Boris Jelzin an der Spitze die politische Initiative. Der Oberste Sowjet hatte bereits im Dezember 1990 einen Beschluß "O žertvach političeskich repressij v RSFSR"[51] und das Gesetz über die "Rehabilitierung der repressierten Völker"[52] verabschiedet. Während die Regierung der Sowjetunion und der Oberste Sowjet der UdSSR sich zu einer Zusammenarbeit mit den gewählten Vertretern der Rußlanddeutschen nicht durchringen konnten, wurden sieben Vertreter der Rußlanddeutschen in eine am 22. April 1991 beim Präsidium des Obersten Sowjets der RSFSR gegründete Kommission für Probleme der Rußlanddeutschen berufen. Diese Kommission wurde am 4. Juni von einer repräsentativen Kommission des Ministerrats der RSFSR unter dem Vorsitz von Leonid Prokopjev, Vorsitzendem des Staatskomitees der

---

[51] Vedomosti S'ezda narodnych deputatov i Verchovnogo Soveta RSFSR, N 28 ot 13.12.1990, S. 533.

[52] Deutsche Allgemeine (Alma–Ata), Nr. 88 vom 9. Mai 1991, S. 1.

RSFSR für Nationalitätenangelegenheiten, abgelöst. Auch dieser Kommission gehörten drei Mitglieder der "Wiedergeburt" an.

Im Sommer 1991 kam es zu einem intensiven Gedankenaustausch zwischen dem Beauftragten der Bundesregierung für Aussiedlerfragen, Staatssekretär Dr. Waffenschmidt, und dem Minister für Nationalitätenangelegenheiten Prokopjev. Als Ergebnis dieser Kontakte konnte Prokopjev während seines Besuchs in Deutschland vom 22. bis 28. September 1991 der Öffentlichkeit eine Konzeption präsentieren, als deren Hauptziel die Wiederherstellung der Staatlichkeit (Autonome Republik) und der nationalen Rayons in Gebieten mit kompaktsiedelnder deutscher Bevölkerung sowie die Wiederbelebung und Entwicklung der Sprache und Kultur in der künftigen Republik und in den gegenwärtigen Siedlungsgebieten genannt wurden. Diese Ziele sollten etappenweise erreicht werden, wobei ein Programm bis zum 31. Dezember 1991 ausgearbeitet und dem Obersten Sowjet zur Beratung vorgelegt werden sollte. Für die Jahre 1992 bis 1994 waren die Schaffung der erforderlichen Infrastruktur und die freiwillige Umsiedlung an die Wolga vorgesehen. Ende 1994 sollten genügend Deutsche im Wolgagebiet sein, damit die Republik funktionsfähig werde. Damit war der Umzug von ca. 100.000 Menschen gemeint.

In den während des Besuchs (unter Mitwirkung der sowjetischen Botschaft) mit der Bundesregierung abgestimmten "Eckpunkten für die Wiederherstellung einer deutschen Republik im Wolgagebiet" wurde diese Konzeption bekräftigt. Darüber hinaus wurde vereinbart, daß auf dem Kongreß der Deutschen in der Sowjetunion (18. bis 20. Oktober 1991) eine Grundsatzerklärung zur Wiederherstellung der Republik im Wolgagebiet abgegeben würde. Jelzin hatte Monate vor dem Kongreß seine Teilnahme öffentlich zugesagt. Ebenfalls auf dem Kongreß sollte angekündigt werden, daß die RSFSR bei der Wiederherstellung der Wolgarepublik eng mit Deutschland zusammenarbeiten wird.

Diese Hoffnungen blieben jedoch enttäuscht. Das Grußwort Jelzins, der nicht persönlich am Kongreß teilnahm, blieb hinter den angekündigten Grundsatzerklärungen zurück, und sein Fernbleiben wurde als Wortbruch und Mißachtung gewertet. Das Grußwort Gorbatschows war daran gemessen inhaltslos. Schon vor Beginn des Kongresses und während seines Verlaufs führte der Parlamentarische Staatssekretär, Dr. Waffenschmidt, in Moskau zahlreiche Gespräche mit Spitzenrepräsentanten der RSFSR. Am 19. Oktober hatte er eine Unterredung mit Präsident Jelzin. Dem Kongreß berichtete Waffenschmidt: Präsident Jelzin bekenne sich dazu, daß die staatliche Autonomie nicht an einem anderen Ort, sondern im Wolgagebiet stattfindet ... Alle Aufgaben für die Deutschen in Rußland sollen beim bevorstehenden Besuch von Präsident Jelzin in Bonn in einem deutsch–russischen Vertrag ... in einem verbindlichen Dokument vereinbart werden."[53]

Die Zusagen Jelzins an Waffenschmidt fanden schon einen Monat später Eingang in die gemeinsame Erklärung von Bundeskanzler Kohl und Präsident Jelzin. In Ziffer 12 heißt es: "Deutschland nimmt mit Befriedigung zur Kenntnis, daß Rußland zur Wiederbegründung der Republik der Deutschen in den traditionellen Siedlungsgebieten ihrer Vorfahren an der Wolga entschlossen ist, wobei die Interessen der dort lebenden Bevölkerung nicht eingeschränkt werden. Im Zuge des fortschreitenden Aufbaus der Republik der Deutschen an der Wolga wird Deutschland im Rahmen seiner Möglichkeiten vielfältige Hilfe auf kulturellem, sozialem, wirtschaftlichem, landwirtschaftlichem und regional–planerischem Gebiet, wie auch bei der Stärkung der zwischennationalen und ethnischen Gemeinschaft leisten.

Beide Seiten sind sich einig, daß neben der Bildung der Republik der Deutschen an der Wolga die Schaffung und die Förderung der Entwicklung nationaler Bezirke für die Deutschen, die in ihren gegenwärtigen Siedlungsgebieten bleiben wollen, fortgesetzt wird."[54]

Unvergessen ist, daß Jelzin sechs Wochen später, am 8. Januar 1992, während seines Besuchs in der Wolgaregion der Wiederherstellung der Wolgarepublik auf dem alten Gebiet eine Absage erteilte und als Ersatz auf das Truppenübungsgelände Kapustin Jar verwies. Bekannt ist auch, in welchem Zustand sich der Präsident dabei befand. Der Haushaltsausschuß des Deutschen Bundestags sperrte daraufhin die bereits im Haushalt 1992 für die Wolgarepublik bereitgestellten Mittel von 50 Millionen DM. Der Auftritt Jelzins führte somit zu erheblichen Störungen in den Beziehungen zwischen der Rußländischen Föderation und der Bundesrepublik Deutschland. Eine Woche nach diesem Auftritt bemühte sich Außenminister Kosyrew in Bonn, die aufgetretenen Zweifel auszuräumen. Der Pressesekretär des Präsidenten ließ über die Nachrichtenagentur TASS folgende Mitteilung verbreiten: "Der Präsident hält an dem früher ausgearbeiteten Kurs und den Vereinbarungen fest, die mit Bundeskanzler Helmut Kohl in dieser Frage getroffen worden sind. Den Maßnahmen, die von der Führung Rußlands z. Zt. realisiert werden, liegt die Drei–Etappen–Herangehensweise an die Bewältigung des Problems zugrunde:

– Aufgliederung von Rayons im Wolgagebiet, die sich für eine kompakte Ansiedlung von Deutschen eignen;

---

[53] Rede des Parlamentarischen Staatssekretärs im Bundesministerium des Innern, Dr. Horst Waffenschmidt, auf dem Kongreß der Sowjetdeutschen am 19. Oktober, in: Neues Leben (Moskau), Nr. 44 vom 30. Oktober 1991, S. 11.
[54] Gemeinsame Erklärung, in: Presse– und Informationsamt der Bundesregierung (Hrsg.) Bulletin Nr. 133 vom 25. November 1991, S. 1.083.

– die Zuerkennung des Status von nationalen Rayons je nach ihrer Besiedlung und nach Zunahme des Anteils der deutschen Bevölkerung;

– und schließlich: Aufwertung des Status der deutschen nationalen Rayons bis hin zur Gründung eines autonomen Gebiets."

In diesem Sinne äußerte sich Jelzin bei folgenden Verhandlungen mit der Führung der Bundesrepublik Deutschland. Die gleiche Haltung wurde auch bei einem Arbeitsbesuch im Wolgagebiet dargelegt. Unverändert blieb auch ein weiteres, vom Präsidenten mehrfach herausgestelltes Prinzip: "Die Wiederherstellung der Gerechtigkeit gegenüber der deutschen Bevölkerung Rußlands darf nicht mit der Verletzung derselben gegenüber den heutigen Bewohnern des Wolgagebiets einhergehen. Gerade davon war die Rede bei der jüngsten Zusammenarbeit mit den Einwohnern der Stadt Engels, und zwar ging es darum, daß niemand seines Wohnortes verwiesen oder ausgesiedelt werden soll. Von diesem Standpunkt aus gedenkt der Präsident, die Lösung dieses Problems auch künftig anzustreben."[55]

Von deutscher Seite wurde im Januar 1991 eine umfangreiche Hilfsaktion für die Bevölkerung der Wolgaregion in die Wege geleitet. Sie bestand aus Medikamenten, Lebensmitteln und Kleidung, die schwerpunktmäßig der Bevölkerung zugute kommen sollte, die auf dem Territorium der früheren Wolgarepublik siedelte.

Im Jahre 1992 kam es nach dieser Störung in den Beziehungen zu einer ganzen Reihe von weiteren Schritten, die bei gutem Willen als Umsetzung der bis dahin getroffenen Vereinbarungen gewertet werden können. So wurde am 19. Februar 1992 vom Präsidium des Obersten Sowjets der RSFSR ein Beschluß über die Bildung des deutschen nationalen Rayons Asovo im Gebiet Omsk verabschiedet. Am 21. Februar 1992 unterzeichnete Jelzin einen Erlaß über Sofortmaßnahmen zur Rehabilitierung der Rußlanddeutschen. In diesem Erlaß war u. a. die Gründung eines deutschen nationalen Rayons im Gebiet Saratov und eines deutschen nationalen Bezirks (Okrug) auf dem Territorium des Gebiets Wolgograd vorgesehen.

Am 23. April 1992 konnte das von Staatssekretär Waffenschmidt mit viel Nachdruck vorangetriebene Protokoll über die Zusammenarbeit zwischen der Regierung der Bundesrepublik Deutschland und der Regierung der Rußländischen Föderation zur stufenweisen Wiederherstellung der Staatlichkeit der Rußlanddeutschen paraphiert und am 10. Juli 1992 in Moskau unterzeichnet werden. In Kraft getreten ist dieses Protokoll im März 1993. Die Verhandlungen dieses Protokolls und die Umstände, unter denen es in Moskau unterzeichnet und dann rechtskräftig wurde, verdienen ein eigenes Kapitel im Rahmen eines späteren Beitrages. Von allen Bestimmungen dieses Protokolls funktioniert am besten die in Artikel 6 vorgesehene deutsch–russi-

---

[55] Saratovskie vesti N 10 vom 16.01.92, S. 1.

sche Regierungskommission, die sich in der Regel zweimal jährlich zu Plenarsitzungen trifft. Für einzelne Bereiche der Zusammenarbeit wurden Unterkommissionen gegründet, welche die Projekte vorbereiten und der Regierungskommission zur Abstimmung vorlegen.

Zusammenfassend kann man die Rolle der Rußlanddeutschen in der sowjetischen und russischen Deutschlandpolitik in folgende Perioden unterteilen:

1. 1945 bis Sommer 1955. In dieser Zeit spielten die Rußlanddeutschen keine erkennbare Rolle.

2. September 1955 bis Oktober 1964. Für diese Jahre ist charakteristisch, daß sich die Bundesregierung um die Repatriierung von jenen Rußlanddeutschen bemühte, die während des Zweiten Weltkrieges die deutsche Staatsangehörigkeit verliehen bekommen hatten. Die "Rechtsgrundlage" bei diesen Bemühungen bildete neben der deutschen Rechtsauffassung das Ehrenwort Bulganins.

3. Die Jahre 1965 bis Sommer 1987. Diese Periode kann man als Zeit charakterisieren, in der die Ost–West–Beziehungen intensiviert wurden und die Sowjetunion zunehmend Normen des Völkerrechts übernahm. Mit Verweis auf die KSZE–Schlußakte und den Pakt über bürgerliche und politische Rechte wurde auf die Gewährung des Rechts auf Ein– und Ausreise sowie Meinungsfreiheit gedrungen.

4. 1987 bis zur Gegenwart. Für diese Periode ist charakteristisch, daß mit verschiedener Intensität sowohl die Ausreise von Rußlanddeutschen in die Bundesrepublik als auch Bemühungen zur Verbesserung der Lage in den heutigen Siedlungsgebieten zu Schwerpunkten wurden. Neu ist, daß eine Zusammenarbeit der Bundesrepublik mit der Sowjetunion und später mit der Rußländischen Föderation völkerrechtlich verbindlich geregelt werden konnte.

WARUM WIRD UM DIE KRIEGSBEUTE NOCH IMMER GESTRITTEN?

Von Wilfried Fiedler

Die deutsch–russischen Gespräche und Verhandlungen über die Rückgabe von "Beutekunst" verlaufen höchst irritierend. Die Russen taktieren rätselhaft: Mal zeigen sie sich zur Rückgabe bereit, mal lehnen sie sie brüsk ab. Lange leugneten sie rundweg die Existenz geraubten Kulturguts und öffneten nur zögernd ihre Geheimdepots: Zuletzt tauchten das Schliemann–Gold und, aus den Eremitage–Verliesen, Bilder aus deutschem Privatbesitz auf.

Die deutsch–russischen Beziehungen litten lange Zeit unter besonderen historischen Lasten, doch nach den Umwälzungen in Osteuropa begann sich das bedrückende Dunkel zu lichten. Das Jahr 1990 brachte mit dem Zwei–plus–Vier–Vertrag nicht nur eine Klärung der Rechtslage Deutschlands, sondern auch eine Reihe von deutsch–sowjetischen Verträgen, die das seit dem Zweiten Weltkrieg tief gestörte gegenseitige Verhältnis in eine neue politische Zukunft führen sollten. Der Gipfel dieser Bemühungen wurde mit dem "Vertrag über gute Nachbarschaft, Partnerschaft und Zusammenarbeit" vom 9. November 1990 erreicht, und an herausgehobener Stelle drückten beide Staaten ihren Wunsch aus, "mit der Vergangenheit endgültig abzuschließen und durch Verständigung und Versöhnung einen gewichtigen Beitrag zur Überwindung der Trennung Europas zu leisten".[1]

Diesem Geist entsprach auch die im Vertrag ausdrücklich enthaltene Verpflichtung der beiden Staaten, daß verschollene oder unrechtmäßig verbrachte Kunstschätze, die sich auf ihrem Territorium befinden, an den Eigentümer oder seinen Rechtsnachfolger zurückgegeben werden" (Art. 16 Abs. 2). Mit dieser Vertragsbestimmung schien auch der Weg zur Erledigung eines belastenden Konflikts gefunden: der Rückgabe der während und nach dem Zweiten Weltkrieg aus dem Lande des Vertragspartners verschleppten Kulturgüter.

Um die zitierte Bestimmung, aber nicht nur um sie, rankt sich seit 1993 eine juristische Kontroverse, die den Geist, in dem die Verträge abgeschlossen

---

[1] BGBl 1991 II, S. 702 ff.

waren, gelegentlich kaum mehr erkennen läßt. Dies ist um so erstaunlicher, als die betreffende Vertragspassage im Dezember 1992 im "Deutsch–Russischen Abkommen über kulturelle Zusammenarbeit" bekräftigt wurde (Art. 15)[2] und auch Präsident Jelzin im März 1994 ausdrücklich hervorhob, daß die betreffenden Bestimmungen "eine dauerhafte rechtliche Grundlage für die Regelung der gegenseitigen Restitutionsansprüche schaffen". Dieser Bekräftigungen hätte es allerdings nicht bedurft, denn mit dem Vertrag von 1990 war eine verbindliche zwischenstaatliche Rechtsgrundlage geschaffen worden, aus der sich die Rückgabeverpflichtungen bereits ergaben.

I. Der internationale Ruf steht auf dem Spiel

Deutlich wird in diesem ganz selbstverständlichen Punkte jedoch eine erste schwerwiegende Irritation. Auch in der deutschen Öffentlichkeit ist nicht hinlänglich bekannt, daß die umstrittene Rückgabe bereits verbindlich zwischen beiden Staaten geregelt worden ist und daß daneben kein Raum mehr für politische Grundsatzerörterungen besteht. Es handelt sich nicht um eine freischwebende politische Angelegenheit, die je nach Stimmungslage neu behandelt werden könnte, sondern um die Erfüllung eines völkerrechtlichen Vertrages, der seit 1990 für beide Seiten dem Satz "Pacta sunt servanda" unterliegt.

Die Folgen dieses Umstandes sind von erheblichem rechtlichen, aber auch politischen Ausmaß. Denn mit der Erfüllung eines abgeschlossenen und in Kraft getretenen völkerrechtlichen Vertrages hängt das politische Renommee des betreffenden Vertragspartners zusammen. Gerade die Sowjetunion war dafür bekannt, daß die einmal von ihr abgeschlossenen Verträge strikt eingehalten wurden. Daß Rußland als Nachfolgestaat der Sowjetunion gerade diese Tradition nicht übernehmen wollte, dafür liegen keine Anhaltspunkte vor. Es ist vielmehr anzunehmen, daß die Diskussion um die Restitution der "Kriegsbeute" in Unkenntnis des drohenden Verlustes an staatlichem Ansehen in der internationalen Staatengemeinschaft geführt wird.

Die Irritation wird auch durch einen weiteren Gedankengang unterstützt. Er liegt in dem Festhalten an einem längst überholten Vorrang des innerstaatlichen vor dem internationalen Recht. Die Rückkehr der Sowjetunion in die Staatenfamilie ging seit 1987 mit dem Zurückweichen politischer Kriterien hinter das weltweit verbindliche Völkerrecht einher. Auch der deutsch–sowjetische Vertrag vom November 1990 geht vom Vorrang des Völkerrechts aus. Die Vertragspartner gewährleisten ausdrücklich den Vorrang der

---

[2] Vgl. Presse– und Informationsdienst der Bundesregierung (Hrsg.): Bulletin Nr. 139 vom 22.12.1992, S. 1.270.

allgemeinen Regeln des Völkerrechts in der Innen– und internationalen Politik und bekräftigen die Entschlossenheit, die vertraglichen Verpflichtungen gewissenhaft zu erfüllen (Art. 1 Abs. 6).

Der Grund für den Widerstand gegen die eingegangene vertragliche Verpflichtung ist nicht zuletzt in dem politischen Stellenwert der sogenannten "Kriegsbeute" zu suchen. Wie immer diese Vorstellungen aussehen mögen, fest steht, daß durch die vertragliche Regelung von 1990 das Entscheidende über die Rückführung gesagt worden ist. Darüber hinausgehende Vorstellungen über die Einschätzung der "Kriegsbeute" stehen meist in Widerspruch zu der schon zur Zeit des Zweiten Weltkrieges bestehenden Rechtslage.

Zunächst steht fest, daß die deutschen Kulturgüter erst nach Beendigung der Kriegshandlungen in die Sowjetunion transportiert worden sind. Die Wegnahme erfolgte keineswegs spontan, sondern bestand in einem flächenmäßig fast kompletten Ausräumen von Museen, wissenschaftlichen Einrichtungen, Sammlungen und Schutzdepots. Die Tätigkeit der sowjetischen Trophäenkommissionen ist inzwischen hinlänglich bekannt und auch von russischen Forschern eingehend beschrieben worden. Auch die "Brigade des Komitees für Kunstangelegenheiten in Berlin", die unter anderem das Schliemann–Gold nach Moskau brachte, gehörte zu einem einheitlichen System zur Überführung von Trophäen, kontrolliert von einem "Sonderkomitee Deutschland beim Staatlichen Komitee für Verteidigung". Der Beschluß über seine Bildung wurde auf einer Sitzung des Politbüros gefaßt, seine Aktivitäten wurden persönlich von Stalin geleitet. Solche Brigaden, die anfangs an den Fronten gebildet wurden, unterstanden später der Sowjetischen Militäradministration in Deutschland. Alle Mitglieder solcher Brigaden trugen, wie Grigorij Koslow und Konstantin Akinscha schreiben, Heeresuniformen mit Offizierspauletten, obwohl die Mehrzahl ihrer Mitglieder keine Militärangehörigen waren.[3]

Anders als zur Zeit der Beutezüge Napoleons besteht seit der Haager Landkriegsordnung von 1907 für alle Staaten das Verbot der einseitigen Wegnahme von Kulturgütern während eines kriegerischen Konfliktes und der nachfolgenden Besetzung, so daß sowohl die Maßnahmen der Nationalsozialisten als auch diejenigen der Sowjetunion und anderer Staaten während und nach dem Zweiten Weltkrieg ohne Rechtsgrundlage blieben.

Das Zentralkomitee der KPdSU ging in den fünfziger Jahren davon aus, daß sich über 2,5 Millionen "Gegenstände der Kunst und Kultur" aus Deutschland in der Sowjetunion befanden, wovon ein erheblicher Teil in den fünfziger und sechziger Jahren an die DDR zurückgegeben wurde. Gemessen an den vom Zentralkomitee zugrunde gelegten Zahlen, wirken die von

---

[3] Vgl. Akinscha, K.; Koslow, G.: Beutekunst. Auf der Schatzsuche in russischen Geheimdepots. Eine historische Reportage, München 1995.

der deutschen Seite während der letzten Verhandlungsrunde im Juni 1994 in
Bonn benannten "circa 200.000 Museumsgüter, zwei Millionen Bücher und
drei Kilometer Archivgut" vergleichsweise bescheiden. Bei der Rückgabe
eines Teiles der in die Sowjetunion verbrachten deutschen Kulturgüter hatte
das Zentralkomitee der KPdSU von den "Kostbarkeiten für die Geschichte
der Nationalkultur Deutschlands" gesprochen, womit auch heute die in Rußland festgehaltenen Kulturgüter prägnant bezeichnet sind.

Zu den auch in der deutschen Öffentlichkeit nicht hinreichend bekannten
Fakten zählen die in Rußland verwahrten deutschen Bestände im einzelnen.
Dazu zählen nicht allein das berühmte Schliemann–Gold aus Troja, auch
nicht die achtzig Objekte des Eberswalder Goldfundes oder die wertvollen
Bücher der Gothaer Sammlung, sondern zahlreiche Kunstgegenstände, Bibliotheken und Archivgüter, die nicht minder bedeutsam sind. Hinzuweisen
ist lediglich auf die im Puschkin–Museum in Moskau und in der Eremitage
in St. Petersburg lagernden deutschen Kulturgüter, darunter wertvolle Zeich-
nungsbestände der Bremer Kunsthalle und die Sammlung Krebs, ferner, um
nur einige Beispiele zu nennen, die beiden Gutenberg–Bibeln, die Bibliothek
der Sächsischen Landesbibliothek Dresden und die Sammlung von Rara (16.
Jahrhundert) neben wichtigen Archivbeständen, wie etwa dem Nachlaß
Walter Rathenaus und Beständen aus dem Reichsjustizministerium und dem
Reichsgericht. Neben umfangreichen Sammlungen aus den Berliner Museen
finden sich Tausende von überaus wertvollen Gemälden aus staatlichem und
privatem Kunstbesitz bis hin zu dem Nachlaß Wilhelm von Humboldts aus
dem Schloß Tegel. Die Liste der Museumsstücke, Bibliotheksbestände und
Archivalien vermittelt einen Querschnitt durch die deutsche Geschichte und
die in Jahrhunderten entwickelte Museumskultur. Die Fülle der in Rußland
lagernden deutschen Kulturgüter markiert zugleich den Umfang der immer
wieder neu entfachbaren Belastung des künftigen deutsch–russischen Verhältnisses, falls es nicht gelingt, zu einer den geschlossenen Verträgen entsprechenden Praxis zu gelangen.

II. Ermächtigung zum Beutezug durch alliiertes Sonderrecht?

Ein weiterer rechtlicher Gesichtspunkt liegt der Frage zugrunde, ob das
Verbot der Wegnahme von Kulturgütern während oder nach einem kriegerischen Konflikt durch alliiertes Sonderrecht verdrängt wurde. Doch auch das
vom Alliierten Kontrollrat gesetzte Recht liefert keine Ermächtigung zu entsprechenden Beutezügen, wie sie von Stalin initiiert wurden.

Aber auch wenn für einzelne Bereiche durch den Alliierten Kontrollrat
grünes Licht für die Wegnahme deutscher Kunstobjekte gegeben worden wäre, stellt sich die Frage, ob dies vor dem Hintergrund des damals und heute

geltenden Völkerrechts überhaupt rechtmäßig gewesen wäre. Damit ist auf eine Kernfrage der bisherigen Verhandlungen einzugehen, eine Frage, die sich auf den inneren Grund der Ansprüche auf Rückführung aus Rußland richtet.

Die Tatsache, daß 1990 eine Einigung über die Rückführung der Kulturgüter erfolgte, trägt dem inneren Grund des internationalen Schutzes von Kulturgütern Rechnung. Er ist darin zu sehen, daß das internationale Recht seit langer Zeit, insbesondere seit dem Beginn dieses Jahrhunderts, das Kulturgut eines anderen Staates in besonderer Weise schützt, weil es die historische Leistung eines Volkes und eines Staates repräsentiert und die Identität eines Volkes historisch symbolisiert. Zu den Kulturgütern zählen insbesondere auch die Museumsgüter, die in ihrer speziellen Funktion der Bewahrung und öffentlichen Darbietung eine besondere Bedeutung erlangen. Der Schutz der Kulturgüter eines Nachbarstaates vor Wegführung im Kriege bringt zugleich den Respekt vor einem anderen Volke im Hinblick auf eine spezifische historische Leistung zum Ausdruck. Kulturgüter sind daher nicht in erster Linie als Handelsware oder als Vermögensgegenstände zu betrachten, die dazu dienen könnten, finanzielle Notlagen einzelner Staaten zu bessern. Sie sind aufgrund ihres besonderen völkerrechtlichen Ranges auch nicht geeignet, im Rahmen von Reparationsleistungen herangezogen zu werden. Berücksichtigt man diese innere Verbindung zu dem Volk der Vertragspartei, so wird deutlich, daß die Gesichtspunkte des finanziellen Ausgleichs oder der Reparation keine brauchbaren Kriterien darstellen.

Ein anderer Gesichtspunkt bezieht sich auf den historischen Zusammenhang und die unterschiedliche Behandlung der sowjetischen Wegführungen im Vergleich mit den nationalsozialistischen Raubzügen in der Sowjetunion. Eine unterschiedliche Behandlung beider Vorgänge in bezug auf die Restitution von Kulturgütern läßt sich mit dem geltenden internationalen Recht nicht vereinbaren. Denn der Schutz von Kulturgütern fremder Staaten und Völker gilt unabhängig von dem jeweiligen Anlaß. Die deutsche Seite hat nie die Rechtswidrigkeit der Verbringung von Kulturgütern aus der Sowjetunion während des Zweiten Weltkrieges bestritten und diese Vorgänge stets tief bedauert. Um so wichtiger erscheint es, daraus die notwendigen Konsequenzen zu ziehen und Formen der einseitigen Wegnahme umfassend abzulehnen. Gerade der Respekt vor dem Volk des Vertragspartners gebietet, diese Distanz von den barbarischen Raubzügen der Nationalsozialisten einzuhalten und die Achtung vor der Kultur des Nachbarvolkes immer wieder zu betonen.

Dies gilt insbesondere im Blick auf den Vertragsschluß von 1990, der in einer Zeit erfolgte, in der im Rahmen der Unesco die kriegsbedingte Wegführung von Kulturgütern seit 1954 nochmals und noch deutlicher untersagt wurde. Dieser veränderten Ausgangslage waren sich die Vertragspartner

1990 wie 1992 bewußt. Folglich kann es bei der Regelung der Rückführungen nicht darum gehen, das Jahr 1945 und die Nachkriegszeit nach Abschluß des Zwei–plus–Vier–Vertrages neu zu beleben.

Betrachtet man die Problematik der Kriegsbeute vor dem Hintergrund der erwähnten Argumente, so zeigt sich kein Gesichtspunkt, der es rechtfertigen würde, auf "Kriegsbeute" oder "Siegestrophäen" stolz sein zu können. Daß auch in der Sowjetunion kein Bedürfnis bestand, den Umfang der weggeführten deutschen Kunstschätze zu betonen, wird in dem Umgang mit den deutschen Kulturgütern deutlich. Sie wurden, von den an die DDR zurückgegebenen Objekten abgesehen, mit einem dichten Mantel der Geheimhaltung versehen, der Verbleib in der Sowjetunion mehr als 40 Jahre lang geleugnet, so daß diese Kunstschätze schließlich als verschollen gelten mußten. Erst Ende der achtziger Jahre mußte die sowjetische Führung einräumen, daß sich die vermißten Kulturgüter in der Sowjetunion beziehungsweise in Rußland befanden. Erst von diesem Zeitpunkt an wurde der Umfang der dort befindlichen Kulturgüter abschätzbar. Es war gerade dieses beharrliche Leugnen des Besitzens von deutschen Kulturgütern, das nicht zuletzt russische Forscher empörte, die vor allem das Nichtinformieren der Öffentlichkeit kritisierten. Für viele Forscher galt es als besonders verwerflich, daß überaus wertvolle Kulturgüter in den Kellern sowjetischer Museen versteckt wurden, statt sie der interessierten Öffentlichkeit etwa für Forschungszwecke zur Verfügung zu stellen. Das jahrzehntelange Verbergen der Kulturgüter deutet nicht auf ein Bewußtsein, da in aller Regel mit der Bezeichnung als "Trophäe" des Sieges verbunden wird.

III. Waggonweise ging deutsches Kriegsdiebesgut zurück

Auch ein anderer Gesichtspunkt verdient Beachtung, weil er das Gesamtverhältnis der Vertragsparteien hinreichend beleuchtet. Die 1990 und 1992 geschlossenen Verträge würden falsch verstanden, wenn sie den Eindruck vermittelten, als sollte nur Rußland zur Rückgabe von Kulturgütern verpflichtet werden, während nachweislich in Deutschland keine entsprechenden Kulturgüter vorhanden sind, die als Gegenleistung nach Rußland zurückzuführen wären. In der Tat ist das Verhältnis zwischen Rußland und Deutschland in bezug auf die Menge der zurückzuführenden Kulturgüter aus heutiger Sicht einseitig gestaltet. Denn in der Bundesrepublik lassen sich kaum Gegenstände russischer Herkunft ermitteln, die in das Vertragsverhältnis eingebracht werden könnten. Infolgedessen hat man von einer beklagenswerten "Asymmetrie" gesprochen, die zu Lasten Rußlands wirken könnte. Dieser Eindruck besteht jedoch nur, wenn man allein die gegenwärtige Situation betrachtet. Nicht berücksichtigt sind bei dieser Rechnung die von

den Nationalsozialisten nach Deutschland verbrachten sowjetischen Kulturgüter, die von den Alliierten an den sogenannten "Collecting points" gesammelt wurden und in zahlreichen Waggonladungen nach dem Kriege bereits
in die Sowjetunion zurückgeführt wurden. Berücksichtigt man auch diese
Rückführungen, so ändert sich das scheinbar einseitige Bild.

Die Verträge von 1990 und 1992 stehen am Beginn einer neuen Entwicklung, und es wäre verhängnisvoll, wollte man die längst in Kraft getretenen
Vertragsbestimmungen nicht zukunftsgerichtet, sondern vergangenheitsbe-
zogen auslegen. In der Gegenwart dominieren Begriffe wie "Weltkulturerbe"
oder "Europäisches Kulturerbe". An diesen Kriterien sollten sich die Vertragsparteien orientieren. Wenn vom Europäischen Kulturerbe die Rede ist,
so wäre es wiederum eine Umkehrung des Sinnes dieser Entwicklungen,
wollte man den Hinweis auf das "Europäische" als Legitimierung des Behal-
tendürfens von Kriegsbeute mißbrauchen. Die Respektierung des Europäischen Kulturerbes setzt die Rückgabe der kriegsbedingt verlagerten Kulturgüter an die jeweilige Nation voraus, erlaubt jedoch auch Sonderregelungen,
etwa für Ausstellungen und Verfilmungen, wie dies bereits bei Rückgaben
durch die Sowjetunion an die DDR praktiziert wurde. In keinem Fall kann
der Gedanke des Weltkulturerbes oder des Europäischen Kulturerbes dazu
dienen, der Wegnahme historischen Kulturerbes den Mantel der Rechtmä-
ßigkeit umzuhängen. Pragmatische zukunftsorientierte Lösungen dürfen die
Grundlagen des geltenden Völkerrechtes nicht aus den Augen verlieren. Sie
sollten es vielmehr im Sinne stabiler, dauerhaft freundschaftlicher Beziehungen nutzen.

DIE KULTUR– UND WISSENSCHAFTSPOLITIK MOSKAUS GEGENÜBER DEUTSCHLAND

Von Hagen Graf Lambsdorff

Auch wenn der Kulturaustausch im allgemeinen nicht im Rampenlicht des politischen Tagesgeschäfts und somit des öffentlichen Interesses steht — auf die brisanteste Ausnahme, die Rückführung von Kulturgütern, komme ich am Schluß meines Vortrages zu sprechen —, so ist der Kulturaustausch letztlich doch der Teil unserer Beziehungen zu Rußland, mit dem wir in beiden Ländern die meisten Menschen erreichen und langfristig an der Basis, im 'kollektiven Gedächtnis', Partnerschaft, Zusammenarbeit und Verständnis füreinander verankern. Kulturaustausch umfaßt dabei nicht nur die schönen Künste — Malerei, Musik, Tanz und Literatur — sondern die zwischengesellschaftliche Zusammenarbeit auf allen Gebieten. Dazu gehören Wissenschaftler–, Jugend– und Schüleraustausch genauso wie die Arbeit von Kirchen, Gewerkschaften, politischen Stiftungen und anderen gesellschaftlichen Gruppen.

Unsere Auswärtige Kulturpolitik ist von den großen Veränderungen und Umbrüchen der letzten Jahre in Mittel– und Osteuropa und in den Nachfolgestaaten der ehemaligen Sowjetunion unmittelbar betroffen. Seit 1989 stehen wir vor einer völlig veränderten Situation. Wo wir früher nur mühsam und gegen zähe Widerstände arbeiten konnten — und bitte glauben Sie mir, ich war von 1982 bis 1985 Leiter der Kulturabteilung an unserer Botschaft in Moskau —, tut sich uns heute ein breites Spektrum an Austauschmöglichkeiten und Kontaktwünschen auf, die oft ihre Beschränkung nur in den endlichen Ressourcen beider Partner erfahren. Die Lage Deutschlands in der Mitte Europas, die aus der Geschichte erwachsenen Anforderungen, aber auch die zunehmende weltpolitische Verantwortung unseres Landes verpflichten uns zu einer besonderen Offenheit Mittel– und Osteuropa gegenüber. Die Bundesregierung hat, als sich die Chance bot, sofort damit begonnen, die sich aus dem politischen Umbruch ergebenden neuen Handlungsspielräume für die kulturelle Zusammenarbeit mit den Ländern Mittel– und Osteuropas und in den Neuen Unabhängigen Staaten zu nutzen. Binnen kurzer Zeit ist diese Region ein neuer Schwerpunkt unserer Auswärtigen Kulturpolitik geworden. Rußland spielt dabei naturgemäß eine herausragende Rolle.

Um diesen uns selbst gestellten Anspruch zu erfüllen, haben wir schon frühzeitig begonnen, das bewährte Instrumentarium der Auswärtigen Kulturpolitik mit ihren Mittlerorganisationen und deren Programmen flexibel und praxisorientiert auf die neuen Gegebenheiten einzustellen. Als Basis der Zusammenarbeit mit unseren ausländischen Partnern kommt bilateralen Kulturabkommen eine herausragende Bedeutung zu. Die Bereitschaft, zur Förderung des Kultur– und Wissenschaftsaustauschs weitreichende und verbindliche Absprachen zu treffen, ist ein Indikator dafür, welcher Wind in der Kultur– und Wissenschaftspolitik eines Landes gegenüber anderen Staaten weht.

Im Herbst 1991, die Sowjetunion hatte noch nicht aufgehört zu existieren, begann deshalb die Kulturabteilung des Auswärtigen Amtes mit den Vorarbeiten für das Modell eines neuen Kulturabkommens, eines Abkommens neuen Stils, das die alten, unter den Bedingungen des Kalten Krieges geschlossenen Abkommen der siebziger Jahre ersetzen sollte. Es sollte modernen Möglichkeiten und Erfordernissen des Kulturaustauschs entsprechen und eine tragfähige Grundlage für einen zukunftsgerichteten Ausbau und die Vertiefung der kulturellen Beziehungen auf allen Feldern, einschließlich Bildung und Wissenschaft, in den kommenden Jahrzehnten bieten. Dazu mußte es Bereiche regeln, die seinerzeit noch nicht Gegenstand bilateraler Kulturbeziehungen waren, und ferner Regelungen treffen, die in früheren Jahren nicht durchsetzbar waren. Ich nenne hier Stichworte wie Archivwesen, Denkmalschutz, Äquivalenzen, Medien, Minderheiten, Rückführung von Kulturgütern. Wo immer es sinnvoll erschien, wurden die Kulturbeziehungen 'entstaatlicht' und vertragliche Grundlagen für eine dezentralisierte, unmittelbare Zusammenarbeit zwischen den Beteiligten, auch auf regionaler und lokaler Ebene, sowie zwischen gesellschaftlichen Gruppen und Vereinigungen wie Stiftungen, Gewerkschaften oder Kirchen geschaffen. Nicht zuletzt sollte der Status der kulturellen Einrichtungen und des entsandten Kulturpersonals durch umfassende Regelungen im Abkommen selbst gesichert werden. Knapp ein Jahr nach dem Ende der Sowjetunion waren unsere Bemühungen von Erfolg gekrönt. Am 16. Dezember 1992 wurde als erstes mit der Russischen Föderation ein neues Abkommen über kulturelle Zusammenarbeit unterzeichnet. Inzwischen sind 14 neue Kulturabkommen in der Region abgeschlossen und zum Teil in Kraft getreten. Sie werden in der Regel vom Tag der Unterzeichnung an vorläufig angewendet; da bei Kulturabkommen die Bundesländer zustimmen müssen, dauert es bei uns in der Regel viele Monate, manchmal Jahre bis zur Ratifizierung.

Welche Auswirkungen die Umorientierung der Kultur– und Wissenschaftspolitik Moskaus im Gefolge des politischen Umbruchs in der Praxis hatte, spiegelt das Protokoll der zweiten Sitzung der Deutsch–Russischen Gemischten Kulturkommission wider, die vom 22. bis 24. März 1995 in Bonn stattfand. Es dokumentiert die erfreuliche Ausweitung des kulturellen Austauschs in den letzten Jahren, insbesondere auch in der Zusammenarbeit von Wissenschaft und Hochschulen. Allein im Rahmen der Programme des DAAD konnten in den Jahren 1993 und 1994 insgesamt fast 2.000 russische und 900 deutsche Studierende, Graduierte und Wissenschaftler am Austausch teilnehmen. Die Alexander von Humboldt–Stiftung verlieh 1994 56 Neustipendien für langfristige Forschungsaufenthalte und betreute insgesamt 179 russische Forschungsstipendiaten. Die Deutsche Forschungsgemeinschaft förderte den Austausch von 450 russischen und mehr als 100 deutschen Wissenschaftlern. Und auch die politischen Stiftungen haben 1994 fast 100 Hochschulstipendien vergeben. Darüber hinaus werden russische Wissenschaftler aus EU–Mitteln im Rahmen von Tempus II–Programmen gefördert.

Wichtige Etappen in den Kulturbeziehungen seit 1992 waren:

– seit Mitte 1993 Zweigstelle des Goethe–Instituts auch in St. Petersburg, nachdem das Goethe–Institut in Moskau die Arbeit bereits 1990 aufgenommen hatte;

– 1993 Eröffnung der DAAD–Außenstelle in Moskau;

– 1993 Eröffnung eines Büros des Deutschen Volkshochschul–Verbandes in St. Petersburg: zur Beratung in der Erwachsenenbildung;

– seit 1993 Eröffnung von inzwischen sechs deutschen Lesesälen in Jekaterinburg, Nowosibirsk, Tomsk, Tjumen, Wladiwostok und seit Oktober 1994 Smolensk (gemeinsam mit Frankreich);

– im April 1994 Sondersitzung der Gemischten Kulturkommission zu Fragen der kulturellen und bildungspolitischen Förderung der Rußlanddeutschen;

– Entsendung von inzwischen 36 Lehrern (1994/95) und vier Fachberatern an russische Schulen und Bildungseinrichtungen;

– Verstärkung der jugendpolitischen Zusammenarbeit im Rahmen der wiederaufgenommenen Sitzungen des Deutsch–Russischen Jugendrates;

– intensiver Austausch in Musik, Theater, Ballett und Ausstellungen, insbesondere aufgrund direkter Kontakte zwischen Künstlern, Ensembles und Museumsfachleuten;

– Einbeziehung von St. Petersburg und Kaliningrad in die "Kulturwochen der Bundesrepublik Deutschland in der Baltischen Region" im Jahr 1993 (ein zweifelhaftes Konzept, wie sich herausstellte);

– Zusammenarbeit der Bundesländer, insbesondere Nordrhein–Westfalen, Baden–Württemberg, Niedersachsen, Berlin, Bayern und Mecklenburg–Vorpommern, mit Regionen der Russischen Föderation in Kultur und Bildung (Schwerpunkt bei der Lehrerfortbildung). Viele russische kulturelle Vorhaben in Deutschland werden in direkter Zusammenarbeit mit den Ländern durchgeführt, z. B. die 'Woche russischer Kultur an Rhein und Ruhr' im März 1995 oder die Veranstaltungsreihe 'Berlin–Moskau/Moskau–Berlin' 1995 in Berlin und 1996 in Moskau.

Sie sehen, der Wandel in der Politik ermöglicht auf allen Ebenen Aktivitäten in und mit Rußland, die vor einigen Jahren noch völlig undenkbar waren. Aber noch längst haben wir nicht ein Niveau der Normalität des Austauschs erreicht, wie wir es mit unseren Nachbarn im Westen oder in Nordamerika gewohnt sind. Umbruch und Verfall altkommunistischer Kultur– und Werteausrichtung, verbunden mit Dezentralisierung, Regionalisierung, Autonomiestreben, Selbstverwaltung, Privatisierung und Individualisierung, gekoppelt mit einem dramatischen Rückgang der staatlichen Kulturförderung, führen zur Auflösung der alten Strukturen, ohne daß immer funktionierende neue an ihre Stelle träten. Die offizielle Kulturpolitik Moskaus versucht, ohne selbst hinreichend über eigene, vor allem finanzielle Mittel zu verfügen, die Pluralität vor Ort im Rahmen einer im Grunde liberalen kulturpolitischen Konzeption zuzulassen. Gerade vor Ort jedoch stoßen Aufbruchsbereitschaft und kulturelle Umstrukturierung immer wieder an wirtschaftliche, finanzielle und vor allem bürokratische Grenzen, eine Erfahrung, die auch wir in unseren Austauschprogrammen immer wieder machen müssen. Neben den finanziellen Engpässen aufgrund der schwierigen wirtschaftlichen Situation der russischen Partner bereitet uns vor allem die mangelnde Umsetzung der Statusregelungen des Kulturabkommens Sorgen. Hier besteht dringender Klärungsbedarf im Hinblick auf die Erteilung von Mehrfachvisa an unser entsandtes Kulturpersonal vor der Abreise nach Rußland, einschließlich der Berechtigung zur jederzeitigen Wiederausreise, wenn unseren Kulturprogrammen, z. B. der Lehrerentsendung, nicht erhebliche Beeinträchtigung drohen soll.

Ich habe es eingangs schon angedeutet: Es gibt einen Bereich unserer kulturellen Beziehungen, in dem wir massive politische Probleme haben. Wenn ich dies als Angehöriger des Auswärtigen Amtes, der ich bis vor kurzem war, so offen und hart ausdrücke, werden Sie merken, wie ernst die Situation ist, und welchen Schatten dies auf unsere Kulturbeziehungen zu Rußland insgesamt wirft. Die Rede ist von der Rückführung kriegsbedingt verlagerter Kulturgüter. Eigentlich ist alles klar. Das Völkerrecht ist eindeutig, und ebenso sind es unsere bilateralen Vereinbarungen mit Rußland. Am 9. November 1990 schlossen Deutschland und die Sowjetunion einen Vertrag über gute Nachbarschaft, mit dem eine umfassende politische Architektur geschaffen wurde, deren Ziel es war und ist, aus früherer Konfrontation und Abgrenzung eine verläßliche Partnerschaft zu machen. Es war also kein Zufall, sondern die politische Logik dieses Neubeginns, daß in dem Nachbarschaftsvertrag in Art. 16 Abs. 2 eine Verpflichtung zur beiderseitigen Rückführung kriegsbedingt verlagerter Kulturgüter aufgenommen wurde. Das deutschrussische Kulturabkommen von 1992 übernimmt und bekräftigt sie in Art. 15.

Vor diesem Hintergrund haben Deutschland und Rußland 1993 Rückführungsverhandlungen begonnen und mit dem sog. "Dresdener Protokoll" ein formelles und materielles Format für die Umsetzung der von ihnen übernommenen Verpflichtungen vereinbart. Zu diesem Zweck haben sie eine "Gemischte Regierungskommission" unter der Leitung je eines deutschen und russischen Co–Vorsitzenden gebildet und — analog hierzu — gemeinsame Fachgruppen für Museen, Bibliotheken, Archive und Recht eingesetzt.

In Dresden und bei dem darauf folgenden Treffen der Gemeinsamen Regierungskommission in Moskau wurden sachlich weiterführende Protokollabsprachen zur Implementierung der Rückführungsbestimmungen vereinbart, z. B. Zugang zu allen Aufbewahrungsorten der Kulturgüter, Austausch von Beschlagnahme–, Transport– und Verlustlisten, Festlegung von Einzelfällen, die prioritär gelöst werden sollen. Allerdings zeichnete sich in der Gemeinsamen Regierungskommission auf russischer Seite zunehmend eine retardierende Tendenz ab, die weitere Fortschritte verhinderte und sogar bereits vereinbarte Protokollabsprachen wieder in Frage stellte. Obwohl Bundeskanzler Kohl und Präsident Jelzin am 12. Mai 1994 den Termin für das nächste Treffen der Regierungskommission auf Juli 1994 in Bonn vorverlegten, um schneller konkrete Ergebnisse möglich zu machen, blieb dies ohne Auswirkungen auf die russischen Verhandlungspositionen. Dies hat bei uns in Deutschland zu Irritationen und Zweifel an dem Willen und der Bereitschaft der russischen Partner geführt, die im Nachbarschaftsvertrag und im Kulturabkommen übernommenen Verpflichtungen zu honorieren.

Als Blockadehebel benutzten die russischen Verhandlungskommissionen die juristische Auslegung des Vertragstextes, wobei insbesondere der Begriff "unrechtmäßig verbracht" zu einer Hürde gemacht wurde. Mit einer nur mühsam nachvollziehbaren Logik wird die Auffassung vertreten, daß zwar die von den deutschen Okkupanten in der UdSSR geraubten Kulturgüter "unrechtmäßig verbracht" worden seien — eine Feststellung, die von deutscher Seite zu keinem Zeitpunkt bestritten wurde — während die von ihren eigenen Militär– und Besatzungsbehörden im großen Stil aus deutschen Museen und Sammlungen verschleppten Kulturgüter "rechtmäßig" in die Sowjetunion gelangt seien.

Ein Teil der aus Deutschland entnommenen Kulturgüter wurde von der UdSSR in den fünfziger Jahren an das sozialistische Bruderland DDR zurückgegeben. Ein anderer, weit größerer Teil blieb ein halbes Jahrhundert in

Geheimdepots. Zu den früheren Rückgabeaktionen ist anzumerken, daß die Sowjetunion in den Übergabeprotokollen an die DDR den Anschein völkerrechtswidrigen Verhaltens sorgsam zu vermeiden suchte. Die einschlägigen ZK–Beschlüsse sprechen an keiner Stelle von Beutegut, von sowjetischem Eigentum oder von Reparationen. Sie ordnen die Rückgabe ohne Bedingungen und Gegenleistungen an. Man gibt sich gewiß keinen Illusionen über das Verhältnis der sowjetischen Diktatur zu Recht und politischer Moral hin, wenn man darauf hinweist, daß sie die Kulturgüter in Geheimdepots einsperrte und zum Staatsgeheimnis erklärte, weil sie den rechtlichen und moralischen Makel des Kulturraubes scheute. Man wird allerdings — wie dies auch inzwischen nachdrücklich in Deutschland, in Europa und den USA getan wird — die Frage stellen dürfen, wie das sich innenpolitisch zu demokratischen Reformen und Rechtsstaat und außenpolitisch zum Völkerrecht und zur Geltung von Verträgen bekennende Rußland mit diesen historischen Altlasten umgehen will — ob das Rußland von heute also wirklich einen Standpunkt einnehmen und bilateral wie international vertreten will, den die sowjetische Regierung und das ZK der KPdSU nicht öffentlich werden lassen wollten. Nachdem wir jetzt sehen müssen, daß Rußland auch bei der Einhaltung der Charta von Paris, der OSZE–Verpflichtungen und sogar des KSZE–Vertrages wackelt, muß die Frage nach der allgemeinen Verläßlichkeit und Vertragstreue des Landes erlaubt sein.

Die Rückführungsverhandlungen mit Rußland befinden sich also in einer schwierigen Phase. Selbst bei ausverhandelten Einzelfällen sind Lösungen ins Stocken geraten. Bei den Restbeständen der Gotha–Bibliothek (6000 höchst wertvolle Bände) und der sogenannten "Baldin–Sammlung" empfahl die russische Regierungskommission eine Rückgabe an Deutschland. Gleichzeitig erklärte die Kommission aber, daß es keine Instanz in Rußland gebe, die ihre Empfehlungen umsetzen und die Rückführung tatsächlich anordnen könne. Ähnlich ist die Lage bei den sogenannten "101–Blättern". Hier handelt es sich vor allem um Altmeister–Graphiken, die aus der Bremer Kunsthalle stammen, im Krieg nach Rußland gelangten und vor geraumer Zeit von einem russischen Privatmann in der Deutschen Botschaft in Moskau abgegeben wurden. Auch hier empfahl die russische Kommission die Rückgabe, bestand allerdings in Verhandlungen mit uns auf einer vorherigen gemeinsamen Expertise, um Echtheit und Provenienz der Blätter feststellen zu können. Dies ist geschehen. Alle Blätter gehören nachweislich Bremen, was die russischen Gutachter auch ausdrücklich anerkannten. Gleichwohl verweigern die russischen Behörden bis heute die Ausfuhrgenehmigung für diese Kunstwerke.

Unsere russischen Verhandlungspartner hatten ein Gesetz angekündigt, mit dem die innerstaatlichen Grundlagen für den Rückführungsprozeß geschaffen werden sollten. Inzwischen hat der Föderationsrat der Duma Ende März einen Gesetzentwurf zugeleitet, in dem mit wenigen Ausnahmen sämtliche nach Rußland verschleppten Kulturgüter kurzerhand zu russischem Eigentum erklärt werden. Daraufhin hat die Duma zunächst ein Moratorium beschlossen, mit dem verhindert werden soll, daß der Präsident oder die Regierung vor Verabschiedung eines entsprechenden Gesetzes Entscheidungen in der Sache treffen. Die Bundesregierung, speziell Außenminister Kinkel, haben die russische Seite unmißverständlich darauf hingewiesen, daß ein derart völkerrechtswidriges, gegen die bilateralen Verträge und selbst gegen den eindeutigen Wortlaut der russischen Verfassung verstoßendes Gesetz eine Belastung der gesamten deutsch–russischen Beziehungen bedeuten würde.

Deutschland stützt seine Rückführungsansprüche auf Verträge und das geltende Völkerrecht. Es ist für uns nicht akzeptabel, daß Rußland von dem Grundsatz 'pacta sunt servanda' abweicht oder den Versuch macht, das Völkerrecht dem innerstaatlichen Recht unterzuordnen. Deutschland und Rußland haben im Nachbarschaftsvertrag präzise Absprachen getroffen, die als Geschäftsgrundlagen ihrer Beziehungen zueinander und gegenüber der Völkergemeinschaft zu verstehen sind.

Lassen Sie mich zusammenfassen:

– Für Deutschland geht es um die Wiedererlangung eines Teils seines legitimen Kulturerbes. Dies ist eine nationale Aufgabe, die für jede Bundesregierung großes Gewicht hat. Grundlagen für die Herbeiführung einer Lösung sind geschlossene Verträge und das geltende Völkerrecht.

– Aus politischer Sicht gehört eine einvernehmliche Lösung der Rückführungsproblematik zu der neuen Qualität der bilateralen Beziehungen. Dies haben Bundeskanzler Kohl und Präsident Jelzin am 21. November 1991 gemeinsam erklärt.

– Rußland muß sich entscheiden, ob es die deutschen Kulturgüter weiterhin als Kriegsgeiseln behandeln oder zu Friedensboten im Rahmen fundamental veränderter Beziehungen zwischen beiden Staaten machen will. Es geht um das politische Selbstverständnis Rußlands, aus dem heraus die Frage beantwortet werden muß, wie es sich in die Wertegemeinschaft Europas einfügen will, für die Völkerrecht, Vertragstreue und Achtung der kulturellen Identität anderer Staaten unverzichtbar sind.

– Die internationale Staatengemeinschaft wird darauf zu achten haben, daß der durch die Haager Landkriegsordnung geregelte und zu geltendem Völkerrecht erstarkte Kulturgüterschutz mit seiner friedensstiftenden Kraft nicht beschädigt wird. Dies ist heute nicht weniger wichtig, als es in der Vergangenheit war.

– Die Bundesregierung wird die Rückführungsverhandlungen mit Rußland konstruktiv fortsetzen. Notwendig sind Zeit, Geduld und politische Sensibilität auf beiden Seiten. Deutschland erwartet von Rußland nichts Unmögliches, wohl aber, daß es Geist und Buchstaben des Nachbarschaftsvertrages respektiert und seine angekündigte innerstaatliche Gesetzgebung an geltendem Völkerrecht orientiert.

STAND UND PERSPEKTIVEN DER DEUTSCH–RUSSISCHEN BEZIEHUNGEN

Von Wjatscheslaw Daschitschew

Die deutsch–russischen Beziehungen entwickelten sich immer im engen Zusammenhang mit der allgemeinen Lage und dem Wandel in der Kräftekonstellation in Europa. Zur Zeit befindet sich unser Kontinent wieder auf einem Scheideweg. Die Euphorie und Erwartungen einer neuen Ära des Friedens und der Zusammenarbeit in Europa nach dem Ende des Kalten Krieges schwanden dahin. Die Europäer sehen sich mit neuen ernsten Herausforderungen und Gefahren konfrontiert. Zu einer Bedrohung und Herausforderung für die europäische Stabilität und Sicherheit wurden erbitterte Kriege in Jugoslawien und Tschetschenien. In Rußland und anderen GUS–Staaten stießen die demokratischen und marktwirtschaftlichen Reformen auf große objektive Schwierigkeiten, auf Unvermögen, Eigennutz und Habgier der neuen russischen regierenden Elite. Die russische Gesellschaft verfiel in eine tiefe allgemeine Krise. Mißerfolge der Reformen brachten auf die russische politische Bühne Nationalisten, Links– und Rechtsextremisten, Anhänger der alten Großmachtpolitik. Zwischen Rußland und dem Westen weitete sich die Entfremdung aus. Geopolitisch wurde Europa nach dem Kalten Krieg und dem Zusammenbruch der Sowjetunion in drei Teile geteilt — die NATO–Länder, die Länder von Ostmitteleuropa und die GUS–Staaten. Die Länder von "Zwischeneuropa", besorgt durch die Innenentwicklungen in Rußland drängen auf die Mitgliedschaft in der NATO. Aber die Osterweiterung der NATO birgt in sich das Risiko einer neuen Spaltung Europas, wenn Rußland isoliert wird.

Die neuen Rahmenbedingungen für die Gestaltung der deutsch–russischen Beziehungen sind also durchaus nicht günstig. Obwohl diese Beziehungen zur Zeit normal sind, kann man sagen, daß sie doch unterschwellig durch eine Reihe von Problemen belastet werden, die in Zukunft an Schärfe gewinnen können.

Vor allem muß man sagen, daß die russische Bevölkerung und selbst die russische "politische Klasse" kein adäquates und richtiges Bild von der neuen demokratischen und friedlichen Mentalität der Deutschen, vom Funktionieren der Demokratie und der Marktwirtschaft in Deutschland sowie von seiner neuen Rolle in der Europa- und Weltpolitik hat. Die Hauptursachen dieser Mißperzeptionen sind:

1. Die jahrzehntelange Fehlrichtung in der Verständigungs- und Versöhnungspolitik der Sowjetunion und Rußlands gegenüber Deutschland. Die Bundesrepublik wurde in den sowjetischen Massenmedien als ein Hort des revanchistischen Imperialismus und die DDR als das Bollwerk der revolutionären Arbeiterbewegung dargestellt. Unter den Verhältnissen des Kalten Krieges hat sich die sowjetische Propaganda zu lange und zu intensiv mit dem Eroberungskrieg Hitlers gegen die Sowjetunion befaßt. Die Versöhnung mit den Deutschen wurde vernachlässigt. Auch die neue russische Führung hat in diesem Sinne wenig getan. Bei aller positiven Bedeutung der Demonstration der "Freundschaft zwischen Boris und Helmut" kann sie das Fehlen einer weit verflochtenen Interaktion zwischen den Bürgern Rußlands und Deutschlands nicht ersetzen.

2. Der schlechte Stand der Deutschlandforschung im gegenwärtigen Rußland und der Mangel an Germanisten in den wissenschaftlichen Institutionen und Regierungsgremien. Selbst im russischen Außenministerium ist der Bedarf an diesen Fachkräften sehr spürbar.

3. Eine starke "Amerikanisierung" der gegenwärtigen russischen Außenpolitik und eine "Dollarisierung" der russischen Wirtschaft. Seit 1992 wurde die Bedeutung Europas, darunter auch Deutschlands, für die nationalen Interessen Rußlands stark unterschätzt. Die amerikanische Lobby hat die russische Politik im Griff. Selbst der außenpolitische Berater von Jelzin — Rurikow — ist Schwiegersohn von Dmitri Simes, einem der einflußreichsten Kremlideologen der USA.

4. Die Vernachlässigung des Abbaus der alten konfrontativen Stereotypen des Denkens als eine der wichtigsten Voraussetzungen für die Reformierung Rußlands und seiner Außenpolitik.

5. Vermochte es die russische Führung auch nicht, dem wachsenden Nationalismus in der russischen politischen Elite die Förderung eines gesamteuropäischen Bewußtseins in der russischen Gesellschaft entgegenzustellen.

All das hat sich sehr negativ auf die Herausbildung realistischer Vorstellungen der Russen von Deutschland ausgewirkt. Trotzdem kann man sagen, daß das russische Volk im ganzen, abgesehen von kleineren Gruppen und Schichten der Bevölkerung, intuitiv sehr freundlich den Deutschen gegenüber eingestellt ist. Das zeugt von der geringen Tiefenwirkung antibundesdeutscher Propaganda während des Kalten Krieges und von einer starken Ausstrahlungskraft der Bundesrepublik Deutschland und seiner Bürger.

Bei der Charakterisierung der russischen Vorstellungen von der Bedeutung Deutschlands für Rußland muß man unterscheiden zwischen der offiziellen Politik, den Ansichten der "politischen Klasse", der intellektuellen Elite und der breiten Öffentlichkeit.

Im offiziellen Konzept der russischen Außenpolitik wird der Stellenwert Deutschlands für Rußland ganz geringfügig eingestuft. In den russischen außenpolitischen Prioritäten räumt dieses Konzept den USA fast drei Seiten ein, während Deutschland nur einige Zeilen gewidmet sind, die wie folgt lauten: "Das verstärkte politische Zusammenwirken mit Deutschland (beinhaltet): die Realisierung der angenommenen Projekte der Zusammenarbeit in den Bereichen der Wirtschaft, Wissenschaft und Technologie; intensive Ausweitung der bilateralen Bindungen; die Herstellung der Zusammenarbeit im Rahmen der neuen geopolitischen Realitäten des europäischen Kontinents; die Regelung der dringenden Probleme in den bilateralen Beziehungen". So knapp und nichtssagend wird in diesem Akt die Bedeutung Deutschlands für Rußland definiert.

In der Praxis sind aber der offiziellen Politik oft überzogene Erwartungen in Bezug auf Deutschland eigen. Zum Beispiel die Vorschläge zur Bildung einer Achse Moskau–Bonn, zur Herstellung der bilateralen Sonderbeziehungen. Mißachtet oder nicht verstanden wird dabei, daß der Bilateralismus in den Beziehungen zwischen Rußland und der BRD, welcher fest im Multilateralismus der EU verankert ist, der Vergangenheit angehört und nur sehr bedingt angewandt werden kann. Für Rußland bleiben jedoch wichtige Nischen für die Gestaltung seiner Beziehungen zu Deutschland ebenso wie umgekehrt. Für beide Länder ist das gegenseitige Zusammenwirken eine objektive Notwendigkeit. Nicht stichhaltig ist die von Prof. Dieter Senghaas vertretene Theorie der "verflochtenen Interessen Deutschlands" im OECD–Bereich, die für Rußland fast keinen Platz in der deutschen Außen– und Wirtschaftspolitik aus Gründen seiner Westbindung läßt.

Als ein anderer Einschränkungsfaktor für die Gestaltung der russisch–deutschen zwischenstaatlichen Beziehungen tritt das Rapallo–Syndrom auf. Jede übermäßige Annäherung zwischen Deutschland und Rußland kann von Frankreich, Polen und den USA sowie einigen anderen Ländern mit Argusaugen angesehen werden. Das kann die deutsche und auch die russische Politik nicht außer acht lassen. Für die zukünftige Gestaltung eines gesamteuropäischen politischen, wirtschaftlichen und rechtlichen Raumes kann dieser Faktor, ebenso wie die Westbindung Deutschlands, an negativer Bedeutung für die russisch–deutsche Beziehung verlieren.

Auch die gegenwärtige politische und wirtschaftliche Instabilität Rußlands bietet Deutschland wenig Anreiz, mit seinem kranken östlichen Nachbarn großangelegte Geschäfte zu machen. Aber dieser Zustand Rußlands wird nicht ewig dauern. Die offizielle russische Politik akzeptiert, daß die entscheidenden politischen und wirtschaftlichen Kreise Deutschlands interessiert sind, in Rußland einen starken, politisch und wirtschaftlich zuverlässigen Partner zu haben. Nichtsdestoweniger wird die Tatsache, daß Deutschland an Rußland mehr als 50 % der gesamten westlichen Hilfe leistete, nur schwach ins Bewußtsein der russischen Öffentlichkeit gerückt (vielleicht, um die USA nicht zu überschatten).

Ausgehend von der alten Theorie und Praxis der Einflußsphären, verhält sich die russische Führung mit Besorgnis zu den Bestrebungen der USA, Deutschlands und anderer westlichen Länder, "unter dem Vorwand der Vermittlung und der friedenstiftenden Aktivitäten den Platz Rußlands in den Ländern seines traditionellen Einflusses zu besetzen" (das erwähnte "Außenpolitische Konzept Rußlands"). Das bezieht sich vor allem auf die NATO–Osterweiterung und auf das Eingreifen der NATO in Jugoslawien. In demselben Lichte wird die einseitige Anerkennung Kroatiens und Sloweniens von der deutschen Regierung im Dezember 1991 ausgedeutet.

Die neue politische Elite Rußlands ist zur Zeit mit Leib und Seele mit dem Kampf um die Macht und um die Ver– und Umverteilung des Staatseigentums beschäftigt. Die außenpolitischen Probleme, darunter auch das Verhältnis zu Deutschland, werden meist unter dem Blickwinkel dieser Kämpfe gesehen. Das setzt die russische Außenpolitik unter einen starken Druck und zwingt sie zum Lavieren.

Die Argumentation der National–Kommunisten, der Nationalisten und Großmachtanhänger zur Deutschlandfrage kennzeichnet Inkompetenz, Primitivismus und altes Denken. Hier einige Beispiele:

– die Zustimmung Gorbatschows unter dem Einfluß seiner Berater zur Wiedervereinigung Deutschlands war ein Verrat an den nationalen Sicherheitsinteressen Rußlands;

– die Wiedervereinigung Deutschlands zerstörte das Gleichgewicht der Kräfte in Europa und untergrub die europäische Sicherheit und Stabilität;

– die DDR wurde für einen lächerlich niedrigen Preis "verkauft";

– der Abzug der sowjetischen Truppen aus Deutschland hätte um einige Jahre verschoben werden müssen, um das Druckmittel auf die deutsche Außenpolitik nicht aus der Hand zu verlieren;

– das vereinte Deutschland wird unvermeidbar zu seiner alten Politik zurückkehren und versuchen, seine dominierende Vormachtstellung in Europa, insbesondere in Osteuropa einzunehmen;

– das wirtschaftliche und technologische Potential bringt Deutschland automatisch die Dominanz in Europa.

In den demokratischen und liberalen Kreisen Rußlands wird Deutschland als Musterland einer starken Demokratie und einer gut funktionierenden Marktwirtschaft wahrgenommen, als das Land im Zentrum Europas, das zur politischen, wirtschaftlichen und sozialen Stabilisierung und Demokratisierung der ostmitteleuropäischen Länder und Rußlands entscheidend beitragen kann. In diesen Kreisen hat man keine Vorbehalte gegen die wirtschaftliche Durchdringung Rußlands durch das deutsche Kapital und seine Unternehmen. Das wird von ihnen begrüßt. Gefordert wird die Schaffung günstiger politisch–psychologischer, rechtlicher und administrativer Bedingungen für die deutschen Investitionen in die russische Wirtschaft. Deutschland — nicht die USA — wird von den meisten als wichtigster politischer und wirtschaftlicher Partner Rußlands betrachtet. In der Wirklichkeit aber verliert Deutschland seinen führenden Platz auf dem russischen Markt. Sein Außenhandel mit Rußland ist fast um 50 % zurückgegangen. Nach dem Volumen der Investitionen in Rußland wurde Deutschland von den USA und selbst von Italien überholt. Langfristig gesehen ist diese Entwicklung kontraproduktiv sowohl für deutsche als auch für russische Interessen.

Die russische Gesellschaft im ganzen bewegen außenpolitische Probleme sehr gering. Sie ist in die Lösung der inneren Alltagsprobleme vertieft. Die einfachen Bürger müssen an ihr tägliches Brot denken. Wie ist bei ihnen die Einstellung zu Deutschland und zu den Deutschen? Es ist wohl paradox: Trotz der bitteren Erfahrungen des russischen Volkes mit den Deutschen in zwei Weltkriegen ist die überwiegende Mehrheit der einfachen Bürger deutschfreundlich. Nach Befragung, unterstützten mehr als 70 % der russischen Bevölkerung die Wiedervereinigung Deutschlands. Im Unterschied zu den bis jetzt bestehenden Sorgen im Westen um die mögliche neue Gefahr der deutschen Dominanz gibt es in Rußland auf der Ebene der einfachen Bürger nichts dergleichen. Die Deutschen werden für ihren Fleiß, die Tüchtigkeit, die Gründlichkeit und die Fähigkeit, gut und rational zu leben, respektiert.

In Anbetracht vieler Grenzen bei der Gestaltung der deutsch–russischen Beziehungen auf Staatsebene gewinnt die inoffizielle Gesellschaftsebene enorm an Bedeutung. Intensive und breite Kontakte zwischen den Menschen, Parteien, Organisationen, Vertretern verschiedener Berufe, Unternehmern, Wissenschaftlern können bei weitem den Wert der offiziellen zwischenstaatlichen Beziehungen übertreffen. Sie bringen eine reale Annäherung zwischen beiden Völkern, die reale Versöhnung und Verständigung, den Abbau von Vorurteilen und Mißperzeptionen. Diese Kontakte sind für die Demokratisierung Rußlands, seine Europäisierung und Integration in westliche gesellschaftliche und wirtschaftliche Strukturen unentbehrlich. Die gegenseitige gesellschaftliche Verflechtung und Durchdringung zwischen Rußland und Deutschland und anderen europäischen Ländern ist die beste Gewähr für die Sicherheit und Stabilität in Europa. Das setzt natürlich die

Öffnung Rußlands für die Außenwelt voraus. Einen nicht zu überschätzenden Beitrag zur Herstellung dieser Kontakte leisten in Rußland schon deutsche Stiftungen, darunter die Friedrich–Naumann–Stiftung, die Friedrich–Ebert–Stiftung und die Konrad–Adenauer–Stiftung und ein verzweigtes Netz der Goethe–Institute sowie die deutschen Unternehmen, Banken und Konzerne. Hier muß der Schwerpunkt der deutschen Politik gegenüber Rußland liegen, der von russischer Seite gefördert werden sollte.

Die Deutschen, die eine große Erfahrung in der Demontage eines totalitären Regimes und im Aufbau eines demokratischen Rechtsstaates in ihrem Lande haben, könnten viel energischer mit Rat und Tat, nicht aber mit Geldkrediten an die Regierung, bei der Durchsetzung der demokratischen, marktwirtschaftlichen und rechtlichen Reformen in Rußland behilflich sein. Dazu gehört auch die Förderung der Ausbildung der Germanisten und anderer Fachkräfte in deutschen Lehranstalten. Es wäre zweckmäßig, für die Aneignung der deutschen Erfahrungen, besonders in der sozialen Marktwirtschaft, eine gemeinsame deutsch–russische Zeitschrift zu gründen. Eine analoge deutsch–französische Zeitschrift existiert schon seit 1945 und spielte eine wichtige Rolle in der deutsch–französischen Verständigung und Zusammenarbeit.

Im Vergleich zu den kleineren Stolpersteinen in den deutsch–russischen Beziehungen wie zum Beispiel dem Problem der Restitutionen der während des Krieges erbeuteten Kulturschätze bildet die NATO–Osterweiterung ein Riesenhindernis, welches Rußland und Deutschland auf das stärkste in Zukunft entfremden kann.

Dieses Problem hat seine Vorgeschichte. Wie bekannt, trugen die Regierungen der USA, der Bundesrepublik, Frankreichs und Englands und die Gorbatschow–Führung die volle Verantwortung bei der Schaffung der sicherheitspolitischen Voraussetzungen und Bedingungen für die Wiedervereinigung Deutschlands und für die Gestaltung einer neuen europäischen Friedensordnung. Die Mitgliedschaft Deutschlands in der NATO wurde im Laufe der "Zwei–plus–Vier"-Verhandlungen in den engen Zusammenhang mit der Nichterweiterung der NATO nach Osten gestellt. Das war der Sinn des historischen Kompromisses der Verhandlungspartner, der die Wiedervereinigung Deutschlands real ermöglichte.

Die sowjetische Politik der Perestroika hielt es für notwendig, die bestehenden Sicherheitsstrukturen des Westens und des Ostens Europas allmählich zu transformieren, um ihr Verhältnis aus einer Quelle internationaler Spannungen in einen Faktor der Stabilität zu verwandeln und auf diese Weise den deutschen Vereinigungsprozeß mit der Herausbildung einer neuen europäischen Sicherheitsstruktur zu synchronisieren. In diesem Sinne sprach Gorbatschow im Sommer 1990 mit Bush, Thatcher, Mitterand, Andreotti und Kohl. Im Ergebnis dieser Gespräche fand das europäische Gipfeltreffen in Paris statt, auf welchem die "Pariser Charta" angenommen wurde. In ihr wurden die Konturen eines künftigen Europas umrissen und die Prinzipien des gesamteuropäischen Aufbaus formuliert. Aber leider gerieten sie sehr bald in die Vergessenheit.

Schon damals meldeten sich die Anhänger der geopolitischen Schule der amerikanischen Außenpolitik, die darauf abzielten, nach der Einstellung der Ost-West-Konfrontation die Sowjetunion durch die Ausfüllung des "machtpolitischen Vakuums" in Osteuropa zu isolieren und in den europäischen Raum "von Brest zu Brest" nur die osteuropäischen Länder einzuschließen.

Das alte Denken im amerikanischen außenpolitischen Establishment offenbarte sich schon damals als eine Tendenz, die später für gesamteuropäische Prozesse zu einem Hindernis werden sollte.

Welche Gründe der Osterweiterung der NATO westlicherseits auch immer genannt werden, eines ist klar: sie werden unvermeidlich zur Spaltung des Kontinents führen, deren Folgen für Europa verheerend sein können. Man könnte sich folgendes Szenario vorstellen:

- Rußland und Deutschland — die größten Länder Europas — werden zum vierten Mal in diesem Jahrhundert gegeneinander stehen. Die Gegnerschaft zwischen ihnen brachte immer beiden Völkern und ganz Europa großes Unheil;

- Rußland wird in eine gefährliche Isolation versinken; seinen demokratischen und marktwirtschaftlichen Reformen wird ein schwerer Schlag versetzt;

- das Land kann in einen extremistischen Autoritarismus verfallen;

- es wird durch eine neue Welle der Militarisierung ergriffen. Die Unterlegenheit an konventionellen Kräften und die Verschlechterung der geostrategischen Lage des Landes wird durch die forcierte nukleare Rüstung und das Setzen auf den nuklearen Waffeneinsatz kompensiert;

- zwischen der NATO und Rußland könnte eine erbitterte Rivalität um die Beherrschung der Ukraine, Belarus und des Baltikums ausbrechen;

- die riskante Zuspitzung der neuen Konfrontation in Europa wird zu großen Gegensätzen auch innerhalb der NATO und der EU führen.

All das kann die Beziehungen zwischen Deutschland und Rußland auf das schwerste belasten. Es ist deswegen unerläßlich, ein neues "Gegeneinander" zwischen beiden Ländern und eine neue Spaltung unseres Kontinents als Folge der NATO-Osterweiterung und der negativen Reaktion Rußlands sowie dessen Isolierung nicht zuzulassen. Die vernünftige Alternative dieser Entwicklung wäre die Schaffung eines gesamteuropäischen Sicherheitssystems unter Beteiligung Rußlands und der USA.

ANHANG: BEGEGNUNG MIT ADENAUER

Auszug aus dem fehlenden Teil der Memoiren von Nikita Sergejewitsch Chruschtschow. Übersetzung aus dem Russischen (Quelle: Voprosy istorii, 1993, Nr. 9, S. 73–78)

Ich möchte nunmehr einige Überlegungen zum Besuch einer von Adenauer geleiteten Delegation der Deutschen Bundesrepublik (DBR)[1] anstellen. Mit Adenauer bin ich eigentlich nur ein einziges Mal zusammengekommen — in Moskau. Ich weiß nicht mehr genau, in welchem Jahr das war. Wir waren sehr froh darüber, als Adenauer vorschlug, daß wir uns in der Sowjetunion treffen sollten. Und auf wessen Initiative? Beide Seiten wollten diese Begegnung. Sie war für beide von Vorteil. Die Lage Deutschlands war nicht normal (und ist es auch heute noch nicht). Daher war der Wunsch, die Situation zu normalisieren, nur natürlich.

Nach dem Tode Stalins sahen Adenauer und seine Partei eine Möglichkeit zur Vereinnahmung der Deutschen Demokratischen Republik durch Westdeutschland, um einen einheitlichen, kapitalistischen deutschen Staat zu schaffen. Adenauer und seine Freunde — unsere ehemaligen Verbündeten — spürten, daß die Bundesrepublik nun wirtschaftlich stark genug war, um selbst anderen Ländern Kredite gewähren zu können. Die UdSSR brauchte Kredite, um auf dem westlichen Markt Geräte und Ausrüstungen zu kaufen. Die Kredite hätten uns geholfen, die dringend benötigten Geräte und Ausrüstungen zu kaufen, die wir weder selbst herstellen noch in anderen sozialistischen Ländern erwerben konnten.

Wenn ich mich richtig erinnere, tauchte der Gedanke auf, die Regierung der Bundesrepublik sei bereit, uns als Ausgleich für die nichtgezahlten Reparationen, die wir im Potsdamer Abkommen festgelegt hatten, einen Kredit zu gewähren. Die Bundesrepublik hatte diese nicht fristgerecht gezahlt. Wie hoch die Summe genau war, weiß ich nicht mehr, aber es waren so um die 500 Millionen westdeutsche Mark. Diese Währung wurde im Westen hoch-

---

[1] Bis zur Aufnahme der diplomatischen Beziehungen benutzte die sowjetische Seite die Bezeichnung "Deutsche Bundesrepublik", abgekürzt DBR, und nicht Bundesrepublik Deutschland. Wo Chruschtschow die Abkürzung DBR gebraucht, ist sie in der Übersetzung durch Bundesrepublik ersetzt worden.

geschätzt. Allerdings hatte Adenauer wohl falsche Vorstellungen, was unsere Haltung zur DDR betraf. Erstens lehnten wir die Fragestellung, ob es eine DDR geben sollte oder nicht, ab. Denn das war eine Frage an die Deutschen selbst, die gerade dabei waren, eine neue Republik aufzubauen. Zweitens waren wir schon aus ideologischen Gründen nicht an der Liquidierung, sondern an der Stärkung der DDR interessiert. Schwer vorzustellen, wie Adenauer glauben konnte, wir könnten auf die Beseitigung der DDR hinarbeiten. Unsere ideologischen, politischen und wirtschaftlichen Kontakte zur DDR waren nicht einseitig, sondern beruhten auf Gegenseitigkeit.

Wir bestanden auf der Weiterexistenz eines unabhängigen deutschen Arbeiter– und Bauernstaates, der unser Verbündeter war. Außerdem entsprach die Stärkung der DDR unseren militärstrategischen Interessen. Westdeutschland dagegen strebte einen einheitlichen Staat auf kapitalistischer Grundlage an. In diesem Fall würden wir territorial bis an die Grenzen Polens zurückweichen. Hätten wir solchen Forderungen oder Drohungen nachgegeben, wäre das einem politischen und strategischen Rückzug, einer Absage an die DDR und ihren sozialistischen Entwicklungsweg gleichgekommen. Außerdem hätte das die aggressiven Kräfte in Westdeutschland ermuntert, noch größeren Druck auszuüben, um die polnische Grenze weiter nach Osten zu verschieben, was die Westdeutschen trotz stabiler Grenzen nach wie vor nicht aufgegeben haben. Damit wäre eine Kettenreaktion ausgelöst worden. Wir konnten uns also darauf nicht einmal in Gedanken einlassen.

Ein starker Wunsch kann aber manchmal den gesunden Menschenverstand einschläfern, und es tauchen Gedanken auf, die das Unerreichbare möglich erscheinen lassen. Es müssen solche Gedanken gewesen sein, die Adenauer und seine Umgebung den Entschluß fassen ließen, zu uns zu reisen, um im direkten Kontakt im Verlaufe der Gespräche mit einem Kredit zu locken und somit auch ohne Krieg zum gewünschten Ziel zu kommen. In Adenauers Begleitung befanden sich damals: Kiesinger (der spätere Bundeskanzler), Arnold (Gewerkschaftsführer, bereits verstorben), Schmidt[2] und ein weiterer Sozialdemokrat. Das sind die Namen, an die ich mich noch erinnere. War Hallstein mit dabei? Ich weiß es nicht mehr, aber ich glaube schon. In jenen Jahren wurde die Hallstein–Doktrin verkündet. Heute wird sie schon nicht mehr so in den Vordergrund gestellt, man hat sie aber auch noch nicht fallengelassen: In Diskussionen und in der Praxis halten die Westdeutschen immer noch an der Hallstein–Doktrin fest.

Die wichtigste Frage war der Abschluß eines Friedensvertrages. Adenauer sprach sich dafür aus. Wir aber waren der Meinung, daß vor einem solchen Vertrag ein Abkommen zwischen beiden deutschen Staaten unter Einbezie-

---

[2] Gemeint ist Carlo Schmid (SPD), der als Vizepräsident des Bundestages der Delegation angehörte.

hung West–Berlins als selbständige "freie Stadt" geschlossen werden müßte. Die Westdeutschen schlugen die Schaffung eines einheitlichen Deutschlands mit der Hauptstadt Berlin vor, was in keiner Weise unseren Interessen entsprach. Wir hatten nicht das Recht, die Deutsche Demokratische Republik moralisch unter Druck zu setzen. Schließlich müßte die DDR dann ihre Unabhängigkeit aufgeben und würde in einem bürgerlichen Staat aufgehen. Wir dagegen wollten in unseren Gesprächen darauf hinarbeiten, die Beendigung des Kriegszustandes festzustellen, also keinen Friedensvertrag abzuschließen, aber eine Vereinbarung zu unterzeichnen, in der festgehalten würde, daß sich die UdSSR und die Bundesrepublik nicht mehr im Kriegszustand befinden. Ein solcher Vertrag hätte die Aufnahme diplomatischer Beziehungen ermöglicht, was den wirtschaftlichen, kulturellen und gesellschaftlichen Kontakten zwischen unseren Ländern förderlich gewesen wäre.

Als beide Seiten in den Gesprächen alle Mittel zur Durchsetzung der eigenen Ziele ausgeschöpft hatten, trat eine Pause ein. An Einzelheiten erinnere ich mich nicht mehr. Jedenfalls sprachen sich am Ende der Gespräche die Westdeutschen energisch gegen unseren Vorschlag aus, und auch wir waren mit den Vorschlägen Adenauers nicht einverstanden. Und plötzlich erklärte er, daß sie, da ein entsprechendes Dokument nicht unterzeichnet werden würde, morgen abzureisen gedenken. Ich sagte ihm: "Ich möchte mein Verständnis, aber auch mein Bedauern zum Ausdruck bringen. Mit diesem Schritt werden nicht nur unsere Beziehungen, sondern vor allem die Bundesrepublik Schaden nehmen. Es liegt jedoch in Ihrem Ermessen abzureisen, obwohl sie dadurch sowohl politischen als auch wirtschaftlichen Schaden erleiden werden, denn es ist immer von Vorteil, wirtschaftliche Beziehungen zur Sowjetunion zu unterhalten."

Dann bereiteten wir uns auf ihre morgige, demonstrative Abreise ohne Abschlußdokument und ohne offizielle Verabschiedung vor. Am selben Tag erfuhren wir aber, daß sie sich noch einmal mit uns treffen wollten. Die Drohung mit der demonstrativen Abreise war nur ein Druckmittel, um eine Vereinbarung zu erzwingen und zu testen, wie fest wir auf unserer Position beharrten. Adenauer wollte uns damit erschrecken, daß es nicht dazu kommen könnte, den Kriegszustand für beendet zu erklären. Wir waren dadurch aber nicht sonderlich beunruhigt, gleichwohl wir es bedauert hätten, wenn es dazu gekommen wäre. Offensichtlich hatten die kapitalistischen Geschäftsleute Druck auf ihre Regierung ausgeübt, denn sie brauchten "das Fenster nach Rußland". Deutschland hat schon immer seinen Vorteil aus dem Handel gezogen, sowohl mit dem alten Rußland als auch mit der UdSSR. Bis zum Machtantritt Hitlers gab es gute Handelsverbindungen und stabile Beziehungen zur Weimarer Republik. Wir machten mit den deutschen Kapitalisten "große Geschäfte".

Ich erinnere mich noch, wie nach dem Bürgerkrieg eine deutsche Firma im Donez–Steinkohlebecken die Konzession für den Vortrieb des Schachtes Nr. 17–bis bekam. Dieser Schacht lag gleich neben dem bereits in Betrieb befindlichen Schacht Nr. 30, nur in größerer Tiefe. Unser Steiger war ziemlich deprimiert, weil wir den Schacht den Deutschen überlassen wollten, als wären wir nicht selbst in der Lage, den Schacht anzulegen. Er ging zu Abakumow, dem Leiter des Bergwerks, und bot seine Dienste an: "Glauben Sie mir, Jegor Trofimowitsch, ich lege Ihnen den zweiten Schacht und eine neue Schachtröhre nicht schlechter als die Deutschen an. Geben Sie mir nur die richtige Ausrüstung." Genau das war das Problem — die Ausrüstung! Trotzdem haben wir in einer Art Wettbewerb all unsere Kräfte mobilisiert und dem Steiger erlaubt, sich mit den Deutschen zu messen. Und er hat es geschafft. So gerieten wir in keine ausweglose Situation. Ich glaube, die Deutschen haben damals die Koksfabrik am Schacht Nr. 30 wieder aufgebaut.

Als die Arbeiten abgeschlossen waren, fand ein Meeting statt. Ich war damals Leiter der Organisationsabteilung des Bezirksparteikomitees von Juzowka [heute Donezk]. Ich, als langjähriger Angestellter der vormals französischen Gesellschaft, erhielt eine Einladung zu dem Meeting. Ich arbeitete damals als Schlosser. Daher kannte mich jeder in– und auswendig, und auch ich kannte alle. In diesem Rayon habe ich meine Kindheit und Jugend verbracht. Zu dem Meeting nahm ich einen deutschen Kommunisten mit, der bei uns in Moskau studierte und in den Frühjahrsferien nach Juzowka gekommen war. Ich wollte, daß von unserer Seite partout ein deutscher Kommunist sprach. An den Beginn des Meetings kann ich mich noch sehr gut erinnern. Zunächst sprach ein Vertreter der Firma, die die Arbeiten ausgeführt hatte, so ein dicker Ingenieur, kein Techniker. Er sprach deutsch, und ich weiß nicht mehr genau, ob wir einen Dolmetscher hatten. Die Arbeiter jedenfalls standen da, hörten zu und starrten ihn an, wie man so sagt. Das äußere Bild wirkte recht schäbig: Die Leute waren alle vom Dorf, viele in Bastschuhen, die Kleidung abgetragen oder völlig zerlumpt. Kurz gesagt: kein sehr ansehnliches Bild, die Menschen sahen damals alle grau aus. Und es war ja auch kein Wunder: nach dem Weltkrieg, dem Bürgerkrieg und der Sabotage, mit der es die Revolution zu tun hatte. Der Wiederaufbau ging nur mühsam voran. Es konnte also auch kaum etwas gespart werden. Das Lebensniveau der Bevölkerung stieg nicht an. All das wußten wir, aber ich spreche hier ja auch nur vom äußeren Eindruck.

Die Arbeiter hörten dem Ausländer schweigend zu. Dann kündigte ich den Vertreter der Komintern an, den Genossen Soundso, ebenfalls ein Deutscher. Er wurde gleich mit Applaus begrüßt. Als er mit seiner kurzen Rede, eben einer typischen Rede für ein Meeting, fertig war, kam es zu begeisterten Ovationen. Ich glaube, die Zuhörer haben gar nicht alles verstanden, was der Vertreter der Komintern zu sagen hatte; sein Russisch war recht schlecht. Aber es genügte die Ankündigung, daß er ein Vertreter der Komintern sei, um ihn brüderlich und herzlich zu begrüßen und ihm derart begeistert zu applaudieren. Einer solch hohen Wertschätzung erfreuten sich damals das Banner und die Autorität der internationalen kommunistischen Organisation — der III. Internationale.

Die Industriellen aus dem Westen haben aus den Beziehungen, die sie zu uns nach dem Bürgerkrieg aufbauten, profitiert. Natürlich konnten sich nun die Konzernvertreter Westdeutschlands in Kenntnis ihrer früheren Kontakte und Möglichkeiten ausrechnen, was für sie herauszuholen war, sollten sich unsere Beziehungen normalisieren und sie wieder Geschäfte mit der UdSSR machen könnten. Adenauer spürte den Druck der Geschäftsleute und war auch selbst daran interessiert. Und so kam es, daß die Deutschen nicht abreisten. Wir setzten unsere Gespräche fort und begannen, ein Dokument zu erarbeiten, das unterzeichnet werden konnte. In irgendeiner Frage zeigten sich unsere Gesprächspartner besonders widerspenstig. Als wir uns darüber wunderten, steckten sie uns, daß der Botschafter der USA in der UdSSR, Charles Bohlen, Druck auf Adenauer ausübe.

In der ersten Zeit, als er gerade Botschafter geworden war, bestand zu ihm ein gutes Verhältnis. Unsere Sympathie für ihn rührte aus dem guten Verhältnis zu Roosevelt, denn Bohlen war Roosevelts persönlicher Dolmetscher in Teheran und auf der Krim, und nicht nur dort. Für uns war also klar, daß er ein Mann Roosevelts ist und dessen politischen Kurs vertrat. Es stellte sich aber heraus, daß Bohlen der schärfste Reaktionär war. Er vertrat eine von Haß geprägte Linie uns feindlich gesinnter Kreise in den USA. In der langen Zeit, in der er Botschafter war, überhäufte er uns mit Niederträchtigkeiten, wo er nur konnte, und fügte unseren Beziehungen schweren Schaden zu. Nicht nur, daß er nichts zur Verbesserung der Beziehungen tat, er brachte auch verschiedene Initiativen zum Erliegen. Ich weiß nicht, ob er in diesem Fall irgendwelche Anweisungen aus Washington erhielt oder ob es aus eigenem Antrieb heraus geschah ... Ich glaube eher, daß er es von sich aus tat, weil er einfach nicht an einer Verbesserung der Beziehungen interessiert war. Und so glaubten wir den Deutschen, was sie uns über Bohlen erzählten.

Ich erinnere mich noch an einen gewissen Arnold, den Vertreter irgendeines Bundeslandes. Später stand er an der Spitze von Adenauers Gewerkschaften.[3] Auf den offiziellen Empfängen während der Gespräche hatte ich Gelegenheit, mit ihm zu sprechen. Arnold brachte stärker als alle anderen sein Interesse an einem Vertragsabschluß sowie an der Lockerung und Normalisierung unserer Beziehungen zum Ausdruck. Der Sozialdemokrat Schmidt [Schmid] nahm eine besondere Position ein. Zu Kiesinger konnte

---

[3] Gemeint ist Karl Arnold, Vertreter der christlichen Gewerkschaften und von 1947–1956 Ministerpräsident von Nordrhein–Westfalen.

ich mir damals gar keine Meinung bilden. Ich glaube, er war die rechte Hand Adenauers, und zwischen beiden gab es keinerlei Meinungsverschiedenheiten, was den Vertragsabschluß oder "Zugeständnisse an die Sowjets", wie sie sagten, betraf.

Am Ende der Gespräche war Adenauer stolz auf sich, da er ungeachtet des Druckes, den Bohlen ausübte, die Gespräche zu einem erfolgreichen Schluß geführt hatte, so daß wir uns am Ende auf einen Vertragstext einigen konnten. Die Deutschen baten uns, den Text möglichst rasch zu unterzeichnen, bevor Bohlen die letzte Fassung zu Gesicht bekam. Wir waren damit einverstanden: Wenn der Text für uns annehmbar war und für Bohlen nicht, dann waren wir natürlich auf Seiten Adenauers. Und so wurde dieses Dokument unterzeichnet. Später erfuhr ich, daß sich Bohlen über Adenauers Position sehr aufgeregt hat, aber das Dokument war bereits unterschrieben.

Adenauer selbst hat mich auf eine ganz eigene Art beeindruckt. Er war ein Mensch, der sich, wenn es sein mußte, sehr stark anbiedern konnte. Während der Gespräche mit mir nahm er mich gelegentlich beiseite und gab mir zu verstehen, daß "dieses oder jenes nur dank meines Einflusses zustande gekommen sei" ... Es war mir recht unangenehm, das von einem Politiker zu hören. Es erniedrigte ihn. Diesen unschönen Gang der Dinge vor Augen fragte ich mich, wie kleinlich er wohl über andere denken möge. Sicher, er war auch selbst eine Krämerseele. Wenn wir nach dem Mittagessen zum Meinungsaustausch übergingen, flüsterte er mir Schmeicheleien über den Dolmetscher ins Ohr. Ging es aber um die Politik, um seine Interessen, dann vertrat er unerbittlich das deutsche Kapital und war dessen bester Anwalt.

Die Gespräche gingen zu Ende, die Dokumente wurden unterzeichnet, die Delegation der Bundesrepublik reiste ab. Wir verabschiedeten die Delegation, und es blieb unsere erste und einzige Begegnung. Danach traf ich nie wieder mit Adenauer zusammen, und es gab auch keinen Austausch von Regierungsdelegationen. Sicher, die wirtschaftlichen Kontakte begannen sich zu entwickeln. Mehrmals empfing ich Vertreter von Krupp oder andere Geschäftsleute aus der Bundesrepublik, mit denen uns gemeinsame wirtschaftliche Interessen verbanden. Wir gaben unsere Bestellungen auf, und sie lieferten uns gute Geräte und Ausrüstung. Die Deutschen verstehen es zu arbeiten und Handel zu treiben.

Was gibt es noch zu Adenauer zu sagen? Er ging natürlich in die Geschichte seines Landes als ein Vertreter des Großkapitals ein. Er war sehr geschickt, immerhin hat er sich dort viele Jahre an der Macht gehalten. Er hatte aber auch Rückhalt bei den Wählern. Ich erinnere mich noch an folgende Episode. Einmal wandte sich Schmidt [Schmid] während des Essens an mich und sprach mich, wie es in der Partei üblich war, mit "Genosse Chruschtschow" an. Ich antwortete ihm und sprach ihn mit "Genosse Schmidt [Schmid]" an. Adenauer, der das hörte, verzog ironisch sein Gesicht und wiederholte spöttisch: "Genosse Chruschtschow". Dann fragte er mich: "Was glauben Sie, Herr Chruschtschow, daß die Arbeiter bei uns die Sozialdemokraten wählen?! Nein, die meisten Arbeiter in Deutschland geben mir ihre Stimme!" Und dann erzählte er mir, wieviel Stimmen die Sozialdemokraten erhielten, wieviel Arbeiter sie in ihren Gewerkschaften vereinten und wieviel er in seiner Partei hatte. Es stellte sich heraus, daß die meisten Arbeiter eben Adenauers Partei wählten. Das war leider die Wahrheit.

Hätten die Sozialdemokraten mehr Stimmen erhalten, stünde Adenauer nicht an der Spitze der Regierung der Bundesrepublik. Auch nach Adenauers Tod änderte sich die Situation nicht.

Adenauer legte den Grundstein für die heutige Politik der Christlich Demokratischen Partei [Union]. Sie ist auch heute noch sehr stark und hat großen Einfluß. Man muß Adenauer Respekt zollen, mit ihm war immer zu rechnen. Er blieb aber ein unversöhnlicher Feind kommunistischer Ideen, deshalb war er unser unversöhnlicher ideologischer Gegner. Das hemmte ihn gleichermaßen, und er nahm zu uns keine engen Kontakte auf staatlicher Ebene auf. Das wollte ich noch der allgemein bekannten Tatsache, daß Adenauer ein Vertreter der reaktionären Kreise Westdeutschlands war, hinzufügen. So war er und blieb es bis an sein Lebensende.

Unser Treffen aber war sehr nützlich gewesen. Wir hoben den offiziellen Kriegszustand zwischen Deutschland und der UdSSR auf und tauschten Botschafter aus. Über den sowjetischen Botschafter verstärkten wir unseren Einfluß auf die Öffentlichkeit dort; es wurden die Voraussetzungen für Kontakte zu Geschäftsleuten und Menschen, die mit uns sympathisierten, geschaffen. Solche Kontakte waren immer von Nutzen. Wir durchbrachen die Isolation, in der wir uns zuvor befanden, und das war für die USA nicht gerade von Vorteil. Deren Leute taten buchstäblich alles, um einen Vertragsabschluß mit der UdSSR zu verhindern und den Isolationsring, mit dem sie die Sowjetunion und die anderen sozialistischen Staaten umgeben hatten, aufrechtzuerhalten. Diesen Ring konnten wir durchbrechen. Das war nicht nur für uns von Vorteil, sondern für alle sozialistischen Staaten, obwohl sie noch keine Botschaften in Bonn hatten, weil die Hallstein–Doktrin dem im Wege stand. Soviel ich weiß, haben bis heute nur Rumänien und Jugoslawien dort eigene Botschaften.

Als sich die Beziehungen Jugoslawiens zu den übrigen sozialistischen Staaten vorübergehend verschlechterten, schloß Jugoslawien einen Vertrag mit der Bundesrepublik. Später, als sich die Beziehungen wieder normalisierten, erkannte Jugoslawien die Deutsche Demokratische Republik an. Das hatte automatisch den Abbruch der diplomatischen Beziehungen zu Westdeutschland zur Folge. Man muß Genossen Tito Respekt zollen: Er zog es vor, Beziehungen zur DDR aufzunehmen, und widerstand dem Druck der Westdeutschen. Die Hallstein–Doktrin hielt den Prüfungen der Zeit nicht

stand, und später normalisierten sich auch die Beziehungen Westdeutschlands zu Jugoslawien wieder.

Ich glaube, ich muß noch einmal darauf zurückkommen, warum Charles
Bohlen alles in seinen Kräften stehende tat, um einen Vertrag zwischen der
Bundesrepublik und der UdSSR zu verhindern. Er versuchte, uns auf jede
erdenkliche Weise Steine in den Weg zu legen. Adenauer aber hörte nicht
auf ihn. Und als wir uns über die Grundfragen verständigt hatten, schlug
Adenauer vor, den Vertrag möglichst rasch zu formulieren und zu unterzeichnen, da er befürchtete, daß Washington über seinen Botschafter in
Bonn Druck ausüben könnte. Wovon ließ sich Adenauer leiten? Hegte er etwa besondere Sympathien für die Sowjetunion? Warum war er für die Wiederaufnahme der diplomatischen Beziehungen? Hier kamen auf besondere
Weise die wirtschaftlichen Interessen der westdeutschen Geldsäcke zum
Ausdruck. Dagegen war es für die USA von Vorteil, wenn sich Westdeutschland offiziell weiter im Kriegszustand mit der Sowjetunion befände, keine diplomatische Vertretung in Moskau hätte und wir keine eigene Vertretung in
Bonn besäßen.

Wir würden dann auch keine Geschäftskontakte haben, was den Interessen der Vereinigten Staaten entgegenkam. Sie wollten selbst ihr Kapital in
der Bundesrepublik anlegen und Einfluß auf deren Wirtschaft nehmen. Die
Bundesrepublik dagegen wollte sich aus der Umklammerung der USA lösen:
Das westdeutsche Kapital, das stärker geworden war, suchte neue Absatz-
märkte und Auftraggeber für die Produktion. Auch deshalb wollte Adenauer
das Fenster zur Sowjetunion öffnen. Das war der Hauptgrund, und nicht irgendwelche besonderen Sympathien oder barmherzigen Gefühle, von denen
Adenauer erfüllt war. Nein, hier herrschte die Grundidee des Profits. Hier
kollidierten die Interessen der USA mit denen Westdeutschlands. Wenn es
um den Geldbeutel geht und die Interessen der Banken berührt werden,
kann man auf die Belange des Bundesgenossen keine Rücksicht nehmen.
Die deutschen Kapitalisten sind sehr findig. Sie kannten die Möglichkeiten
unseres Marktes, und sie kannten die richtigen Kniffe.

Heute, da ich Rentner bin, erinnere ich mich wieder an Adenauer. Er hatte mir damals als Souvenir ein gutes Fernglas von Zeiss mitgebracht. Ich
nehme es immer mit auf meine Spaziergänge, um "mit Adenauers Hilfe" ein
wenig meinen Horizont zu erweitern. Ich kann so meinen Blick über die weiten Felder, Wälder und sonstigen Schönheiten der Landschaft bei Moskau
schweifen lassen. Wenn mir andere Spaziergänger begegnen, die sich für
mein Fernglas interessieren, sage ich: "Ein Geschenk von Adenauer." Schlag-
artig nimmt ihr Interesse an ihm zu. Gewiß, auch bei uns werden Ferngläser
hergestellt, und sicher keine schlechteren. Ich habe auch noch andere Ferngläser. Aber dieses läßt sich am angenehmsten handhaben. Das sind die Erinnerungen, die ich an die persönliche Begegnung mit Adenauer habe.

PERSONENREGISTER ·

Abakumov (Abakumow), Egor Trofimovič, Leiter eines Bergwerks im Donecgebiet in den zwanziger Jahren 290

Abakumov, Jegor Trofimowitsch s. Abakumov, Egor Trofimovič

Acheson, Dean Gooderham (1893–1971), 1949–1953 Außenminister der USA, 1961–1963 außenpolitischer Berater Präsident Kennedys 29

Achromeev (Achromejew), Sergej Fedorovič (1923–1991), Marschall, 1984–1988 Erster Stellvertretender Verteidigungsminister und Generalstabschef, 1989–1991 Militärberater Gorbačevs 199

Achromejew s. Achromeev

Adenauer, Konrad (1876–1967), 1949–1963 Bundeskanzler, 1950–1966 Vorsitzender der CDU 30, 37 f., 41, 62–64, 66, 68, 71 f., 83, 85, 96, 102, 190, 240 f., 245 f., 287–289, 291–294

Adschubej s. Adžubej

Adshubej s. Adžubej

Adžubej (Adschubej, Adshubej), Aleksej Ivanovič (1924–1993), erst Kirchensänger, dann Journalist, Chefredakteur der "Komsomolskaja pravda" und der "Isvestija", 1947 Schwiegersohn Chruščevs 73, 75

Akinscha, Konstantin (geb. 1960), Kunsthistoriker und Publizist 265

Albert, Gerhard, Leiter der "Deutschen Kompensations– und Clearinggesellschaft" in Moskau 109

Aleksandrov–Agentov (Aleksandrow–Agentow), Andrej Michajlovič (geb. 1918), außenpolit. Berater Brežnevs, Andropovs, Černenkos und Gorbačevs 69, 172

Aleksandrow–Agentow s. Aleksandrov–Agentov

Amerongen s. Wolff von Amerongen, Otto

Andreotti, Giulio (geb. 1919), italienischer Politiker (Democrazia Cristiana), 1954 Innenminister, 1955–1958 Finanzminister, 1959–1974 Verteidigungsminister, 1974–1976 Budgetminister, 1972–1973, 1976–1979 und 1989–1992 Ministerprä-

sident, 1983–1989 Außenminister 146, 284

Andropov (Andropow), Jurij Vladimirovič (1914–1984), 1944–1947 Botschafter der UdSSR in Ungarn, 1957–1967 im ZK der KPdSU verantwortlich für die Zusammenarbeit mit den Parteien der sozialistischen Länder, 1967–1982 KGB–Chef, deutschlandpolit. Berater Brežnevs, 1982 Generalsekretär des ZK der KPdSU, 1983 Vorsitzender des Präsidiums des Obersten Sowjets 76, 79 f., 82, 90, 156–158, 168, 170, 250

Andropow s. Andropov

Arbatov (Arbatow), Georgij Arkadevič (geb. 1923), seit 1967 Direktor des USA– und Kanada–Instituts der Akademie der Wissenschaften der UdSSR, außenpolitischer Berater der sowjetischen Führung 73, 169, 174

Arbatow s. Arbatov

Arnold, Karl (1901–1958), 1920 Mitglied des Zentrums und Funktionär der christlichen Gewerkschaften, 1945 Mitbegründer der CDU, 1947–1956 Ministerpräsident von Nordrhein–Westfalen, 1957/58 MdB und stellvertretender Vorsitzender der CDU/CSU–Fraktion 288, 291

Augstein, Rudolf (geb. 1923), Journalist, seit 1946 Herausgeber und Miteigentümer des Wochenmagazins "Der Spiegel", 1972/73 MdB (FDP) 193

Axen, Hermann (geb. 1916), 1950–1989 Chef der Abteilung Agitation beim ZK der SED, Mitglied des ZK und des Parteisekretariats, 1954–1989 Mitglied der Volkskammer, 1956–1966 Chefredakteur des "Neuen Deutschland", 1967–1971 stellvertretender und 1971–1989 Vorsitzender des Volkskammerausschusses für Auswärtige Angelegenheiten 252

Bach, Johann Sebastian (1685–1750), deutscher Komponist 86

Bahr, Egon Karl–Heinz (geb. 1922), Journalist, 1967–1969 Sonderbotschafter und Leiter des Planungsstabs im Auswärtigen

aller Ämter, 1989 Vorsitzender der Föderationsversammlung der ČSFR 167

Eden, Robert Anthony (1897–1977), britischer Politiker, 1923–1957 Mitglied des Unterhauses, 1935–1938, 1940–1945 und 1951–1955 Außenminister, 1955–1957 Premierminister 62

Egorov (Jegorow), Vladimir Konstantinovič (geb. 1947), 1991 Berater Gorbačevs in Ideologiefragen, Vizepremier der Rußländischen Föderation 214

Eisenhower, Dwight D. (1890–1969), amerikanischer Militär und Politiker, 1953–1961 Präsident der USA 70

Ekaterina II. (Jekaterina II., Katharina II.), geb. Prinzessin Auguste Sophie Friederike von Anhalt–Zerbst (1729–1796), die Große, Ehefrau Zar Petrs III. Fedorovič, 1763 Zarin 190

El'cin (Jelzin), Boris Nikolaevič (geb. 1931), Bauingenieur, 1981 Mitglied des ZK der KPdSU, 1985–1987 Sekretär des Moskauer Stadtkomitees, 1986–1988 Kandidat des Politbüros, 1987/88 Verlust der meisten Ämter, 1990 Vorsitzender des Obersten Sowjets der RSFSR, 1991 erster frei gewählter Präsident Rußlands, 1996 Wiederwahl 98, 118, 153, 166, 201 f., 208, 211–214, 216, 220, 227, 230, 264, 275, 277, 280

Engels, Friedrich (1820–1895), Textilfabrikant, Theoretiker des Marxismus, Mitbegründer der I. und II. Internationale 46

Eppelmann, Rainer (geb. 1943), Maurer und Pfarrer, im Kabinett Modrow Minister ohne Geschäftsbereich, im Kabinett de Maizière Verteidigungsminister, seit 1990 MdB (CDU) 117

Erhard, Ludwig (1897–1977), 1948/49 Direktor der Wirtschaftsverwaltung des Vereinigten Wirtschaftsgebiets, 1949–1976 MdB (CDU), 1949–1963 Bundeswirtschaftsminister, 1963–1966 Bundeskanzler 73, 86, 104

Erin (Jerin), Viktor Fedorovič (geb. 1944), Generalleutnant der Miliz, 1988–1990 Erster Stellvertretender Innenminister Armeniens, 1992–1995 Innenminister Rußlands, dann Leiter eines Operativstabes im Nordkaukasus 215

Falin, Valentin Michajlovič (geb. 1926), Diplomat, Journalist, 1950–1952 Mitarbeiter der Sowjetischen Kontrollkommission in Deutschland, 1952–1971 Leiter verschiedener Europa–Abteilungen des Außenministeriums, 1971–1978 Botschafter in Bonn, 1988–1991 Leiter der Internationalen Abteilung des ZK der KPdSU 78, 85, 118, 122, 150, 171, 173 f.

Fischer, Oskar (geb. 1923), 1951–1955 Erster Sekretär des ZR der FDJ, 1955–1959 Botschafter der DDR in Budapest, 1965–1973 Stellvertretender Außenminister, 1971–1989 Mitglied des ZK der SED, 1973–1975 Staatssekretär und ständiger Vertreter des Außenministers, 1975–1989 Außenminister der DDR 140

Gaddis, John L., amerikanischer Politologe 122

Gaidar s. Gajdar

Gajdar (Gaidar), Egor Timurovič (geb. 1956), Ökonom, Politiker und Publizist, 1991/92 Finanz– und Wirtschaftsminister der Rußländischen Föderation, 1992 Finanzminister, Stellvertretender Vorsitzender und Vorsitzender des Ministerrats, 1992 Direktor des Instituts für ökonomische Probleme der Übergangsperiode, Aktivist der Bewegung "Wahl Rußlands" 219

Gareev, Machmut Achmetovič (geb. 1923), Generalleutnant, 1971–1974 Stabschef und Erster Stellvertretender Kommandant des Militärdistrikts Ural 119

Genscher, Hans–Dietrich (geb. 1927), Rechtsanwalt, 1946–1952 Mitglied der LDPD, 1952 der FDP, 1974–1985 Bundesvorsitzender der FDP, seit 1965 MdB, 1969–1974 Innenminister, 1974–1992 Außenminister und Vizekanzler 97, 127, 131 f., 136, 139, 145, 152 f., 185, 193, 196

Gromyko, Andrej Andreevič (1909–1989), 1939–1943 Mitarbeiter der sowjetischen Botschaft in Washington, 1946–1948 Ständiger Vertreter der UdSSR bei der UNO, 1949–1952 Botschafter in London, seit 1956 Mitglied des ZK der KPdSU, 1957–1985 Außenminister der UdSSR, 1985–1988 Vorsitzender des Präsidiums des Obersten Sowjets 20, 63, 70, 79, 85, 88, 128 f., 156, 158, 167, 170 f., 243, 253

Grotewohl, Otto (1894–1964), 1925–1933 Mitglied des Reichstages (SPD), 1946–1954 Vorsitzender der SED (mit Pieck), 1950–1964 Mitglied des Politbüros, 1949–1964 Ministerpräsident der DDR 32, 53

Haas, Wilhelm (geb. 1896), deutscher Diplomat, seit 1922 im Auswärtigen Dienst, 1937–1947 im Ruhestand, 1947 Staatsrat und Leiter der Präsidialkanzlei Bremen, 1950 Ministerialdirektor der Dienststelle für Auswärtige Angelegenheiten im Bun-

Kennedy, John Fitzgerald (1917–1963), amerikanischer Politiker, 1946–1953 Mitglied des Repräsentantenhauses (Demokrat), 1953–1961 Senator, 1961–1963 Präsident der USA 70

Kennedy, Paul, amerikanischer Politologe 156

Kevorkov, Vjačeslav, Autor, Vertrauter Andropovs 79

Keworkow, Wjatscheslaw s. Kevorkov, Vjačeslav

Kiesinger, Kurt Georg (1904–1988), 1949–1958 und 1969–1980 MdB (CDU), 1958–1966 Ministerpräsident von Baden-Württemberg, 1966–1969 Bundeskanzler 288, 291

Kinkel, Klaus (geb. 1936), 1979–1982 Präsident des BND, 1982–1991 Staatssekretär im Bundesjustizministerium, 1991/92 Justizminister, 1992–1998 Außenminister, 1993–1996 Bundesvorsitzender der FDP, 1994 MdB 211, 215, 219, 221, 223

Kissinger, Henry (Heinz) Alfred (geb. 1923), 1938 aus Deutschland emigriert, 1957 Direktor des Instituts für Internationale Beziehungen, 1969–1973 sicherheits- und außenpolitischer Berater Präsident Nixons, 1973–1977 Außenminister der USA 80

Kittel, Walter, Staatssekretär, Vorsitzender des deutsch-rußländischen Koordinationsrats im Auswärtigen Amt und Wirtschaftsministerium 109

Klüver, Max 10

Knob, Andrea von, Leiterin des Büros der deutschen IHK in Moskau 109

Kočemasov (Kotschemassow), sowjetischer Botschafter in der Bonn 139, 141, 146 f.

Kohl, Helmut (geb. 1930), 1959–1976 MdL (CDU), 1969–1976 Ministerpräsident von Rheinland–Pfalz, 1973–1998 Bundesvorsitzender der CDU, ab 1976 MdB, 1982–1998 Bundeskanzler 98, 103, 118, 127, 131, 136, 139, 145, 149, 152, 179 f., 182–184, 186, 191–193, 196 f., 200 f., 212, 219, 227, 230, 259, 275, 277, 284

Kolossew, Redakteur eines Handbuchs des Völkerrechts 236

Kopelev (Kopelew), Lev Sinovevič (geb. 1912), Philosoph und Schriftsteller, 1941–1945 Propagandaoffizier der Roten Armee, 1945–1954 Haft wegen "Mitleid mit dem Feind", 1957–1968 Übersetzer, 1981 Ausbürgerung und Übersiedlung in die Bundesrepublik 218

Kopelew, Lew s. Kopelev, Lev

Koslow, Grigorij (geb. 1961), Kunsthistoriker und Publizist 265

Kosyrew s. Kozyrev

Kotschemassow s. Kočemasov

Kovalev (Kowaljow), Sergej Adamovič (geb. 1930), Bürgerrechtler an der Seite Sacharovs, 1974 zu zehn Jahren Lager und Verbannung verurteilt, 1987 Rückkehr nach Moskau, 1990 Parlamentarier, Vorsitzender der Kommission für Menschenrechte 209

Kowaljow s. Kovalev

Kozyrev (Kosyrew), Michail Martem'janovič (geb. 1951), 1991–1995 Außenminister der Rußländischen Föderation 205, 210, 227, 236, 259

Krenz, Egon (geb. 1937), 1955 Mitglied der SED, 1961–1964 und 1967–1974 Sekretär, 1974–1983 Erster Sekretär des ZR der FDJ, 1983 Mitglied des Politbüros der SED, 1984 Stellvertretender Vorsitzender des Ministerrats der DDR, Okt.–Dez. 1989 Generalsekretär der SED und Vorsitzender des Staatsrats und des Nationalen Verteidigungsrats 143, 196

Krolikowski, Werner, Mitglied des Politbüros der SED 128

Kroll, Hans (1898–1967), 1953–1955 Botschafter in Belgrad, 1955–1958 in Tokio, 1958–1962 in Moskau 71

Kučma (Kutschma), Leonid Danilovič (geb. 1938), Ingenieur und Politiker, 1992/93 Premierminister, seit 1993 Präsident der Ukraine 106

Kulakov (Kulakow), Fedor Davydovič (1918–1978), 1960–1964 Erster Sekretär des KPdSU–Regionskomitees Stavropol, 1965 ZK–Sekretär für Landwirtschaft, 1971 Mitglied des Politbüros 158

Kulakow s. Kulakov

Kulikov, Viktor Georgievič (geb. 1921), 1962–1969 Stellvertretender Oberbefehlshaber, 1969–1971 Oberbefehlshaber der sowjetischen Truppen in Deutschland, 1971–1977 Chef des Generalstabs und Erster Stellvertretender Verteidigungsminister, 1977 Marschall und Oberbefehlshaber der Truppen des Warschauer Paktes 113

Kulikow s. Kulikov

Kutschma s. Kučma

Kuzmazow, Redakteur eines Handbuchs des Völkerrechts 236

Kvicinskij (Kwizinski), Julij Aleksandrovič (geb. 1936), Diplomat, 1960–1964 zweiter Botschaftssekretär in der DDR, 1965–1977 Mitarbeiter der Europa–Abteilung des Außenministeriums, 1978–1981 Gesandter, 1986–1990 Botschafter in Bonn, 1981–1983 sowjetischer Verhandlungs-

tretender Vorsitzender der NDPD, 1953 Stabschef der Kasernierten Volkspolizei, 1953–1956 Stellvertretender Innenminister und 1956/57 Verteidigungsminister der DDR 112

Nemeth, Miklós (geb. 1948), ungarischer Politiker und Wirtschaftsreformer, 1981 Mitarbeiter der Wirtschaftsabteilung des ZK der KP, 1987/88 ZK–Sekretär für Wirtschaftspolitik, 1988–1990 Mitglied des Politbüros und Ministerpräsident 139
Nixon, Richard Milhouse (1913–1994), 1950–1953 Senator für Kalifornien (Republikaner), 1953–1960 Vizepräsident, 1969–1974 Präsident der USA 179

Patoličev (Patolitschew), Nikolaj Semenovič (geb. 1908), 1928 Mitglied der KPdSU, seit 1937 in der Roten Armee, 1946/47 Sekretär des ZK, 1947 Sekretär des ZK der KP der Ukraine, 1950–1956 Erster Sekretär des ZK der KP Belorus', 1956–1958 Stellvertretender Außenminister der UdSSR, 1958 Erster Stellvertretender Außenhandelsminister 97
Patolitschew s. Patoličev
Pfeiler, Wolfgang 88
Ponomarev (Ponomarjow), Boris Nikolajevič (geb. 1905), Aktivist der Komintern, seit 1972 Kandidat des Politbüros der KPdSU, Redakteur der "Geschichte der KPdSU", bis 1986 mit Fragen der Beziehungen zu den "Bruderparteien" befaßt 115, 171 f.
Ponomarjow s. Ponomarev
Portugalov (Portugalow), Nikolaj, sowjetischer Journalist 171, 184
Portugalow s. Portugalov
Primakov (Primakow), Jevgenij Maksimovič (geb. 1929), Direktor des Instituts für Weltwirtschaft und internationale Beziehungen der Akademie der Wissenschaften der UdSSR in Moskau, 1989 Mitglied des ZK der KPdSU, Mitglied des Volksdeputiertenkongresses der UdSSR, Vorsitzender des KGB der Rußländischen Föderation, Außenminister, 1998 Vorsitzender des Ministerrats 174
Primakow s. Primakov
Proektor, Daniil, Oberst a. D., Mitarbeiter des Instituts für Weltwirtschaft und internationale Beziehungen der Akademie der Wissenschaften der Rußländischen Föderation, Berater der Regierung in Sicherheitsfragen 118 f.
Prokop'ev, Leonid Prokop'evič (geb. 1934), 1990 Vorsitzender des Staatskomitees

(Minister) für Nationalitätenangelegenheiten der Rußländischen Föderation 257 f.

Rathenau, Walter (1867–1922), Industrieller, 1915 Aufsichtsratsvorsitzender der AEG, 1919 Berater der Reichsregierung in Reparationsfragen, 1921 Minister für Wiederaufbau, 1922 Außenminister, am 24.6.1922 ermordet 266
Rau, Johannes (geb. 1931), Verlagsbuchhändler, 1968 Mitglied des SPD–Bundesvorstandes, 1970–1978 Minister für Wissenschaft und Forschung und 1978–1998 Ministerpräsident von Nordrhein–Westfalen, 1987 Kanzlerkandidat 239, 251
Rau, Peter, 1958 Deputierter des Obersten Sowjets Kasachstans 246
Reagan, Ronald Wilson (geb. 1911), Schauspieler, 1967–1975 Gouverneur von Kalifornien (Republikaner), 1981–1989 Präsident der USA 131, 133, 135, 157 f., 160, 179 f.
Reuter, Ernst (1889–1953), 1912 zunächst SPD–, dann KPD–Stadtrat von Berlin, 1931 Oberbürgermeister von Magdeburg, 1932 Reichstagsabgeordneter, 1939–1945 Professor für Kommunalwissenschaften in Ankara, 1947 Wahl zum Oberbürgermeister von Berlin, Amtsantritt von der SMAD verhindert, 1951–1953 Regierender Bürgermeister von Berlin 29
Rittberger 157
Romanov (Romanow), Grigorij Vasil'evič (geb. 1923), 1944 Mitglied der KPdSU, 1971–1985 Mitglied des Präsidiums des Obersten Sowjets der UdSSR, 1973–1976 Kandidat und 1976–1985 Mitglied des Politbüros der KPdSU, lange Zeit Chef des Leningrader Stadtkomitees der KPdSU, 1985 Kandidat für den Generalsekretärsposten, 1985 von Gorbačev aus allen Ämtern entfernt 129, 156
Romanow s. Romanov
Roosevelt, Franklin Delano (1882–1945), Rechtsanwalt, 1924–1932 Gouverneur von New York, 1933–1945 Präsident der USA 24, 291
Ruhfus, Jürgen (geb. 1930), seit 1955 im Auswärtigen Dienst, 1976–1979 Leiter der Abteilung für auswärtige Beziehungen und äußere Sicherheit im Bundeskanzleramt, Zweiter Staatssekretär im Auswärtigen Amt 97
Rurikov (Rurikow), außenpolitischer Berater El'cins, Schwiegersohn des US–"Kremlideologen" Dmitri Simes 280
Rurikow s. Rurikov

MITARBEITERVERZEICHNIS

Daschitschew, Wjatscheslaw [Dašičev, Vjačeslav], Prof. Dr., AdW Moskau

Eggers, Wolfgang, Dr., Gesandter a. D., Wachtberg/Pech

Eisfeld, Alfred, Dr., Göttinger Arbeitskreis, Göttingen

Fiedler, Wilhelm, Prof. Dr., Universität des Saarlandes, Saarbrücken

Filitow, Alexej, Dr., AdW Moskau

Kuwaldin, Viktor, Prof. Dr., The Gorbachev Foundation, Moskau

Lambsdorff, Hagen Graf, Presse– und Informationsamt der Bundesregierung, Bonn

Meissner, Boris, Prof. Dr. Dr. h. c., Göttinger Arbeitskreis, Köln

Oldenburg, Fred, Dipl.–Pol., Bundesinstitut für ostwissenschaftliche und internationale Studien, Köln

Peckert, Joachim, Dr., Botschafter a. D., Bonn

Pfeiler, Wolfgang, Prof. Dr., Universität Greifswald

Ruffmann, Karl–Heinz †, Prof. Dr., Traunstein

Schenajew, Wladimir, Prof. Dr., AdW Moskau

Seiffert, Wolfgang, Prof. Dr., Universität Kiel

Teltschik, Horst, Ministerialdirektor a. D., München

Timmermann, Heinz, Dr., Bundesinstitut für ostwissenschaftliche und internationale Studien, Köln

Tschernjajew, Anatolij [Černjaev], Prof., The Gorbachev Foundation, Moskau

Wagenlehner, Günter, Dr., Institut für Archivauswertung, Bonn–Bad Godesberg

Wettig, Gerhard, Prof. Dr., Bundesinstitut für ostwissenschaftliche und internationale Studien, Köln